献给改革开放40周年！

从量变到质变

中国经济的现代化理路

刘向东◎著

FROM QUANTITATIVE CHANGES TO
QUALITATIVE TRANSFORMATIONS

THE MODERNIZATION LOGIC OF
CHINESE ECONOMY

中国经济出版社
CHINA ECONOMIC PUBLISHING HOUSE
·北京·

图书在版编目（CIP）数据

从量变到质变：中国经济的现代化理路 / 刘向东 著．
—北京：中国经济出版社，2018.10
ISBN 978－7－5136－5465－4
Ⅰ.①从… Ⅱ.①刘… Ⅲ.①中国经济—现代化建设—研究 Ⅳ.①F124
中国版本图书馆 CIP 数据核字（2018）第 269784 号

责任编辑　闫明明
责任印制　巢新强
封面设计　任燕飞

出版发行　中国经济出版社
印 刷 者　北京艾普海德印刷有限公司
经 销 者　各地新华书店
开　　本　710mm×1000mm　1/16
印　　张　31
字　　数　400 千字
版　　次　2018 年 10 月第 1 版
印　　次　2018 年 10 月第 1 次
定　　价　88.00 元
广告经营许可证　京西工商广字第 8179 号

中国经济出版社 **网址** www.economyph.com **社址** 北京市西城区百万庄北街 3 号 **邮编** 100037
本版图书如存在印装质量问题，请与本社发行中心联系调换（联系电话：010－68330607）

如何感知中国经济40年之变

一、中国经济系统有其复杂性和难解释性

中国经济运行系统是一个非常复杂的系统。它的复杂性不在于它不遵守经济的一般规律，令人捉摸不透，而在于有技术、政治、外交等太多的变量会对经济系统产生影响，这些变量涉及很多的利益相关者，包括消费者、企业、政策制定者以及越来越多的社会组织，反映在宏观层面就会呈现出人为活动相互作用下的不同的侧面和色彩。对于中国经济走向，“横看成岭侧成峰”，既有坚定看多的观点，也有长期唱衰的观点，还有保持中庸的观点。对宏观经济分析者来说，最困难的并不是怎样预测中国经济的未来表现，而是怎样更合理地解释中国经济中的某些特色现象。如果我们只是单向度地分析中国经济系统，就如同“盲人摸象”，只知其一，不知其二。如何更好地理解和解释中国经济这个复杂的系统，既是经济学界努力寻找的答案，也是很多政策制定者拟从中探求的方向。

改革开放以来，中国经济维持了40年的高速增长，这一成就被誉为世界经济发展史上的一个“奇迹”。对于中国经济是怎么发展起来的，世界上有很多专家、学者提供了不同的解释。有的把中国经济发展的成就归结为中国采取的渐进式改革，而有的则归结为中国长期高储蓄的存在，还有的归结为搞对地方的激励和中国人民的勤劳，如此等等。可以说，每种解释都有一定的道理，但也总有人会寻找到反驳的事例，

而且不同解释之间可能存在矛盾，不像自然科学那样可以做实验设计。因此，人们不断尝试做出的这些解释尽管都很有道理，但是很难去证实或证伪。不管怎样，只要关注和关心中国经济发展，就需要摸索到相应的方式方法，对中国经济发展的成效和趋势做出研判，努力提炼出自圆其说的观点或结论。可以说，这是由中国经济本身的复杂性决定的，也是为什么每天都有那么多有关中国财经形势的文章和观点。要从繁杂海量的财经信息中看透中国经济的未来走向、政策动向和资金流向并不是一件容易的事情，即便人们可以使用大数据、人工智能等现代工具，也很难预知或透视中国经济的未来。

但即便只能看到中国经济的一个侧面，做些具体深入的分析也是有价值的。无论是基于某个时点横截面的观察还是出于历史视角的深思，在操作上分析中国经济运行态势，都离不开从总量和结构、存量和增量、数量和价格等方面来展开分析，并就现状与趋势、相关和因果、问题与对策等提供验证、判断和构思。如同对世界的认识过程，人们对中国经济的认识也需要从历史数据和理论假设出发，并根据对结果的预期采取行动。某些专家之所以能准确预测经济的波动，主要在于其能从过去的经验中学习，并在一定的假设条件下对经济的波动变化做出预测。如很多专家预测未来 2 ~ 3 年中国经济增长有望稳定在 6% ~ 7% 的区间。很多时候，这种预测往往短期有效，而长期是无效的。这是因为大家对近期掌握的信息和知识比较多，而对未来影响经济变化的因素知道得比较少。如技术革命会对经济活动产生广泛的影响，而技术演化本身是难以预知的。虽然有专家非常关注中国经济中长期的变化趋势，但要具体预测经济增长走势却很难提供有说服力的证据，很多时候中长期的预测值与实际值会偏离很多。即便在当前经济理论方法日益精巧的条件下，对中国经济未来 20 ~ 30 年的增长率预判也不是那么容易，因为多数时候未来发生的事情并非对过往的重复再现。经济分析要回到实体经济本源，回到宏观政策的有效性，回到经济常识中。

二、从多个侧面观察中国经济的现代化转型

改革开放后中国经济的变革实践，我们很难用某一种经济学理论给予合理的解释。如果按照经济周期理论，中国经济运行也应存在周期性波动，虽有波动但是平均仍维持了40年的高增长，这意味着简单地套用经济周期得出的结论有较大的偏差。不同于西方国家的自由市场经济，中国特色的社会主义市场经济脱胎于计划经济体制，而中国的发展肇始于传统农业社会，两者相互作用的结果造成中国经济发展轨迹并未照着教科书的理论展开，因为任何重大的制度变革和政策方针，如中共十一届三中全会和十八届三中全会等提出的中国经济发展方略，都可能改变理论上的运行轨迹。

对于仍处于转轨中的中国经济，我们很难拿过去的重复来预测未来，即便某些时候在政策制定上会存在一定的路径依赖，但技术、政策和市场相互作用的结果也可能致使依据经验的逻辑推断不具有可信性。尤其是颠覆性技术革新有可能重塑经济系统的形态。如当下的中国接受了互联网、大数据、云计算等技术的应用，使自己的经济系统中有了新的成分，既包括对一些传统经济成分的更新改造，使其由旧动能转换为新动能，也包括对一些传统经济成分的清除替代，并能直接催生出支撑经济的新动能。如今，中国经济系统中新旧动能都存在，而且会随着时间推移相互转化，并展现出不同的特点。

从宏观层面上讲，中国经济的分析框架仍可从总供给和总需求两个角度观察。从总需求角度看，消费、投资、净出口是拉动中国经济增长的“三驾马车”。短期内，稳定中国经济增长的举措还是需要从总需求不足的原因着手，由此可以采取稳定外贸、扩大有效投资和消费需求的政策措施。为了应对2008年国际金融危机，中国曾出台了一揽子刺激总需求的计划，及时稳住了中国经济。但不可否认的是，前期刺激政策也产生了一些副作用。在前期刺激政策消化尚未完成的

情况下，再次出台大规模刺激总需求的政策措施将很难达到预期效果。而要解决中国经济持续增长的内生动力不足问题，不能仅仅从需求侧进行调整，还要从供给侧实施结构性改革。

在历史要求转型发展的背景下，中国主动从供给侧出发加快产业结构调整，实施创新驱动发展战略，提高全要素生产率，进而提高中国经济的潜在增长率。虽然供给侧的改革通常不会对经济增长带来立竿见影的提振效果，但却能够为中国经济未来的健康发展提供重要的基础。换句话说，中国实施的供给侧结构性改革将会改变中国经济原有的运行轨迹，为其朝着一个更健康的方向运行提供可能。

实施供给侧结构性改革并非只是培育新增长点和优化结构的需要，还承载着解决经济与环境、经济与社会等多方面协调发展的内在要求。中国经济发展成果举世瞩目，但与环境、社会和人的全面发展还不够协调，甚至已存在某种形式的对立和冲突。中国发展的目的首先是满足人们日益增长的对美好生活的需要。以此为出发点亟须调整现有的政策导向，实施就业优先的政策，并将就业和增收纳入宏观调控的优先目标。中国经济转向高质量发展的前提是保证国内居民的生存权和发展权。这意味着必须尊重自然、顺应自然、保护自然，避免在开发利用自然上走弯路，表现在环境政策上就要使经济发展与资源消耗和环境破坏逐步脱钩，发展绿色经济和循环经济，使中国经济的现代化成为人与自然和谐共生的现代化。

毋庸置疑，中国经济的发展是具有政治意义和社会特点的，不仅讲求实事求是和追求效率优先，还讲求兼顾公平和追求共同富裕，让改革发展成果更多、更公平地惠及全体人民。因此，共享发展也成为中国经济转型发展中不可或缺的一部分。

三、运用指标工具分析中国经济发展轨迹

党的十九大报告提出了中国经济由高速发展转向高质量发展的命题，如何认识、解释和破解这个命题，各方专家都有各自的思路、想法和框架。我们可以看到，经过40年的改革开放，中国经济确实有了较大的发展进步，已经形成了12万亿美元的规模，农业、工业和服务业生产率都有了明显的提高，技术、环境和社会发展也有了显著的进步，但无论从人均意义上还是从发展内涵上与先进国家都还有较大的差距。可以说，中国经济仍然存在着由量变到质变的过程，尤其是在建设现代化国家的道路上，中国经济的现代化仍有较长的一段路要走。

面向高质量发展，中国不仅要坚持社会主义市场经济改革方向，还要坚持“质量第一、效益优先”，加快建设现代化经济体系。对于分析者来说，把握中国经济现代化发展变化趋向，既要弄清楚发展的逻辑脉络，又要找到发展的实现路径，即努力做到知“理”寻“路”。研究中国经济，知易行难，准确预知变化更难。当前，中国经济无时无刻不在演变之中，即便仅离开中国一两周再回来，对中国经济的认识也可能会滞后，这时就需要及时补课充电。

每天面对繁杂的财经新闻和精巧的经济理论，很多人都很难抽身去钻研辨别这些新闻的真伪、认识理论的局限。同样，捕捉中国经济变化的全貌也是很难做到的。在快节奏的生活中，人们认识中国经济的变化可能只是浏览一下新闻或从与他人的交流中获知，即便是经济分析者和政策制定者也期望能在较短时间获得最大的信息量。因此，经济分析必须从简化开始，也就是说专注于某几个关键指标。

经济指标就是宏观调控的重要管理工具，如果对具体指标变化缺乏了解，就很难做出准确的预测和决策，对政策制定者尤为如此。任何政策的制定都需要确定几个关键指标，既可以作为管理的工具，也可以作为目标设定的依据。例如，美联储在调整货币政策时往往关注通胀和就

业指标，中国政府在制定 5 年规划时都会从各项指标出发进行分析和目标设定。这种做法就是简化的做法，期望根据对几项指标变化的观察能见微知著，尽可能把握经济变化的本质。为此，经济分析工作需要筛选和比对哪些指标最能反映中国经济变化的各个侧面，以便把握其变化的方向和趋势。从事经济分析和政策制定尤为如此，需要同时观察经济指标变化和政策实施效果，重点分析经济运行中的倾向性、苗头性和潜在性问题。这样做的好处在于能及时看到政策本身及其实施中的漏洞，以便查缺补漏，及时提出有建设性的政策建议。对大多数人来说，当不能“笼天地于形内，挫万物于笔端”时，就要利用所掌握的指标信息，尽可能地做出更专业的判断。

目　录

第三章　动能转换之变

何为新经济？何谓新动能？当代中国经济具有多样性，既有旧经济的成分，也有新动能的养分，两者相互转换，相克相生，既如新陈代谢，又如脱胎换骨。

第四章　消费升级之变

中国拥有13亿多人口的消费大市场，其消费特征更是表现出个性化、多样性，既有消费升级，也有消费降级，但整体来看，消费升级转变趋势是不可逆转的，因为人们对美好生活充满向往。

第五章 投资增效之变

作为拉动经济增长的“三驾马车”之一，投资可以熨平经济的周期波动。面对投资边际效益递减的困境，要挖掘有效投资需求，使其继续发挥“稳定增长发动机”的作用。

第六章 出口导向之变

国际金融危机后，外需市场有所萎缩，特别是美国借贷消费的模式遭受挑战，美国再工业化战略引导产业和资本回流，中国出口导向模式难以为继？

第七章 产业结构之变

消费需求快速变化正在引导产业结构调整变革。无论是农业、制造业还是服务业，都需瞄准新需求提供更高质量的新产品、新服务。

第八章 要素供给之变

中国制造赖以生存的低成本优势正在消失，面对高企的要素成本压力，要努力将生产中心转变为创新中心，用“工程师红利”取代“人口红利”。

第九章 通货膨胀之变

在经济转轨过程中，中国既经历过因价格闯关而形成的高通胀，也经历过因总需求不足导致的通货紧缩。这些经历增强了中国对通胀的宏观调控能力。

第十章 地产调控之变

房地产市场已被视为中国经济的“灰犀牛”，限购限贷等短期政策调控效果明显，但更需要改变僵硬的调控思路，建立长效机制。

第十一章 就业导向之变

就业是最大的民生，保就业就是保民生。统筹考虑充分就业和高质量就业的目标，以此为导向形成更侧重民生的宏观政策。

第十二章 收入分配之变

经济发展强调效率，收入分配强调公平。促进居民持续增收和确保公平分配是经济发展的目的。

第十三章 绿色发展之变

当下之中国，环境污染既是发展问题，也是生态问题，还是更大的民生问题，已危及居民的生命和尊严，关系中国建设现代化国家的成败。

第十四章　共享发展之变

共享发展不是“吃大锅饭”，而是更好地平衡社会公平和经济效率，找准社会短板，解决民生短板，加快补齐短板，让经济发展的成果更多、更公平地惠及全体人民。

第一章
经济周期之变

改革开放40年来，中国经济并没有经历自由经济体表现出的那种W型的周期波动，而是表现出持续高增长的韧性和惯性。与改革开放前30年相比，近10年中国经济增速开始缓慢下台阶，特别是2012年以来中国经济逐步进入中高速增长的新常态，并由高速增长阶段迈入高质量发展阶段。

中国经济是否符合市场经济的周期律？增速换挡是否意味着经济增长出现拐点？有什么样的理由确信中国经济仍能保持中高速增长和高质量发展？既然把防范金融风险放在经济工作的突出位置，是否意味着中国经济运行中有不可规避的陷阱或风险？是否意味着中国经济运行已经触及“硬着陆”风险的底线？为了回答这些问题，我们从经济周期的视角探讨中国经济增长的重大转变，并试图从多个侧面阐释中国经济运行的逻辑、风险及应对策略。

2008 年爆发的国际金融危机终结了中国经济两位数增长的态势，并使不平衡、不协调、不可持续的问题凸显，过去依靠借贷和投资的发展模式已难以为继，过去依靠加工制造和扩大出口的发展模式也已不可推行。中国经济在 2008 年应对金融危机的 4 万亿计划的刺激下经历了 2010 年的短暂复苏后，增速逐步下降一个台阶，进入 6% ~7% 的新常态。走向平常的中国经济必须加速转型，通过全面深化改革，摒弃粗放扩张的旧模式，追求效率提升的新经济，使经济转到持续健康发展的轨道上来。如果中国经济成功实现转型，则其经济增长对世界经济的发展将会产生更大的影响。

第一节　中国经济增长的拐点之说

过去几年，有关中国经济增长是否出现拐点的争论甚嚣尘上，而中国经济进入新周期的观点也是众说纷纭。中国经济增长是否真正有自己的周期律？对此，还要从中国经济实际表现来看中国经济发展是否符合市场主流认识的周期性规律。换句话说，现阶段中国经济进入新常态和迈向高质量发展阶段，这一变化过程是否印证了符合经济周期规律的特性。

一、中国经济增长的 L 型走势

国际金融危机以来，中国经济增速呈现震荡下降态势，从 2010 年一季度的 12. 2% 逐步下降至 2016 年前三季度的 6. 7% ，降幅接近 50% ，之后虽有些许反弹，但维持在6.7%～6.9%的区间窄幅波动（见图1-1）。由此市场预期中国经济增速不再下行，呈现L型中的平稳增长态势，逐步体现出中国经济新常态的特征。

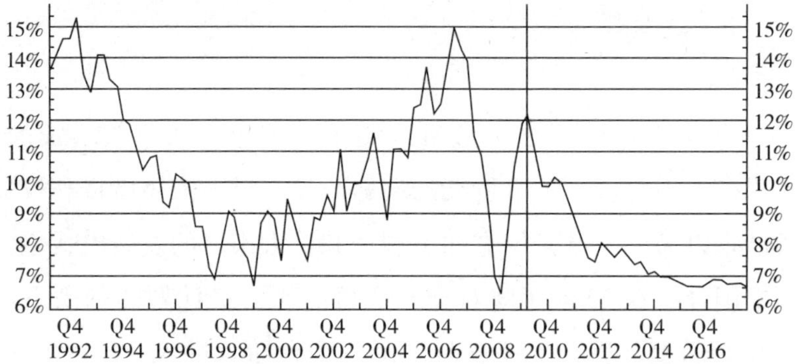

图1-1　1992年3月—2018年6月中国GDP季度增速（不变价）

资料来源：Wind资讯。

2014年底召开的中央经济工作会议对中国经济新常态做出过系统阐述，指出“认识新常态，适应新常态，引领新常态，是当前和今后一个时期我国经济发展的大逻辑”。这意味着中国经济体系正发生一系列的变化，包括经济增速换挡从高速增长转向中高速增长，经济发展方式从规模速度型粗放增长转向质量效率型集约增长。换句话说，中国经济发展进入新阶段，增速下降至中高速的平台后将维持窄幅波动。

2016年5月9日，《人民日报》刊发的《开局首季问大势——权威人士谈当前中国经济》指出，中国经济运行不可能是U型，更不可能是V型，而是L型的走势。这个L型是一个阶段，不是一两年就能过去的[①]。照此判断，意味着在可预见的未来，中国经济运行态势仍将总体平稳，既不会出现强劲反弹的V型走势，也不会出现明显的失速下滑。从2018年前三季度的经济运行情况来看，中国经济在经济下台阶

① 开局首季问大势——权威人士谈当前中国经济［N/OL］．人民日报，（2016-05-09）［2018-09-10］．http：//politics. people. com. cn/n1/2016/0509/c1001-28333725. html.

后逐步收敛至6.7%～7%的合理运行区间，表现出与L型走势近似的特征。

党的十九大报告中提到：我国经济已由高速增长阶段转向高质量发展阶段，正处在转变发展方式、优化经济结构、转换增长动力的攻关期。倘若这一步走得好，就意味着中国经济将会维持在中高速增长更长一段时间，即把L型的后尾拉得更长一些。国家统计局的数据显示，截至2018年前三季度，中国经济增速已经连续13个季度保持在6.5%～6.9%的区间，这似乎表明中国经济增速正在6.5%～7%这一区间筑底拉长后尾。从经济稳定性上来看，相较于1992—2000年、2001—2007年，2008年以来中国实际GDP增速的平均标准偏差已由2.56、2.02下降至1.66，而2015—2018年上半年该值更是只有0.11，这意味着中国经济增速的波动性降低。从总体形势上看，在没有“黑天鹅”事件冲击的情形下，支撑经济迈向高质量发展的有利条件积累增多，中国经济有望长期实现平稳健康的增长。

2018年前三季度，中国经济增速再次回调到6.7%的水平，三季度当季下滑至6.5%，今后是否还会维持在这一水平尚待观察。有专家认为，中国经济有较强的韧性、潜力足、回旋余地大，特别是在供给侧结构性改革深入推进的条件下，中国经济长期向好的基本面没有变，“十三五”时期经济仍能保持在6.5%～7%的区间波动。同时，也有专家注意到中国经济运行中的风险，包括债务风险、地产泡沫和资金“脱实向虚”的问题。由此不少学者认为中国经济仍有较大的下行风险，倘若处理不当则可能掉入“中等收入陷阱”①。据世界银行统计的数据，2017年中国人均GDP为8827美元，水平接近于20世纪70年代末的美国、德国、法国、日本，80年代的英国，90年代初的韩国，而这些国

① “中等收入陷阱”（Middle Income Trap）主要是世界银行《东亚经济发展报告（2006）》提出的概念，指当一个国家或地区的人均收入达到世界中等水平后，因为不能顺利实现经济发展方式的转变，导致经济增长动力不足，最终出现经济持续走低并在低位徘徊的一种状态。

家都是跨越过“中等收入陷阱”的。对中国这样的经济体来说，有专家表示，“中等收入陷阱”是个伪命题。给出的理由是，中国经济增长的稳定性比那些陷入“中等收入陷阱”的国家强得多，而且在研发投入和人力资本上有自主的追赶能力，同时正在全面建成小康社会，居民的收入分配差距逐渐缩小，更重要的是，对外部经济的依赖程度并不高，政府有一套成熟灵活的宏观调控政策体系。也有学者认为，中国经济运行变化非常复杂，很多经济发展的表现都已经展现出掉入陷阱的特征，可以说就是到了爬坡过坎的关键阶段，不进则退，因此尤其考验当政者的宏观经济调控能力。

从趋势演化来看，中国经济增速长期维持中高速增长的难度加大。特别是2018年以来，中国经济虽然保持了总体平稳、稳中向好的态势，主要经济指标运行比较平稳，经济结构持续优化，就业形势总体稳定，企业利润较快增长，但经济运行稳中有变，仍面临一些新问题、新挑战，特别是外部环境发生明显变化，增加了经济下行的压力。特朗普当选美国总统以来，美国内外政策加快调整，如对外着力实施贸易保护政策，尤其是针对中国提高贸易关税壁垒，这在一定程度上显然会给中国的经济转型增加压力。有专家对中国经济能否维持6.5%～6.7%这一中高速增长水平表示担忧，认为中美贸易摩擦带来的外部风险可能会让中国经济增速大幅下滑至5%以下。显然，这种担忧是不无道理的。很多专家预计，中美贸易摩擦将会长期存在。这是否会导致中国经济进入新的衰退周期呢？从现有的观察来看，这种迹象并不明显，因为中国经济增速的韧性比以往更强，主要表现为中国经济对出口依赖程度的减弱和对内需市场依赖的增强上。

二、中国经济的周期波动探析

当前，经济学界对中国经济是否会像美国经济那样出现周期性波动存在较多的争论。有的学者认为，随着中国经济越来越多地让市场在资源配置中起决定性作用，经济运行就应遵循美欧等自由市场经济规律，呈现出周期性波动，即经历不同的经济周期（又称商业周期、商业循环、景气循环），经济运行会呈现出繁荣、衰退、萧条、复苏等阶段的循环往复，这意味着每一次经济复苏都会在市场出清之后开始，每一次经济衰退都会在繁荣泡沫破灭之后产生。被实际验证最多的是，美国经济的这种周期性变化最为显著，平均十几年就会经历一次经济周期景气循环（见图1－2）。

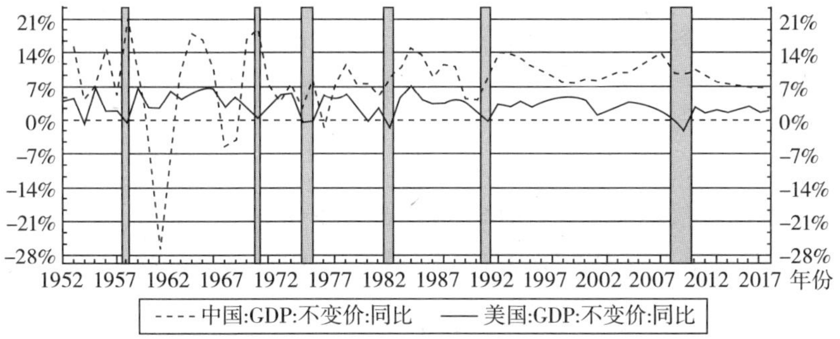

图1－2　中美GDP增长的周期性波动对比（1952—2017）

资料来源：Wind资讯。

从历史数据来看，即便是美国经济周期性地波动，既有经济过热后突然陷入危机的“黑天鹅”时刻，也有危机后持续复苏向好的进程，例如2008年美国爆发的金融危机，就没有完全遵循这一周期规律。按照美国经济周期变化规律，繁荣之后应有一个衰退过程，但2007年美国次贷危机发生之前，美国经济表现出的欣欣向荣有望拉长繁荣阶段，几乎没有学者预料到美国经济会陷入危机的边缘。与此相反，金融危机之后大多数经济学家都认为美国经济很难在短期内恢复繁荣，取而代之的将是一个漫长的市场出清后的逐渐复苏过程，但实际情况是在美联储采取非常规的量化宽松刺激政策后，美国经济却是率先复苏的。这导致其他经济体更加难以机械照搬传统的四阶段经济周期理论。

改革开放之前，中国经济并没有表现出经济周期波动特征，而经济波动更多地受政治运动的影响；自改革开放以来，中国经济经历长达40年的高速增长，其间虽有一定幅度的波动，但是并未陷入严重的衰退或者发生大规模危机。尽管1997年的亚洲金融危机和2008年的国际金融危机使中国经济遭受了较大的外部冲击，但是中国政府采取的一揽子危机应对措施，刺激中国经济重新恢复高增长态势，延续中国经济潜在的增长需求。

从发展的视角看，改革开放后中国经济的高速成长历程与日本20世纪50—70年代和韩国20世纪60—90年代的高速增长历程有着相似之处，但随后日韩经济增速出现下滑迹象，即由高速增长转向中高速甚至低速增长阶段。尤其是日本，随着泡沫经济的破灭，1992年之后这段经济陷入持续低迷状态，20世纪90年代年均增速下降至接近0的水平，21世纪前10年日本的实际GDP增长率维持在1%左右，这段时期被称为“失去的二十年”。由此，有很多学者担心中国经济也会重蹈日本的覆辙，遭受泡沫经济破裂之苦。

自2010年以来，中国经济发展前景越发不被看好，中国资产泡沫化屡次被提及，其成因与日本土地泡沫的形成极其相似。其一是近10年间北、上、广、深等城市房价上涨了4～5倍，租售比已经跌至2%以下，接近日韩地产泡沫顶峰时期的比值。其二是多轮房地产调控后都伴随着新一轮房价暴涨，加上政府对土地供应的控制力较强，社会由此形成“大中城市房价会永远涨下去”的强烈预期，这意味着地产投资回报高，更多资金继续投入这一领域，挤压了其他行业的投资，使其在政策收紧的时候屡次陷入融资难、融资贵的困境。

根据经济周期理论，经济波动是长期存在的经济现象，并在一定时期内呈现出较强的时间周期性。按照时间阶段划分，经济周期通常可划分为短期、中期、中长期、长期4个阶段，分别对应着基钦周期（库存周期）、朱格拉周期（设备投资周期）、库兹涅茨周期（建筑周期）和康德拉季耶夫周期（康波周期）。从这类周期的另外表述可以看出它们针对的是不同的生产供应领域或行业领域。如英国经济学家约瑟夫·基钦（J. Kitchen）于1923年提出的为期3~4年的经济周期，主要是他根据美国和英国1890—1922年的利率、物价、生产和就业等数据表现出的存货变动现象，归纳总结出在40个月左右存货就会出现有规则的上下波动，即厂商生产过多就会形成存货从而减少生产消化存货，这种短周期的库存调整后来被称为“基钦周期”。早在1862年，法国经济学家朱格拉（C. Juglar）就在《法国、英国及美国的商业危机及其周期》中提出了一种为期10年左右的经济周期，认为经济周期波动是自然发生的现象，与人们的储蓄、消费习惯以及可利用的资本和信用使用有直接关系。按照朱格拉周期，可以将经济活动变化划分为繁荣、危机和萧条三个阶段，这三个阶段的周期反复波动主要表现为国民收入、失业率和多数经济部门的生产、利润和价格的波动变化，我们通常会使用设备投资占GDP比重来观察判断当前经济运行所处的朱格拉周期的具体阶段。通常认为，朱格拉周期由3个基钦周期组成。

1930年，美国经济学家库兹涅茨（S. Kuznets）提出一种与房屋建筑相关的平均20年左右（15~25年）的经济周期，该周期理论主要通过观察建筑行业兴衰变化而得出周期性波动现象，因此库兹涅茨周期往往揭示了房地产行业的周期性变化。比建筑周期的提出得稍早一些，1925年俄国经济学家康德拉季耶夫（N. D. Codrulieff）提出资本主义经济中存在一种为期50~60年的经济周期（长波理论或美林时钟理论的基础），认为全球的资源商品和金融市场将会以50~60年的周期进行波动，其间可大致划分出繁荣、衰退、萧条、复苏4个小波阶段，体现出相当长时期内总的价格的上升或下降。按照这一理论，很多经济学家都给出了长波的阶段划分，业界比较广泛认可的是荷兰经济学家雅各布·范杜因的划分，1771年工业革命以来，世界大致已经历了5个长周期：第一波纺织工业和蒸汽机技术革命（1782—1845）、第二波钢铁和铁路技术革命（1845—1892）、第三波电气和重化工时代（1892—1948）、第四波汽车和电子计算机（1948—1991）、第五波信息通信技术时代（1991 年至今）。2008 年国际金融危机后，第五波长周期开始进入从繁荣向衰退的转换，这意味着这一轮的长波周期即将结束。

1939 年，奥地利经济学家约瑟夫·阿洛伊斯·熊彼特在《经济周期》一书中提出，在资本主义的历史发展过程中，同时存在着长、中、短“三种周期”的理论，分别为康德拉季耶夫长周期、朱格拉周期和基钦周期，这三种长、中、短周期并存且相互交织，即一个长波周期包括 5 ~ 6 个中波周期，而一个中波周期大约包括 3 个短波周期。为了更好地解释这个综合的经济周期理论，熊彼特以创新理论为基础，通过观察各个时期的主要技术创新及其应用以及生产技术的突出发展来解释经济的周期波动与发展，而以技术创新为驱动的周期有 48 ~ 60 年，这一长波周期又被称为“熊彼特经济周期”。基于以上经济周期理论，后来学者们又依据不同的技术创新扩散、就业、利率、金融、政治更迭等因素演化出许多不同的经济周期理论，包括产能周期、金融周期、房地产周期、政治周期等。

从上述经济周期理论可以看出，这些经济周期都是从资本主义经济的历史实践中总结出来的经验，是否适用于改革开放以来中国经济发展的实践尚待观察。从 1978 年算起，中国经济尚未经历一个长波周期，因此还很难研判是否符合长周期理论，而从短波周期来看，中国经济在高速增长过程中也有所波动，但是并不像美国经济周期波动那么明显。这是因为中国经济尚处于由计划经济体制向市场经济体制转轨的过程中，需要从政治经济学的角度考察政策调控对经济运行产生的影响。通常，政策制定者往往会采取逆周期的宏观调节政策，而在转轨型国家，这些政策刺激或政府干预非常普遍，从而使其经济成长进程变得更加复杂且不具有周期预测性。

在《两次全球大危机的比较研究》一书中，作者依据熊彼特的经济周期理论，比较分析了重大的技术革命发生后经济周期的变化，据此认为："技术创新引起繁荣，繁荣又是萧条的原因，重大的技术革命引起大繁荣，毫无疑问也会引起大萧条，这是历史周期律的重要表现。"① 如前所述，2008年国际金融危机后，中国经济增长正在经历一个下台阶的过程，这种变化固然有其内在规律，但其中也受到全球经济周期波动的影响，在过去20多年全球市场扩张时期接近尾声时，国际市场收缩将会持续较长一段时间，从而给以出口为导向的经济体带来较大的下行压力。危机在带来破坏性的同时也孕育着新一轮的技术创新，而技术的成长更替使得世界经济逐步进入新一轮的长波周期。在新一轮的技术长周期中，率先进行结构调整和技术领先的国家、企业，将会赢得发展的先机和主动权，并能坦然应对长周期波动带来的冲击。随着改革开放日益深化，并且受到外围经济周期波动的影响，中国经济的波动风险与日俱增。由此推断，未来20年中国经济遭遇长周期波动的概率将大幅增加。

关于经济周期的监测通常使用各种不同的指标，包括先行指标、同步指标和滞后指标，而预测周期波动则常用计量模型、可计算一般均衡模型（CGE）和经济景气指数等方法。从目前来看，除了常规使用计量模型和均衡模型做中长期经济预测外（见表1－1），国内也有很多机构专家使用经济景气方法监测预警中国经济的短周期波动②。从效果来看，都有一定的合理性，但也都有其缺陷，难以全面描述中国经济的复杂性。

表1－1　中国经济增长的中长期展望

项目	1995—2010年	2011—2015年	2016—2020年	2021—2025年	2026—2030年
GDP潜在增长率（%）	9.9	8.6	7.0	5.9	5.0
就业增长率（%）	0.9	0.3	－0.2	－0.2	－0.4

① 刘鹤．两次全球大危机的比较研究［M］．北京：中国经济出版社，2013：7.

② 张永军．经济景气计量分析方法与应用研究［M］．北京：中国经济出版社，2007.

续表

项目	1995—2010 年	2011—2015 年	2016—2020 年	2021—2025 年	2026—2030 年
劳动生产率增长率（%）	8.9	8.3	7.1	6.2	5.5

资料来源：世界银行和国务院研究发展中心联合课题组.2030 年的中国：建设现代、和谐、有创造力的社会［M］.北京：中国财政经济出版社，2013. 节选自第一章“中国的道路：1978—2030”表 1－1.

三、中国经济遭遇“明斯基时刻”？

经济危机爆发的成因有很多种，而靠债务驱动的经济又最容易爆发债务危机。1997 年亚洲金融危机时，东亚国家和地区遭受的破坏较大，主要原因是过度依赖外部投资导致外债占比较高，在没有足够外汇储备抵御本国货币大幅贬值的情况下只能忍受外部冲击而造成资产缩水，相反那些债务占比不是太高的国家和地区都能够抵御得住外汇市场的冲击。2008 年金融危机的起因主要是美国的次贷危机。在宽松货币金融环境下，美国居民信用消费急速增加，家庭购房债务激增，房地产市场相关金融产品过度膨胀，导致市场上弥漫着非理性乐观情绪，认为新经济和全球化已经熨平经济的周期波动。

2007 年 4 月，美国第二大次级抵押贷款公司新世纪金融公司申请保护破产；2008 年 9 月 15 日，美国第二大投资银行雷曼兄弟因次贷亏损而宣布破产，从而引发了影响深远、涉及广泛的国际金融危机。而此后欧洲爆发的主权债务危机，虽说是由国际金融危机的蔓延和转化而来的，但更多反映了欧洲主要国家政府债务水平较高，加大了其经济运行的脆弱性。

高债务驱动的经济增长显然是不可持续的，一旦遭遇资不抵债的情况就会迅速蔓延和恶化，引发连锁反应造成债务危机，而债务危机将会冲击公共财政和金融体系的稳固性，迫使政府不得不加强债务整顿，实施紧缩性财政政策，以及采取宽松的货币政策对冲债务紧缩。通常债务膨胀到资产收益不能与之相抵时，资不抵债将会促使放贷者加快收回贷款，进而导致资产价值的崩溃，这一时刻常被称为“明斯基时刻”①。

2007 年美国爆发的次贷危机就是典型的明斯基时刻，即美国资产价格崩溃，金融市场爆发危机的时刻，也是美国经济由繁荣走向衰退的转折点。值得注意的是，明斯基时刻的出现既可能伴随“黑天鹅”事件的发生，也可能是“灰犀牛风险”积聚后的突然爆发。概括来讲，明斯基时刻的出现通常有四个方面的征兆：一是经历较长时间的经济繁荣时期，很多投资者都存在非理性繁荣的幻想，因而敢于大规模地加杠杆举债投资；二是投资者持续不断地加杠杆举债，形成了较高的债务杠杆率，并相信只要经济维持繁荣，再高的杠杆率都是可以接受的；三是资产价格持续快速上涨，让投资者认为所投资的资产的增值收益可以抵消债务负担带来的成本压力；四是长期宽松的货币政策可以让投资者享受到低成本的借贷融资，从而使其能举债扩大资产规模。在这种条件下，会形成一个资产和债务持续膨胀的过程。而这一过程也是经济金融运行中风险不断积聚的过程，如同“温水煮青蛙”，开始时投资者并没有感受到多大的债务成本压力，而后来资产价格的持续上涨又让其充满乐观情绪，始终认为资产收益足以抵补债务负担，但当某个环节出现资不抵债时就会发生系统性风险，即出现所谓的“明斯基时刻”。

2007 年爆发的美国次贷危机就是类似的情况，美国乃至全球为此付出了较大的代价。国际金融危机后，美国及时采取了确保金融安全的补救政策，提升了金融安全的边界与强度，全球主要经济体加强了宏观政策协调，在全球经济艰难复苏和去杠杆形成共识的背景下，金融杠杆率整体下降，投资者对增长预期不再乐观，非理性投机动机和行为整体偏弱，抑制了经济的过度投机泡沫，此时促使明斯基时刻出现的外部条

① 明斯基时刻（Minsky Moment）是由美国经济学家海曼·明斯基（Hyman Minsky）在《稳定不稳定的经济：一种金融不稳定视角》中提出的金融不稳定假说，即经济天生有内在的不稳定性，经济好的时候，投资者倾向于承担更多的风险，当经济向好的时间拉长时，投资者愿意承担的风险会越来越高，直到超过收支不平衡点而崩溃，这个崩溃的时间点就被称为明斯基时刻。

件有所弱化。

美国之前的以债务—通缩为典型的演化机制，使再次发生次贷危机的可能性降低，但此前美国大规模的量化宽松政策已经导致很多新兴经济体出现了非理性繁荣，这在房地产市场表现得尤为明显。随着美联储加息、缩表等政策操作，很多新兴市场国家都面临资本外流特别是美元回流的问题。特朗普政府引导的美国霸权的收缩和世界领导责任的放弃，将极大地影响国际汇率市场的变化，动摇外汇市场的基准体系，而汇率波动加剧可能会加大新兴市场资本外流的程度，导致这些国家货币政策操作难度加大。

2008 年以来，小型的开放经济体特别是发展中经济体很容易因外债负担加重而引起明斯基时刻，如阿根廷、土耳其等国家的货币出现大幅贬值，给国内经济带来了负面冲击。同样，中国经济也面临着较为严重的债务压力。很多投资银行纷纷担心中国将会遭遇明斯基时刻。2017 年 10 月 15 日，时任中国人民银行行长周小川在华盛顿 G30 国际银行业研讨会上通过使用“明斯基时刻”对市场上过于乐观的情绪发出警告。10 月 19 日，周小川在党的十九大中央金融系统代表团开放日回答媒体提问时再次提及，倘若一家金融机构出现问题，便很快会产生连锁反应，会对经济和就业造成重大冲击，这称为系统性金融风险；全球有一个共同的取向，就是要防止恶性通货膨胀带来的风险、要防止资产泡沫剧烈调整造成的风险。中国要重点防止明斯基瞬时出现所引发的剧烈调整①。这种警告的目的是提醒中国经济避免陷入债务—通缩的循环，虽说中国金融系统整体上不会发生明斯基时刻，但是地方政府、国有企业和居民家庭都有发生大规模债务违约风险的可能。

在经济运行面临的外部不确定性增加以及国内去杠杆政策的施压

① 周小川．人民银行行长周小川在党的十九大中央金融系统代表团开放日回答记者提问［EB/OL］．［2018 - 09 - 12］．http：//www. pbc. gov. cn/goutongjiaoliu/113456/113469/3400764/index. html.

下，有不少“僵尸企业”面临着大规模债务违约的风险，如果所有的“僵尸企业”进入全面破产清算，可能就会引发系统性金融风险；金融机构表外业务和企业表外债务不断增加，随着刚性兑付被打破，“影子银行”及其关联的资产也有可能面临缩水风险，同时社会杠杆率仍处于高位，房地产泡沫消化难度较大，居民部门债务急剧攀升，地方政府的隐性债务存在潜在风险，这些债务风险随时都可能被引爆。

从当前的形势看，中国尽管仍存在着发生系统性风险的可能，但是有关部门加强了资本管制以免大规模资本外流，采取去杠杆政策措施抑制企业杠杆率上升，实施债务置换和地方融资平台整顿，防止地方政府债务失控，压缩“影子银行”的套利空间，提高购房信贷的门槛和利率，等等。随着防风险的各项政策逐步落实，中国出现明斯基时刻的可能性降低。值得警惕的是，当前应该打破中国房地产市场“只涨不跌的神话”，否则仍会加剧各种资源向房地产行业和一、二线城市集中，强化投资者持续投机房产的预期，一旦达到资不抵债的临界点，就会真正地出现明斯基时刻。

第二节 中国经济保持高增长的缘由

改革开放以来，中国经济维持着近10%的高增长，经济社会取得了显著的进步，尤其是在数亿人口减贫脱贫方面取得的成就举世公认。根据国家统计局的数据计算，1978—2017年中国实际GDP年均增长率约为9.6%，其中2017年GDP（现价）达到82.7万亿元，较1978年增长了220多倍；人均GDP由改革开放初期1978年的385元攀升至2017年的59660元，增长了近155倍；以美元计价的对外贸易额年均增长率近16%，由改革开放初期的200多亿美元攀升至2017年的4.1万亿美元，增长了近200倍，中国已发展成为130多个国家和地区的第一大贸易伙伴。

中国经济的高增长引发世界的广泛关注，有学者将其总结为中国发展模式。在世界经济发展史上，中国经济的高增长是必然发生的还是例外成功的？在缺乏原始积累的情况下，中国是仅仅依靠国民的勤劳勤奋就实现了经济的腾飞？中国经济发展的核心动力在哪里？中国发展的经验是否可以给其他发展中国家提供借鉴？对此有很多学者做出过解释和回答，其中持续推进改革开放并把实践作为检验真理的唯一标准将是推动中国经济持续高增长的重要原因。

一、改革开放是解决发展难题的总钥匙

邓小平当年提出了“发展是硬道理”的著名论断，至今仍有极强的生命力和指导意义。“大道至简。”要实现发展就需要不断地、渐进地深化改革和扩大开放。改革开放就是要解放思想、实事求是，吸收人类所有有益的创新成果，在保持社会稳定和创新的前提下，在一些地区进行试验推广，包括包产到户、经济特区、自贸试验区等都是先试验后总结经验推广，从而不断推进生产力变革，逐步提升发展的质量和效益。

（一）改革开放吸收了人类文明的有益成果

中国的发展离不开改革开放，这是40年的实践证明了的事情。实践表明，无论形势发生怎样的变化，发展都是解决中国一切问题的基础和关键。从历史规律和现实需求来看，改革开放是解决发展难题的总钥匙，是确保经济持续健康发展的根本途径。之前，中国的改革开放是“摸着石头过河”，其中的“石头”就是人类一切文明的成果。中国的改革开放吸收了人类文明的有益成果，并很好地将其与中国经济社会发展实际相结合，才逐步取得了今天的成就。今后全面深化改革开放能否成功仍有待实践来检验。发挥和保持中国特色社会主义制度的优越性，既要实事求是地不断推进改革，也要兼容并蓄地持续扩大开放。党的十

九大报告提出："坚决破除一切不合时宜的思想观念和体制机制弊端，突破利益固化的藩篱，吸收人类文明有益成果，构建系统完备、科学规范、运行有效的制度体系。"

全面深化改革意味着要注重借鉴国际先进的治理经验。历史实践证明，中国渐进改革取得的成功离不开对人类文明有益成果的借鉴。"摸着石头过河"的改革思路能有效降低改革的风险和成本，找到适合本国国情的制度措施。例如，世界上很多国家都强调依靠宪法和法律来治理国家。可以说，依法治国是人类文明的有益成果，既是发展市场经济的客观需要，也是国家民主法治进步的重要标志。中国理应借鉴之，并为我所用。党的十五大就曾提出，"依法治国是中国共产党领导全国各族人民治理国家的基本方略"。党的十九大报告重申"依法治国是中国特色社会主义的本质要求和重要保障"。值得注意的是，借鉴各国的先进治理经验并不是简单地照搬照抄，而是取其精华，去其糟粕，通过深化改革对原有不合时宜的做法进行扬弃，努力推进国家治理体系和治理能力现代化，使中国特色社会主义制度日臻成熟完善。

持续扩大开放表明要强调形成与国际接轨的制度安排。为主动参与和推动经济全球化进程，发展更高层次的开放型经济，中国不断地通过试点来推进扩大对外开放，如设立多个经济特区和自贸试验区，积极推进双边、多边自贸区战略，通过磋商谈判主动引入国际通行的规则，包括实施投资准入前国民待遇、负面清单管理制度等，同时赋予自贸试验区更大的改造自主权，积极调整涉外投资相关法律法规，大幅度放宽市场准入，扩大服务业对外开放，保护外商投资的合法权益。为了推动形成全面开放新格局，中国奉行互利共赢的开放战略，重点以海南岛为起点探索建设自由贸易港，以"一带一路"建设为重点，遵循共商、共建、共享的原则，主动参与基于规则的国际经济合作。

全面深化改革开放意味着要坚持中国共产党的领导。中国改革开放40 年取得的成就不能简单地用渐进式改革、廉价劳动力、后发优势、官员激励以及历史经验等因素来解释。有学者曾把中国能成功摆脱贫困陷阱归因于“有指挥的即兴发挥能力”①，体现出的是中央的统放结合，进而推动国家与市场的互动和彼此适应，二者共同随时间演进，即灵活运用脆弱的制度来促进经济增长，经济增长带动制度演进，而完善的制度又维护经济增长。所谓“即兴发挥”就是对不断变化的外部环境具有适应能力。因为中国共产党具备这种能力，中国才走出善治与繁荣孰先孰后的困境。作为即兴发挥的指挥者，中国共产党不是僵化封闭的，而是个具有较强适应能力的学习型政党，也不是松散的，而是有纪律、能指挥的政党，更不是高压控制的，而是能适度放权和有效激励的政党。在领导全国人民推进改革开放事业时，中国共产党能积极吸收人类文明的有益成果，做到既充分肯定中国特色，又防止中国例外主义，同时努力推动中国经验主流化。习近平主席在 2017 年 9 月厦门举行的金砖国家工商论坛上指出：“在中国共产党领导下，中国人民凭着一股逢山开路、遇水架桥的闯劲，凭着一股滴水穿石的韧劲，成功走出一条中国特色社会主义道路。”

（二）改革开放再出发面临更加复杂的内外环境

改革开放 40 年来，中国经济社会取得了巨大的成就和显著的进步，但不可否认的是，我们在享受改革开放成果的同时也付出了资源枯竭、环境恶化和两极分化的代价。我们既要总结经验，又要反思教训，更要深刻地认识到当前全面深化改革开放的紧迫性和艰巨性。2018 年以来，中国经济形势相当复杂，面临的外部挑战增多，国内矛盾更加突出，发展的有利空间在缩窄，全面深化改革的紧迫性增强，持续扩大开放的压力加大。

国际方面。与过去 40 年相比，中国经济当前面临的外部环境发生了很大的变化。中国致力于建设社会主义现代化强国的雄心已让发达国家感受到了“中国崛起”的威胁。中美贸易摩擦就是这种威胁感知的

① Yuan Yuan Ang. How China Escaped the Poverty Trap Cornell University Press, 2016.

重要体现之一。美国特朗普政府不顾一切挑起中美贸易战，并非简单地追求缩减贸易逆差，而是针对“中国制造 2025”实施精准打击，遏制中国制造业发展的未来，迫使中国始终停留在低端制造领域。近期，美国、欧盟和日本发表联合声明称，将在世界贸易组织（WTO）和其他跨国组织层面展开合作，联手对抗扭曲市场的贸易做法和政策。这一声明虽未公开提及中国，但具体指向不言而喻。

国内方面。过去的很多年，我们坚持以经济建设为中心，很多时候在执行过程中就简单地以 GDP 为中心，造成不充分、不平衡发展问题积重难返。例如，过去以土地财政利益驱动的住房市场化改革，导致资金“脱实向虚”现象严重，经济金融风险集聚增多，科技创新投入不够。又如，过去快速的城镇化进程和不健全的财税制度造成乡村凋敝、贫富悬殊，形成了难以根除的利益和阶层固化的藩篱，脱贫攻坚任务艰巨，居民收入分配差距较大，群众在就业、教育、医疗、居住、养老等方面面临不少难题。过去长期以 GDP 为核心的政绩观，让很多地方放松了对生态环境的保护，造成环境污染和生态恶化严重，甚至危及和损害到百姓的生存权，形成较沉重的历史欠账。

（三）全面深化改革开放既要保持战略定力更需执行力

在迈向高质量发展的过程中，复杂交织的内外环境将会缩小中国改革开放的时间窗口。面对日益严峻的外部挑战，全面深化改革开放是不是先缓一缓、拖一拖？对此有不少人给出了肯定的回答。出于对当前经济形势的深刻认识，2018 年 4 月中央政治局会议给出的答案是“注重引导预期，把加快调整结构与持续扩大内需结合起来，保持宏观经济平稳运行”。

加快结构调整仍是全面深化改革开放的重中之重。有专家注意到“持续扩大内需”的表述，并对此做出了“促改革”放缓和“稳增长”提前的解读。依笔者看来，这句话的重点应当是保持宏观经济平稳运行，将两者结合体现了政策的前瞻性。其中，加快调整结构仍是主要任务，持续扩大内需则是配合性的政策，即用来缓解结构性改革对经济平稳运行产生的冲击。此次中央政治局会议释放出的信号是坚持供给侧结构性改革的战略定力，使其不受内外各种不确定性因素的干扰，为此要求主动同高质量发展的要求对标，对得上的加紧推，对不上的及时改。“加紧”和“及时”的速度表述体现了全面深化改革开放的紧迫性。此次政治局会议还对打好防范化解重大风险、精准脱贫、污染防治三大攻坚战进行部署，要求更加积极主动地推进改革开放，深化国企国资、财税金融等改革，尽早落实已确定的重大开放举措。

中国继续推进实施供给侧结构性改革。加快推动中国经济高质量发展，坚持以供给侧结构性改革为主线，继续推进“三去一降一补”五大任务，即去产能、去库存、去杠杆、降成本是在做“减法”，补短板则是在做“加法”，重点补科技创新短板，补实体经济不强的短板。2018 年 4 月的政治局会议首次将降低企业融资成本列在减税降费工作的第一位。为激发企业活力，降低企业税负，同年 4 月，国家发改委等四部委联合印发《关于做好 2018 年降成本重点工作的通知》，重点组织部署 30 项任务，全面涵盖降低实体企业税费负担、融资成本、制度性交易成本等九方面内容。5 月，已经实施将 17% 和 11% 两档增值税税率分别下调 1 个百分点等三项深化增值税改革措施，7 月将降低汽车、部分日用消费品等进口商品关税，而个人所得税改革方案则有望加快出台。中央政府还出台相关政策文件，深入推进国有企业改革，优化国有企业工资决定机制，深化“放管服”改革，进一步压缩企业开办时间，建立激励机制和容错纠错机制，进一步激励广大干部新时代新担当新作为。

中国正推出新的、力度更大的改革开放举措。2018 年是中国改革开放 40 周年，纪念的最好办法就是推出更多改革开放的举措。2018 年 4 月 10 日，国家主席习近平在博鳌亚洲论坛上系统、具体地推出 4 个方面 10 多项扩大开放措施，并强调将尽快使之落地，“宜早不宜迟，宜快不宜慢”。随后再次释放深化改革开放的强烈信号，由中共中央 国务院联合发布《关于支持海南全面深化改革开放的指导意见》，赋予海南经济特区改革开放新使命，建设自由贸易试验区和中国特色自由贸易港。2018 年 6 月，国务院出台《关于积极有效利用外资推动经济高质量发展若干措施的通知》，大幅度放宽市场准入，深化“放管服”改革，加强投资促进，优化区域开放格局，提升投资自由化和便利化水平，打造高标准投资环境，实现以高水平开放推动经济高质量发展。接下来将会加大推动社保、医疗、教育等方面的改革力度，进一步深化广东、天津、福建自贸区改革开放方案，在雄安新区、海南自由港、粤港澳大湾区、自贸试验区等区域开放政策方面取得重大突破。

推进全面深化改革开放还体现在不打折扣的执行力上。40 年来，改革开放已进入深水区，遇到的阻力更甚于前。例如，在“破”“立”“降”为主的结构性改革上面临的困难增多。因涉及盘根错节的利益关系，处置“僵尸企业”进展不力，国企改革推进迟缓，房地产泡沫犹如“达摩克利斯之剑”，而经济增速的下行压力更让结构性改革面临掣肘。扩大开放亦是如此。中国的营商环境近年已有大幅改善，但外资企业的抱怨和担忧并未减少，有不少企业开始“用脚投票”即撤资转移。这意味着“加大开放力度”不能只停留在口号上，而应加大执行力度，真正让政策落地转化为生产力。实现高质量发展要坚定地落实各项改革开放的政策举措，在执行过程中不能因噎废食，需付出成本和代价。坚定推进改革开放并不意味着盲目的冒险行为，在增强改革的信心和决心的同时，尚需增加忧患意识与问题导向，坚持稳中求进的工作总基调，及时化解消除各类风险隐患，确保经济持续健康平稳运行，提高中长期发展的质量和效益。

（四）处理好调结构和稳增长的关系

未来 10 年，中国经济仍具有保持 7% ~8% 增长速度的潜力。要真正使未来经济增长的潜力发挥出来，更需要加快经济发展方式转变，推动经济结构全面调整。要确保经济增长不出现大起大落，尽可能熨平经济周期性波动，不仅需要减少经济运行中的风险点，使经济运行长期处于合理区间，还要继续推动经济结构调整，使经济发展更有质量、更有效益。从宏观调控目标来看，中国政府今后强调的重点不再是GDP的增长，而是更加关注居民就业和生活的质量。保持经济持续健康发展和创造更多的就业岗位是全面建成小康社会、实现民族复兴中国梦的必由之路，而从长远来看，当前牺牲一点速度，顶住一些下行的压力是值得的。

二、让市场发挥更大的资源配置作用

改革开放以来，中国社会主义市场经济实践取得了显著成效。作为重要的有机组成部分，非公有制经济得到长足发展，占市场主体的90%以上，创造的GDP超过60%，缴纳了50%以上的税收，贡献了70%以上的技术创新和新产品开发，提供了80%以上的就业岗位。为促进非公有制经济健康、稳定发展，国家围绕促进外资企业、民营企业发展出台了许多政策措施，包括推行利率市场化，完善金融服务体系，重点解决中小企业融资难问题，用改革激发市场活力；着力放开市场准入，营造公平的竞争环境，对各类所有制企业一视同仁，用政策引导市场预期；清理精简涉企收费，减轻企业负担，增强企业对市场需求变化的反应和调整能力，破除部门和地方保护主义，用规划引导投资方向；强化市场法治意识，严惩欺诈、侵权及其他不正当手段谋取经济利益的行为，用法治规范市场行为。

（一）市场在资源配置中由起基础性作用转向起决定性作用

中共十八届三中全会发布的《中共中央关于全面深化改革若干重大问题的决定》（以下简称《决定》）提出，要使市场在资源配置中起决定性作用，更好地发挥政府作用。这意味着社会主义市场经济体制改革的核心问题是处理好政府和市场的关系。发挥市场在资源配置中的决定性作用，首先要界定政府和市场的边界，从广度和深度上推进市场化改革，减少政府对资源的直接配置，减少政府对微观经济活动的直接干预，在建立公平、开放、透明的市场规则的基础上，把市场机制能有效调节的经济活动都交给市场，让市场在所有能发挥作用的领域充分发挥作用，促进资源高效配置，激励微观主体有更多的活力和更大的空间发展经济和创造财富。要更好地发挥政府的作用，不是更多地发挥政府的作用，这对政府管理提出了新的要求，即要在保证市场发挥决定性作用的前提下，做好服务，监管到位。

（二）构建公平竞争环境，激发市场活力和社会创造力

2013年以来，为落实《决定》关于让市场在资源配置中起决定性作用的重大理论观点，国家把工作重点转向营造公平竞争市场环境、解决市场体系不完善和实施创新驱动战略，深入推进“放管服”改革，加快政府职能转变，简政放权，改革商事制度，削减职业资格，清理审批中介，推行减税降费，放松价格管制，压缩专项转移支付，推行清单管理，加强事中、事后监管，优化政府服务，改善营商环境，以完善产权制度和要素市场化配置为重点，进一步激发和保护企业家精神，构建“亲”“清”新型政商关系，让1500多项改革措施真正落实到位，致力于建立起统一开放、竞争有序的市场体系，让资源、资金、劳动力、技术等生产要素实现跨区域自由流动配置，极大地激发市场活力和社会创造力。举例来说，在外商投资领域，国家先后三次修订发布政府核准的投资项目目录，使中央政府层面核准的企业投资项目削减比例达到90%左右，全面实施备案制和准入前国民待遇加负面清单管理制度。

（三）进一步完善社会主义市场经济制度

较长时期以来，中国始终把完善社会主义市场经济制度放在核心位置。党的十九大报告再次指出，经济体制改革必须以完善产权制度和要

素市场化配置为重点，实现产权有效激励、要素自由流动、价格反应灵活、竞争公平有序、企业优胜劣汰。全面实施市场准入负面清单制度，清理废除妨碍统一市场和公平竞争的各种规定和做法，切实保护外商投资的合法权益。凡是在中国境内注册的企业，都要一视同仁、平等对待。深化商事制度改革，打破行政性垄断，防止市场垄断，加快要素价格市场化改革，放宽服务业准入限制，完善市场监管体制。要使市场在资源配置中起决定性作用，更好地发挥政府的作用。可以预见，未来国家将致力于建设现代化经济体系，采取法律、行政管理等多种措施，保证让市场在资源配置中发挥决定性作用，从而引导资金资源更多地流向实体经济，提高资源配置的效率和供给体系的质量，引导政府着力解决不平衡、不充分发展问题，提升公共服务的水平，保障市场主体的合法权益不受侵害。

三、赋予地方更多的自由裁量权

中国的改革开放创造了一种新的社会决策模式，就是中央鼓励地方因地制宜，分区试验，让很多地方都有自己的决策权力，使其能及时依据形势变化调整发展思路。因而，很多时候中国的发展道路并不是“一刀切”的，各地都有自己的发展模式和特点。虽然在改革开放的总体思路和目标上是利用行政手段推进自上而下的层层分解和逐级落实，但是在改革开放的具体实践上却是发挥市场机制实现自下而上的先行先试和复制推广。中央政府设计的这套激励相容机制，既能维持中央的一统体制，特别是在主权和财权方面具有较大的发言权，又赋予了地方治理足够的灵活性，激发了地方的能动性，使其有所作为。这种激励制度安排在一定程度上规避了委托代理问题带来的效率损失和高额交易成本，往往被许多经济学家称为地方的锦标赛模式。这种观点虽不能有效解释各地区发展的差异问题，但却很好地说明了对地方政府官员的人事激励，使他们有很强的动力发挥现有制度优势去促进发展，进而呈现出各显其能，追求率先富起来而且先富者起到示范效应逐步带动后富最终实施共同富裕的良好局面。

（一）发展导向的地方锦标赛模式

在以经济建设为中心的指导下，经济指标成为考核各级政府官员的主要指标。长期以来，中国的行政体制采取属地化分级管理模式，赋予了地方政府相当大的行政治理权力，政府官员拥有较大的自由裁量权。过去较长时期内，在经济建设的导向下，很多地方官员都秉持 GDP 导向的政绩观，积极发展地方经济，在优惠政策、审批灵活性、要素保障等多方面提供发展便利，甚至亲自开展招商引资工作，总之就是要把经济指标搞上去，因为这会影响其晋升。1984 年，中央决定适当下放管理权限，确定了下管一级的干部管理体制，这就赋予了各级政府对其下级政府官员晋升的权力，而官员晋升考核的主要是经济指标，即中央政府运用人事权来激励地方政府官员促进当地经济发展①。在这个发展导向的锦标赛中，各级省、市、县、区乃至乡镇村都有很多参赛者，各个参赛者都争先恐后地把经济搞上去，这一方面事关自身的晋升和经济利益，另一方面也涉及地方官员的“面子”。因为晋升有任期制和年龄限制，地方官员必须加油干出成绩才能获得向上升迁的更大可能性。地方锦标赛模式实际上是在财政包干的前提下引入了竞争机制，让各级政府官员聚焦于地方经济发展以获得未来的升迁。为了促进地方经济发展，地方政府各显神通，大胆实验，高度重视招商引资，并为此提供零地价、税收返还等优惠政策，以吸引更多的投资者落地，以此带动当地经济和就业，获得更大的政绩。

（二）GDP 崇拜导致地方经济社会发展失衡

在发展初期，以发展为导向的锦标赛模式很好地激发了地方政府的

---

① 周黎安. 转型中的地方政府：官员激励与治理［M］. 上海：格致出版社，2008.

能动性和灵活性，促进了地方经济发展和财富创造，但是在此过程中也出现了地方保护主义、重复建设、冗余投资以及过剩产能等问题，也付出了资源耗竭、环境污染、贫富差距拉大等代价。

由于行政分权和财政包干，地方政府发展经济时往往会形成“块块经济”，即存在许多结构和功能类似的地方经济形态，各省区之间经济上的独立性较强，都拥有相对完善的产业体系及产业园区，最终形成产业园区有成千上万个但都相似的产业结构，特别是在招商引资过程中都通过各种优惠条件吸引同类的企业入驻，导致很多工业园区之间的竞争非常激烈，甚至造成很多园区因经常“吃不饱”而沦为“鸡肋”。各地的重复建设不仅造成资源浪费，而且导致经济结构不合理，同时地方政府之间的竞争促使地方产生自我保护意识和投资扩张冲动，因而出现短视行为，忽略环境保护和公众诉求等，“新官不理旧账”的现象时有发生。

由于地方保护主义的存在，很多地方为争夺投资项目发展地方经济，往往会提供很多隐性补贴或奖励，扭曲了市场机制，降低了经济运行效率。由于地方政府官员都是作为“经济人”来推动本地的发展和社会的善治，追求本地区的利益最大化，但各个地方政府之间往往缺少有效的协调合作，存在利益冲突和矛盾也在所难免，如在提出京津冀协同发展战略之前，三地的发展各自为战、互相封锁，表现在交通设施上就是存在很多“断头路”。此外，政府与企业的联姻，使政企合作成为实现各取所需的“双赢”利益交换模式，扩大了寻租空间，甚至滋生出严重的官商勾结和腐败行为。

（三）亟待矫正经济绩效导向的地方激励机制

随着以 GDP 为主导的经济绩效考核带来的负面影响越来越大，有必要矫正完全以 GDP 为主导的政绩考核体系，即调整地方激励的指挥棒。中国经济发展已迈过单纯追求规模扩张的阶段，单纯考核 GDP 指标已不能满足经济社会发展的现实需要，确保地方政府的绩效考评能够全面反映经济发展质量的各个关键维度和重要领域成为必然。即便只对经济发展情况进行考核，GDP 及其增速也不是唯一的衡量指标，还要关注经济增长的效率和质量，看其对带动就业、促进创业、推动民生事业发展、保护生态环境等的拉动作用。因此，在地方经济社会发展考核时，除了原有的增速等预期性指标，还增加了相关的约束性指标，即在 GDP 硬指标之外加入新标准，使经济、环境和社会协同，同时实现可持续发展。

2015 年 10 月 29 日，中共十八届五中全会提出创新、协调、绿色、开放、共享的五大发展理念，集中反映了当前及今后一段时期经济工作的重点发生改变，意味着发展方式将超越单纯的对经济指标的追求，更加强调生态环境、民生福祉等非经济指标的变化。五大发展理念将当代中国发展价值目标具体化，鲜明体现了对经济发展新常态的引领性和补齐全面建成小康社会短板的紧迫性。由此可见，可持续发展应当成为国家宏观调控的一贯目标，而可持续指标应同增长指标、通胀指标、就业指标和国际收支指标一并列入中国宏观经济统计核算体系。例如，为了建设成一个可持续的、环境适应型的美丽国度，中国开始将资源投入产出核算、生态足迹核算、环境质量测量、经济低碳化测定等核心指标纳入经济、社会和环境统计调查范畴，并将其作为政府宏观调控和科学决策的约束性目标。

对地方官员给予晋升激励的同时，也要加强纪检监督，使其自由裁量权限定在国法和党纪的约束之下，并通过高压反腐倡廉，使其老实做人、踏实做事。党的十九大报告强调，坚持严管和厚爱结合、激励和约束并重，完善干部考核评价机制，建立激励机制和容错纠错机制，旗帜鲜明地为那些敢于担当、踏实干事、不谋私利的干部撑腰鼓劲。为解决一些党员干部“不会为”“不敢为”“为官不为”等问题，中央制定新政策着力改进地方党政领导班子和领导干部政绩考核工作，把中央关于不简单以 GDP 论英雄的要求落到实处，树立了政绩考核的新导向，建立起“能者上、庸者下、劣者汰”的有效机制。

第三节 中国经济高质量发展的逻辑

党的十九大报告提出中国经济已经由高速发展阶段转向高质量发展阶段，正处在转变发展方式、优化经济结构、转换增长动力的攻关期，建设现代化经济体系是跨越关口的迫切要求和国家发展的战略目标；今后仍将以供给侧结构性改革为主线，推动经济发展质量变革、效率变革、动力变革。

为了加快推进中国经济高质量发展和建设现代化经济体系，党的十九大报告还提出了六大战略举措，包括深化供给侧结构性改革，以推动产业结构、产品结构转型升级；加快建设创新型国家，以自主创新的技术带动质量效益提高；实施乡村振兴战略和区域协调发展战略，以解决经济发展不平衡、不充分问题，释放经济发展新动能；加快完善社会主义市场经济体制，建立有利于提高经济发展质量和改善生态环境的体制机制，增强经济发展活力；推动形成全面开放的新格局，更好地利用全球市场和资源；深化供给侧结构性改革继续为中国经济转型升级和持续健康发展提供不竭的动力。

在2017年底的中央经济工作会议上，中央明确推动高质量发展作为2018年及以后发展的根本要求，并明确相应的重点任务，推动经济朝着高质量方向努力。这意味着2018年是中国经济高质量发展的新起点，高质量发展的特征将更加明显，经济继续保持中高速，结构持续优化，新动能释放更大的活力，国际收支更趋平衡，就业形势保持稳定和居民收入稳步增长。为此，未来较长时期内，中国经济的工作将会淡化GDP增速目标，把更多的精力放在提质增效上，推动经济高质量发展。

一、中国经济高质量发展的现实基础

转向高质量发展是中国经济发展进入新时代的基本特征。党的十九大报告提出，我国的社会主要矛盾已经转化为人民日益增长的美好生活需要和不平衡不充分的发展之间的矛盾。推动经济高质量发展适应中国社会主要矛盾变化，是全面建成小康社会、全面建设社会主义现代化国家的必然要求。实现高质量发展，需要转变经济发展方式，实现集约型经济增长，提高全要素生产率，突破资源能源、环境等要素的瓶颈制约，并以更充分、更平衡为目标，增进人民的获得感和幸福感。经过40年的高速增长，中国经济总量达到新的水平，经济增速维持在中高速水平，而经济结构得到持续优化，综合国力得到进一步增强，为实现高质量发展夯实了基础。

（一）综合国力进一步增强

2011年以来，中国经济增速持续走低，2017年经济增速达到6.9%，首次呈现阶段性企稳回升态势，为实现全面建成小康社会提供了坚实基础。经济增长阶段性企稳且好于预期。2017年，中国经济总量迈上新台阶，国内生产总值达到82.7万亿元，意味着综合国力进一步增强。经济增速自2011年以来实现首次回升，全年实际GDP增速达到6.9%，按可比价计算较2016年提高0.2个百分点。

从结构上看，中国经济好于预期主要是因为在各项改革政策发力的背景下，外贸形势大幅好转，消费升级持续提速，服务业发展较快。受外需向好的影响，货物和服务净出口不再对经济增长形成拖累，对实际GDP的贡献率达到9.1%，消费和服务业继续发挥“增长稳定器”的作用，对实际GDP的贡献率均为58.8%。中国经济仍是世界经济发展向好的重要引擎之一。国际货币基金组织测算，2017年，中国经济对世界经济增长的贡献率仍保持在30%以上。可见，中国经济稳步发展不仅让中国人民受益，而且对世界经济增长发挥着中流砥柱的作用。

从景气周期循环来看，中国经济处于1997年以来第7个周期循环的下行阶段，一致合成指数在2018年上半年之前都将处于下行走势。考虑到受固定资产投资难以有效提升的影响，投资对经济增长的拉动作用不会有大的好转，而在全球贸易保护主义倾向日益增强的形势下，外贸边际提速压力不小，而且进口增速将会快于出口增速。消费仍会保持稳中略降的势头，但对经济增长的支撑作用将更加显著。预计未来2～3年中国经济增速将总体呈现稳中缓降的态势，实际GDP增长仍能维持在6.0%～6.7%的合理区间。

（二）经济结构持续优化

推动经济结构优化是高质量发展的必由之路。在供给侧结构性改革的推动下，中国经济发展的动力转换加快、质量效益提升，稳定性、协调性和可持续性明显增强。内需增长已由主要依靠投资驱动转向投资和消费共同驱动。受技术改造政策和设备更新需求驱动，制造业投资出现回升，在严厉的环保督察形势下，高耗能制造业投资继续下降。收入增长带动消费升级加速，高质量消费驱动新零售业态快速成长。2017年全年社会消费品零售总额同比增长10.2%，其中网上零售额同比增长32.2%，实物商品网上零售额占社会消费品零售总额的15.0%，比2016年提高2.4个百分点，通信器材、体育娱乐用品及化妆品类等商品零售额保持两位数以上的同比增长，未来中国经济将更加凸显消费驱动型增长。

在投资和出口拉动趋弱的情形下，消费对经济增长的支撑作用更加凸显，将更加依赖服务业带动。预计未来2～3年社会消费品零售总额将增长8%～10%，对GDP的拉动维持在4.0%～4.5%，在PPI同比增速放缓回落的背景下，工业企业利润增长将会走低，对GDP的拉动作用将会走弱；而新零售、大数据、人工智能以及旅游、文化、体育、健康、养老五大幸福产业快速发展，预计未来2～3年第三产业增加值同比增速可能会稳定在6% ~7.5%。

（三）供给侧结构性改革取得新成效

供给侧结构性改革取得实质性进展，制造业景气度有所回升，有力增强了经济增长的可持续性发展的质量。“三去一降一补”扎实推进，进入“啃硬骨头”的攻坚期，去产能与处置“僵尸企业”将进入深水区，其中重点是彻底取缔“地条钢”、淘汰落后产能和处置“僵尸企业”。处置“僵尸企业”涉及职工安置，债务处理难度大，时间跨度长，而且显得更为复杂，如果调整到位，将进一步释放新动能的潜力。2017年以来，钢铁、煤炭等旧产能加快市场出清，工业产能利用率反弹至77%左右，积极稳妥地统筹推进去杠杆、处置“僵尸企业”与国企改革。去杠杆的重点以内债为主，商品房库存水平和工业企业杠杆率持续下降，减税降费力度不减，企业成本继续走低，生态环保、农田水利和社会民生等发展不充分领域补短板投资保持高增长。

经济发展的可持续性增强。2017年万元国内生产总值能耗比2016年下降3.7%。未来2~3年钢铁、煤炭等重点领域去产能任务转移到严控新增和推进重组优化上来，去杠杆还会继续，但严监管的冲击边际减弱，去库存接近尾声并进入新的平台期，房地产市场逐步建立长效机制。降成本还会在减税降费上做文章，降低制度性交易成本将成为工作重点；补短板将会加快推进，在生态环保和社会民生领域的改革将持续深入。

（四）新动能培育初见成效

新技术、新产业、新业态、新商业模式(“四新经济”）的发展是实现高质量发展的重要抓手。在创新驱动战略的指引下，2017年全国日均新登记企业1.66万户，新技术、新产业、新产品和新业态蓬勃发展，工业战略性新兴产业增加值保持在10%以上，工业机器人产量比2016年增长68.1%，新能源汽车增长51.1%，快递业务量保持了近30%的增长。经过各方面努力，全国生态环境质量得到改善，338个地级及以上城市的 PM2.5 浓度大幅下降，空气质量明显好转。文化、旅游和体育等相关设施更新加快，健康、养老和教育服务有了显著改善，居民感受到的获得感和幸福感增多。

（五）物价形势保持稳定

在深化要素市场改革的背景下，市场价格信号进一步体现出来。2017 年，物价涨幅重返“1 时代”，全年居民消费价格指数（CPI）同比上涨 1.6%，比 2016 年度回落 0.4 个百分点，其中食品、烟酒的价格下降了 0.4%。生产价格指数（PPI）同比上涨 6.3%，结束了自 2012 年以来连续 5 年下降的通缩态势。

2018 年消费者物价水平（CPI）涨幅稳中有升。2018 年 1—8 月，CPI 同比上涨 2.0%，与 1—7 月持平，其中食品价格上涨 1.7%，影响 CPI 上涨 0.33 个百分点。当月同比看，2018 年 8 月 CPI 上涨 2.3%，涨幅比上月扩大 0.2 个百分点，翘尾因素影响 1.0 个百分点，新涨价因素影响 1.3 个百分点；其中食品价格上涨 2.4%，涨幅比上月扩大 2.3 个百分点，影响 CPI 上涨约 0.46 个百分点；扣除食品和能源价格的核心 CPI 同比上涨 2.0%，较上月扩大 0.1 个百分点。环比看，CPI 当月上涨 0.7%，涨幅比上月扩大 0.4 个百分点。

生产者物价水平（PPI）涨幅出现放缓。2018 年 1—8 月，PPI 同比上涨 4.0%，与 1—7 月持平，其中生产资料价格上涨 5.2%，涨幅比上月回落 0.8 个百分点；生活资料价格上涨 0.7%，涨幅比上月扩大 0.1 个百分点。当月同比看，2018 年 8 月 PPI 上涨 4.1%，涨幅比上月回落 0.5 个百分点。环比看，PPI 上涨 0.4%，涨幅比上月扩大 0.3 个百分点。未来消费者物价虽有上涨压力但并不会形成严重的通胀状态，未来 2 ~ 3 年预计 CPI 会维持在 3% 左右，而 PPI 则可能进一步回落。

（六）就业形势稳中向好

坚持以人民为中心的思想，经济高质量发展的根本目的就是要实现更充分、更高质量的就业，促进收入分配更合理、更有序。2017 年全年城镇新增就业人数超过 1300 万，提前两个月完成年初预期目标。2017 年 12 月末全国城镇调查失业率为 4.98%，继续低于 5%，充分就业得到有效体现。在经济保持中高速增长的情况下，预计未来 2～3 年，新增城镇就业人数仍维持在 1000 万～1200 万人，城镇调查失业率保持在 5% 左右。

（七）居民收入增速跑赢 GDP 增速

居民可支配收入改善是提高消费质量的基础。2017 年，全国居民人均可支配收入实际增长 7.3%，较 2016 年加快 1.0 个百分点，比经济增速快 0.4 个百分点。恩格尔系数从 2016 年的 30.1% 降到 2017 年的 29.3%，反映出居民消费结构在不断改善。预计未来 2～3 年，居民可支配收入增长将与经济增长保持同步，而且农村居民收入增速仍有望高于城镇居民，城乡收入分配差距将会继续缩小。

（八）货币供应和金融市场趋稳

货币供应和金融市场的稳定也是高质量发展的重要保障。2017 年，广义货币供应量（M2）增速创历史新低，同比增速回落至 8.2%，这意味着资金正在“脱虚向实”。市场利率平稳略降，债市风险逐步削减，股市回归价值投资，外汇市场供求更趋于平衡，人民币汇率和外汇储备额稳中有升，2017 年底国家外汇储备近 3.14 万亿美元，足以应对外围经济波动的风险。

二、中国经济高质量发展的衡量指标

党的十九大报告指出了中国发展新的历史方位，中国经济进入高质量发展阶段。2017 年底召开的中央经济工作会议指出，推动高质量发展是当前和今后一个时期确定发展思路、制定经济政策、实施宏观调控的根本要求，必须加快形成推动高质量发展的指标体系、政策体系、标准体系、统计体系、绩效评价、政绩考核，创建和完善制度环境，推动中国经济在实现高质量发展上不断取得新进展。其中，较为关键的是怎样衡量高质量发展问题，是参照发达国家发展标准，以高收入国家为参照系，还是构建中国特色的高质量发展标准体系？对此需要探讨经济高质量发展的数量和结构目标，既要保证数量上发展充分，又要保证结构上平衡发展（见表1－2）。

不可否认的是，高质量发展的要求不是仅仅数量的增加，而是数量和质量并重，也已经不是单纯的经济目标，在追求效率的同时还要兼顾公平、公正和民主，促进经济社会环境的充分发展和平衡发展。中国经济发展的质量需要以新发展理念为指导从供给侧和需求侧两个方面考察，既要看消费、投资、出口的有效性和可持续性情况，也要看劳动力、资本、土地和创新要素的优化配置情况，并以实现人的全面发展为终极目标。

表1－2　中国经济高质量发展的关键指标体系

序号	指标名称	属性	说明
1	人均 GDP（美元）	预期性	人均 GDP 是衡量各国人民生活水平的一个标准，是一个国家或地区在核算期内（通常为一年）实现的生产总值与所属范围内的常住人口的比值。国际比较时，通常以美元或国际元计价
2	劳动生产率（美元/人）	预期性	劳动生产率指根据产品的价值量指标计算的平均每一个从业人员在单位时间内的产品生产量。全员劳动生产率有各种测算方式，按照统计局的计算方法，即为国内生产总值与全部就业人员的比率
3	R&D 费用占 GDP 比例（%）	预期性	研究与试验发展（R&D）经费支出占地区生产总值（GDP）比例。R&D 指在科学技术领域，为增加知识总量，以及运用这些知识去创造新的应用进行的系统的创造性的活动，包括基础研究、应用研究和试验发展三类活动
4	百万人专利授权量（件/百万人）	预期性	每万人拥有经国内外知识产权行政部门授权且在有效期内的发明专利件数，是衡量一个国家或地区科研产出质量和市场应用水平的综合指标
5	居民可支配收入（元）	预期性	居民可支配收入是反映居民生活水平的一个重要指标，指城乡居民户用于最终消费支出和其他非义务性支出及储蓄的总和，即居民家庭可以用来自由支配的收入
6	城镇调查失业率（%）	预期性	城镇调查失业率是通过城镇劳动力情况抽样调查所取得的城镇就业与失业汇总数据进行计算的，具体是指城镇调查失业人数占城镇调查从业人数与城镇调查失业人数之和的比

续表

序号	指标名称	属性	说明
7	城乡居民人均可支配收入之比	预期性	城镇居民和农村居民可支配收入的比值，用于反映城乡之间的收入差距
8	基尼系数	预期性	基尼系数是1943年美国经济学家阿尔伯特·赫希曼根据劳伦茨曲线所定义的判断收入分配公平程度的指标。基尼系数是比例数值，在0和1之间，是国际上用来综合考察居民内部收入分配差异状况的一个重要分析指标
9	公共教育支出占GDP比重	预期性	国家公共财政教育支出主要包括公共财政预算教育经费，各级政府征收用于教育的税费，企业办学中的企业拨款，校办产业和社会服务收入用于教育的经费等
10	高等教育毛入学率	预期性	高等教育毛入学率是指高等教育在学人数与适龄人口之比。适龄人口是指在18～22岁这个年龄段的人口数
11	单位GDP能耗	约束性	单位GDP能耗是反映能源消费水平和节能降耗状况的主要指标，一次能源供应总量与国内生产总值（GDP）的比率，是一个能源利用效率指标。该指标说明一个地区经济活动中对能源的利用程度，反映经济结构和能源利用效率的变化
12	单位GDP主要污染物排放（化学需氧量、氨氮、二氧化硫、氮氧化物）	约束性	单位GDP主要污染物排放是单位GDP化学需氧量、单位GDP氨氮、单位GDP二氧化硫、单位GDP氮氧化物等值的综合计算数
13	碳排放强度	约束性	碳排放强度是指每单位国民生产总值的增长所带来的二氧化碳排放量。该指标主要是用来衡量一国经济同碳排放量之间的关系，如果一国在经济增长的同时，每单位国民生产总值所带来的二氧化碳排放量在下降，那么说明该国就实现了一个低碳的发展模式
14	污水处理率	约束性	经过处理的生活污水、工业废水量占污水排放总量的比重

（一）衡量经济发展质量

真正确保经济转向高质量发展，首先要推动经济发展的质量变革、效率变革和动力变革，提高全要素生产率；其次要在产业体系内提供支撑；最后在市场机制方面增强保障。以往GDP指标是衡量经济发展的关键性指标，而以 GDP 为导向的考核体系往往陷入短视行为，只注重经济规模的扩张，不考虑经济效益的提升，通常会出现重复建设和投资低效的情况。从经济高质量发展出发，注重人均 GDP 的考核更容易理解。从国际标准对接来看，中等收入国家的标准就是按照人均收入划分的，使用人均 GDP 指标衡量经济发展的数量是合适的。衡量经济发展效率的指标是全要素生产率，考虑到这一指标核算的复杂性且难以形成统一的标准，往往会使用劳动生产率这一指标替代，从劳动投入效率角度考察经济发展的质量。尽管这一指标不比全要素生产率准确，而且与人均 GDP 指标有相似之处，但在反映经济发展效率方面却是具有代表性的指标。

（二）衡量科技创新发展质量

提高全要素生产率要依靠技术进步和扩大有效供给。技术创新是实现高质量发展的内生动力，决定着国家、行业以及企业持续发展的竞争力。科技是第一生产力，是培育经济发展新动能的第一动力。单单扩大资本投入带来的经济发展是有限的，而加大技术研发投入带来的技术进步则是具有革命性的。

从技术创新的可持续性来看，衡量科技创新的指标也有很多，其中关键的两项指标是研发投入占 GDP 比重和百万人专利授权量。研发投入占 GDP 比重说明技术进步需要持续的投入，提升研发强度是可以得到回报的。2001 年，日本政府确定了一项雄心勃勃的科学计划，希望“50 年内拿 30 个诺贝尔奖”，截至 2018 年，日本诺贝尔奖获得者已有 18 位，每年都有日本科学家获奖。从获奖成果来看，他们都是依凭以往的研究成果获奖的，这意味着日本政府在很早之前就开始重视科技研发和教育的投入，才使得后期有源源不断的成果。

没有投入就没有产出，尤其是在科技创新领域，中国经济高质量发展需要原创性的成果，需要为人类发展做出应有的贡献，因此在研发投入上需要维持高强度、保持连续性，而不是急功近利，杀鸡取卵，不能因财政吃紧而缩减研发经费。从结果导向上看，科技创新的成果往往是通过授权专利体现出来的，而百万人专利授权量是衡量一国的科技竞争力的重要指标，体现了整个国家民族对科技创新的贡献。

（三）衡量居民生活质量

提高人民群众的生活水平和生活质量以及促进人的全面发展是经济发展的最终目标。高质量发展在强调效益的同时，还要考虑将发展成果更大程度地惠及广大人民群众，增强经济发展的包容性、普惠性和可持续性。

一是高质量发展也是首要突出发展，即要提高居民的收入水平。城乡居民可支配收入可以反映居民增收数量的变化，倘若居民可支配收入增速长期滞后于经济增速，其生活的高质量就难以实现。

二是更充分的就业是保障居民收入的重要途径，因此高质量发展还要努力降低失业率。城镇调查失业率是合适的衡量指标，能充分反映劳动力就业的质量。

三是确保收入分配的合理性，这也是高质量发展的重要内容。这意味着要增强经济发展的包容性、公平性和共享性，要通过收入分配制度改革，缩小居民收入差距。城乡居民收入比和基尼系数可以从宏观层面衡量贫富差距的大小。其中前者主要是衡量城乡居民之间的收入差别，降低城乡居民收入比有助于打破城乡二元结构，这也是乡村振兴的应有之义。基尼系数是衡量整个社会贫富差距的指标，降低基尼系数可以增加社会平衡与和谐，也是高质量发展的应有之义。

四是确保劳动者素质提升也是实现高质量发展的重要目标。高质量发展是人的全面发展，而人的全面发展首先要加大人力资本投入、提升人的素质。为此公共教育支出占 GDP 比重和高等教育毛入学率两项指标可以反映劳动者素质提升的程度，前者是从投入的角度说明教育发展的可持续性，而后者表明国民受教育程度，它决定了社会文明程度的高低。

（四）衡量生态环境质量

为了满足人民群众对美好生态环境的需要，应考虑生态环境方面的质量，确保人民群众呼吸到清新的空气、喝到纯净的水和吃到安全的食品，就要促进生产、生活和生态协调发展。生态环境问题是人类在长期生产和生活过程中对生态环境破坏的累积效应反作用于人类的结果。高质量发展不能没有生态环境的高质量标准。作为重要的约束性指标，单位GDP能耗、单位GDP主要污染物排放（化学需氧量、氨氮、二氧化硫、氮氧化物）、万吨二氧化碳排放（碳排放强度）、污水处理率等，可从各个侧面反映生态环境质量。

三、中国经济高质量发展面临的挑战

过去40年，中国经济的快速增长在一定程度上是依靠高投资、高消耗、高污染来实现的。从需求端来看，经济发展较多地依赖投资和出口的拉动，但投资正遭遇资本报酬递减的困境，出口正面临外需萎缩的挑战。这种发展模式造成了当前经济总体效率不高、经济结构失衡、环境约束趋紧的局面。政府主导的投资导致了目前的产能过剩、污染严重、经济下行和社会矛盾凸显等诸多问题，有些问题甚至越来越突出。以出口为导向和投资主导的发展模式带来不协调、不稳定和不可持续问题，计划生育等人口政策的长期实施造成人口红利逐渐消失，“刘易斯拐点”提前到来[①]。而由高投资和高消耗带来的结构性隐患越发凸显，人与自然的矛盾更加突出。

2017年以来，中国经济运行中的不稳定因素和潜在风险仍不容忽视，既包括美国发起的贸易争端，美联储货币政策收缩，欧元区经济不确定因素增多，地缘政治风险有所抬头等外部挑战，也包括社会杠杆率仍处于高位，房地产泡沫消化难度较大，地方政府隐性债务存在潜在风险，PPP实施中的“名股实债”，金融机构的表外业务和企业表外债务增加，推动“三去一降一补”五大任务实质性进展尚面临不少阻力等国内积累的风险。如

① 蔡昉．从人口红利到改革红利［M］．北京：社会科学文献出版社，2014.

果没有处理好国内外重大风险叠加的影响，就可能会对中国经济的平稳发展造成一定冲击，对全面建成小康社会和建设现代化国家的目标也会造成影响。因此，对过去高速发展阶段积累的各种问题和内外风险都不能掉以轻心，既要注重防范“黑天鹅”风险，更要防范“灰犀牛”风险。具体而言，当前威胁高质量发展的挑战和风险主要表现在以下方面：

（一）资本“脱实向虚”问题依然严重

资本的逐利性决定了其将流向高收益部门。在经济下行压力下，银行、保险、证券、信托、基金等筹集的资金大多在同业间流转，大量流向房地产市场和政府融资平台，较少或难以进入制造业部门。2017 年 3 月底，上海银行间同业拆放利率（SHIBOR）一年期同业拆借利率曾一度超过 4%，货币基金年收益率也在 4% 左右，而同期商业银行存款基准利率只有 1.5% 的水平，两者相差甚大，从而造成短期套利资金规模快速膨胀，企业借贷期限错配严重，投资回报率走低的行业企业面临资金外流的压力。

由于房地产开发门槛偏低，造成资金充裕的企业纷纷进入房地产领域。保险资本在资本股权市场迅速膨胀。之前，山东高利贷逼债杀人案就鲜明地说明实体经济融资难、融资贵的问题仍未得到有效解决，造成各地高收益理财集资、地下钱庄高利贷等问题严重。

在外部市场萎缩和内部成本攀升的双重压力下，中国制造业的投资回报率偏低。在此情形下，社会追求“赚快钱”的浮华，造成资金集中于炒房、炒钱、炒汇，加剧了资金配置扭曲和资产泡沫化。根据统计，中国金融业增加值占 GDP 比重已经超过美国和英国，远高于同为制造业大国的德国和日本（见表 1－3）。

在金融去杠杆的背景下，企业融资成本有所上升，进一步抑制了资金向收益率不太高的中长期项目流入。实体经济融资成本的票据贴现利率持续上行，5 年期 AAA 级公司发行利率大幅攀升，使其难以融资参与收益率不高的实业项目。2017 年以来，民间投资增速继续低于整体投资增速，这意味着民间资本的投资意愿并不强烈，特别是投资于制造业等实体经济的倾向减弱，更多地转向金融、房地产领域和境外投资，这意味着国内实体产业面临空心化风险和资本外流的压力。其中劳动力成本持续高企、顽固难撼的行政垄断以及烦琐苛责的审批制度等因素制约着民间投资的恢复增长。

表1－3　金融业增加值占GDP比重国际比较　（%）

年份	美国	日本	英国	德国	巴西	中国	中国香港	新加坡
2000	7.3	4.9	5.6	4.2	5.9	4.8	9.9	9.4
2001	7.7	5.4	5.6	4.1	6.1	4.7	9.8	10.0
2002	7.6	5.8	5.7	4.3	6.8	4.6	10.1	9.9
2003	7.5	6.1	6.2	4.7	6.4	4.4	10.8	9.7
2004	7.3	5.9	7.1	5.0	5.5	4.1	11.7	9.4
2005	7.6	6.0	8.0	4.7	6.1	4.0	12.3	9.3
2006	7.6	5.8	8.3	4.5	6.1	4.5	13.3	9.9
2007	7.2	5.7	9.0	4.0	6.3	5.6	14.6	10.7
2008	6.2	4.9	7.9	3.6	5.5	5.7	14.2	10.7
2009	6.7	5.0	9.3	4.7	5.6	6.2	15.2	11.0
2010	6.7	4.8	8.2	4.6	5.8	6.2	15.1	10.3
2011	6.7	4.7	7.9	4.2	5.5	6.3	15.4	10.0
2012	7.1	4.5	7.5	4.4	5.4	6.5	15.2	10.3
2013	6.8	4.6	7.5	4.3	5.1	6.9	15.9	11.2
2014	7.2	4.4	7.5	4.1	5.5	7.2	16.3	11.6
2015	7.5	4.4	6.8	4.1	6.1	8.4	16.9	11.9
2016	7.5	4.2	6.6	3.9	7.1	8.2	17.2	12.0
2017	7.5	—	—	3.8	6.8	7.9	17.5	12.5

资料来源：Wind资讯。

（二）债务违约风险接连爆发、蔓延

2017年以来，中国融资环境发生改变，企业债务违约风险再次爆发，引发企业资金链断裂，其中民营企业信用债风险呈上升态势。2017年3月底，国内违约债券数量已达11只，涉及债券规模90.9亿元，涉及企业7家，其中民营企业占比明显上升，民营企业债券违约数量达7

只，涉及债券规模 50.9 亿元，涉及企业 4 家。受辉山乳业、齐星集团资金链断裂消息的影响，宏桥铝业、魏桥铝电、天信集团的债务风险也暴露出来，并引发市场的普遍担忧和避险反应。

在去杠杆压力下，信用债市场融资持续低迷，企业偿债压力进一步加剧，债务违约风险将会大幅增加。相较而言，2017 年，国有企业资产负债率高于工业企业资产负债率 10 多个百分点。据测算，全国非金融企业债务率高达 156%。倘若不能对其进行有效控制，企业债务风险就会集中释放，形成较多难以化解的不良资产。

企业债务违约风险激增的原因在于企业投资回报率的下滑和信贷监管的收紧，造成其既不能通过盈利偿还，也难以“借新还旧”。其根源在于目前中国的融资结构仍然是以银行信贷为主的间接融资结构，而银行提供贷款的基础是有土地、厂房、设备等抵押物。中国政府要求加速去杠杆，货币政策将会趋紧，堵住企业从银行扩大融资的渠道，使其难再寄希望于银行不停地输血。随着房地产调控趋严，今后企业资产抵押物估值将会走低，甚至出现资不抵债的现象，导致银行不良贷款风险增加。

另外，地方政府在追求高速发展的时期积累了大量债务，需要通过规模更大的财政收入进行抵补，2017 年地方公共财政收支预算缺口拉大，土地出让金收入增速呈现回落态势，在土地财政难以为继和地方主体税种不明确的情况下，地方财政的脆弱性风险持续加大，积累到一定程度就会引发政府破产，进而增加中央政府的兜底负担。

（三）房地产调控趋严引发需求下滑

2017 年 3 月以来，全国超过 40 个热点城市纷纷加紧楼市限购、限贷、限价政策，出台 120 余项政策抑制房价的过快上涨；同时中央部委制定促进房地产市场健康发展的相关政策，拟将资金从房地产市场挤出。在“过街喊打”的背景下，房地产市场正迅速降温，三四线城市地产需求也大幅转弱。2017 年 3 月，64 个城市地产销量增速跌幅高达 24%，其中有 48 个三四线城市地产销量增速回落幅度较大。低迷的地产需求终会传导到供给端，引发房地产投资增速大幅放缓。作为不可贸易部门，房地产市场之所以出现“只涨不跌”的畸形发展，盖因热点城市土地的稀缺性和土地供应的计划性质。

地方政府牢牢掌握着城市建设用地的主动权，以往城市发展相当依赖土地财政，尽管住宅用地按照“招拍挂”方式出让，但土地价格并不真正由市场决定，因为土地的垄断供应造成稀缺性被夸大，长期的计划供应使市场调节失灵，引发土地炒作囤积等投机行为，造成土地供需矛盾日益突出。在现行土地供给制度下，国内房企拿地的热情不减。2017 年 3 月底，全国 50 个热点城市土地出让金额同比增长近 60%，拿地最多的房企拿地金额较上年同期上涨了 75%。

从目前来看，抑制需求的调控政策只是暂时性的，房地产市场的基础性制度尚未建立，仍需加快建立促进房地产平稳健康发展的长效机制。随着房价持续维持在高位，住房成为投机炒作的重要投资品，扭曲了财富分配机制。高房价已引发社会焦虑，吸纳了太多的社会资源，挤占了实体经济的发展空间。倘若房地产市场深度调整造成泡沫破裂，将会引发相关行业的连锁反应，导致系统性金融风险发生。中央提出“房子是用来住的，不是用来炒的”总基调，构建促进房地产市场健康发展的长效机制，但应以不刺破房地产泡沫为前提。

（四）大量信息造假扭曲了市场激励导向

随着金融监管趋严，充斥于各种市场的造假售假行为会逐步暴露出来。之前，美国浑水调查公司连续揭发中国概念股财务造假丑闻，引起市场的广泛关注。“苍蝇不叮无缝的蛋”，数据造假和信息遮掩是平常事，但随着信息披露监管的加强，近年来，各种经济造假掩盖行为被一一揭开，从辽宁的统计数据造假到新能源汽车企业骗补，造假粉饰问题逐渐被暴露出来。2017 年以来，证监会加大了对欣泰电气、山东墨龙、昆明机床等多家公司信息造假行为的严惩，环保部也对企业环保监测数据造假进行严查，财政部对 PPP 咨询机构通过捏造事实、隐瞒真相、提供虚假信息等不正当方式骗取入库资格等做法设定违规红线。这些事例说明造假行为已经不限于商品领域，而是渗透到了各行各业，尚未暴露出来的造假掩盖事项还有很多。统计数据、环保数据、就业数据、公司业绩等多领域普遍存在造假掩盖现象，很多造假行为已经成为习惯，且有一整套全产业链条。这种数据信息造假不仅影响决策的正确性，而且会危及市场的正常激励，形成“劣币驱逐良币”的现象。

（五）外围不确定性风险加大

近年来，全球化遭遇逆风，贸易保护主义越演越烈，政治经济格局正在发生新的变化。美国特朗普新政正在调整实施，其对外政策的不确定性增加，特别是在汇率、贸易、外资等多领域对华施压。美欧等发达国家重点对华实施贸易调查制裁和投资安全审查，特别是针对中国在技术转让、产业并购等领域实施重点调查，这将会加剧中外贸易摩擦和纠纷，甚至升级为两败俱伤的激烈贸易冲突。美欧等主导引领的贸易保护主义举措可能会引发跟风反应，在全球范围内掀起贸易投资保护，并给中国经济发展带来较大的负面冲击。

与此同时，美国经济进入加息周期，这些都会干扰中国的经济预期。英国“脱欧”后，欧洲政治分裂风险加大，法、德、意等国家内部问题突出，无暇顾及中欧合作深化。东北亚局势仍有隐患，朝鲜半岛政治安全矛盾并未消除，日本也在涉海问题上形成干扰。这些扰动因素都有可能对中国经济走势造成短暂冲击。

第四节　中国经济“硬着陆”风险不大

2011 年以来，外界就普遍担忧中国经济可能会遭遇“硬着陆”，即经济增速快速下降并出现大规模通货紧缩和失业增加的衰退现象。从目前来看，中国经济将要平稳回落到适度增长区间，即所谓的经济“软着陆”。判断是否实现经济“软着陆”，可以从经济增长、物价走势和就业情况三方面加以分析。从总体上看，当前中国经济出现“硬着陆”的风险不大，具备实现“软着陆”的一定条件，重点是谨防经济增速出现大幅回落。出口导向的经济意味着对全球经济的依赖，特别是在国际金融危机的影响下，中国能否安然应对由西方国家的危机蔓延所导致的冲击，是我国乃至全球都关注的热点。

一、对中国经济出现“硬着陆”的担忧

从短期来看，中国经济面临继续下滑的压力。中国经济增速在2015年一季度下降至7%的低点，全年跌破了7%的关口，基本符合中央政府制定的年度7%左右的预期目标。由于以往年份中国经济的实际增长往往高于预期目标，而这种情形只有在爆发危机的时候才会出现。对此就有人担心中国经济可能会面临“硬着陆”的风险。根据以往的经验，7%左右的平均增速被视为中国经济是否出现中国式“硬着陆”的分界线。而中国经济“软着陆”的条件就是要确保经济增长至少维持5%以上的速度，同时不出现大规模通货紧缩和失业增加情形（见表1－4）。当然，只有这些条件同时具备才能说明是否触及“硬着陆”或“软着陆”的警戒线。国际社会对中国经济“硬着陆”的担忧由来已久，但中国经济增长并未表现出“硬着陆”的特征，因此单一指标某个时点的变化并不能得出是否“硬着陆”的结论。

（一）主要经济指标并未出现“硬着陆”迹象

从近期走势看，中国经济“软着陆”的最大挑战是经济下行风险，尤其是外围风险挑战较大。早在2015年4月30日，中央政治局会议就强调“高度重视应对经济下行压力”，2018年7月底，中央政治局会议再次强调“稳就业、稳金融、稳外贸、稳外资、稳投资、稳预期”的需要。从表1－4给出的经济表现来看，2014年中国经济增速尚能维持

在7%以上，物价水平和失业率均维持在合理水平，只是与之相关的广义货币供应量（M2）出现放缓迹象，2015—2017年连续3年经济增速维持在6.7%～6.9%的区间。根据历史经验估计，中国的M2增速低于15%通常对应着低于8%的经济增速和4%以下的物价水平（见图1－3），而M2增速高于18%则可能意味着超过8%的经济增长和4%以上的物价水平，而M2增速超过25%将会对应10%以上的高通胀水平（见图1－4）。

2015年以后，中国经济增速虽低于7%的警戒线，但仍维持在7%附近，同期其他指标表现尚可，尤其是既没有发生恶性通胀或陷入通缩，也没有造成高失业率，2017年之后货币供应量尽管下滑至8%左右的水平，根据经验对应的GDP增速应当下降至5%以下，但实际情况是中国经济仍保持中高速，因而不能通过单一指标判断中国经济是否触及“硬着陆”。

表1－4　中国经济“硬着陆”与“软着陆”的宏观指标界限

	经济增速（%）	物价水平（%）	城镇登记（调查）失业率（%）	货币供应量（M2）（%）
“硬着陆”	<7	>4.5	>4.5	<15
“软着陆”	≥5	≤3	≤4.5	≥15
2014年	7.30	2.0	4.09	12.2
2015年	6.90	1.4	4.05	13.3
2016年	6.70	2.0	4.02	11.3
2017年	6.90	1.6	3.90	8.1
2018年第一季度	6.8	2.2	3.89（5.03）	8.2
2018年第二季度	6.7	1.8	3.83（4.83）	8.0

注：（　）内数据为城镇调查失业率。

资料来源：国家统计局。

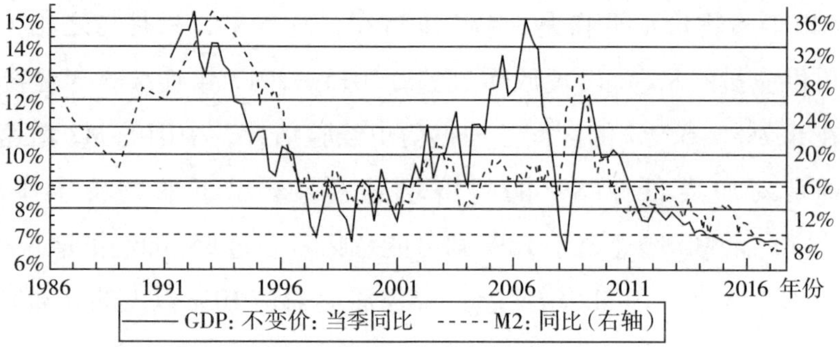

图 1-3　实际 GDP 增速与 M2 同比走势（1986—2018）

资料来源：Wind 资讯。

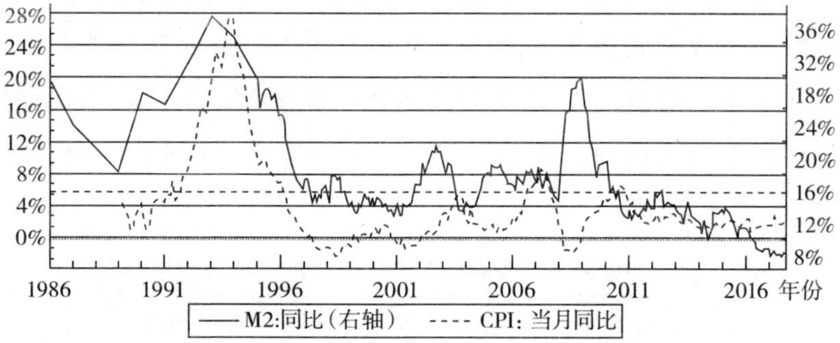

图 1-4　CPI 与 M2 同比走势（1986—2018）

资料来源：Wind 资讯。

（二）三大需求呈现疲软态势

近年来，投资、消费和净出口三大需求走势相对疲软，这意味着经济尚未显现出探底回稳迹象，下行压力仍将持续。随着 2018 年启动的“稳增长”政策逐步见效，2018 年全年增速维持在 6.7% 左右是有望实现的，中国经济“硬着陆”的风险不大，即引发大规模通缩、失业和系统性金融危机的可能性不高。

一是投资增速出现一定幅度的下降。从短期投资数据表现看，制造业投资、房地产开发投资和基建投资三方面正面临一些问题或困难。对投资增速大幅下降的担忧主要发生在 2015 年，2015 年固定资产投资同比增速曾从年初的14%左右回落至年底的8%左右，降幅达到6个百分点，其中房地产开发投资增速一度下降至1%。房地产开发投资增速疲软成为2015年投资企稳的一大阻力。2018年的情况略有不同，前8个月固定资产投资增速由1—2月的7.9%下降至8月的5.3%，而同期房地产开发投资增速则保持在10%左右（见图1－5）。2018年固定资产投资增速走低的原因在于基建投资下降幅度较大，其中不含电力的基础设施建设投资增速已由2018年1—2月的16.1%下降至8月的4.2%，拖累了投资的整体增速。即便中央政府采取扩大有效投资的刺激措施，加大了基建投资力度，增加幅度也相对有限，而地方政府受到债务融资收缩，缺少持续扩大基建投资的资金来源，推行PPP模式发挥的效力相对有限，尽管地方政府发债可以解决资金来源问题，但因债务利息偿还制约、营利性项目准备不足、中长期投资回报率偏低等问题，基建投资增速很难有大幅回升的空间。值得欣慰的是，制造业投资在经历2018年初的低迷后，已由3月的3.8%攀升至8月的7.5%，其中的原因是受到前期基数偏低的影响，这将延缓投资增速下滑的幅度。

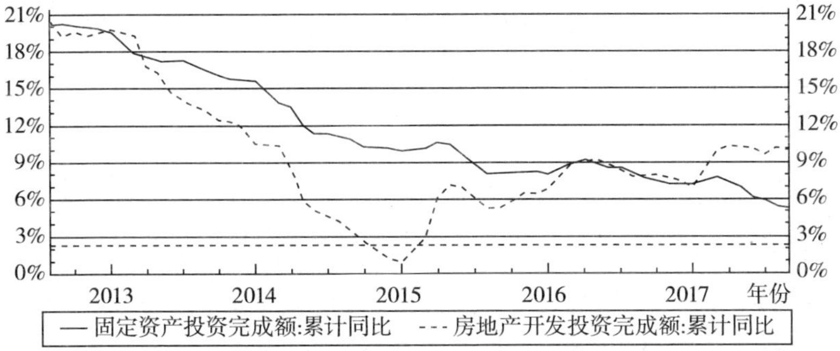

图1－5　固定资产投资增速和房地产开发投资增速（2013.7—2018.8）

资料来源：Wind资讯。

二是消费增速不及预期。2015年以来，消费表现比较稳定，仍维持在10%左右的水平。2015年扣除物价因素的社会零售增速下降至10%以下，远低于11%左右的市场预期，自此之后社会消费品零售总额名义增速总体呈现缓慢下降态势，2018年前8个月已下降至9.3%

（见图1－6）。如今受制于收入分配体制改革和福利保障改革难以到位，消费增长趋势总体上是下行的。从消费结构看，住房、汽车等支柱型大宗消费增速显著下降，其原因在于主要城市实施严格的限购、限行政策及反腐活动对“三公”消费的冲击，同时财税体制改革提速影响了地方的土地财政收入，进一步限制了政府的消费。尽管通信器材类消费增速较快，但不足以抵补住房和汽车及其相关度较高商品消费下滑的影响。

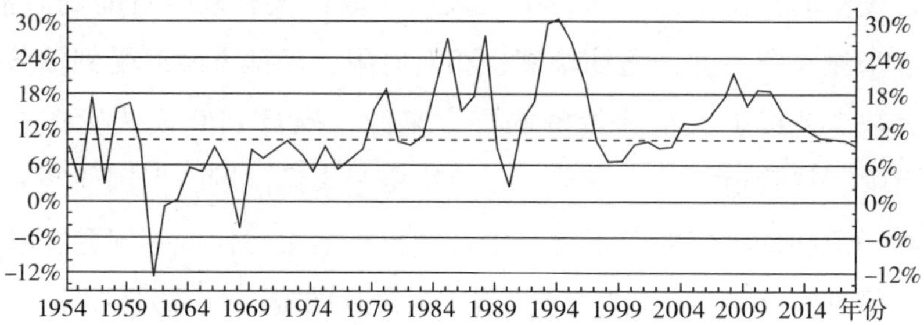

图1－6　社会消费品零售总额累计同比增速（1954—2018）

资料来源：Wind资讯。

三是进出口增速面临压力。2015—2016年，净出口对经济增长的拉动作用明显减弱。当时全球有效需求不足，进出口增速呈现负增长，特别是出口不振加剧了制造业产能过剩状况。从当时来看，人民币对美元汇率保持强势是使出口持续承压的关键原因之一。随着美联储货币政策的调整，美元持续走强，欧元区、日本及新兴经济体货币持续贬值，人民币维持坚挺，使其相对于其他货币出现大幅升值，削弱了出口美国之外商品的竞争力。虽然2017年进出口增速表现不错，但2018年受中美贸易争端的影响，净出口对经济增长的拉动再次转负，而且这种趋势将会持续较长时间。

（三）人口结构变化影响经济潜在增长率

当前的经济下行是由多种因素共同作用造成的，除了短期的因素，还有中长期因素。从中长期来看，中国经济面临的最大挑战是人口结构的转变。随着适龄劳动人口出现下降，支撑中国经济高速增长的人口红利逐渐消失。1979年中国出台独生子女政策以来，1987年中国新出生人口达到2500万人的顶峰，之后出现大幅下降，1997年减至每年约2000万人，2014年进一步减至每年约1600万人。2012年中国劳动年龄人口首次出现下降，到2017年中国劳动年龄人口连续6年减少，减少总量已经达到2500万人。这标志着中国人口结构变化进入新阶段。1978年邓小平推出市场改革政策后，已有3亿农民工从农村迁移到城市，尽管仍有近6亿农村人口，但倘若农民工市民化不能得到有效解决，农民工进城这一进程正在接近完成，则意味着由农村富余劳动力转移带来的劳动生产率提升的进程也将逐渐接近尾声。与此同时，人口老龄化渐趋明显，将成为拖累以人口红利驱动的经济增长的包袱。这不仅意味着劳动力成本刚性攀升和廉价劳动力供应时代的结束，进而会大幅度削弱部分产品的出口竞争力，而且意味着社会要提供更多的公共产品，增加更多刚性的预算支出。

二、中国经济实现“软着陆”的有利条件

中国经济并不缺乏实现“软着陆”的现实条件。40年改革开放积累的物质技术基础、庞大的内需市场、高素质人力资源、改革深化的制度环境和应对经济波动的宏观调控能力，都为中国经济保持长期、平稳、较快发展奠定了坚实基础。近几年来，中国政府加快“主动调整”步伐，致力于促进经济健康平稳发展，为实现中国经济“软着陆”创造了有利的现实条件。

（一）经济增速未来2～3年会保持在6%～7%的合理区间

一是“稳增长”政策将渐显效力。自2014年以来，中央政府就针对经济下行压力出台多项有针对性的“稳增长”政策。考虑到财政政策和货币政策调整的经济效果通常会滞后半年至一年，前期出台的各种

利好政策将会逐步见效。为应对外部贸易条件的变化，2018 年以来中央政府再次推出扩大内需的一系列举措，并督促地方政府抓紧重大项目的开工落实问题，这些举措有助于在未来数个月内稳住经济下行的势头，争取良好的发展空间。

二是中国经济增长具有较强的韧性和成长性。中国经济有庞大的体量，东中西各地区之间的互补性较强，经济发展表现出超强的韧性，政府应对经济波动的经验丰富，不会允许较长时期内出现大幅下滑。中国正在实施的供给侧结构性改革以及新型城镇化和乡村振兴战略实施加速将会创造更多的增长空间，而全面启动的“大众创业、万众创新”计划将会释放更多的经济活力，有助于经济增长保持强劲的成长性。

三是政府加快简政放权并创造更好的市场环境。政府采取多种政策措施，创造有利于生产要素自由流动的市场环境，尤其是通过深化金融体制改革，加快推进利率市场化和实施更灵活的汇率政策，使得经济增长的内外部环境有所改善。中央政府出台降低投融资成本的政策措施，引导社会资金由房地产领域转向创新产业和资本市场，让直接融资逐渐发挥更大的作用，引导企业融资成本降低，提高企业扩大再生产和兼并重组的能力。

四是地方发展竞赛的激励约束机制重回正常轨道。前期受制于加紧清理地方债务和加大反腐来从严治党的形势要求，很多地方政府开始无所适从，工作谨小慎微，缺乏目的性，做事的积极性不高，这在一定程度上导致很多重大投资项目被搁置，从而造成有效投资需求不足。如今地方债务得到有效的处理，地方政府负担的债务包袱逐渐减轻，转而更加注重发展质量。中央政府已经发出积极的信号，督促地方政府减少建设项目“卡脖子”问题，并对发展成果考核评价给予正反馈。

（二）经济出现大规模通货紧缩的可能性正在消失

一是输入性通货紧缩压力正在降低。消费者物价水平走低主要是受国际大宗商品价格整体偏低的影响。经过一段时间的低迷之后，国际大宗商品价格开始缓慢攀升，近期国际油价出现一定幅度的反弹，来自外部环境整体的通缩压力出现缓解迹象。随着输入性通缩预期逐渐减弱，由此带来的输入性通胀压力会有所抬头。伴随着去产能、去杠杆、去库存、降成本、补短板供给侧结构性政策的推进，生产者物价指数（PPI）已于2016年9月结束了连续54个月的通缩状态，随后呈现出持续上涨的势头。

二是猪肉价格正在步入上升通道。在衡量消费者物价指数（CPI）的一揽子商品价格体系中，猪肉价格对CPI的影响较为显著。2009年以来，猪肉平均价与CPI同比增速之间的相关系数达到0.91。猪周期对物价影响表现较为充分。虽然近来CPI已经连续8个月处在2%以下，而在2015年3月之前，猪肉价格同比涨幅已经连续14个月为负。由于生猪价格持续走低，养殖户养殖利润连续亏损，减少存栏或弃养现象引发猪肉供应呈现偏紧状态。2015年3月后，开始进入新一轮猪周期的上升期，猪肉价格走出持续下跌的行情，此后又经历一个下跌周期，导致2018年以来猪肉价格陷入低迷，但考虑到非洲猪瘟的影响，猪肉价格可能还会攀升，后期会带动CPI持续回暖。

三是货币流动性由偏紧转向偏松。过去几年基础货币的发放主要受外汇占款的影响，而随着外汇占款趋势性递减，M2将维持在较低水平。中国央行发布的数据显示，2018年8月末，M2同比增长8.0%，创下1995年以来的新低。2018年二季度以来，央行已经实施了降准、再贷款等定向调控措施，货币流动性出现明显改善。为应对经济下行压力，预计央行还将继续实施宽松的货币政策，改变被动的货币创造渠道，主动创造新的信贷需求，刺激实体经济的融资需求。例如，通过将债券纳入合格抵押品框架来增加机构持有地方债券的动力。央行正在加大基础货币投放，使流动性回归相对宽裕的状态，解决“稳增长”面临的资金短缺问题。

四是价格改革加速可能会带来价格上涨压力。物价长期维持在低位，给价格改革提供了窗口契机。反过来看，能源、烟草、药品等商品和服务价格放开后，可能会有部分价格出现补涨，再加上环保收费标准提高，将在整体上带动物价水平升温。2014 年 11 月以来，国务院加快推动价格改革后，水、电、油、气等资源品领域将加快价格改革进度，逐步推动价格改革由政府定价、以调为主的旧机制，向市场定价、以放为主的新机制转变，重点理顺非居民用天然气价格，扩大输配电价格改革试点，完善煤电价格联动机制，全面实行居民阶梯价格制度。

（三）由总需求不足导致的失业增加并不存在

一是新增就业人数保持较高水平。中国经济增速虽呈现放缓态势，但就业形势并未出现令人担忧的现象。这一方面是中国适龄劳动人口连续 6 年下降，总体就业人口数量有所减少；另一方面是中国劳动市场需求略大于供给的局面没有改变。人社部数据显示，2017 年全年城镇新增就业人数达到了 1351 万人，创造了历史的新值。2018 年以来全国就业状况总体平稳、稳中有进，走势良好。2018 年上半年全国累计实现城镇新增就业 752 万人，较上年同比增加 17 万人，二季度末城镇登记失业率为 3.83%，同比下降 0.12 个百分点，降至近 10 年来的低位，同时劳动力市场保持活跃，求人倍率达到了 1.23 的高位。虽然经济下行压力较大，但并未造成大规模的失业增加现象，新增就业人数仍保持在高位。

二是服务业吸纳新增就业能力显著增强。中国服务业对经济最显著的贡献在于对就业的拉动。近年来，中国通过“营改增”“放管服”改革、定向扶持等政策措施，加快现代服务业发展，吸纳了大量的新增就业人口。2011 年，第三产业就业人员首次超过第一产业，成为吸纳就业的第一主体。《2017 年度人力资源和社会保障事业发展统计公报》显示，在全国就业人员中，第三产业就业人员占 44.9%，高出第二产业 16.8 个百分点，第三产业就业人数占比继续扩大，已成为吸纳就业的主力。

三是“保就业”的政策效果比较明显。中国政府非常重视就业问题，坚持实施更加积极的就业创业扶持政策，包括以“大众创业、万众创新”拓展就业空间，以服务业、新兴产业加快发展扩大就业容量，用改革的办法搭建更优的创业平台，加强就业创业服务和职业培训，重点解决高校毕业生、就业困难人员等群体就业，深入实施大学生就业促进计划和大学生创业引领计划，并取得了良好成效。例如，2014年商事制度改革以来，各级政府大幅降低市场准入门槛、大幅精简涉企证照、注册资本实缴制改为认缴制，企业数量每年增长20%左右，市场主体总量已经突破1亿户，其中小微企业成为新注册企业的主力。

（四）中国经济仍存在诸多发展机遇

中国经济迈入新常态，并不意味着投资机会的减少。在发展转方式、调结构中，中国经济的现代化转型反而会孕育更多的机会。尤其是对全球投资者来说，中国仍然是尤为重要的投资目的地之一，他们即将迎来一个更加成熟开放的中国市场，在世界范围内中国仍是获取超额收益的理想投资场所。中国正在实施新一轮全面深化改革，而改革本身就蕴含着新的机遇。

第一，经济提质增效的机遇。中国经济进入新常态的一个重要表征是经济增速换挡，即从高速增长转为中高速增长，而此时将由追求经济增速逐渐转到注重经济质量和效益上来。

——减速换挡是块“试金石”。速度降下来，对看重品质和声誉的企业是个好消息。过去高速成长的时候，中国市场空间大，假冒伪劣产品驱之不尽，有时会出现“劣币驱逐良币”的逆向淘汰。但在讲求质量取胜和效益优先的时代，市场环境越来越净化，大肆投机获取暴利的不正当竞争行为不复存在，大家比拼的是持久的核心竞争力，只有真正练好内功，才能稳住和扩大市场份额，做到基业长青。可以说，任何存活至今的百年老店都非常珍惜自己的名声，即便是微利时代，它们也拥有更多的成长机遇。

——提质增效是制胜法宝。速度降下来是个淘汰机制。在市场蛋糕保持不变的情况下，市场参与者增多就意味着竞争日趋激烈，只有持续提质增效，方能在竞争中脱颖而出。机遇总是留给那些有准备的企业的。例如，青岛海尔是个老牌子，也是中国洗衣机、冰箱品牌中的翘楚，它的成功得益于持续改进制造工艺，始终把品质放在第一位，从而才得以维持其全球冰箱、洗衣机市场份额第一的位置。

第二，商业业态更新的机遇。要想认识中国经济的新常态，首先要知道的是日新月异的消费业态的变化。其中最大的亮点是互联网带来的新业态机遇，它同时改变着中国生产生活方式，创造了众多的创新创业机会。

——互联网催生商贸和金融服务新业态。互联网的快速普及，改变了传统商贸业态，网络购物成为消费新常态。2009 年 11 月 11 日（又称“光棍节”）淘宝商城（天猫）举办了网络商品促销活动，当天营业额远超预期。于是，“双十一”便成为中国电子商务行业的年度盛事，成为中国网络消费者的购物狂欢节。2014 年 11 月 11 日天猫商城的单日交易额达到 571.1 亿元；2015 年同日，天猫“双十一”全天交易额达到 912.17 亿元；2017 年同日，天猫、淘宝总成交额达 1682 亿元。2017 年中国网络零售由高速增长向高质量发展转变，零售额达到 7.18 万亿元；其中实物商品的网上零售额达到 5.48 万亿元，增长了 28%。互联网同时也改变着金融服务业态，如支付宝、余额宝、互联网众筹、P2P 网络信贷以及网络银行已融入人们的日常生活。截至 2017 年底，余额宝的总规模达到 1.58 万亿元，P2P 网贷行业贷款余额为 12245.87 亿元。2017 年全年信息消费规模达 4.5 万亿元，移动支付交易规模超过 200 万亿元。

——互联网掀起大众创业、万众创新热潮。互联网引发消费业态改变，同时创造了许多创业机会，如 B2B、C2C 等电子商务平台集聚了众多商家，激发了万众开店设厂的创业热潮，并为广大中小企业创造了无数商机，极大地拓展了其销售渠道、目标市场和经营范围。例如，阿里巴巴的崛起，淘宝购物的普及，催生了无数的淘宝经营店，在浙江、江苏、河北、山东、广东、福建等10多个省市农村，涌现出了众多专业化的“淘宝村”，形成了规模日益庞大的农村网商群体。《中国淘宝村研究报告（2017）》显示，截至2017年末，全国“淘宝村”有2118个，“淘宝镇”242个，“淘宝村”活跃网店超过49万个，带动直接就业机会超过130万个；预计到2020年中国“淘宝村”将会超过5500个，网店超过100万个，创造300多万个就业机会。

第三，消费升级的机遇。中国经济发展新常态阶段，中国的消费者日趋成熟理性，中国将成为一个成熟的全球市场，购买力和需求增长更趋于稳定。适应中等收入群体消费升级的新常态，需要更贴近客户需求，随之换挡升级。

——中等收入群体日益壮大。中国中等收入群体将不断壮大，预计到2020年将达到6亿人左右，总消费将是2010年的3倍以上。中等收入者是消费欲望、消费能力、消费潜力最大的一个群体，中等收入群体的壮大必然会带来私人消费的加速升级。

——中国消费进入升级过程。多年来，中国城乡居民消费方式具有明显的排浪式消费特征。20世纪80—90年代，城乡居民家庭消费主要是解决吃穿用问题，如普及了家电商品，而21世纪前10年居民家庭消费主要是解决住和行的问题，如汽车和住房消费开始膨胀。随着居民家庭生活水平和受教育程度的提高，中国模仿型排浪式消费阶段已基本结束，消费行为更趋理性，更加个性化、多样化的消费特征日渐明显。在对基本生活用品的蜂拥追逐式消费结束后，中等收入群体的消费方式变得越来越感性化、个性化、情感化和差异化，需求重点已由追求实用转向追求自我体验与自我表现。进入21世纪以后，汽车、手机等产品的市场已达到饱和，但消费方式的升级使后来者仍然有机会迎头追赶，谁能满足用户的个性化体验，谁能把握住消费者的脉搏，谁就能赢得市场机会。

——汽车消费转向个性化。汽车消费虽整体增速放缓，但消费结构发生了重大变化，设计更加时尚、个性化和多功能的SUV受到新一代消费者的青睐。2014年SUV销量增长36.4%，而同期轿车销量增速却不足3.1%。中汽协和乘联会的数据显示，2017年中国SUV汽车总计销售达到1025.27万辆，占乘用车销售数量的41.5%，同比增长13.32%，而同期乘用车销量增速只有1.40%。

——手机消费更新换代加速。中国市场上手机品牌的更新换代相当快，2006年诺基亚在中国手机市场的份额超过35%。2007年苹果公司创造了iPhone智能手机，迅速改变了中国手机市场格局，2010年，iPhone的市场份额已超过10%，到2014年，小米、华为等新兴智能手机品牌迅速崛起，中国智能手机出货量占全球的40%，小米智能手机在中国市场的销量甚至超越了三星，市场份额接近15%。2013年开始，华为、OPPO、vivo高速增长，增速远快于三星、苹果等，国产手机逐步抢占市场份额，“HOV”（华为、OPPO和vivo）市场占有率从2013年的不到10%增长到2017年的25%以上，且仍处于上升通道。

第四，兼并重组的机遇。结构调整和产业升级也是中国经济的新常态。新形势下，中国经济不仅要注重增量，而且要调整存量，中国政府管制政策放松意味着盘活资本存量和鼓励行业整合。可以说，调整存量也是个重要的发展机遇，这不仅表现在传统行业领域，也体现在战略新兴产业领域。

——境内外并购市场日趋活跃。在放松准入管制和推动公私合营的背景下，中国并购市场交易规模越来越大。有人说2014年是中国并购市场的井喷之年。汤姆逊路透数据显示，2014年底，中国企业参与的并购交易金额达3962亿美元，其中国内并购交易金额达2961亿美元，外资进入参与的并购金额达460亿美元。例如，光伏产业正经历一股兼并重组浪潮，从顺风光电重组无锡尚德开始，国内光伏兼并重组加剧，行业集中度加速提升。2017年，中国并购活动交易价值达6710亿美元，较2016年的历史最高点回落11%。2017年，中国企业共实施对外投资并购431起，涉及56个国家和地区，实际交易总额1196.2亿美元，其中直接投资334.7亿美元，占并购交易总额的28%；境外融资861.5亿美元，规模较上年高出七成，占并购总额的72%。可以预计，未来几年中国境内外并购重组将更趋活跃。

——各地纷纷成立产业并购基金。目前各行业纷纷成立了各类产业并购基金，在减少政府干预的前提下，给要做强、做大的企业提供施展资本运作的空间。2014年7月，证监会明确鼓励依法设立的并购基金、股权投资基金、产业投资基金等投资机构参与上市公司并购重组。据不完全统计，2014年以来，已有约62家A股上市公司参与设立并购基金，设立总规模超过460亿元，基金成立后常伴随着众多的并购重组活动。对过剩产能进行整合也拉开了序幕。一个典型的例子就是，中国民生投资集团的出现，它由全国工商联牵头组织、59家知名民营企业发起成立，旨在打造钢铁产业整合投融资平台。据中国基金业协会统计，私募股权投资基金管理规模在过去的3年中增加了近7倍，2017年底总资产已经达到1.5万亿美元。

第五，政府与社会资本合营的机遇。新常态要求全面深化改革，尤其是在市场主体培育方面。在公共事业和垄断行业领域，中国政府也在市场准入方面放开了一个口子，即准许社会资本介入。适应新常态就要抓住混合所有制改革和公私合营的机遇，顺势而为。

——PPP融资模式帮助社会资本进入公共事业领域。当前，中国政府力推政府与社会资本合营模式（即PPP模式），允许社会及民营资本通过特许经营等方式进入基础设施和公共服务领域，这项工作现已在中国多个省市开展示范试点。早在2005年推行“非公经济36条”时，各地方就开始在水务、燃气、高速公路、市政交通、体育馆场等公共事业领域采用PPP模式引入外资和民营资本。比较有代表性的项目有国家体育场、北京地铁4号线等。

——混合所有制改革帮助社会资本进入部分垄断行业。推行国有企业混合所有制改革，有意愿的民资可以参股国有企业，在一定程度上可以突破行政垄断壁垒，进入关系国计民生的敏感行业领域，如石油石化、航空航天、国防军工等。之前，最受热议的一个例子是，中石化销售公司向25家社会及民营投资者出售了近30%的股权。混合所有制主要是促进公私合营，国民共进，其实现路径也有多种形式，如国企股份制改造、包装整体上市（中信集团），引入战略投资者（格力集团、城投控股、锦江股份等），开放让渡投资项目（中石油、中石化、中国电信等），实行企业员工持股（绿地集团、兰生股份、中国电信）；等等。

第六，跨境合作的机遇。新常态下中国重视对外经贸合作，参与区域经济一体化程度加深，推进实施“一带一路”战略，促进中国企业深度参与全球分工，积极在全球范围内配置资源，推动从商品输出扩大到资本输出，营造更广阔的跨境合作空间。

——区域自贸区安排开启贸易自由化。根据中韩自贸区谈判成果，双方货物贸易自由化比例均超过“税目90%、贸易额85%”。中韩自贸区的建成，将会极大地刺激双边贸易，预计5年内贸易规模就会突破4000亿美元，对中国GDP增长将贡献1~2个百分点，而韩国GDP将增加2%~3%。中澳自贸区达成协议后意味着在未来5年内，澳大利亚针对中国的进口商品将100%变成零关税，双方在投资领域都将给予对方最惠国待遇，中国与澳大利亚的双边贸易额未来5年内可能达到3000亿澳元。《区域全面经济伙伴关系协定》（RCEP）有望尽早结束多方谈判，将会营造涵盖17.23万亿美元GDP和约33.5亿人口的共同市场。

——跨境电子商务蓬勃发展。中国电子商务中心监测数据显示，2017年中国的跨境电商（含零售和B2B）交易额达到7.6万亿元，其中网易考拉海购、天猫国际和京东全球购分居2017年市场份额的前三位，共占市场份额已经超过60%。《2017年度中国出口跨境电商发展报告》的数据显示，2017 年中国出口跨境电商交易规模为 6.3 万亿元，同比增长 14.5%。

——中国企业大规模“走出去”。自实施“走出去”战略以来，中国企业对外直接投资一直保持快速增长态势，投资目的地较以往更加多元。2017 年末，中国对外直接投资存量 18090.4 亿美元，占全球外国直接投资流出存量份额的 5.9%，分布在全球 189 个国家和地区，存量规模比上年末增加 4516.5 亿美元，在全球存量排名跃升至第二位。随着“一带一路”战略的逐步推进，中国对外直接投资机会增加，预计未来 10 年亚太区域基础设施投资规模将达到 8 万亿美元。

——中国人境外出游大幅增加。2014 年，中国出境旅游人数首次超过 1 亿人次，达 1.09 亿人次，海外支出达到创纪录的 1648 亿美元，较 2013 年增长了 28%。中国游客成为世界各国争夺的目标群体。中国旅游研究院、携程旅游集团联合发布的《中国游客中国名片，消费升级品质旅游——2017 年中国出境旅游大数据报告》显示，2017 年中国公民出境旅游突破 1.3 亿人次，花费达 1152.9 亿美元，保持世界第一大出境旅游客源国地位。与以往刚走出国门时不同，从自带方便面到买买买，中国游客不再节衣缩食，美国旅游协会主席罗杰·道描述中国游客为“会走路的钱包”。

第七，城乡一体化的机遇。农业发展的内外环境正在发生深刻变化，加快建设现代农业的要求更为迫切。中国经济现代化意味着动力转换，加快推进农业现代化，对稳增长、调结构、惠民生意义重大。农业、农村是保障经济持续健康发展的“压舱石”，是调节劳动力就业波动的“蓄水池”，是扩大消费新的增长点。城乡一体化将会带来新的潜在增长点，新型城镇化将带来更多的内需机会，尤其是会激活庞大的农村市场。

——农村基础设施与公共服务投资空间较大。农业农村基础设施和公共服务落后，有巨大的新增投资需求，用好这个空间，可以更好地发挥投资的关键作用。随着乡村振兴战略的稳步实施，2018 年中央预算内投资重点工程中包含“三农”建设，将财政资金重点支持水利、新增粮食产能田间工程、农技服务体系建设、粮食仓储设施、农网改造、农村公路等项目。2013—2017 年，仅农林水支出科目，全国一般公共预算累计安排就超过 8 万亿元。财政部正在健全实施乡村振兴战略的财政投入保障制度，让公共财政更大力度地向“三农”倾斜，确保财政投入与乡村振兴目标任务相适应。

——农民的消费潜力不容低估。2017 年中国仍有 5.77 亿的农民群体，其中农民工群体约有 2.87 亿，他们的消费能力在逐步提升。预计到 2020 年，将有 26.9 万亿元新的消费支出，29% 来自农村消费者，71% 来自城镇消费者。近年来，农村电子商务蓬勃发展。2017 年全国农村实现网络零售额 12448.8 亿元，同比增长 39.1%。截至 2017 年底，农村网店达到 985.6 万家，较 2016 年增加了 169.3 万家，同比增长 20.7%，带动就业人数超过 2800 万人。在这种发展态势下，阿里巴巴推出了“千县万村”计划，已投资 100 亿元建立 1000 个县级运营中心和 10 万个村级服务站。同时，京东、苏宁等电商也纷纷加速渠道下沉，如京东推行“一县一中心”和“一县一店”全覆盖计划，苏宁则表示会建设 1 万家苏宁易购服务站。

——农业现代化有序推进。引导和规范土地经营权有序流转，发展各类新型农业经营主体，特别是向种田能手流转，引导发展土地入股、土地托管等多种经营形式，培育种植大户、家庭农场、合作社等新型经营主体，推进农业公司化，鼓励公私合营。截至 2017 年 9 月底，全国依法登记的农民合作社达 196.9 万家，是 2012 年的 2.86 倍，是 2007 年的 76 倍，2012—2017 年年均增速达到 37.2%。

第八，新兴服务业的机遇。中国经济新常态还意味着中国即将从工业经济迈向服务经济，重点发展现代服务业已成为中国实施结构调整和产业升级的关键，而推进传统服务业向现代服务业转变也是社会发展的客观要求。2013 年，中国服务业增加值首次超过工业增加值。2017 年服务业增加值占 GDP 比重为 51.6%，吸纳就业人数远远超过了制造业。中国服务性消费处于快速成长阶段，未来仍具有非常广阔的发展空间，它既包含传统的衣食住行医领域，也涉及很多植根于新技术的新兴服务。预计未来中国的服务业将进入黄金发展期。

——健康养护产业面临大发展。中国政府要把健康养护产业作为国家战略支柱产业，以满足普通居民更高品质生活的要求，这需要社会提供更多健康养老、节能环保、休闲旅游等领域的优质服务，其中蕴含着很多好的投资机会。目前，中国存在人口老龄化和亚健康两大特征，根据国家统计局的统计数据，2017 年，中国 60 岁以上老人有 2.4 亿人，占人口总数的 17.33%；到 2018 年，中国老龄化人口将达到 2.5 亿人；到 2050 年，老龄人口总量将超过 4 亿人，占比将超过 30%。而 65 岁以上老龄人口的冠心病、高血压、糖尿病、哮喘、关节炎等慢性疾病的患病率是 15 ~45 岁人口的 3 ~7 倍，因此老年人年均在医疗方面的花费是年轻人的 4 ~5 倍，这为医疗快速发展提供了基础。中国人因慢性病而死亡的占到了整个疾病死亡率的 85%，因慢性病而引起的疾病负担占到中国整个疾病负担的 70%。此外，中国还有 7 亿人处于亚健康状态，占全国人口总数的 60% 左右。国务院印发的《关于促进健康服务业发展的若干意见》明确提出，到 2020 年，健康服务业总规模达到 8 万亿元以上，非公立医疗机构床位数和服务量占比要达 20%。

——快递物流进入快通道。随着消费业态更新和消费层次升级，现代物流配送业迅速发展。2010—2017 年，全国社会物流总额从 125.4 万亿元攀升至 252.8 万亿元，实现 10.53% 的年均复合增长率；2017 年，全国快递服务企业业务量累计完成 400.6 亿件，同比增长 28%；业务收入累计完成 4957.1 亿元，同比增长 24.7%。近年来，电商物流、快递快运、物流地产、冷链物流等细分市场成为投资热点。例如，平安不动产、中信产业基金、复星集团等产业资本加大物流地产投入，中外运推出“海运订舱网”，易流科技推出车辆“云平台”模式，顺丰、圆通、申通等快递企业加快国际和社区业务布局。

——工业设计爆发新活力。中国是个制造业大国，工业转型升级步伐在加快，着力提升创造能力，对工业设计的需求潜力很大。早在2013年，德国就提出“工业4.0”的新战略，衍生出“个人定制”“众包设计”等新业态，也使得以工业设计为创新驱动力的智能制造迎来快速发展时期。中国工业设计协会的数据显示，截至2016年底，建有工业设计中心的制造企业超过6000家，规模以上专业工业设计公司约8000家，设计创意类园区突破1000家，全国设计类奖项赛事有110余项。中国各地也都制定工业升级战略，推进工业设计产业规模发展。广东、山东、浙江、江苏、甘肃、河北、江西、深圳、重庆、厦门等多个省市，都制定了促进工业设计发展的政策措施。例如，上海以打造“设计之都”为契机，引导设计产业在重点产业基地和工业园区配套布局，形成一批以设计为主题业态的创意产业集聚区。

三、谨防中国经济“硬着陆”的对策建议

中国经济经历短暂的调整是必要的。为避免经济出现大幅波动，需要更稳健成熟的宏观调控能力。幸运的是，中国近几年虽没有采取短期强刺激的政策，但经济仍在合理区间运行，这也说明中国政策工具箱中的工具比较多，政策回旋的余地还比较大。2017年底中央经济工作会议提出，在稳的前提下要在关键领域有所进取，在把握好度的前提下奋发有为。2018年7月底中央政治局会议提出，在外部环境发生明显变化的背景下，要抓住主要矛盾，采取针对性强的措施加以解决。坚持稳中求进的工作总基调，保持经济运行在合理区间，加强统筹协调，形成政策合力，精准施策，扎实细致工作，努力实现稳就业、稳金融、稳外贸、稳外资、稳投资、稳预期。

一是深入推进供给侧结构性改革。在持续推进“三去一降一补”

政策的基础上，着重解决消费升级和供给质量问题，重点在“破”“立”“降”上下功夫。“破”就是采取市场化、法治化手段有效处置“僵尸企业”，破除无效供给，更彻底地交给市场优化配置资源；“立”就是通过强化科技创新和技术改造，积极培育新动能，提升供给的质量和效益；“降”就是努力降低实体经济成本，重点降低制度性交易成本，提升实体企业的盈利水平和市场竞争力。

二是继续创造良好的营商环境。进一步把营造公平竞争的营商环境放在突出位置，进一步简政放权，清理和取消在政府采购、资质获取、招投标、权益保护和参与政府战略、计划等方面的差别化对待；进一步破除行政垄断，推进电力电网、石油天然气、铁路等领域的市场准入，赋予内外资企业同等准入权利，放宽金融、汽车、医疗、信息技术和服务等领域的外资股权比例；尽快推出《外商投资负面清单》和加快“外资三法”的修订工作，出台一批外国人出入境、定居和工作的便利化措施，提供更多居民、企业国际化资产配置的投资渠道；切实保证国家关于促进民营经济发展的政策措施落到实处，进一步提振民营投资者的信心。

三是继续实施更加积极的财政政策。精准扶贫和污染防治攻坚战需要更高效的财政投入。2018 年在全国赤字率控制在 3.0% 以内的情况下，适度加大地方政府专项债券发行力度，进一步优化财政支出结构，将更多的资金放到精准扶贫和污染防治上来。而且密切关注美欧等国家税改动向，积极推进财税体制改革，研究出台普遍降低企业增值税和所得税税率措施；加快推进地方和中央财政事权与支出责任划分改革，研究推进个人所得税改革，推进综合与分类相结合的税制改革，启动房产税立法和扩大试点。

四是继续实施稳健中性的货币政策。2018 年经济工作的首要任务是防范化解重大风险，支持实体经济发展。防范就是要做好预防工作，在保持货币流动性适度充裕的情况下，维持利率水平与人民币汇率基本稳定，在“影子银行”、互联网金融、金融科技等领域做好重点防范，同时严厉打击违法违规金融活动；化解就是要处置一批风险点，重点在地方融资平台、房地产市场、消费金融、虚拟货币等领域做好风险化解，实施更加严格的金融监管标准。积极引导资金“脱虚向实”，协调金融调控与金融监管政策，引导信贷资金流向实体经济和补齐短板。

五是加快建立多主体供给、多渠道保障、租购并举的住房制度。牢固树立“房子是用来住的，不是用来炒的”意识，以构建购租并举的住房体系为方向，加快完善多主体供给的住房建设市场，完善集体经营性建设用地入市制度，提供多主体供应的保障性住房体系；充分发展租售同权的住房长期租赁市场，推进“租售同权”，多措并举培育、引导、激励租赁需求，增加租赁住房和共有产权住房用地供应，支持发展规模化、专业化、机构化的住房租赁企业。

六是做好预案应对外部风险冲击。外围经济虽有好转但保护主义增强，对此应做好预案和制定补救措施，谨防主要国家政策变动、地缘政治冲突和大宗商品价格波动等带来的负面冲击。特别是针对美国在贸易投资和人民币汇率上对华采取的制裁措施，应制定反制预案和“以牙还牙”策略，密切关注美联储缩表、加息和政府减税所带来的不确定性冲击，高度关注朝鲜半岛、中东地区以及委内瑞拉等局势的演变，谨防地缘政治风险冲击国内日益开放的经济体系。

第五节　打好防范重大风险攻坚战

当前经济界关注的热点是中国经济面临的内外部风险比较突出。例如，中国经济能否与主要国家经济“脱钩”且安然渡过难关。宏观调控的关键点是密切关注经济周期波动风险的变化，防患于未然。2017年底召开的中央经济工作会议提出，要坚决打好防范化解重大风险攻坚战。“守住不发生系统性金融风险的底线”被放在了非常突出的位置。

打好风险防范攻坚战，首先要着力增强风险防控意识和能力，力争不出现重大风险或在出现重大风险时扛得住；需要加强对各种风险源的调查研判，加强对各类风险的评估，建立风险预警机制，制定系统的防范和化解风险的实施方案，明确每个阶段风险管理的重点，提高动态监测、实时预警能力，推进风险防控工作科学化、精细化，对各种可能的风险及其原因都要做到心中有数、对症下药、综合施策，出手及时有力，力争把风险化解在源头，杜绝个体或局部风险蔓延演化成综合或全局风险。

一、坚决防范化解系统性金融风险

从国际经验来看，一些东亚国家、东欧国家和拉美国家在经济转型过程中都曾发生过严重的金融危机，倘若危机处置不当，就会造成经济转型受阻，甚至陷入“中等收入陷阱”。为防患于未然，中央政府把主动防范化解系统性金融风险放在更加重要的位置。2016 年 5 月，有权威人士发文强调，“树不能长到天上，高杠杆必然带来高风险，控制不好就会引发系统性金融危机”。由此可见，各个领域的加杠杆已经引发高层警惕，亟须采取措施降低杠杆。去杠杆是必需的，也是非常紧迫的。特别是在实施去杠杆政策过程中，更能有效消除潜在的局部金融风险。

（一）去杠杆政策着力点放在金融领域

2017 年以来，中央政府将去杠杆的重点放在金融领域。2017 年 4 月后，银监会、证监会、保监会、财政部等部门采取一系列政策措施开展联合整治，加快推动金融机构实施实质性缩表。从杠杆率水平看，中央政府和居民部门的杠杆率并不高，只是非金融企业部门的杠杆率偏高，达到 150% 以上。但这次为什么却对准金融部门“开刀”降杠杆呢？这与中国以银行信贷为主导的间接融资结构有关。作为资金输血机构，金融部门是非金融企业“加杠杆”的资金来源。与此同时，部分金融机构本身的杠杆率也不容忽视。尽管金融机构通过发挥资金的杠杆作用而运转，但为追求更高的资金收益，不少金融部门往往绕开资本充足率等监管要求，开展理财等表外业务，从而使其资产负债表大幅扩张。例如，2013—2015 年银行理财保持 50% 以上的高速增长，2016 年银行理财仍保持 30% 以上的增速。在实体经济平均回报率持续下降的背景下，银行的表外资金更多地留在其他回报率更高的金融机构。这就造成资金出现“脱实向虚”现象。2015 年以来，商业银行对非银机构的债权急剧扩张，2 年净增 15 万亿元，同比增速最高接近 80%，意味着有更多的资金流向了非银金融领域。在金融领域实施去杠杆是必要的，有助于从源头上解决不良债务和降低债务率。在多部委金融去杠杆的作用下，2017 年末，全国银行理财存款金额 29.54 万亿元，只新增 0.49 万元，年内增速下降至 1.69%，大幅低于 M2（8.2%）和社会融资规模扩张（12%）的增速。同期，银行对非银金融机构的债权下降了 1.05 万亿元，同比下降 8.5%。当金融部门开始实施缩表时，一些存在套利性质的“通道业务”将会被迫关闭，金融机构对利润最大化的追求将受到监管限制，急速加杠杆的行为将会得到收敛。

（二）对金融去杠杆增加风险的担忧

也有不少人担心金融去杠杆会变得更加无序，可能会形成“一收就紧，一紧就慌乱”的乱象，最终导致在防风险的同时引发新的金融风险，抑或是加大经济下行的风险。这种担忧主要体现在三个方面：

一是引发金融市场出现“钱荒”。在金融部门启动实施缩表的情况下，将会引发市场流动性趋紧，抬高同业拆借利率及贷款利率。这种现象确实在发生。据悉，许多城市首套房贷利率已大幅上浮至贷款基准利率以上，同时很多中小企业再次遭遇贷款难、贷款贵的问题。当货币政策适当收紧时，短期内影子体系的信用创造将会快速收缩，这也意味着非金融部门融资难度加大，甚至出现一定程度的“钱荒”。从目前来看，很多企业利润增速都已经出现拐点，开始感受到现金流紧张。虽短期内尚无断裂之虞，但年末的关键节点可能会出现资金紧张。

二是加大经济运行的下行风险。随着金融监管趋严，地方和企业融资扩张的动力减弱，基础设施建设、房地产等领域的投资可能大幅下降，从而拉低经济增速。预计下半年在金融去杠杆的作用下，经济增速可能出现下行，全年呈现出前高后低的走势。倘若央行实施紧缩的货币政策，流动性将会进一步缩减，企业的经营利润可能不足以对冲利率上行的负面冲击，进而拉低经济总产出。

三是短期金融风险可能会急剧上升。金融去杠杆的目的是防止资产泡沫继续膨胀，引发重大的经济危机。然而，在经济出现大幅下行的情况下，加速去杠杆也可能会造成短期的系统性金融风险。特别是当银行同业存单和理财产品集中到期时，一旦发生大规模挤兑赎回，局部金融风险就会急剧上升，倘若此时央行不能有效提供流动性和稳定市场预期，市场就会出现紧急抛售资产的现象。

（三）主动防范化解系统性金融风险的举措

金融去杠杆不会一次性到位，可能会出现反复，因此特别需要谨防因去杠杆引发金融风险或出现新的问题。

一是政府部门应在去杠杆过程中不设立场。即便是遭受压力较大的金融机构，各级政府部门也不应对其采取特殊的救助政策，而应遵循市场化和法制化规则，降低央行最后贷款人和各级政府最后兜底的可能性，同时坚持问题导向、底线思维，防患于未然，充分估计最坏的可能性，着力完善金融安全防线和风险应急处置机制。

二是引导金融机构将表外业务纳入表内管理。金融领域去杠杆不能简单采取债转股或不良资产剥离的办法，而是要尝试降低委外业务比例，逐步将表外业务纳入表内管理，同时有序引导金融机构改变融资结构来降低杠杆率和融资成本。为此，监管部门要加强对系统重要性金融机构和跨业经营活动的监管，同时还要鼓励金融服务创新，提高金融机构服务实体经济的能力和意愿。

三是加强金融监管部门的政策协调。金融去杠杆涉及财政政策、货币政策、金融政策等多重政策，牵一发而动全身，迫切需要各部门之间进行更多的沟通和配合。在银监会加强银行监管的同时，央行要密切监控流动性，对流动性的骤然变化做出迅速反应，满足去杠杆、去产能以及风险处置中金融机构正常的流动性需求。同时，证监会也要防止资本市场被突然“抽血”而再度引发股灾。坚定做好去杠杆工作，把握好力度和节奏，把防范化解金融风险和服务实体经济更好地结合起来，协调好各项政策的出台时机。

四是规范市场行为，强化金融消费者保护。适度扩大中国人民银行等征信体系的收集和使用范围，将小额贷款公司、P2P 平台借贷等民间借贷信息纳入征信体系，建立分层次、多维度的征信数据，提高对征信数据的再加工水平。完善资产登记（公示）制度，建立全国范围统一的租赁物、信贷资产、非标金融资产等的登记和公示系统。明确地方金融监管机构负责监管地方批准的金融机构和类金融机构，打击本地区非法金融活动，协助中央监管部门履职，真正实现金融监管全覆盖。

二、坚决防范实体经济的债务风险

如前所述，在经济下行压力较大的背景下，非金融类企业偿债能力会有所下降。考虑到非金融类企业积累的债务规模可能已超过 20 万亿美元，意味着非金融类企业的债务风险已经比较高，如果企业债务不能如期兑付，企业可能只能进行破产清算。为此需要坚决防范实体经济债务风险爆发，以及由此引发的连锁反应。

（一）主动防范去产能引发的债务风险

在去产能过程中，不少传统企业已经面临债务困难，随时都有债务违约的风险。对此，要谨防一味地去产能带来的债务风险，特别是对“僵尸企业”的去产能要采取市场化办法，优先化解其债务风险，通过破产重组、不良资产处置等市场化办法有效化解企业债务危机，加快其债务处置力度，有效遏制去产能过程中企业将债务转嫁给银行或政府。

（二）有序推进企业增加直接融资

防范化解实体部门债务风险，采取市场化债转股办法时谨防“明股实债”等隐性债务发生，切实打破债务的刚性兑付，发展规范的股权融资，健全投资者保护制度，发挥资本市场在降杠杆和优化资源配置上的功能。强化对股东特别是主要股东行为的监管，引导股东建立长期投资意识。打破债券市场刚性兑付预期，通过市场行为提升经营主体和个人的风险意识。扩大不良资产证券化试点范围，提升不良资产处置效率。

（三）深化国企改革推动主动降杠杆

综合考虑国家金融安全和经济效率的需要，调整国有控股的范围和比例。以市场化、法治化债转股等方式推动国有企业主动去杠杆，积极推进国有企业引入战略投资者，通过参股合资或兼并重组等方式，实施混合所有制推进形成过剩产能市场化退出机制；坚决处置“僵尸企业”，杜绝滥用兼并重组或债转股等手段续命，完善和细化退出机制，严格依照司法程序实施破产清算或破产重整，防止债务风险继续累积，切实有效降低企业债务水平。加快剥离国企办社会职能，减轻企业负担，破除去产能障碍。

三、坚决抑制房地产市场泡沫风险

2014 年“9・30”新政以来，受限购限贷放宽、利率下调、交易环节税收减免等政策的刺激，房地产市场量价齐涨，资产泡沫风险明显加大。2016 年 12 月，中央经济工作会议提出要坚持“房子是用来住的，不是用来炒的”定位，既抑制房地产泡沫，又防止出现大起大落。随后中央多次强调抑制房地产泡沫。2018 年 7 月底，中央政治局会议更是提出要下决心解决好房地产市场问题，坚持因城施策，促进供求平衡，合理引导预期，整治市场秩序，坚决遏制房价上涨。

（一）房地产市场的投机氛围越来越浓

近些年房价居高不下，产生了较大的“虹吸效应”，挤压了其他行业特别是实体经济的发展空间。特别是商品房已经严重超越了居住属性，高房价吸引各种社会资本涌入加剧了房地产市场的扭曲，促使房地产市场成为财富集聚增值的金融工具。这种“一业独大”式的畸形发展已经影响到社会经济的平稳发展和群众的切身利益。根据国家统计局的数据，房地产业增加值占 GDP 的比重由 1978 年的 2% 左右攀升至 2018 年近 7% 的水平，同期金融业占 GDP 的比重也由改革开放之初的 2% 攀升至 2018 年的近 9%。扭曲的房地产市场已经严重影响到宏观经济的稳定运行，同时扩大了居民财富分配差距。倘若房地产市场出现深度调整，将会引发连锁反应，有可能陷入日本当年泡沫破裂后的境地，即很多企业资金链出现断裂，银行不良资产上升和居民背负上沉重的债务负担。

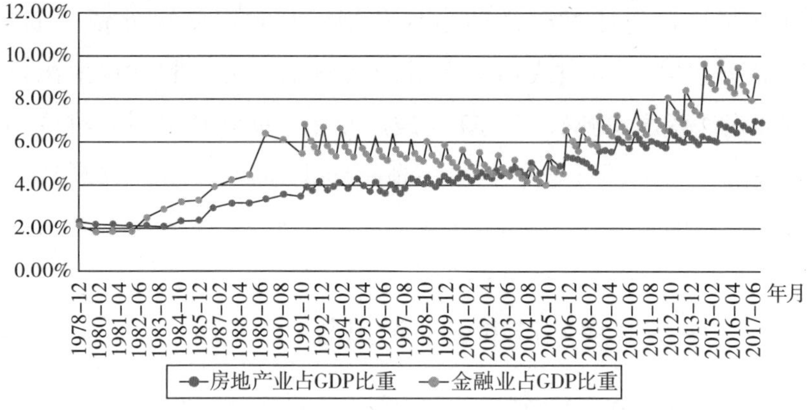

图 1－7　房地产业和金融业增加值占 GDP 比重（1978—2018）

（二）遏制房价上涨要防止大起大落

房地产调控要牢固树立“房子是用来住的，不是用来炒的”意识，释放正确有力的调控信号，引导社会预期回归理性，但也要积极稳妥地处置房地产泡沫风险。坚决遏制房价上涨，要坚持因城施策，切实把房地产泡沫限制在局部地区之内；合理引导预期，需要加快推进不动产统一登记工作，完成所有市县全部接入国家级房地产交易信息平台；完善金融机构应对房价回落的压力测试机制，做好应对不同风险情境下的政策预案；尽早完善房地产持有环节税收体系，使其成为地方收入的主要税种；加快推进特大城市功能疏解，引导优质企业集聚建设特色卫星城；加快完善公共租赁住房建设管理制度，公平地解决刚需者和低收入者的居住需求。

（三）加快完善多主体供给的住房建设市场

2017 年底的中央经济工作会议把住房制度改革作为 2018 年八大重点经济任务之一，凸显了中央对住房问题的高度重视，同时提出要发展住房租赁市场特别是长期租赁，保护租赁利益相关方的合法权益，支持专业化、机构化住房租赁企业发展。租赁市场建设涉及住房人是否享有同产权人一样的公共服务问题，大力推进租购同权显得尤为重要。加快建立促进房地产市场平稳健康发展的长效机制，以构建购租并举的住房体系为方向，加快完善多主体供给的住房建设市场，加快探索完善农村集体经营性建设用地入市制度，提供多主体供应的保障性住房体系；充分发展住房长期租赁市场，推进“租售同权”，多措并举培育、引导、激励租赁需求，增加租赁住房和共有产权住房用地供应，支持发展规模化、专业化和机构化的住房租赁企业，逐步降低居民部门杠杆率。

四、坚决处理地方政府债务风险

近年来，地方债务问题已经逐步得到控制，特别是中央采取债务置换方式和加强对地方融资平台的规范管理，使得地方债务规模控制在一定范围内，并未转化为严重的债务危机。随着经济下行压力的加大，鼓励地方投资的冲动仍在，如何在约束地方隐性债务膨胀的情况下，激励地方继续举债投资，将会影响中国经济未来发展的稳健性。

（一）地方隐性债务难以估量

地方隐性债务大致包括三大类：第一类是建设性专项债务，包括投融资平台债务、棚改债务、政府购买服务项目债务、政府与社会资本合作项目债务、地方国企债务、金融扶贫项目债务等。第二类是政府刚性消费性债务，主要是养老金缺口。第三类是地方政策性融资担保形成的债务，包括地方政府给企业提供的过桥贷、银政担保等。其中，政府自主承担的债务可以显性化。有专家估计，截至 2017 年末，全国地方政府债务余额 16. 47 万亿元，约相当于该年 GDP 的 20% 。近期地方政府杠杆率由升转降，但是部分债务风险不容忽视。融资平台无序扩张、政府购买服务异化、基金融资“明股实债”等隐性债务风险不容忽视，购买服务贷款异化形成违规政府性债务。地方政府的或有债务规模是很难估量的，因为有些是企业的债务，特别是国有“僵尸企业”的债务。因此这部分债务需要加快清理，否则就会遗留债务违约扩散风险，制约地方政府在举债发展中的可持续性。同时，在“堵后门”的同时没有很好地打开“前门”，使得部分基建项目面临较为突出的融资难题，包括按时完成存量融资整改难度较大，基础建设项目政府购买服务与财政规划期限不匹配，已开工项目面临资金链断裂的风险等。

（二）摸底查清地方隐性债务规模

据悉，国家有关部门已经督促地方政府启动摸底清查隐性债务，同时谨防利用 PPP、政府出资的各类投资基金等方式违法违规变相举债，抓紧制定出台地方政府融资平台公司市场化转型办法，出台地方政府债务信息公开办法，同时强化地方债务管理问责，加快构建发改委、财政部、审计署和银监部门数据共享机制，加强信息披露，共同做好风险的前瞻性防范。加强地方政府债务的法制化管理，推进债务信息公开，实行全口径、各层级、全过程的信息透明，接受上级政府、同级人大、金融机构和全社会监督。全面贯彻落实《关于深化统计管理体制改革 提高统计数据真实性的意见》，健全数据披露质量的责任制，对弄虚作假的责任主体进行严惩；利用商业数据提升对地方隐性债务的监管能力和水平，完善信息披露的第三方监督机制，培育发展国内信息调查公司，鼓励其对公开披露的信息开展独立性调查，提出合理合规的质疑调查报告。

（三）强化地方债务置换和预算管理

国家有关部门已按“堵后门、开前门”的原则，加快存量政府债务置换步伐，今后还要进一步通过定向增发、资产置换、政府债务转为商业债务等渠道，低成本的政策性资金置换信托融资和商业银行贷款，通过财政贴息的方式，试点中小企业债务置换，实现贷款证券化；同时坚决堵住违法违规举债的“后门”，遏制隐性债务增量，将地方政府性债务全口径纳入预算管理，严格控制下级政府举债上限，对各级政府债务风险进行动态监管；进一步深化财税体制改革、理顺中央与地方财权与事权的关系，进一步完善中央与地方的分税制度，改革转移支付制度，大幅减少专项转移支付，增加一般转移支付；全面清理地方政府融资担保，推动融资平台市场化经营，严禁政府以借贷资金出资设立各类投资基金，利用 PPP 等方式违法违规变相举债，不得承诺回购社会资本方的投资本金和最低收益，从体制改革上解决地方政府债务风险。

第二章

体制转轨之变

没有改革开放就没有中国经济的现代化，也不会有中国社会的现代化。改革开放既是“摸着石头过河”的探索过程，也是互学互鉴、与时俱进的演变过程。渐进式的体制转轨既让中国经济保持高速成长和健康发展，也有效规避化解了经济周期波动和外部危机冲击的各种风险。这种转轨没有完成时，而是不断向更高级的经济形态跃进。在计划经济体制向市场经济体制转轨的过程中逐步形成了中国特色社会主义市场经济体制，并由此带动中国由传统的农业社会转向现代化的工业社会，由封闭半封闭的经济体转向开放型经济体。

中国经济体制内在转换的驱动力是什么？中国经济体制的转变是否会有更加成熟稳定的终极形态？对此，我们本着“详人所略，略人所详”的讨论思路，重点探讨中国经济体制转轨中各项改革开放的制度演进，从矿业权市场化改革入手，探析由计划经济体制向市场经济体制转变的形态，通过对经济自由度评价结果的分析，指明中国经济体制转轨的方向。

在很多转轨经济研究中，中国实施的渐进式改革正逐步实现多个层面的转型，包括政治、经济、产业、城市和社会等体制转变，从而建立了中国特色的社会主义制度。改革开放以来，社会主义市场经济体制并不是自然而然产生的，而是经过多轮改革和多重转型逐步实现的。《中国经济双重转型之路》中曾提出过改革开放之初中国经济就进入了双重转型阶段，即体制转型和发展转型的结合或重叠，其中体制转型就是从计划经济体制转向市场经济体制，发展转型就是从传统的农业社会转向工业社会[①]。在这种双重转型之下，其推动力还有来自全球化的力量，即主动开放的结果就是由原有的较封闭的经济体转向开放型经济体，这种动力既是推动体制转型的"催化剂"，也是引领发展进步和塑造成熟经济体制的重要推手。加快全面深化改革开放，利用内外形成的合力，以此推动体制转型、发展转型和构建开放型经济，是中国经济保持持续发展的重要原动力。

中国特色社会主义进入了新时代，中国经济的体制转轨过程仍将持续而深入发展，不断推进国家治理体系和治理能力现代化，要形成更加成熟、更加稳定的制度。党的十九大报告提出，必须坚持和完善中国社会主义基本经济制度和分配制度，毫不动摇巩固和发展公有制经济，毫不动摇鼓励、支持、引导非公有制经济发展，使市场在资源配置中起决定性作用，更好地发挥政府的作用，推动新型工业化、信息化、城镇化、农业现代化同步发展，主动参与和推动经济全球化进程，发展更高

① 厉以宁．中国经济双重转型之路［M］．北京：中国人民大学出版社，2013.

层次的开放型经济，不断壮大中国的经济实力和综合国力①。

第一节　从计划经济体制转向市场经济体制

改革开放之初，在“实践是检验真理的唯一标准”的大讨论下，中国掀起解放思想、实事求是的改革开放浪潮，在一些领域率先清除计划经济体制的束缚和限制，引入了市场竞争，深化价格改革。尽管经历过双轨制的转换之痛，中国经济还是逐步由计划经济体制过渡到社会主义市场体制，特别是1992年邓小平的南方谈话，进一步解放了思想，打消了对“一放就乱，一管就死”的担忧，加快了中国经济改革发展的进程。其中深化产权制度改革、优化要素市场配置、推进国有企业改革、发展非公有制经济是实现体制转型的重要手段。中共十八届三中全会《中共中央关于全面深化改革若干重大问题的决定》（以下简称《决定》）提出，“经济体制改革是全面深化改革的重点，核心问题是处理好政府和市场的关系，使市场在资源配置中起决定性作用和更好发挥政府作用”。即便到了今天，经济体制改革仍必须以完善产权制度和要素市场化配置为重点、实现产权有效激励、要素自由流动、价格反应灵活、竞争公平有序、企业优胜劣汰。

一、深化产权制度改革，培育市场主体

由计划经济体制向市场经济体制转轨过程中，首要的是深化产权制度改革，逐步培养出更多的独立市场主体。在计划经济体制下，“全国一盘棋”，投资经营的中枢是国家计划委员会，通过逐级把计划任务下达到各地生产车间，而各地生产的东西再由计划中枢分配到各地消费，

---

①《党的十九大报告辅导读本》编写组．党的十九大报告辅导读本［M］．北京：人民出版社，2017.

即人财物、产供销等都是由国家计划安排的，所有产权都是国家的，投资主体也是国家，投资的权利和责任也在国家。这种体制在一个小型组织内是可行高效的，但是对这么大一个国家而言显然会带来低效率、供给不足和分配难题，也就是形成所谓的“短缺经济”。打破计划经济体制的束缚就要引入市场机制，而市场机制需要许多个自主经营的微观市场主体，这样市场才会发挥优化资源配置的作用。由于计划经济体制下，所有的产权都归属于国家，因此引入市场机制时，要培育市场主体就要明确产权的归属，否则市场主体就不会有积极性从事生产流通活动，自然也不会形成真正的市场经济形态。

（一）企业产权制度改革

完善社会主义市场经济制度，首先是要加快产权制度改革。在改革初期，企业产权还不太清晰，投资主体存在所有制模糊，缺乏经营自主权。培育有活力的市场主体，要从产权上界定清楚，破除束缚企业的计划，让企业投资经营者明确知道为谁打工，市场化改革的第一步就是对所有企业都要明晰产权概念。在明确产权的基础上，民营企业逐步发展起来，集体所有制也进行了改制，逐步转成产权清晰的股份制、股份合作制或民间资本经营的企业。党的十五大以后，国有企业、国有银行开始把股份制改造列入改革日程，随后逐步推动国有企业在资本市场募集资金的事宜。在股份制改革早期，实际上实行的是双轨制，即存量和增量部分分别处置，这种临时性处置就是适应国情的需要，并为后续的股份制改革奠定了基础，显然股份制改革不是一蹴而就的，也说明当时的改革是不彻底的，因此有必要进一步深化企业产权制度改革，特别是国有企业股份制改革。其实，对各种各样的所有制企业的产权界定过程就是中国经济体制转型的重要组成部分，其中，国有企业的股份制改造面临着新的问题，尤其是如何看待国有企业上市后国有控股权问题，已成为新一轮的国企改革中如何实施混合所有制改革的重要议题之一。

（二）要素产权制度改革

在体制转轨中，市场机制作用的发挥固然离不开产权清晰的微观主体的参与，但如果要素市场的产权不清晰，企业的投资经营也会遭遇许多阻力，特别是缺少法规政策上的保护。伴随着企业产权改革的进程，要素市场的产权制度改革也在逐步推行，包括自然资源矿产权、土地房屋产权和集体林地产权等。

一是推进自然资源矿产权改革适应市场经济体制的要求，在明晰矿产产权关系的基础上，使矿产资源的所有权和经营权分离，建立明晰的矿产资源产权关系，完善矿业权交易市场，从而使要素资源的开采和使用有了重要的制度保障（第四节对矿业权改革做了重点论述）。

二是推进土地产权改革以满足城镇化和农村土地制度改革的需要。以 1978 年为界，中国城市建设用地改革经历了从土地无偿使用到土地所有权和使用权分离、土地有偿使用的演变；农村土地经营制度在 20 世纪 80 年代初期完成家庭联产承包制之后，农村土地产权改革并未得到进一步推进，直到最近新一轮农村改革才将土地确权改革提上日程。2017 年底发布的《关于完善农村土地所有权承包权经营权分置办法的意见》明确了农村的土地集体所有权、农户的承包权、土地的经营权分置并行，明确严格保护承包权，强调维护好承包农户使用、流转承包地的各项权益，加快放活土地经营权，赋予新的经营主体在流转土地上享有占有、耕作并取得相应收益的权利。

三是推进集体林权制度改革。改革开放后的很长一段时间，集体林权制度改革并未提上产权改革的日程，直到 2003 年中央开始在福建、江西等地区开展试点，到 2008 年中央决定在全国范围内开展集体林权制度改革，推进林场确权，林业承包到户，允许林地抵押。

四是完善知识产权制度尤为重要。加大知识产权保护已经成为国内外创新型企业最迫切的需求之一。加强知识产权保护不仅要严格依法保护，切实提高侵权成本、降低维权成本，还要在产权有效激励上实现突破，提升知识产权对创新收益的价值，包括加快实行以增加知识价值为导向的分配政策，探索对科研人员实施股权、期权和分红激励，充分发挥知识产权对科技创新和成果转化的长期激励作用。

（三）国有企业混合所有制改革

国有企业改革是经济体制改革的关键环节。如果说 1998—2003 年国有企业改革的出发点是帮助国有企业脱困，那么 2013 年开启的新一轮国有企业改革的出发点则是扶强扶优，使国有企业真正成为市场的主体，能够不被诟病地开展国际市场竞争。为此，新一轮国有企业改革定位于混合所有制改革，即引入战略投资者，提高国有资本的配置效率和调动国有企业的积极性，使其有健全的法人治理结构。中共十八届三中全会《决定》和党的十九大报告都重申了必须毫不动摇巩固和发展公有制经济，坚持公有制的主体地位。这意味着国有企业的混合所有制改革不是私有化的过程，而是允许非国有资本参股，允许实行企业员工持股，形成资本所有者和劳动所有者利益共同体，从而实现以管资本为主的国有资本管理体制的改革任务。

为推进国有企业混合所有制改革，2014 年以来，国资委在中央企业启动“四项改革”试点，“混合所有制”“兼并重组”“整体上市”“国有资本投资公司试点”，选择包括中国节能环保公司在内的 8 家央企进行国有资本投资公司、混合所有制、规范董事会试点和派驻纪检组四项改革试点。地方版的国企改革也在不断推进，目前超过 25 个省、区、市出台了国资国企改革方案。国企改革主要采取三种形式。第一类，大部分的央企将会改组成国有资本投资公司，如形成五六十家国有资本投资公司；第二类是组建国有资本运营公司，有 10 家左右；第三类是调整保留功能性的实业公司，像中储粮、中储棉、中石油等 10 多家。国有企业混合所有制改革的方向是国有资产覆盖领域的调整和国有资本的有序进退。国有资产必须进行分类管理，这是提高国有资产管理效率，以及确定合适的国有经济布局的基本前提，只在关系国家经济命脉的重要行业和关键领域实现相对控制。而其他一般性竞争领域则应该完全交给市场。即便是在国有经济已经形成绝对优势的金融、军工、电力、石化、电信、煤炭、民航和航运等领域，也可以进行产权多元化，将部分股权转让给民资或者外资，实现“国退民进”，打破垄断，提升国有资本的市场运行效率。以发展混合所有制经济为牵引，更好地发挥市场配置资源的决定性作用，更进一步建立和完善国有企业的现代企业制度，同时发挥国有经济的主导作用，不断增强国有经济的活力、控制力和影响力。

在资金趋紧和利率上行的背景下，积极利用资本市场的力量，推进国有企业实施混合所有制改革，加大国有企业产权进场公开交易，通过引入民营资本和股权投资，推动符合条件的传统基础设施领域的 PPP 项目资产证券化，实现国有企业的股权多元化。采取更市场化和法制化的措施，引导国企盘活存量资产，进行有序投资。在资本长期收益率下降的情形下，国有企业混合所有制改革的目的还在于引导国企加快研发投入力度，增加高质量产品供给，从而提高产品的盈利能力，保持相对较高的利润回报率，提高其资产收益，提升资金利用效率，促使国有资本实现最大化的保值增值。此外，新一轮国企改革还要加快推进国有企业治理结构的市场化改革，全面落实董事会的职能职责，推动国企高管由选任到竞聘，重点推动国企科研体制改革，在鼓励加大科研创新投入的基础上，启动员工持股试点，实施股权激励计划，对科技创新突出的业务骨干提供相应的干股，增强国企科技创新实力，保护员工创新的知识产权，以激发全员的科技创新潜力，增强国有企业的活力和抗风险能力。

二、优化要素市场化配置，完善市场机制

完成要素产权改革只是第一步，要促进要素自由流动，就要打破各种阻碍市场机制发挥作用的行政壁垒，包括各种行政管制、地方保护主

义、行业垄断机制等。深化要素市场化配置，就是要把固定的、不动的、死的“资源要素”盘活权证化，提升交易价值，得到合法合理的保护。这就意味着要有一个统一的市场方便各类要素能够自由流动，谨防要素资源沉淀在某个部门或区域内，应充分有效地发挥价格杠杆的调节作用，要让要素价格真正成为市场经济的基本要求和市场配置资源的基本途径。为此，需要处理好政府与市场的关系，打破各种行政壁垒，把要素资源引入完善的统一大市场中，使其能按照既定市场规则实现其交易价值。

（一）消除区域和城乡间的制度鸿沟

在国内城乡和区域间，仍然存在阻碍要素自由流动的体制机制。

在区域范围内，跨区域的要素流动往往受到地方保护主义的制约，一方面表现在地方为促进本地经济发展不愿意把当地的资源输出，而是制定花样百出的招商引资政策，吸引其他地区的要素资源流入，另一方面，同时也出台多种多样的保护性政策，在资源配置上向本地倾斜，维护地方企业的利益，这就意味着既存在着重复建设和恶性竞争，也使得区域间形成了块状经济，在自给自足的基础上尽量减少对外部资源要素的依赖，显然这种做法已制约了统一大市场的形成，也同时制约着地方经济的发展。

在城乡之间，要素资源的自由流动也存在着天堑，过去一直是乡村的资源单向度向城市流动，当然这有城镇化的动力驱使，但更多是乡村不具有城市那样的优惠制度，特别是在公共服务资源上，农村的吸引力较弱，从而导致农村的资金、资源和劳动力都转向了城市。倘若城乡之间不建立统一的要素自由流动市场，特别是土地市场和劳动力市场，城乡的二元结构就会始终存在，城乡间的发展差距也就很难缩小。

因此，要优化城乡要素资源制度安排，包括激活乡村的土地资源，加快建设城乡统一的建设用地市场，以深化户籍制度改革为突破口，打破城乡、地域、行业分割和身份、性别歧视，吸引城镇资金、资源和人才逐步流向农村，实现要素资源通畅的双向流动，真正推动乡村振兴起来，真正实现城乡的融合发展。

（二）打破国有企业的行业垄断地位

长期以来，关于“国进民退”的讨论不绝于耳，饱受诟病的是国有企业的行政垄断，这种垄断地位并不是市场自发形成的，而是体制转轨中赋予的行政性垄断，尤其体现在水资源、电力、电网、电信、铁路、石油、天然气、军工、传媒等要素市场领域，这种行政垄断不仅带来了低效率，而且还阻碍了其他市场主体获取资源。党的十九大报告提出推动国有资本做强、做优、做大，但并不是允许其成为行业的垄断者；因为十九大报告还提出要“深化商事制度改革，打破行政性垄断，防止市场垄断，加快要素价格市场化改革，放宽服务业准入限制，完善市场监管体制”。打破国有企业的行业垄断就要加快推动国有经济布局优化，实施以管资本为主的国有资产管理体制改革，让国有资本本身实现优化配置，重点通过债务重组和资产并购的方式，引入民营资本和股权投资，将部分“僵尸国企”的资源资产配置到更有效的地方，通过释放国有资本的自由配置潜力，让各类国有企业掌握的所有资本、技术等要素资源都能够摆在大市场中实现市场化的配置。推动国有企业通过资本市场完成股份制改制和混合所有制改革，既能实现国有资本的重新洗牌和优化配置，也有助于行业引入潜在进入者，打破国有企业的行业垄断地位，使行业发展更有效率和活力。

（三）增强新经济发展的资源配置能力

近年来，中国积极实施“互联网＋”计划，培育发展新动能，逐步形成以电子商务、共享经济、平台经济等为主的新经济、新业态。这类新的经济形态带来资源市场配置方式的变化。在数字经济快速发展的背景下，过去不可贸易的服务产品已变成可贸易的产品，如远程的医疗服务、线上跨国教育以及跨区网约车等。这种新的资源配置模式已经突破了地域限制和空间差别，同时把限制在私人手中的资源资产盘活起来，让更大范围的资源得到帕累托改进的配置，也让一些难以进入正规市场的特殊群体（如残疾人）有了新的就业渠道。在新形势下，要进一步优化新经济发展的资源配置，让更多的要素资源能够在新的平台得到优化配置，从而有利于激发各类市场的活力，提高经济增长的质量和效益。

（四）加快“放管服”改革，优化营商环境

优化资源的市场化配置，使市场竞争公平有序，让价格发出正确的引导信号。各级政府还要采取多种政策措施，创造有利于生产要素自由流动的市场环境，全面实施市场准入负面清单管理制度，切实做到“法无禁止即可为”；还要加大简政放权和体制机制创新力度，清理废除妨碍统一市场和公平竞争的各种规定和做法，积极做到“法无授权不可为”，尤其是通过深化金融体制改革，加快推进利率市场化和实施更灵活的汇率政策，使经济增长面临的内外部环境有所改善。中央政府出台降低投融资成本的政策措施，引导社会资金由房地产领域转向资本市场，直接融资逐渐发挥更大的作用，引导企业融资成本降低，提高企业扩大再生产和兼并重组的能力。

三、发展非公有制经济，激发市场活力

非公有制经济是社会主义市场经济的重要组成部分。在中央政府重要文件表述中都阐明，必须毫不动摇地鼓励、支持、引导包括民营经济[①]在内的非公有制经济的发展。在处理国有企业和非公有企业关系方面，国家的方针都是一以贯之的，就是促进两者共同发展，合作发展，形成共存共赢的社会主义市场经济格局。改革开放以来，非公有制经济

① 民营经济是除了国有和国有控股企业、外商和港澳台商独资及其控股企业以外的多种所有制经济的统称，包括国有民营经济、个体经济、私营经济、混合所有民营经济、民营科技企业、农民专业合作社等类型。

从无到有，由小到大，由弱到强，无论是从经济贡献、投资占比还是从吸纳就业方面看均成为推动经济增长的重要力量。

（一）民营经济已成为稳定增长和吸纳就业的主要力量

改革开放之初，在明确工商业劳动者地位的基础上，中国逐步形成了以个体工商业为主的民营经济，此后经过不断的改革开放，民营企业队伍不断壮大。国家发改委的统计数据显示，截至2017年底，中国民营企业的数量超过2700万家，个体工商户超过了6500万户，注册资本超过165万亿元，民营经济占GDP的比重超过了60%。民营经济的持续壮大，有力地促进投资拉动经济增长，还贡献了50%以上的税收，提供了70%左右的出口，创造了80%左右的就业岗位。民营经济对促进市场竞争具有重要作用。

“国进民退”与“民进国退”的争议虽然时常被广泛讨论，但社会主义市场经济并不是不需要民营经济，而是怎样更好地发展民营经济。因此，争论的焦点是竞争的公平性问题，即怎样使民营经济与国有经济享有同等的产业政策和竞争地位。民营经济的重要性不言而喻，但要解决的问题是与国有经济相比民营企业怎样做到平等。实际情况是，民营企业借贷成本方面高于国有企业，仍然存在着融资难、融资贵的问题。维持私营企业持续增加投资的积极性，就要进一步降低企业的总经营成本，尤其是财务费用，给私营企业提供更多低成本的融资机会。

（二）外资经济在调整结构和创新发展中发挥重要作用

利用外资是中国对外开放的基本国策，也是构建开放型经济新体制的重要内容。在中国经济的不同发展阶段，外商投资都发挥了相当重要的助推作用。从目前来看，中国吸收外商投资规模基本保持在每年1300亿美元左右，占全国固定资产投资的比重不到2%，占全球跨国投资的比重也下降至8%左右，但其发挥的作用不可低估。外资是国际先进生产要素的重要载体，在推动中国优化和提升产业结构方面发挥着不可替代的作用，尤其是通过引进外商资金，发挥其在技术水平、研发设计等方面的优势，中国可以借鉴它们带来的先进技术和管理经验，通过不断地学习模仿，加快工业化进程，从而全面参与国际分工，推动计划经济体制向市场经济体制转变。时至今日，中国仍在坚持不懈地深化改革开放，积极主动地利用外商投资，促使其更主动地融入全球经济，逐步与国际规则接轨，保持经济社会的持续健康增长。

第二节 由传统农业社会转向现代工业社会

伴随着计划经济体制向市场经济体制的转变，中国的社会发展也逐渐从传统农业社会转向了现代工业社会。自新中国成立以来，中国逐步建立起完整的工业体系，但这一过程是比较曲折的。20 世纪 50—70 年代末，中国采取计划经济模式和重工业发展战略，采用的是以农村农业生产补贴城市工业生产的工业化发展模式。总体上看，改革开放前中国工农业发展都是不成功的，农业发展问题并没有解决人民的温饱问题，而工业的发展也没有解决工业品短缺问题，其中有体制的问题，也与当时的经济政策有很大的关系。从 1979 年算起，中国率先推动了农业生产力的大解放，通过家庭联产承包责任制解决了人民群众的温饱问题，随着农业生产率的提高，农村剩余劳动力逐步转向城市从事工业生产，使工业特别是劳动密集型产业得到快速发展。此时在搞活民营经济和吸引外资的驱动下，中国工业发展的规模和质量都出现了迅速提升，中国社会也开始由传统农业社会转向现代工业化社会。党的十九大报告提出的目标是：在 2020 年全面建成小康社会的基础上，到 2035 年基本实现社会主义现代化，到 2050 年把中国建设成为富强、民主、文明、和谐、美丽的社会主义现代化强国。

一、中国工业现代化转变的进程

中国工业现代化进程的指导方针是非常务实的，即释放广大人民群众参与工业化的热情，集中精力满足人民最迫切的物质文化生活需求。改革开放之前，中国计划经济体制下建立起的工业体系为此后工业化发展奠定了基础，而改革开放后以纺织服装等轻工业为突破口，释放了庞大的农村剩余劳动力勤劳致富的热情，使其依托众多的乡镇企业开启了由农民转变为产业工人的道路。以劳动密集型轻工业产品为主的发展路径适应了当时短缺经济下国内人民群众物质文化生活的需要，而低廉劳动力的无限供应也使得轻工业产品具有国际竞争力，从而为国际出口创造了条件。轻工业快速发展使中国在20世纪80年代中期就基本告别了短缺经济，同时劳动者收入的增加也积累了大量的储蓄资金，从而为进一步发展基础设施和重化工业提供了强有力的支撑。

（一）鼓励出口导向的制造业发展

在以纺织服装为主的轻工业发展过程中，中国充分利用了农村转移出来的廉价劳动力资源，借助利用外资和实施开放的机会，制定各种产业政策积极鼓励发展出口导向的制造业，并用轻工业制造品获得外汇换取生产机器，再进行扩大再生产，从小规模制造发展到大规模制造，在外资的推动下逐步形成以加工贸易为主的制造业体系。与此同时，中国各地招商引资的热情推动了出口导向的制造业发展，从而使中国参与国际协作与分工，在全球价值链的中低端占据了主要位置，并逐步构建起具有一定技术水平、门类齐全的完整工业体系。

（二）着力发展机械等重化工产业

在出口导向制造业的快速发展下，中国国内也催生了对能源、动力、运输、装备等领域的巨大需求，促使中国积极引进外资优化工业区域布局和产业组织结构，以便突破能源、动力、交通、通信等发展瓶颈，在国家政策的扶持下，开始重点发展钢铁、冶金、采掘、装备制造、化工材料等重化工业，进而带动煤炭、水泥、化纤、建材等上下游产业的快速发展。为了满足 10 多亿人口的出行需要，中国政府积极发展高速铁路装备制造，以国内交通需求为驱动力，积极引进国外先进的高铁技术，并大规模量产高铁装备，由此带动上下游产业链的规模化生产，从而大大提升了中国制造的综合能力和科技含量。

（三）推进中国制造迈向中高端

当前阶段，中国经济发展到了相当关键的时期，正处于向高收入国家攀升的艰难爬坡阶段。随着劳动力、土地、资源环境等要素成本逐步走高，以出口导向和廉价劳动力导向的劳动密集型制造竞争力减弱，中国部分制造业已经开始向印度、东南亚等国家和地区转移。现阶段，中国经济没有摆脱政府主导的赶超型增长的影子，主导产业仍处在全球价值链的中低端，产品可替代性强且过度依赖资源消耗。随着生产成本的不断攀升，中国制造业面临双重竞争压力，既有来自发达国家重振制造业带来的中高端产品的竞争，也有来自发展中国家承接国际产业转移形成的低成本竞争，可以说是“前有围堵，后有追兵”。受环境成本制约，中国产业发展不可能重回低成本、高消耗的增长模式，只能加快向全球价值链高端转移。为了避免“产业空心化”带来的危机，中国亟待加快中国制造的转型升级，实施创新驱动发展战略，支持中国制造迈向全球价值链的中高端，并逐步转向中国创造。然而，当前的科技落后和创造性缺失制约了中国产业的转型升级。为此，亟须通过深化经济体制改革释放市场活力，激发全社会创造力，通过简政放权，营造公平的商业环境，让价值规律充分发挥作用，按照社会需求比例分配社会劳动，按照公平竞争规则，实现企业间的优胜劣汰，使市场微观主体真正按照契约精神实现自我价值。

二、中国城镇化发展促成工业化社会

城镇化和工业化是经济现代化的两大引擎。在市场经济条件下，城镇化与工业化是一种相互促进、相互依赖的良性互动发展关系。在改革开放的过程中，中国的城镇化进程确实在推动工业化发展方面发挥了有力的助推作用。历史经验表明，城镇化本身就是一个要素集聚的过程，而集聚于城镇的资源、资本、劳动力、技术等为工业化大生产提供了延展的空间。各级政府长期维持着对基础设施投资的热情，进一步加快了城镇化和要素集聚的过程，极大地推动了农村富余劳动力向城镇工业部门的集聚。工业化的快速发展也加速了农村富余劳动力向城镇的集聚，推动了城镇化的发展。然而，政府主导的城镇化缺少市场化的配置，使得城镇化滞后于工业化的发展，并对工业化的发展产生了反作用。

（一）城镇化发展支撑工业化进程

城镇化发展有助于拉动中国内需增长、促进消费升级和产业升级，成为经济增长的持续动力，也是解决农业、农村、农民问题的重要途径和推动区域协调发展的有力支撑。无论是否有政府力量推动，当工业化发展到一定阶段时，人口的社会分工在空间结构上都会产生一定的变化。在中国的工业化进程中，工业部门的生产效率远远高于农业部门，因此大量的农村剩余劳动力逐步向城市转移，即由低效率的农业部门和农村逐渐向更有效率的工业部门和城镇地区配置的过程，就是所谓的“库兹涅茨过程”，此时工业化自然地推动了城镇化的发展。

随着城镇人口规模的不断扩张和基础设施的逐步完善，城镇化的发展又很好地支撑了工业化进程。尤其是在工业化初期，自发的城镇化对工业化具有明显的正向带动作用。一方面，劳动人口的转移为工业化提供了充足的产业工人；另一方面，人口的规模集聚推动城镇规模的扩张和基础设施投资建设，形成对工业品的庞大需求，从而推动工业化进一步发展。在快速城镇化时期，城镇化对需求有很强的拉动作用。中国的城镇化率从 1978 年的 17.9% 上升至 2017 年的 58.5%，平均每年上升 1.04 个百分点，其中 2011—2017 年城镇化率仍平均维持在 1.22 个百分点，处于城镇化快速发展时期。快速的城镇化需要大量的基建投资和房地产投资，1996—2017 年两者投资额占到全社会固定资产投资总额的 45%，其中基建投资为 24%，房地产业为 21%，这两项的投资在很大程度上支撑了中国从工业化初期发展到工业化中后期。

（二）城镇化与工业化发展越来越不平衡

在市场的激励下，中国工业化快速发展，而政府主导的城镇化进程则受到了城乡二元体制（主要是土地制度和户籍制度及相关的城乡差别劳动就业和福利保障制度）的制约发展进程逐步落后下来。2012—2013 年，第二产业比重开始急剧下滑，第三产业比重开始加速上升，这意味着需要优化产业结构，由工业主导的阶段转向服务业主导的阶段。城镇化滞后发展又对后工业化进程的推进产生负面的影响。房地产和土地要素价格的高企对于产业发展的制约也是城镇化发展过程中所必须面对的问题。工业化和城镇化的非均衡发展增加了两者互动的摩擦成本和协调成本。

从表面上看，中国的城镇化进程仍在以每年 1 个百分点的速度快速推进，但城镇化的质量并没有提升，大量的农民工滞留在城市，不能享受到城镇人口的待遇，相应地，农村则逐渐凋敝，出现大量“空巢老人”和“留守儿童”的现象。国家统计局的数据显示，2017 年户籍人口城镇化率为 42.35%，落后于常住人口城镇化率 16.17 个百分点，其中全国人户分离的人口 2.91 亿人，流动人口 2.44 亿人。随着劳动人口逐渐向大城市集聚，大城市也出现了各种各样的“大城市病”，城镇空间的无序扩张、城镇基本公共服务超载以及各方利益冲突加剧，致使这样的城镇化进程已不能有效地支撑和促进工业化的发展。可以说，粗放扩张、人地失衡、举债度日、破坏环境的老路已经走不通了。

（三）挖掘新型城镇化发展的内需潜力

以人为核心的新型城镇化将能提供新的经济增长动力。从形势上看，进城的农民工大部分集中在相对年轻的群体，因而未来城镇化发展趋势存在一个加快农业转移人口市民化的过程。新型城镇化将加快户籍制度改革，实现以人为核心的城镇化，这意味着进城的年轻人将会增加平均受教育年限以适应城镇生产率提升的需要，从而自然实现工业转型升级所需的人力资本的积累。挖掘新型城镇化发展的潜力，就是通过深化城镇发展体制改革，包括户籍制度改革、收入分配制度改革和完善社会保障制度等，在增加高素质劳动力供给的同时，转向提高全要素生产率和经济潜在增长率①。

由于人均的城市产出与城市人口规模存在明显的正相关关系，所以推进新型城镇化发展，就要以城市群为主体构建大中小城市和小城镇协调发展的格局，首先要推动粤港澳大湾区、海峡西岸、关中平原、兰州—西宁、呼包鄂榆、哈长等跨省区城市群的建设。以人的城镇化为核心的新型城镇化的发展能释放出更大的内需潜力，需要更加注重提高户籍人口的城镇化率，更加注重城乡基本公共服务均等化，如吸引社会资本推进管网建设、运用“互联网＋”推进智慧城市建设，更加注重环境宜居和历史文脉传承，更加注重提升人民群众的获得感和幸福感。

三、客观认识工业产能过剩问题

2015 年以来，美、欧、日、韩等地区纷纷指责中国钢铁等行业产能过剩问题。如在 2016 年第 8 轮中美战略与经济对话上，美国代表以钢铁为例指责中国的产能过剩破坏并扭曲了全球市场，冲击了美国市场

① 蔡昉．中国经济增长如何转向全要素生产率驱动型［J］．中国社会科学，2013（1）：56－71.

和劳工就业，敦促中国承担责任，加快化解与消化过剩产能。当时，美国就对来自中国的耐腐蚀扁钢课征最高达450%的反倾销税和反补贴税，欧盟对中国钢铁等产品发起20多项反倾销、反补贴调查，同时指责中国地方政府去产能政策实施不力，对过剩产能提供保护支持。越南、泰国等东南亚国家也针对中国输出的钢铁产品开征反倾销关税。从钢铁、煤炭、电解铝等几个行业看，中国客观上存在一定的生产过剩。诚然，中国出口有所增加给国际市场带来了一定压力，但这种压力只是暂时的或某一行业环节的。出于保护国内产业的需要，欧、美、日、韩等国对此表示关切是可以理解的。但是对此要客观认识，不能以偏概全。对任何国家来说，产能过剩都不是“洪水猛兽”，均是供需关系短暂失衡的结果。对此，我们要客观公正地看待这一问题，而不能视之为实施贸易救济的借口，而大行贸易保护之实。

（一）客观认识工业产能过剩的成因

第一，产能过剩是个全球性概念。在经济全球化时代，世界已经形成统一的市场，供应和需求都已经是全球化概念，产能问题也不例外。以钢铁为例，随着全球需求疲软，钢铁产能出现供过于求，这是个全球性问题。需求萎缩是全球性的，产能过剩也不只是某个国家的问题。美、欧、日、韩等国钢铁产能都面临过剩的问题，产能利用率普遍不太高。世界钢铁协会的数据显示，2014年全球粗钢产能利用率为73.4%，经合组织（OECD）成员国粗钢产能利用率为76.4%，而中国的粗钢产能利用率为72.8%，大致与全球平均水平相当。

第二，产能布局是产业分工使然。从产业分工来看，产能过剩也是个相对的概念。根据产业梯度转移理论，现有产能布局都是全球产业专业化分工的结果。以钢铁为例，中国产能增加的本身就是全球产业再分工的结果，是全球产业梯度发展规律使然。例如，二战后，美国就利用“马歇尔计划”向欧洲转移富余产能，日本20世纪60年代通过向“亚洲四小龙”地区进行海外直接投资，输出化学、钢铁和非金属矿物等富余产能。早在1978年，中日双方就签订了钢铁合作协议，由新日铁公司协助建设中国宝钢，此后全球钢铁产能开始向经济活力旺盛的地区转移，尤其是向全球制造业基地梯度转移，既有区域上的转移，也有层次上的转移。如果说钢铁产能出现严重过剩，那么反映到上游产业，铁矿山开采行业同样面临严重的产能过剩，由此可见过剩是全产业链的概念，不能归咎于产业链中的某一环节。

第三，产能增减是经济周期波动的表现。根据经济周期理论，经济增长有扩展期和衰退期，反映供给端的产能增减通常会随着经济周期的变化而调整。当经济景气时，社会需求增加带动产能扩张，而当经济不景气时，有效需求萎缩带动产能缩减。从扩张到萎缩再到扩张，这是一个完整的经济周期表现。产能过剩只是经济周期波动的阶段表现，因此不能拘泥于一时看待这个问题。从历史上看，美、欧等国20世纪60—80年代伴随着经济危机的周期变化都出现过产能过剩问题。例如，20世纪60—70年代经济陷入低迷期间，德国鲁尔区的煤炭和钢铁产业产能严重过剩，此后经过转型升级和兼并重组等大规模调整，顺应了经济波动；20世纪80年代石油危机期间，美国在汽车、钢铁等领域出现较为严重的产能过剩，此后通过发展服务业和高新技术产业，才逐步渡过了产能过剩危机；20世纪90年代泡沫经济破裂时，日本面临严重的产能过剩问题，不得不推出经济结构改革行动计划，尽快创造新产业，鼓励对外投资。

第四，产能过剩的根源是2008年国际金融危机的影响。出现本轮产能过剩的根源主要在于2008年爆发的国际金融危机。由于美国发生次贷危机，导致美国房地产泡沫破裂，并在全球范围内蔓延扩散，引发全球市场大规模萎缩。而且这场危机的影响现在仍在持续，有效需求不足成为全球性的表现，相应地造成供给端的过剩，如全球制造活动不活跃，国际贸易依旧低迷。中国当前形成的产能过剩主要是2008年国际金融危机后逐步积累起来的。在应对国际金融危机过程中，中国加大基础设施投资，有效带动全球经济复苏，2009—2011 年中国经济增长贡献了全球经济增长 50% 以上的份额，为提振全球经济增长做出了巨大的贡献。近两年随着中国经济下行压力的加大，部分行业出现一定的过剩产能，也可以看作当时全球应对危机所采取的刺激政策的后遗症。

第五，适度过剩是市场竞争发展的结果。与计划经济造成的广泛短缺不同，市场经济通常会伴随着局部的过剩。市场经济的特性就是鼓励充分竞争，追求供需平衡。在一定时点上，加剧竞争的结果往往会出现适度的产能过剩。从世界市场经济发展历程来看，局部过剩与市场经济制度存在着密切联系。如同美、欧、日等发达国家在市场经济早期出现的“将牛奶倒进河里”的相对过剩一样，中国当前出现的产能过剩也是市场经济发展到一定阶段的结果。尽管美、欧等国家尚不承认中国的市场经济地位，但是中国呈现出的市场经济的显著特点及出现的相关症状，已是不争的事实。

第六，产能过剩给下游产业带来了极大红利。对于过剩产能，任何国家都不能只看过剩产业本身，而不及其余。产能增加会导致竞争加剧，引发价格下跌，这可能会对本产业造成利润下降等不良影响，但是对其下游的需求方来说却是利好，这有助于降低其原材料成本，增加下游行业的盈利能力。以钢铁来说，以钢材为原材料的制造业可能会因此受益，提高行业的利润率和竞争力。当前，无论是发达国家还是发展中国家都有基础设施改善的需求，钢材价格下降会大幅降低基础设施建设成本，有利于很多国家和地区提高基础设施水平。因为消费需求是随时变化的，而钢铁、电解铝等供给具有刚性，实际上拥有一定程度的冗余产能也是必要的。在充分竞争的市场上，拥有一定的冗余产能可以有效平衡供需，会促使商品价格维持在相对均衡的位置。

第七，过剩产能不仅限于钢铁领域。看待过剩产能，不能仅盯住钢铁这一行业。煤炭、铁矿石、页岩气、化工、粮食等多数行业均面临着产能过剩问题。受全球需求疲软和大宗商品价格下跌的影响，很多行业都面临产能过剩问题。国际油价持续低迷，迫使OPEC组织不得不磋商“冻产”协议。据国际能源署的统计，2016年全球石油库存曾触及30亿桶的纪录高位；OPEC数据显示，经合组织国家商业库存比5年均值高3.38亿桶。随着全球汽车市场趋于饱和，德国、日本等汽车制造业正面临产能过剩的困扰，尤其是在中国市场，产能扩张速度远超需求增速，上汽、广汽等6家合资企业2020年规划产销目标就超过3000万辆，届时全国需求可能只有3100万辆左右。前些年澳大利亚新增铁矿石产能现已变成了过剩产能，部分矿山被迫停产。随着全球炼化能力的持续扩张，亚洲成品油市场出现供应过剩，石脑油裂解价差下滑至每桶50.93美元的水平，韩国、新加坡生产的对二甲苯（PX）等化工产品出现销售压力。全球粮食市场供过于求的情况已持续了较长时间，包括大豆等农产品库存大幅增加，已迫使农场主开始考虑调整农作物种植面积。在全球性行业产能过剩的情形下，中国部分产业受到较大冲击，如石化产业连续亏损，矿山多数停止开采，很多耕地“撂荒”，企业陷入财务困境。如果要找受损产业的元凶，那么上下游供应过剩方都会被追责，但单纯追求某个行业的责任，并不是市场经济的体现。

（二）妥善处理工业产能过剩问题

中国政府承认存在产能过剩问题，并为此实施供给侧结构性改革，加大去产能力度。2016年中国领导人就承诺加快压缩钢铁等产能。2016年，习近平主席在G20杭州峰会上宣称，从2016年开始要用5年时间再压减粗钢产能1亿～1.5亿吨，用3～5年再退出煤炭产能5亿吨左右、减量重组5亿吨左右。化解全球性产能过剩，各个国家和地区不应采取“以邻为壑”的办法，而要共同努力做出调整，以顺应市场需求的发展。全球产能调整的方向是在扩大有效需求的同时，因地制宜，多措并举，淘汰落后产能，压缩过剩产能，推动经济结构调整和行业效率提升。

一是加强主要过剩产能出口产品的国际协调。对主要出口国家或地区进行沟通协调，采取灵活的外交政策，减少对这类产品的反倾销或反补贴纠纷，敦促部分国家或地区放弃使用非正常、不公平的贸易保护措施。

二是积极采取有效措施扩大国内消费需求。在稳定出口的同时，对高载能产品尽可能地扩大国内消费需求，如通过提高建筑能效或建材标准，实施老旧住宅节能改造等政策措施，刺激国内需求增长，化解富余产能。

三是加快淘汰落后产能，推进产业结构调整。贯彻落实国家去产能的有关政策，采取帮助人员安置、推动兼并重组、实施环保倒逼、提供优惠财税政策、协调企业自律管理等各种办法，有效淘汰落后产能，压减富余产能，使其适应国内外需求的变化。

（三）完善政府在产业升级中的能动作用

实现从经济大国走向经济强国，需要中国各级政府发挥更好的作用，重点解决市场失灵问题，顺势而为，主动调整，做到“有所为，有所不为”。在营造公平市场环境方面，政府应转变职能，充当规则制定者和监督者，强化间接的宏观调控功能，用好规划、财税、金融等调控杠杆，不直接干预企业经营决策；在实施产业升级战略中，政府要制定明确的产业导向政策，以功能型产业政策代替选择型政策，减少倾斜性产业政策造成的产业非均衡发展，如在市场准入上制定“负面清单”，不人为地选择或限制企业进入特定行业；在激励科技创新方面，政府要发挥在生产率提高和新技术培育中的引导作用，培育和完善有利于创新的制度环境，对于一些有一定基础、发展潜力较大的高技术产业，可以给予适当支持，鼓励并促进其发展。

四、认真对待工业生产补贴问题

近年来，中国采取的产业补贴做法屡屡遭到外界诟病，美、欧、日等发达国家纷纷指责中国实施的产业补贴政策造成了不公平竞争，损害了它们企业的利益。2018 年 5 月 31 日和 9 月 27 日，欧盟、美国与日本的贸易代表发表联合声明，重申对第三国非市场导向政策的关切，共同采取必要措施解决非市场导向的政策和做法，特别是深化和加快有关工业补贴和国有企业可能新规则的制定，以便营造有利于其工人和企业更公平的竞争环境。国内企业也抱怨很多补贴政策在执行中逐渐变味失去了原有之意。补贴政策通常是政府利用宏观调控手段矫正市场失灵的有效措施，也是确保国家产业安全和国际竞争优势的重要手段。产业补贴政策并不是一成不变的，而是随着经济发展阶段不断地进行调整，尽量避免补贴不当而对竞争市场造成扭曲和引发非理性行为。随着中国经济迈向高质量发展阶段，加快调整产业补贴政策势在必行，开放型市场经济既要更充分地发挥市场在配置资源中的决定性作用，又要与世贸组织（WTO）主导的国际通行规则保持一致。为了适应高质量发展需求和遵循通行的国际规则，加快调整产业补贴政策已成为未来施政的重要方向。

（一）对工业生产进行补贴产生的问题及影响

使用财政补贴的产业政策是世界各国的普遍做法，但补贴过多或方式不当都有可能会扭曲市场价格信号，造成经济或生产陷入低效状态，甚至还会损害国家和人民的福祉。近些年，中国政府采取较多的财政补贴政策，用于支持行业企业研发创新、技术改造和经营发展，以加快推进结构调整。譬如，中国政府已为新能源发电（光伏）、新能源汽车、机器人等新兴产业提供大量的财政补贴，重点扶持这类产业健康成长，但实施效果并不理想，甚至事与愿违和适得其反，出现“骗取补贴”等不良现象，造成低端产能过剩问题，使行业对补贴形成依赖，也给许多国家发起对华贸易纠纷增加了理由。

1. 覆盖面宽泛，涉及诸多竞争性领域

随着中国财政收入的快速增长，产业补贴覆盖面日益宽泛，一、

二、三产业领域均有涉及，2007—2017 年，获得政府补助的上市公司数量逐年增加，由 2007 年的 1176 家增长到 2017 年的 3431 家。相较而言，产业补贴主要集中在能源、电力、汽车、电子信息等工业领域。2016 年政府补助的上市公司前 10 名中有 8 名为工业企业，其中前三位获得的补贴金额合计占到当年总额的近 10%。航空、航运、银行等竞争性服务业领域也获得了较多的政府补助。政府补贴资金过度向垄断行业和竞争领域倾斜，容易扭曲竞争市场，降低资源配置效率，强化受补贴企业低成本扩张的倾向，把中小企业和潜在进入者挤出市场，而对部分亏损或生产率低下企业的长期保护，会诱发行业普遍出现产能过剩和“僵尸企业”问题，破坏“优胜劣汰”的竞争机制，造成“劣币驱逐良币”的现象。

2. 歧视性明显，向国有企业倾斜

在转轨过程中，中国对计划体制的改造并不彻底，国有企业仍背负着较重的历史包袱，承担着大量保障安全、维护稳定的政治任务。为弥补国有企业维稳成本，各级政府往往通过追加投资、减税或直接补贴等方式进行补偿。鉴于此，每年各级政府补助金向国有企业倾斜。据上市公司披露的信息显示，每年政府补助额的前 10 名中几乎清一色地为国有企业，民营企业和外资企业获得的政府补助相对较少。例如，2008 年中国排名前二的两家石油企业所获补助合计占到当年补助总额的 2/3。在财政预算软约束下，过多补贴国有企业不仅会形成歧视性市场，损伤竞争精神，还会增强国企的创新惰性和对政府补贴的依赖，不利于其成为真正的市场主体，参与国际竞争。由于国有企业贴近政府，“近水楼台”的优势明显，各级政府补助资源很难普遍惠及非公有制企业特别是中小企业。国有企业拥有获取各类资源的优势，客观上形成对中小企业的挤压。作为出资人的各级政府并不要求国有企业每年分红，而不分红就应算作变相的补贴，增加了国有企业在市场竞争中的优势。在政府担保的支持下，有些国有企业可以低息获得廉价融资，再以较高利率贷款给中小企业，这就人为地抬高了中小企业的融资成本。补贴政策的所有制歧视现象已严重损害到市场竞争的公平性，恶化了营商环境，抑制了创新活力，损伤了企业家精神。

3. 管理随意性强，缺乏透明稳定的政策规则体系

企业普遍反映，国内各类补贴政策目标不够明确，执行不够严格，监管不够得力，具有模糊、随意和多变的特点。由于政出多门，补贴政策既“滥”又“乱”，补贴预算资金管理不透明，实施随意性大，屡次出现“半夜鸡叫”、戛然而止等现象，造成市场预期混乱，让很多企业摸不着头脑，申报周期长、申领成本高、难以跟进。有企业反映，现在的一些财税补贴政策，虽然会征求意见，但往往流于形式，反对意见一般很难被采纳，更不会征求外资企业的意见。政策制定部门只满足于部门的权力分配，只重资金分配而不管评估和监管约束，往往造成不少补贴政策连续性较差，缺乏统一规划和必要的研究论证，匆忙交差出台文件，政策设计存在偏差，结果往往是市场并不买账，补贴政策在执行过程中容易走偏，导致政策的滞后和朝令夕改，造成财政资金浪费和产业发展失控，还会影响企业正常的投资经营活动。例如，新能源汽车补贴政策设计规则不合理，致使申报企业各显神通，不择手段，追求私利，出现严重的“骗补”现象，严重扰乱市场预期，甚至滋生寻租腐败。再如，光伏补贴退坡新政在执行过程中出现了光伏发电项目并网的断崖式撤销，让很多光伏企业难有缓冲的余地调整生产。

4. 政策协调性差，缺乏顶层设计和统筹规划安排

从目前来看，国内产业补贴政策名目繁多，分散凌乱，重复交叉，很不规范，各部门各管一段，管得过宽、过细，国家利益部门化，部门利益法制化，缺乏顶层设计和统筹规划安排。①在中央层面，针对产业的补贴政策分散在财政部、发改委、科技部、工信部、自然资源部、农业农村部、商务部等主要部委相关司局，各自都有不同类型的补贴政策

和自己的一套申请操作办法，资金分配上各有固定渠道，自上而下制定实施产业补贴，不仅造成补贴资金碎片化明显，还会扭曲市场引起生产过剩，逐步形成以人际关系为纽带的补贴利益输送链条。无论地方还是企业都希望借助各种渠道获得更多的中央补助，往往截留各类补贴资金并加以归集整合，用于支持所意向的具体项目。②在地方层面，为了更好地招商引资、上项目、发展产业，地方政府大都制定具有附带条件的补贴政策，大量采用财政直补、税收优惠、融资便利、要素（低价土地等）支持等直接或间接的补贴方式，扶持本地产业和企业发展，从而人为地形成了各种不同的政策洼地。五花八门的地方性补贴项目缺乏有效的协调整合，给诸多投资者增添了烦恼，有些直接违背市场原则，有些背离国家调控方向，有些助长了地方保护主义，有些甚至绑架了投资企业和金融机构。

5. 方式不够科学，极易形成依赖且与预期目标脱节

政府部门在选择补贴对象，确定补贴领域、方式及强度等方面具有很大的自由裁量权，产业补贴方式不够科学和恰当，极易引发“一窝蜂”现象，诱发低质量、低技术含量产品的重复建设。①在补贴对象上，采取补贴生产者的选择性补贴，极易催生市场的逆向选择，滋生许多专门为获取补贴而生的企业，引发个别企业受利益驱动，违反相关法律法规骗取和违规牟取财政补贴，甚至出现官商勾结、合谋骗补侵占国家财政资金，直接影响财政补贴支出的效率和公平。②在补贴阶段上，注重按照产量补贴生产企业，设定很多不合理的技术门槛和产品目录，极易引导企业围绕财政补贴做文章，绞尽脑汁争相进入补贴目录，而补贴发放后事中事后很少追究实施效果。③在补贴强度上，有些补贴支出项目只增不减，片面地强调补贴的意义，忽视强调明确、有序的补贴政策退出，临时的补贴就演变为长期财政支出项目，令补贴审批部门和受补贴对象产生不同程度的补贴依赖，极易滋生套取国家资金的腐败行为。④在补贴领域上，针对重点扶持的新兴产业，有些专项资金支持力

度逐渐缩减且分散，一定程度上难以有效扶持重点产业取得快速发展，对投资大、见效慢的重大项目来说是杯水车薪，很难真正发挥“四两拨千斤”的助推作用。⑤在补贴规模上，对政策执行效果缺乏正确的长期研判，造成财政补贴缺口越来越大，形成“尾大不掉”的财政负担，严重影响政府的公信力。如对新能源的补贴，截至 2017 年底，累计可再生能源发电补贴缺口达到 1127 亿元，且呈现出逐年扩大的趋势，现已超过 1200 亿元，其中光伏发电项目补贴缺口高达 455 亿元。随着补贴规模缺口越来越大，补贴款拖欠现象严重，有的甚至拖欠企业 3 ~ 4 年，极大地损害了政府的公信力，补助不能得到及时兑付，将增加企业后续融资的难度。

6. 合规管理缺失，往往与国际惯例相悖引发争端

随着贸易保护主义抬头，中国频繁遭受贸易摩擦，每年遭受反补贴和反倾销（“双反”）调查案例世界最多。“苍蝇不叮无缝的蛋”，遭受“双反”调查更多是政府补贴企业的方式方法不当，也缺少透明规范，特别是与国际规则不符。美中贸易全国委员会调查显示，63% 的美国企业认为中国国有企业接受了政府补贴，80% 的美国企业认为中国企业是受产业政策保护的。据国内企业反映，中国的很多产业补贴太过直白，即便采取隐秘不公开的补贴渠道，但只要直接补贴给上市公司，在上市公司务必履行信息披露的情况下，这些有违国际规则或惯例的做法将会被公之于众，昭然于天下。即便国家采取产业基金的方式，也会造成不公平的补贴和投资，被指责扰乱了国际市场的供给和价格体系。制定补贴政策时只顾考虑产业发展，而忽视国际规则的审查，往往会造成产业政策与贸易政策“两张皮”。产业补贴政策缺乏针对性的合规审查，容易引发激烈的国际贸易摩擦。近年来，美、欧等国家贸易调查团队专门收集中国各级政府产业补贴政策的证据，以此作为对华反补贴调查的依据。据国内企业反映，很多地方政府制定的税收返还、廉价土地和融资便利等补贴政策方式并不符合 WTO 规则，往往让本地企业获得了不公

平的竞争优势。在 WTO 对中国第三次贸易政策审议中，地方性产业补贴已成为主要成员方批评中国贸易政策的靶子。

7. 解读宣传不当，容易引发国内外社会的误解和指责

近年来，很多产业补贴政策宣传过于高调，被媒体过度宣传解读，对外留有口实而授人以柄，对内过度渲染口惠而实不至。发达国家也有很多补贴政策，但并未引发过多的贸易纠纷，是因为其补贴政策在合规的外衣下并不过多宣传。除补贴方式不合理外，过度宣传解读往往是“自证有罪”，国内媒体的宣传加上政府层层都在讲成绩，让所有补贴数字累积起来就扩大了 10 倍，外界就会抓住这些证据猜测政策的意图。对于上市公司，国内上市规则要求对外披露政府补助类信息，容易被外方掌握并夸大国家干预程度，制定不利于企业发展的针对性限制措施。大肆宣传提供企业补贴的做法反而会损害受补贴企业的利益，使这些企业成为许多国家反补贴调查的重点对象。据国内企业反映，当前许多国内优秀企业不敢再拿政府补贴或各种奖励，以防危及其辛辛苦苦获得的国际声誉和市场份额。

（二）认真对待工业补贴政策的外溢影响

作为实现政策目标、调节产业发展的有利杠杆，产业补贴政策尚需因时而变，因势利导，及时调整。随着中国进入高质量发展阶段和全面开放格局的形成，产业补贴政策应遵循创新、协调、绿色、开放、共享的新发展理念，创新补贴方式方法，统筹协调各类补贴政策，推动补贴绿色化导向，深化补贴政策合规审查，采取普惠而非选择性的补贴措施；依据产业发展阶段演进和国际贸易规则变化，加快制定符合国际惯例和适应发展阶段的产业补贴政策体系，增强产业补贴政策的连续性、有效性和可预期性，同时发挥补贴政策的导向性、针对性、灵活性和时效性。

1. 明确制定实施产业补贴政策的基本原则

科学合理地制定和实施产业补贴政策，既要熟知国际通行规则，避

免因不合规政府补助破坏国际形象，也要遵照市场化、法治化要求，明确补贴的目的、边界及退出机制，谨防因致力于消除市场失灵而产生市场扭曲现象。

一是坚持发挥市场在资源配置中的决定性作用。随着中国市场机制和市场主体越来越完善、成熟，市场失灵问题会越来越少，产业补贴政策发挥的作用会越来越弱，因此要尽可能少地使用产业补贴政策。市场主体已经发育得非常成熟，政府不需要过多规划和补贴，市场已经很聪明，政府只需要做好监管即可。在市场发展不充分的领域，要更好地发挥补贴政策的辅助作用，政策设计应以培育市场和引导市场发挥作用为宗旨，用来矫正或修复市场机制而不是替代或干预市场行为。

二是坚持公正、公平、公开、普惠的原则。为减少对市场造成扭曲，制定实施产业补贴政策时应坚持公正、公平、公开的原则，推进产业补贴申请、审批、评估全过程的公平、公开、透明，保护公平高效的竞争氛围，提高公共财政资源的使用效率。补贴行业应普遍惠及所有企业，对各种所有制企业做到一视同仁，只要符合相应条件的市场主体都可申报申领，保证补贴过程更加公平、透明、有效，保证将有限的财力最终惠及更多的消费者和中小企业。

三是坚持依法依规制定实施补贴政策。强化产业补贴的相关法律、法规和制度建设，用法规约束保障产业补贴的合理使用。要保证产业补贴政策有效实施，防止变形走样，需要严格依法制定实施，明确产业补贴的规模、申请程序、补贴方式、退出机制等具体细则，避免实施过程中的随意性和暗箱操作，不把补贴机制固化或常态化，减少甚至避免寻租行为，从而给市场形成透明稳定的预期。

四是坚持遵循国际通行规则。制定产业补贴政策时，要认真检查是否与国际通行规则相符，特别是与 WTO 规则是否相违背，是否与签订的双边或多边贸易投资协定相抵触。坚持进一步提高对 WTO 规则的重视和熟悉程度，更加灵活地运用 WTO 规则，将 WTO 的一致性要求融入产业补贴法律法规和政策措施的每一个环节。即便扶强扶优，也要确保补贴活动符合公司信息披露要求，避免好心办坏事，给企业开拓国际市场增加障碍。

五是坚持分业施策和重点突破。当前国际上产业补贴政策通常选择普惠性的补贴，即针对选定需要扶持的产业，设计适用的补贴政策。政府补助不宜提前制定目录选定被补贴的企业或产品，也不宜帮助企业设定具体的技术路线，而是采取分业施策，即不能“撒胡椒面”，要把有限的财政资金用在“刀刃”上，同时聚焦重点环节和关键领域进行普遍补贴，如重点补贴前端研发环节、对终端消费者和技术人才进行补贴等。

2. 合理确定补贴的对象和范围

WTO 国际规则允许政府对部分特定对象实施补贴，但不能选择性地确定补贴对象，应做到公平、普惠、可追诉。世界上的很多国家都在实施产业补贴政策，加大对科技创新的投入、加快对新兴技术和产业发展的布局，抢占新一轮经济增长的战略制高点。它们采取的补贴做法并未受到大规模的“双反”调查，原因在于其补贴对象和范围大都符合国际通行规则的要求。加快调整产业补贴政策亟须进行顶层设计，参考 WTO 补贴与反补贴规则，结合产业转型升级目标，进一步明确产业补贴对象，补贴对象应聚焦于产业，而不是特定的企业，合理界定补贴范围，侧重于竞争前的创新环节，控制补贴规模，逐步取消不合理的补贴项目。

一是农业和战略性新兴产业。鉴于农业的天然弱质性，很多国家普遍对本国农业和农产品实施多种形式的补贴，WTO 规则对农业领域的补贴也相对宽松。在以新能源、新材料、高端制造、网络信息、生物医药、航空航天等为代表的新兴产业发展早期，无论发达国家还是发展中国家政府都提供必要的扶持。推动投资大、见效慢的新兴产业发展壮大，需要政府持续地扶持和投入，补贴政策重点引导企业提高技术创新能力和供给质量，补贴范围应瞄准全产业链，着力培育壮大终端消费市场，为新技术、新产品产业的发展提供市场动力。

二是国防科技军工行业。由于国防科技军工企业主要服务于国家安全，很少参与国际竞争分工，即便采取直接补贴也并不违背国际规则。为保障国家安全和促进创新发展，政府补助的重点应包括国防科技军工领域，特别是关键基础材料、核心基础零部件、先进基础工艺、产业技术基础等前端研发环节。发展国防科技和军工技术自然需要大量的财政直接投入，也需要向民用部门购买相关的技术服务。

三是基础设施领域。国家规划安排的重大基础设施建设往往属于非排他性的公共产品，加大财政投入和直接补贴可帮助贫困地区提升公共服务水平和基础设施能力，增强发展的内生动力，也不会扭曲竞争市场。通常，政府可以购买服务的形式参与基础设施建设。

四是公共服务平台。由于基础科学研究和共性技术具有公共物品的性质，因而会产生显著的正外部性，很多国家会推进产学研用相结合。政府补助更多地向基础研究和竞争前开发活动倾斜，重视补贴产业链上游的研发环节，如会重点对企业联合建立的关键技术联合攻关平台、新技术研发孵化平台、新产品试用试验平台以及知识技能培训平台等前端研发和人才培养服务平台提供资助。政府补助这类公共服务平台也不具有排他性，不会成为国际反补贴的理由。

五是中小企业领域。中小企业的竞争能力偏弱，但吸纳就业能力强。对处于成长阶段的中小企业，政府应实施普惠性的补贴政策，包括税收减免、贷款贴息等较为合理的补贴措施。重点补贴那些占据产业链关键环节的“隐形冠军”企业。

六是终端消费者。补贴企业最方便，因为补贴企业涉及很多部门的利益，但政府不能拿纳税人的钱做低效的补贴。国际上的通行做法是，推进补贴对象向消费端延伸，即采取补贴终端消费者的方式，培育壮大消费市场，扶持新兴产业发展。对光伏、风电、电动汽车、节能环保等产品，创新消费端补贴方式，扩大消费者直补规模，在不限定供给者的情况下，通过补贴消费者引导消费市场发展，实现产业结构优化调整的目标。

3. 探索科学合理的补贴方式

借鉴国际经验，遵照市场化、法治化、合规化的原则，积极探索科学合理的补贴方式，用税收抵扣、人才激励、贷款担保等方式更富技巧性地调整直接补贴的做法，取消各类专项性补贴等禁止性补贴和指定性的补贴目录，采取更多的间接手段补贴产业价值链前端和后端，培育技术创新平台和新产品消费市场。

一是以普遍性减税代替选择性补贴。积极发挥税收的调节作用，对重点扶持的新兴产业、中小企业等竞争性领域采取普遍性减税措施。如对小微企业实行多税合一的征收办法，通过税收减免或抵扣、人才激励等办法，利用市场力量引导有创新能力的企业脱颖而出，降低选择性补贴造成的不公平竞争和低效资源配置。

二是引入第三方间接补贴机制。转换对企业直接补贴的形式，减少对生产者直补及各种隐性优惠政策，引入第三方平台，充分利用补贴专向性的例外规定支出，包括研发补贴、扶贫补贴与环保补贴等 WTO 规定补贴专向性的例外，加大对企业技术的创新扶持力度。

三是调整事前补贴为事中事后补贴。在明确事前补贴企业弊端的基础上，加快调整为绩效导向的事中事后补贴，对能提供性价比产品或服务的企业，通过税收优惠促进市场发育。即便采取事中事后补贴，也应建立可预期的补贴退坡机制，有效控制财政资金补贴缺口，降低受补贴产业盲目重复建设和无序发展的可能。

四是发挥国防科工补贴的传导效应。积极发挥对国防科工补贴的传导作用，推进政府共有知识产权军民共享，利用国防科研项目带动民用工业发展，建立军工技术有序转为民用分享机制，让更多的民营企业合理平等地分享政府投入研发的关键技术资源。

五是采用政府采购等形式取代补贴。积极发挥政府采购的市场引导作用，依靠政府而不是市场去识别值得扶持的产业、企业，通过市场招投标等形式扶持新兴产业发展，同时减少企业依靠补贴政策刺激而盲目投资的动机。

第三节　从封闭型经济转向开放型经济

过去40多年，中国更多的是从国内视角来参与全球问题的讨论。中国的成功一直是发展中国家强劲增长的重要组成部分，中国在全球总产出中的份额从1990年的1.5%上升至2017年的15.3%。中国融入世界经济的过程并不是一帆风顺的。加入WTO时，中国有过忐忑和疑虑，但还是认清了方向，中国不可能在封闭中求得发展并实现现代化，必须深入参与经济全球化和全球治理，不断地从融入全球生产网络中受益，同世界其他国家建立起强劲的经济联系，愿意承担更多的国际责任，并为世界的和平发展和繁荣做出更大的贡献。

一、中国以积极的姿态逐步融入全球化进程

（一）中国经历了由开放倒逼到主动融入全球化的调适过程

中国改革开放的40年也是中国逐步参与经济全球化并融入世界经济体系的40年。改革开放以来，中国幸运地跟随了全球化的潮流，逐步融入世界经济体系。从设立经济特区、开放沿海城市和沿海省份到加入WTO，经历40年的开放倒逼改革过程，中国已逐步形成了现有的开放型经济体系。改革开放初期，中国主要是以出口导向的方式参与世界贸易，而到后期，中国对经济全球化的认识越来越深刻，也越来越主动地参与经济全球化进程，参与全球化的领域更加广泛深入。

（二）中国加速融入全球化的进程不可逆转

中国加速融入全球化表现突出的第一个时期是从邓小平“南方谈

话”到亚洲金融危机爆发之前（1992—1996年），这一时期表现为货物与服务出口占GDP比重快速上升阶段（见图2-1），同时经济增速也出现了连续5年的两位数增长。加速融入全球化表现突出的第二个时期是加入WTO之后直到国际金融危机爆发之前（2003—2007年）。这一时期，中国继续加大投资，增加产能，促进经济增速保持高增长，同时利用加入WTO融入全球市场的机会，将“引进来”和“走出去”有机地结合起来，这段时期出口占GDP的比重超过全球平均水平，呈现出快速增长态势，经济增速再次出现连续5年的两位数增长。正是经历了这两个加速融入全球化的时期，中国经济总量占世界GDP的比重由1978年的1.75%攀升至2015年的14.89%，并在2010年成为仅次于美国的世界第二大经济体。随着中国主动适应并掌握全球化发展的规律，不断从全球化带来的国际协作分工中获益。近年来全球化进程尽管遭到保护主义、民粹主义的挑战，但中国已认识到经济全球化不可逆转的特性，继续主动扩大开放，深入地参与全球价值链分工，并从融入全球生产网络中受益。

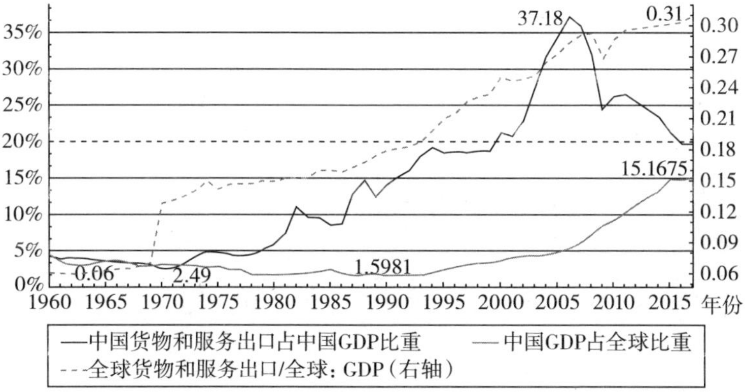

图2-1　1960—2017年中国货物与服务出口占GDP比重

资料来源：世界银行。

（三）中国重视生态文明建设，以高度责任感参与全球可持续发展

在工业化早期，中国粗放式发展造成高消耗、高污染和高排放，也带来了生态环境恶化和资源衰竭。党的十八大以来，中国政府高度重视，把生态文明建设放在突出的位置，纳入经济建设、政治建设、文化建设、社会建设、生态文明建设“五位一体”的总体布局，将绿色发展作为引领中国发展的理念之一。全国各地遵照新发展理念要求，通过节能减排综合举措、技术创新、产业结构优化升级，环境治理取得了显著成效，PM2.5 浓度和单位 GDP 能耗持续下降。2017 年，中国重点城市的 PM2.5 平均浓度比 2013 年下降了 34.6%，单位 GDP 能耗下降至约 0.606 吨标准煤/万元，与美国、德国、日本的差距缩小至 2~3 倍。2016 年，中国二氧化碳排放量下降了 0.7%，已连续 2 年出现下降，远低于 4.2% 的 10 年平均增速水平。

（四）中国参与并融入经济全球化，付出了一定的资源环境代价

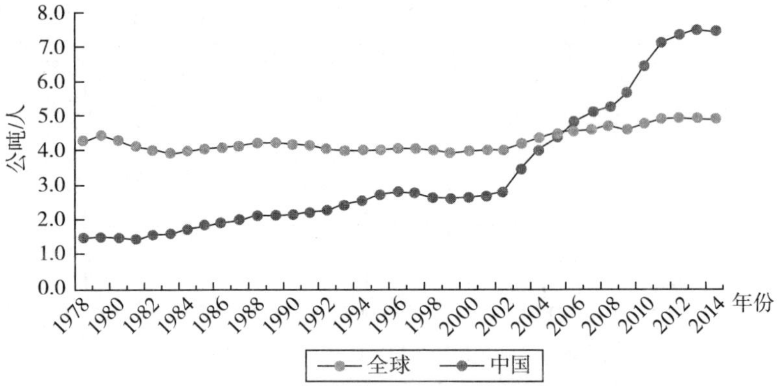

图 2-2　1978—2014 年全球与中国人均二氧化碳排放量

资料来源：世界银行。

中国参与全球化进程中除了提供廉价劳动力，还付出了一定的资源环境代价。近年来，尽管中国开展了艰苦努力的“蓝天保卫战”，但当

前中国主要城市的空气污染程度远高于世界平均水平。据世界卫生组织2016年发布的全球2964个城市空气质量排名，中国城市的排名较低，PM2.5年均值全国最低的三亚位列第1572名，而广州、上海、北京分列第2693、2733和2917位。世界银行统计数据显示，2006年中国碳排放总量超过美国居世界第一位，人均二氧化碳排放量（2006年为4.9公吨/人）超过世界平均水平（2006年为4.6公吨/人），并呈现较快幅度的增长（2014年为7.5公吨/人）（见图2－2），逐步逼近德国（2014年为8.9公吨/人）和日本（2014年为9.5公吨/人）等发达经济体。在降低单位能源二氧化碳排放强度方面，中国比其他国家面临着更大的挑战。

（五）中国经济面临产业转移外迁的压力

在全球化条件下，中国也在遭受产业外迁的痛苦。尤其是随着中国土地和劳动力成本的攀升以及环境治理标准的提高，具有传统出口优势的劳动密集型产业正在丧失低成本优势，被更具劳动力成本优势的国家替代，劳动密集型制造业以“雁阵模式”相继向外转移，产业分工向其他发展中国家进一步扩展。印度、越南等新兴市场国家甚至非洲国家正承接更多的制造业分工，构成经济全球化发展的后劲。即便面临产业向外转移和工作岗位流失的难题，中国也不会开全球化的倒车，而采取贸易保护主义的措施，而是通过自身努力加快制造业转型升级，抵御产业转移带来的“产业空心化”风险。

二、中国将在全球经济治理中发挥更大的作用

贸易保护主义的抬头很可能会对经济全球化产生向后拉的冲力，而中国是经济全球化的坚定支持者。中国坚定支持由WTO规则主导的多边贸易体制，并在遵循国际规则的前提下继续参与全球化进程，同时也积极参与全球化国际秩序重构，努力成为经济全球化和自由贸易的维护者、建设者和贡献者。中国充分利用现有世界贸易规则，持续维护并推

行以贸易自由化和投资便利化为主要内容的经济全球化，积极推动制定更为公平、包容、健康的国际规则，支持推动 WTO 规则向更好的方向改革，并且让更多的参与者从中获益。例如，中国正通过公开对话、讨论和构建所有人共同受益的伙伴关系，化解对全球化的疑虑、质疑和反对之声。

（一）中国在完善全球治理体系中发挥应有的建设作用

中国积极维护推动贸易自由化和投资便利化，既是全球化的倡导者，也是积极的践行者。国际金融危机以来，以发达国家为主导的全球经济治理机制作用在减弱，中国主动参与全球经济治理改革，坚持多边投资贸易体制，完善世界经济政治秩序。近年来，中国在推动全球经济治理变革中的作用不断提升，使新兴经济体和发展中国家有更多的机会参与到全球经济治理中来。中国积极推动区域全面经济伙伴关系协定（RCEP）和亚太自贸区协定（FTAAP）建设，积极参与全球减排和应对气候变化等国际合作，落实联合国 2030 年可持续发展议程，大力推动“一带一路”建设，支持亚投行、丝路基金等金融机构的发展，为加强各国宏观政策协调形成协同共享的政策框架，提供了新的平台和渠道，进而为完善全球治理体系提供支撑。

（二）中国致力于推动建设开放型世界经济

中国坚持捍卫开放、透明、普惠、共赢、可持续的经济全球化，坚持推进贸易自由化和便利化。经过长期的努力，截至 2017 年底，中国已签订 10 多个双边和多边贸易协定。2018 年 11 月举办首届中国国际进口博览会，进一步扩大从世界各国进口的力度。积极推进中国企业“走出去”和“一带一路”建设，并在广大发展中国家和发达国家加大投资力度，不仅带动了当地就业和经济发展，而且以切实行动促进世界经济的包容、平衡和普惠发展。2016 年底，中国国家主席习近平在亚太经合组织领导人利马会议上提出要让经济全球化进程更有活力、更加包容、更可持续，倡议建设亚太自贸区。这将是一个长期的全球化愿景。中国一贯主张建设开放透明、互利共赢的区域自由贸易安排，也正积极参与多边经贸投资安排的谈判，积极推动包括 RECP 在内的多边合作机制，加快中美、中欧等双边 FTA 和 BIT 谈判进程，构建高标准的区域贸易投资网络，通过推动亚洲区域合作，为全球化提供新的发展动力。

（三）“一带一路”倡议增添全球化开放包容新内涵

“一带一路”建设践行了全球化的基本理念与原则，体现了促进全球经济社会均衡、包容、可持续发展的新内涵。作为加强交流和国际开放方面的倡议，“一带一路”能有效克服传统全球化带来的发展不平衡的弊端，引领经济全球化回归人类发展的本质。“一带一路”倡议不失为全球化的一种新的思路和尝试，而且践行了全球化的基本理念和原则，并且增加了更多公平、包容的内容，能够让不同制度、不同发展阶段的国家和地区参与进来，受到沿线许多国家和地区的欢迎。“一带一路”框架倡导的共商、共建、共享的理念，体现了均衡、包容、可持续发展的新内涵，并为全球发展注入稳定因素，尤其是在促进发展中国家的发展，缩小贫富差距，帮助贫困人口脱贫等方面发挥了积极作用。可以说，“一带一路”倡议以及配套的亚洲基础设施投资银行等推进方式可以弥补现行全球化格局中忽视新兴经济体和其他发展中国家利益的缺陷。

（四）中国致力于构建人类命运共同体

中国努力通过“一带一路”倡议提出中国主张和中国方案，积极加强与沿线国家和地区的互联互通，推进贸易投资自由化和便利化，通过与沿线国家和地区实现共建共享，实现全面地参与全球化进程。这意味着中国将要使用新的共赢思维规划全球化的未来，采用务实的发展理念推动全球化朝更健康的方向发展。“一带一路”倡议通过推动中国内陆向西开放和一体化发展，带动沿线国家实现共同现代化，开创包容性经济全球化，体现了中国担当与中国智慧。打造人类命运共同体、实现共赢共享，是全球治理的中国方案和中国纲领，也是推动全球化持续健康发展的新思维。“一带一路”倡议的顺利实施，有助于推动现有治理机制的改革，将为国际关系与全球治理提供一个新的发展典范，表明中国正在承担相应的历史责任，为世界经济发展提供更多优质的国际公共产品，发挥推动全球治理体系完善的建设作用。

三、中国致力于维护多边贸易体制，推动区域一体化

为了抵御美国贸易政策内倾转向带来的冲击，区域贸易便利化安排成为推动贸易增长的重要途径。以 WTO 为主导的多边规则面临被边缘化和重新修订的不确定性。美国总统特朗普上台后，贸易政策表现出放弃多边和重视双边的倾向。这种倾向已经造成美国参与的多边贸易制度被边缘化和重新修订的问题。近期，发达国家都在强调公平互惠的贸易，并提议修订 WTO 规则，而且把矛头对准了中国，这种做法实在是令人吃惊。中国加入 WTO 后始终是规则的遵守者、维护者和贡献者，很少挑战现有的国际规则，美国依据国内法律开展“232”调查、“301”调查，把 WTO 规则置于一旁，采取单方面加征关税等有违 WTO 规则的做法。如果说 WTO 规则存在缺陷或漏洞，要对其进行查缺补漏则需要广泛的多边场合商讨，特别是要重视广泛发展中国家成员国的意见，否则修订后的规则也很难符合公平贸易原则。

（一）中国坚持维护以 WTO 为主导的多边贸易规则体系

长期以来，中国高度重视自由贸易、区域一体化和国际合作。中国的态度已反映在国家的政策文件之中。党的十九大报告提出，要推动形成全面开放的新格局，实行高水平的贸易和投资自由化、便利化政策，逐步健全开放型经济新体制。2018 年政府工作报告强调，要加强与国际通行经贸规则对接，建设国际一流营商环境，以高水平开放推动高质量发展。在贸易保护主义抬头和中美贸易摩擦升级的背景下，中国领导

人在多边场合多次表达坚定不移地推进经济全球化，主张建设开放透明、互利共赢的区域自由贸易安排，愿同有关方推动多边自由贸易谈判进程，而不是搞排他性、碎片化的小圈子。习近平主席在 2017 年达沃斯论坛上就表达过这样的观点。即便在当前全球经济出现新变局的情况下，中国在推动区域合作和达成自贸区谈判方面也不遗余力。例如，在 RCEP 谈判上，中国是该项谈判的积极推动者，一如既往地尊重并支持东盟在谈判中的核心地位，继续发挥更加具有建设性的作用，与谈判各方一道，努力推动协定尽早达成。据笔者了解，2015 年以来，中方都在各种场合表达了希望当年底完成 RCEP 谈判的愿望。

（二）中国把市场开放视为倒逼国内改革的动力

2018 年是中国改革开放 40 周年，对此纪念的最好办法就是更大程度地深化改革开放。2018 年 4 月，习近平主席在博鳌亚洲论坛上向世界宣布中国主动扩大开放和深化改革的决心和举措。对很多国家来说，开放市场对国内产业发展有利有弊。中国在权衡利弊的基础上进一步扩大市场开放，并将其与供给侧结构性改革结合起来，以开放倒逼改革以期达到开放的预期目标。例如，近年来中国出台了若干重大政策措施，创造更有吸引力的投资环境，完善外商投资管理体制，全面实行准入前国民待遇加负面清单管理制度，大幅度放宽汽车、银行、保险、证券等行业外资股比限制；2018 年版负面清单由之前的 63 项缩减至 48 项，在金融、基础设施、交通运输、汽车等 22 个领域均推出了开放的举措；积极探索推进自由贸易试验区和中国特色自由贸易港建设；加强知识产权保护，严厉打击侵权假冒违法犯罪行为；主动扩大进口，大幅度降低汽车、日用消费品等进口关税，加快推进加入 WTO《政府采购协定》进程，2018 年 11 月在上海举办国际进口博览会等。

（三）中国促进在区域合作中形成政经良性互动的局面

在区域合作中，经济合作固然重要，但若缺乏必要的政治互信，负面的政治情绪就会拖累经济合作。不彰的政治关系必将制约相互间开放市场。近年来，中国积极采取“亲诚惠容”的周边外交策略，积极改善与周边国家的政治关系，强调互利共赢，在考虑符合本国人民利益的同时，兼顾合作伙伴的利益。在区域自贸协定谈判中，中国积极通过沟通交流发挥建设性作用，尽可能促进政治关系改善，而不去推动过分以政治目的为主的 FTA，争取形成政经良性互动的局面。在此方面，区域学术机构和智库间的合作交流也能发挥“以经促政”“以民促官”的助推作用。

第四节　中国矿业权市场化改革探析

由于矿产资源法定为国家所有，矿业权出让具有天然的行政垄断特性，各级政府作为国家代理人行使矿权资源使用权转让的让渡主体。尽管近年来中国矿业权管理改革取得了长足进展，但在现行制度的安排下，矿业权出让转让尚存在不合理的行政干预、不公平的出让转让、不规范的市场管理和不透明的价款评估等问题。笔者建议，要通过修订法规和简政放权，彻底打破对矿业权的行政垄断和过度干预，通过建立健全全国统一的矿业权交易市场，进一步完善矿产资源的有偿使用制度，通过提高矿产勘探开发的监管执法水平，推动矿业市场规范运行和矿区环境修复。

一、中国矿业权改革和管理现状

矿业权[①]衍生于矿产资源所有权，是矿产资源所有者与矿业权人的约定。以矿业权为核心的矿产资源开发管理是中国矿业市场化发展的重要组成部分，它在产权界定、投资开发、权益保护等领域发挥着重要作

① 矿业权包括探矿权和采矿权，是由矿产资源的所有权派生出来的他物权。

用。中国矿产土地所有权属于国家，而主要由各级政府代为行使所有权责任。政府在矿业权出让过程中既是出让主体，也是管理主体，可以说矿业权一级出让市场具有天生的行政垄断特征。因此，如何加快矿业权出让市场化进程，让矿产资源按照市场逻辑配置，需要从制度设计上界定矿业权出让市场上政府的角色，限制其利用管理者角色违背市场的公平竞争规则。

（一）采取矿产资源有偿取得制度

中国矿业权（分探矿权和采矿权）实行有偿取得制度，即开采矿产资源必须按照国家规定缴纳资源税和矿产资源补偿费，以维护国家权益和矿业权人的合法权益。中国在矿业权有偿出让上实施分类管理，对高风险整装勘查矿种，编制矿业权设置方案，按申请在先的方式有偿出让探矿权，对低风险勘查和无风险矿种，坚持主要以招标、拍卖、挂牌方式有偿出让矿业权，要求各地建立健全矿业权有形交易市场。同时，不断深化矿业权竞争出让制度改革，强调尽量减少申请在先、协议出让等行政方式配置资源，充分发挥市场配置资源的决定性作用，全面推进矿业权竞争性出让；从严协议出让管理，建立协议出让基准价制度，完善国家财政出资探矿权管理，强调一般不得协议出让矿业权，特殊情形可通过试点不断完善。

《中华人民共和国矿产资源法》第三条规定："矿产资源属于国家所有，由国务院行使国家对矿产资源的所有权。"基于此，在矿业权的取得、转让、处分等诸多方面被课以公法上的义务，矿业权的出让必须通过行政许可，而矿业权纠纷通常要通过行政诉讼途径来解决。尽管探矿权是经过行政许可取得，受到行政管理和监督，但就本质而言，探矿权仍然属于物权范畴，不是典型的私权，而是公法化的私权，或称准物权。2007 年中国公布的《物权法》将探矿权、采矿权纳入了"用益物权"。2017 年 10 月实施的《中华人民共和国民法总则》第八十一条规定："国家所有的矿藏，可以依法由全民所有制单位和集体所有制单位开采，也可以依法由公民采挖。国家保护合法的采矿权。国家所有的矿藏、水流，国家所有的和法律规定属于集体所有的林地、山岭、草原、荒地、滩涂不得买卖、出租、抵押或者以其他形式非法转让。”而且，探矿权、采矿权均实行有偿取得制度，开采矿产资源必须按照国家有关规定缴纳资源税和矿产资源补偿费。若要把矿业权这种经过行政许可的用益物权在市场中有效配置，则需要可操作的规则、流程来规范交易机构和交易行为，维护国家权益和矿业权人的合法权益。倘若矿业权出让后，应依据物权的性质进行管理，按照市场供求规律实现交易。

近年来，为了规范矿业权市场，减少矿业权交易中的寻租行为，中国政府出台了各项监管政策，严格矿业权出让转让管理行为。2000 年，国土资源部制定了《矿业权出让转让管理暂行规定》（国土资发〔2000〕309 号），以培育、规范矿业权市场。2006 年，国土资源部重点发布《关于进一步规范矿业权出让管理的通知》（国土资发〔2006〕12 号），提出对矿业权全面实施分类管理，对高风险勘查，坚持申请在先的探矿权出让管理制度，进一步强化勘查实施方案审查。对整装勘查区高风险勘查，通过编制矿业权设置方案，保障合理布局。对低风险勘查和无风险矿种，坚持主要以招标、拍卖、挂牌方式出让矿业权，综合资金、技术、业绩、诚信等要素设置竞争条件，防止简单的“唯价高者得”。2010 年国土资源部发布了《关于建立健全矿业权有形市场的通知》（国土资发〔2010〕145 号），要求各地加快建立和完善矿业权有形市场。2017 年 4 月，国务院发布实施《矿产资源权益金制度改革》，将现行探矿权、采矿权价款调整为适用于所有国家出让矿业权、体现国家所有者权益的矿业权出让收益，并将中央与地方的分享比例确定为 4∶6；将探矿权、采矿权使用费整合为矿业权占用费，并将中央与地方分享比例确定为 2∶8。

（二）全面实施矿业权设置方案制度

2011 年，国土资源部发布《关于进一步完善矿业权管理促进整装勘查的通知》(国土资发〔2011〕55号)提出全面实行矿业权设置方案制度,即国家以整装勘查区为重点,依据勘察结果,编制矿业权设置方案,合理划分探矿区块。其中,国家规划矿区、对国民经济具有重要价值的矿区、整装勘查区的矿业权设置方案由省级国土资源主管部门编制,国土资源部审批;其他矿业权设置方案由省级国土资源主管部门组织编制并审批;而涉及《矿产资源勘查区块登记管理办法》(国务院令第240号)和《矿产资源开采登记管理办法》(国务院令第241号)规定的34个重要矿种①的矿业权设置方案,报部备案。2012年国土资源部发布《国土资源部关于严格控制和规范矿业权协议出让管理有关问题的通知》进一步对矿业权协议出让的适用范围、审批权限和程序以及申请要件做出了明确规定,重点提出协议出让探矿权、采矿权,应当符合矿产资源规划和矿业权设置方案,对不符合矿产资源规划和矿业权设置方案的,不得批准。

(三)简化或取消矿业权审批程序

2013年12月,国务院发布《国务院决定取消和下放管理层级的行政审批项目》决定取消整装勘查实施方案审批详见《国土资源部关于加快推进整装勘查实现找矿重大突破的通知》(国土资发〔2012〕140号)。2013年,国土资源部在锑矿等重要优势矿产的矿业权管理上做出调整:取消锑矿矿业权暂停政策,实行钨矿和稀土矿矿业权差别化管理政策。2014年1月,国务院出台《关于取消和下放一批行政审批项目的决定》(国发〔2014〕5号),进一步取消了中外合作勘查、开采矿产资源前置性审查、矿业权投放计划审批、煤炭矿业权审批管理改革试

---

① 1998年2月国务院第241号令《矿产资源开采登记管理办法》核定发布中国重要矿产品目录,随后在2011年11月国办发〔2001〕85号文《国务院办公厅转发国土资源部关于进一步治理整顿矿产资源管理秩序意见的通知》中再次列出34种重要矿产品目录:1煤;2石油;3油页岩;4烃类天然气;5二氧化碳气;6煤成(层)气;7地热;8放射性矿产;9金;10银;11铂;12锰;13铬;14钴;15铁;16铜;17铅;18锌;19铝;20镍;21钨;22锡;23锑;24钼;25稀土;26磷;27钾;28硫;29锶;30金刚石;31铌;32钽;33石棉;34矿泉水。

点省煤炭矿业权审批项目备案核准和地质调查备案核准等四项行政审批项目，而在国家地质公园地质遗迹保护区外的园区进行矿产资源勘查、开发和工程建设活动审批下放至地方政府负责审批。2017 年 6 月，中共中央、国务院发布《矿业权出让制度改革方案》要求下放审批权限和强化监管服务。

（四）确立以招拍挂为主的矿业权分类出让管理制度

中国对矿产资源实行集中统一与分级分类相结合的管理体制。其中，探矿权实行部和省两级审批登记，采矿权实行部、省、市、县四级审批登记，探矿权、采矿权转让实行部和省两级审批。探矿权、采矿权满足法定条件后，经批准方可转让。概括来讲，中国矿业权出让方式主要有五种形式，其中批准申请出让和协议出让属于非市场出让，而招标、拍卖、挂牌出让属于市场出让。2017 年 6 月发布的《矿业权出让制度改革方案》提出，建立符合市场经济要求和矿业规律的矿业权出让制度，即要求以招标、拍卖、挂牌方式为主，全面推进矿业权竞争出让，严格限制矿业权协议出让，争取用 3 年左右的时间建成“竞争出让更加全面，有偿使用更加完善，事权划分更加合理，监管服务更加到位”的矿业权出让制度。其中，对油气与非油气矿产等特殊情形下的重叠设置做出了专门规定。

一是批准申请出让。由主管部门按照“申请在先”的原则，通过审查批准申请出让矿业权，通常是申请无偿取得，适用于法律法规另有规定以及主管部门规定因特殊情况不适宜以协议招拍挂方式出让的矿业权。

二是协议出让。由主管部门依法批准申请出让矿业权，通过双方协商确定矿业权价格、年限、范围、付款方式和时间、开发利用要求等事项，适用于法律法规另有规定以及主管部门规定因特殊情况不适于以招拍挂方式出让的矿业权。协议出让是一种特殊的出让方式，具有行政审批要素，也有市场交易成分，但出让时没有竞争者。目前有两种情形允许协议方式出让，包括国务院确定的特定勘查开采主体和批准的重点建设项目、大中型矿山已设采矿权深部。以协议出让方式取得的矿业权，10 年内原则上不得转让。

三是招标出让。由主管部门准备矿业权招标文件，发布招标公告或邀请函，邀请特定或者不特定的投标人参加投标，择优选择投标人，适用于大型、复杂的矿产地出让，要求中标人有足够的资金和较高的资质。

四是拍卖出让。由主管部门依靠有关规定组织竞买人竞价，按“出价最高者”的原则确定受让人，适用于矿产品市场活跃、竞买者众的一般矿业权出让。

五是挂牌出让。由主管部门将拟出让矿业权的交易条件在矿业权交易场所挂牌公布，按照挂牌期限截止时竞买人出让价格结果确定受让人，适用于矿产品市场不太活跃，预测竞买人数不多的矿业权出让。

（五）协议出让实行部、省两级审批权限管理制度

探矿权、采矿权协议出让实行探矿权由国土资源部和省级国土资源主管部门两级审批，采矿权由部、省、市、县 4 级审批。根据《矿业权出让制度改革方案》，国土资源部负责石油、烃类天然气、页岩气、放射性矿产、钨、稀土 6 种矿产的探矿权采矿权审批，负责资源储量规模 10 亿吨以上的煤以及资源储量规模大型以上的煤层气、金、铁、铜、铝、锡、锑、钼、磷、钾 11 种矿产的采矿权审批，其他原由国土资源部审批的下放省级国土资源主管部门。

国土资源部的审批权限是：《矿产资源勘查区块登记管理办法》和《矿产资源开采登记管理办法》附录中所列的 34 个重要矿种探矿权、采矿权的协议出让，除由省级国土资源主管部门依授权审批以外，均由国土资源部负责审批。省级国土资源主管部门审批权限：一是《矿产资源勘查区块登记管理办法》和《矿产资源开采登记管理办法》附录中所列 34 个重要矿种以外其他矿种探矿权、采矿权的协议出让，由省级国土资源主管部门审批（详见表 2－1）。二是国土资源部授权省级国土资源主管部门负责审批的矿业权协议出让申请范围，属于因整合或扩

大勘查开采范围需要协议出让的，授权省级国土资源主管部门负责审批。《矿产资源规划编制实施办法》（2012 年发布，国土资源部令第 55 号）提出，矿产资源规划编制权限与矿业权审批发证权限相一致。2013 年 3 月 1 日开始实施的《土地复垦条例实施办法》（国土资源部令第 56 号）要求在申请用地和采矿权报批前应当编制土地复垦方案，并规定对不履行土地复垦义务的，不予办理建设用地审批、采矿权审批和采矿许可证延续、变更、注销手续。在操作层面，矿业权协议出又须分情况履行审批程序，而石油、天然气、煤成（层）气、页岩气和放射性矿产的探矿权、采矿权协议出让管理办法则由国土资源部另行制定。

表 2－1　矿产资源勘查许可证（探矿权）和开采许可证（采矿权）发放权限

矿种	勘查许可证	采矿许可证	备注
石油、烃类天然气、页岩气、钨、稀土、放射性矿产勘查（6 种）	国土资源部发证	国土资源部发证	放射性矿产主要指铀矿、钍矿等
煤炭及煤成（层）气	1. 勘查区块面积大于 30 平方公里（含）的勘查项目，部级发证； 2. 其余，省级发证	1. 煤［煤井田储量 10 亿吨（含）以上］和煤层气资源储量规模大型以上； 2. 其余，省级国土资源主管部门发证	2010 年 3 月 31 日止，国家暂停受理煤炭探矿权申请。2010 年 9 月，国土资源部发布《关于开展煤炭矿业权审批制度改革试点的通知》，在黑龙江、贵州、陕西试点授权省级审批矿业权，并报部备案
锡、锑（2 种）	1. 勘查投资大于 500 万元人民币（含），或勘查区块面积大于 15 平方公里（含）的勘查项目，部级发证； 2. 其余，省级发证	1. 矿床储量规模为中型（含）以上的，部级发证； 2. 其余，省级发证	中型标准：锡 0.4 万～4 万吨；锑 1 万～10 万吨
金、铁、铜、铝、钼、磷、钾	1. 勘查投资大于 500 万元人民币（含）的勘查项目，部级发证； 2. 其余，省级发证	1. 矿床储量规模为大型（含）以上的，部级发证； 2. 其余，省级发证	大型标准：岩金 20 吨（含），砂金 8 吨（含）；银 1000 吨（含）；其他参考国土资发〔2000〕133 号文

续表

矿种	勘查许可证	采矿许可证	备注
油页岩	1. 勘查投资大于500万元人民币（含）的勘查项目，部级发证； 2. 其余，省级发证	1. 油页岩矿床储量规模为大型（含）以上的，部级发证； 2. 其余，省级发证	20万亿吨（含）
金刚石	授权省级发证	省级发证	原生矿100万克拉（含）；砂矿50万克拉（含）
二氧化碳气、地热、硫、石棉、矿泉水	授权省级发证	授权省级发证	大型标准：二氧化碳气300亿立方米（含）；地热50兆瓦（含）；硫500万吨（含）；超基性岩型石棉500万吨（含），镁质碳酸盐型50万吨（含）；矿泉水允许开采量5000立方米/日（含）
海域（含内水）、跨省、自治区、直辖市的矿产勘查开发	部级发证	部级发证	
非部级发证11个矿种以外的其他矿种	省级发证	1. 其他储量规模为中型（含）以下的矿产资源，省级发证； 2. 省内矿区范围跨市（州）行政区域的，省级发证； 3. 34个矿种外小型规模采矿权由市县级发证，如石灰岩（建筑石料用），粘土（砖瓦用）等	储量规模划分标准参考国土资发〔2000〕133号文

注：采矿权转让国土资源部负责由其审批发证的矿业权转让的审批，省级国土资源主管部门负责国土资源部审批以外的矿业权转让的审批。

资料来源：《中国矿产资源报告（2011）》，国土资发〔2005〕200号文，国土资发〔2000〕133号文，1998年2月12日国务院以第240号、第241号、第242号令发布的《矿产资源勘查区块登记管理办法》《矿产资源开采登记管理办法》和《探矿权采矿权转让管理办法》，2017年发布的《矿业权出让制度改革方案》。

（六）制定严格规范矿业权交易的规则

2012年3月1日开始实施的《矿业权交易规则（试行）》，是国土资源部发布的第一部专门规范矿业权交易的文件。该规则主要是从招标、拍卖、挂牌方式开展矿业权交易的操作要求和流程；矿业权交易中止、终止和恢复交易的情形和要求；各级国土资源主管部门的监管职责三个方面来对矿业权交易行为进行规范的。然而，该规则并没有阐明具体的矿业权交易方式，并没有突出发挥市场在矿业权配置中的决定性作用，而涉及矿业权交易方式的规定依然散落于各级法律和行政法规中，并且在衔接上也存在着一定的矛盾与模糊，因而容易带来各种法律风险问题。

（七）建立健全矿业权有形市场和矿产开采信息公示公开制度

早在2012年底，全国296个矿业权交易机构就正式投入运行，省、市两级矿业权有形市场全面建立。其中，265个地级市州矿业权交易机构基本建成，31个省级矿业权网上交易开始试点，其中湖南、宁夏、江西、吉林等省（自治区）已全部实现网上出让，辽宁、贵州、广西等省（自治区）部分实现网上出让，从而为全国探索建立矿业权网上交易统一平台奠定了基础。国土资源部（即自然资源部）全面落实矿业权出让转让信息公示公开制度，使得矿业权出让转让信息更加透明。2011年4月以来，中国全面实现矿业权出让、转让交易活动及相关信息公示公开，包括申请在先、招拍挂、协议出让，探矿权转采矿权、有形市场的出转让、申请协议出让等信息，并建立公示公开信息与统一配号系统的互联。另外，国土资源部对矿产资源勘查开采监管方式进行改革，将年检制度改为信息公示制度。2017年矿产资源勘查开采信息公示制度全面实施以来，全国公示勘查项目2.61万个，公示率为94.0%；公示开采矿山6.40万座，公示率为90.0%。

（八）推进矿业权竞争性出让试点

2011 年开始，在油气等重点矿种领域开始实施探矿权竞争性出让试点，重点选择南海和黄海两个常规油气区块，通过议标方式对比企业提交的勘查实施方案，择优确定受让人，初步建立油气探矿权竞争性出让制度，同时开展页岩气探矿权招标出让试点，打破了单一的“申请在先”方式，首次以招标方式出让页岩气探矿权，面向社会引入竞争机制。2015 年，在新疆开展常规油气探矿权改革试点，通过竞争方式出让了 4 个油气区块的探矿权。《矿业权出让制度改革方案》选取了山西、福建、江西、湖北、贵州、新疆 6 个省（区）有序开展试点，重点完善矿业权竞争出让制度，严格限制矿业权协议出让，下放审批权限和强化监管服务等。

二、中国矿业权市场化配置存在的问题

由于矿业自身的规律性、特殊性及复杂性，中国矿业权管理体制存在着多层次的委托—代理关系。尽管矿产资源的所有权属于全民或国家，但实际控制权或管理权最终都委托给各级地方政府，即在所有人缺位的情况下，各级政府及其主管部门参与矿业权交易的条件十分便利。

现阶段，中国矿产资源勘探开发与土地所有权分离，矿业权出让市场化程度不高，存在行政垄断和行政干预的问题，主要表现在探矿权、采矿权出让市场上，各级政府尚未理清市场中投资者和监管者的责任界限，现行“招拍挂”主导的竞争性出让机制尚存在缺陷，招拍挂市场还存在“隐形计划”，交易不透明、不公正；而在二级转让市场上，虽然市场已有所放开并呈现竞争形势，但多数矿产权仍然受当地政府的制约，政企不分、政事不分的问题仍然存在。

在目前这种制度安排下，与其他行业相比，中国矿业领域的市场

化程度还相对较低，规范的矿业权市场建设尚处于起步阶段，市场对矿业要素的配置能力还不强，尽管矿业权市场配置中竞争性出让转让逐渐占据主导地位，但无论是探矿权还是采矿权均不能完全做到以“招拍挂”的方式出让转让，而即便采用“招拍挂”方式出让转让，背后也仍存在所有制歧视，伴生矿业权分离出让也不利于资源综合开采利用等。为此，进一步深化矿业权市场化改革亟待破题，首要的是处理好政府所有权代理人和市场管理者的角色界定，建立健全规范有效的全国统一的矿业权市场，让资源有偿使用和生态补偿机制有机结合起来，按照产业链专业化运作的方式，真正发挥市场在矿产资源配置中的决定性作用。

（一）矿业权出让时行政干预特征比较明显

目前，中国矿产资源属于国家所有，矿业权出让由国家通过行政审批或竞标垄断经营，按照统一管理与分级分类管理的原则，由代表国家的各级政府部门负责实施。而矿业权出让以后，就不适合过多地用行政手段管理，而应用市场手段进行调解。在矿产资源勘探、开采出让环节，作为矿业权的实际控制人，各级政府行政干预矿产资源的开采利用是合法合规的，但不能直接经营矿业权或越权审批矿业权，或利用控制权谋取更多的矿业权转让收益。例如，有些国土资源管理部门把矿业权出让作为地方财政的重要来源之一，通过设立投资公司经营矿业权，垄断优质探矿权，进行矿业权储备，直接经营矿业权；有的地方政府越权审批矿业权，以招商引资名义将矿业权协议出让给指定的企业，个别地方政府管理部门甚至对探矿权设计和报告重复评审、重复收费，有的管理部门还违规操作，将地勘单位的探矿权无故划走或“挖天窗”，或拖延审批，或将申报的矿权信息泄露给他人，人为造成不公平竞争。

中国仍然保留申请审批出让和协议出让矿业权两种制度，以及探矿权人优先获取采矿权的排他性制度安排，使得非竞争出让成为商业贿赂的制度根源。例如，在一级出让市场制度安排上，中国《矿产资源法》规定："探矿权人有权优先取得勘查作业区内矿产资源的采矿权。"值得注意的是，对于探矿权人优先权的行使应当符合怎样的条件和程序问题，中国法律法规也未做出统一、明确的规定，这样通过探矿权人优先权取得矿业权与采用招标、拍卖、挂牌的竞争性交易方式之间存在明显冲突。再如，在二级转让市场制度安排上，中国《矿产资源法》规定："禁止将探矿权、采矿权倒卖牟利。"这条规定明确规定了矿业权转让的前提条件，并且禁止把营利作为矿业权转让的目的，显然不利于矿产资源的有效配置，限制矿业权的自由转让。

近年来，中国探矿权申请出让或协议出让宗数占比较高，招拍挂出让占比在2011年达到31.41%的高点，而到2013年这一占比已经下降至20%以下，此后虽有攀升但也没有超过40%；采矿权招拍挂出让占比始终保持较高比例，但是在2007年达到99.10%的高点后开始出现下降，尤其是2013年下降至66.78%的低点，2014年略有增长也只有75.53%，这说明采矿权非竞争出让占比仍占有一定比例（见表2－2、表2－3和图2－3）。虽说关于全面实施招拍挂竞争性出让尚存争议，但非竞争出让比例的上升，使得地方行政垄断状况得到加强，这并不符合让市场自由配置资源的改革方向。

表2－2　中国探矿权出让转让情况（2007—2017）　　单位：万元

年份	出让							转让	
	合计		申请在先	协议出让		招拍挂出让		宗数	金额
	宗数	金额	宗数	宗数	金额	宗数	金额		
2007	6683	—	—	—	—	541	179800.00	—	—
2008	5943	—	—	—	—	542	631900.00	—	—
2009	5646	238572.16	4654	295	38562.19	697	200009.98	1028	2194412.02
2010	2314	211611.87	1519	152	9808.58	643	201803.31	1057	597010.41
2011	1366	205571.30	831	106	77361.38	429	128209.92	485	117951.72

续表

年份	出让							转让	
	合计		申请在先	协议出让		招拍挂出让		宗数	金额
	宗数	金额	宗数	宗数	金额	宗数	金额		
2012	1055	118000. 00	—	—	—	286	111000. 00	686	283000. 00
2013	1587	137800. 00	—	—	—	257	127200. 00	—	—
2014	1511	594600. 00	—	—	—	499	222600. 00	—	—
2015	960	137000	—	—	—	360	133400	—	—
2016	1180	1098600	—	—	—	374	—	—	—
2017	749	329600	—	—	—	228	—	—	—

注："—"未获得相关数据。

资料来源：《中国国土资源统计年鉴》和《中国国土资源公报》（2006—2017）。

表2－3　中国采矿权出让转让情况（2007—2017）

年份	出让							转让	
	合计		探矿权转采矿权	协议出让		招拍挂出让		宗数	金额
	宗数	金额	宗数	宗数	金额	宗数	金额		
2007	10055					9965	328500. 00		
2008	8352					7696	403400. 00		
2009	8671	774056. 00	650	1213	414276. 00	6808	359787. 00	3049	7620558. 00
2010	8149	992534. 00	517	1016	479172. 00	6616	513360. 00	2361	2363324. 00
2011	5955	2198508. 00	499	567	1319863. 00	4889	878645. 00	1680	977830. 00
2012	1862	767000. 00				1450	310900. 00	1752	1659000. 00
2013	2390	528900. 00				1596	383800. 00		
2014	2665	629400. 00				2013	547700. 00		
2015	2538	878300				2050	458600		
2016	1844	1734400				1460			
2017	1576	1747400				1250			

资料来源：《中国国土资源统计年鉴》和《中国国土资源公报》（2006—2017）。

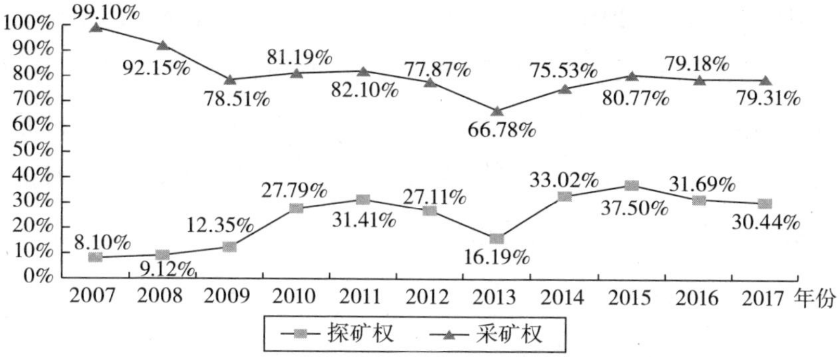

图 2－3　中国探矿权和采矿权招拍挂出让宗数占比（2007—2017）

资料来源：《中国国土资源统计年鉴》和《中国国土资源公报》（2006—2017）。

（二）矿业权竞争性出让尚存在所有制歧视

长期以来，政府垄断着矿业权一级市场。在很长一段时期内，中国大量国有企业通过划拨方式无偿取得矿业权，直到 2005 年开始原则上停止了矿业权无偿授予和行政审批。从总体上看，大部分国有矿山矿业权仍处于无偿使用状态。这种“双轨制”不利于矿业权市场化的推进，造成了企业之间的不公平竞争，影响了市场竞争的秩序。2005 年以后，即便开始对所有矿产资源开采征收资源补偿费，但《矿产资源补偿费征收管理办法》所确定的有偿取得的对价太低，各种可用矿种规定了按照其销售价格 0.5% ~4% 不等的补偿费费率，其中煤炭、石油、天然气的费率为 1%，其他绝大部分矿种的费率也都在 2% 以下。中国矿产资源补偿费平均费率（占销售额的比例）不足 1.2%，而国际上平均为 2% ~8%。

近年来，尽管政府更多地采用“招拍挂”方式出让矿业权，但是往往倾向于国有性质的地勘单位和开采企业，民营企业新进入探矿或采矿领域面临着所有制歧视，尚不能平等参与“招拍挂”竞价活动。以探矿权为例，中国矿产勘探领域的实际情况是，大量的探矿权人是各地的地勘单位，如地勘局、地勘大队、地勘院等。而这些单位多数属于事业法人，而非企业，很难成为真正的市场主体，影响了市场的规范运行。根据2012年和2016年地质勘探单位经济类型划分，其中国有单位分别占52.2%和49.24%，而纯属私营的地质勘查单位只有1.7%和2.04%（见图2-4）。在实践中，这种现象所揭示的行政干预的痕迹十分明显，不符合探矿权市场化的发展趋势，也难以理清法人财产权关系，必须尽快通过地勘体制的市场化改革加以改变。

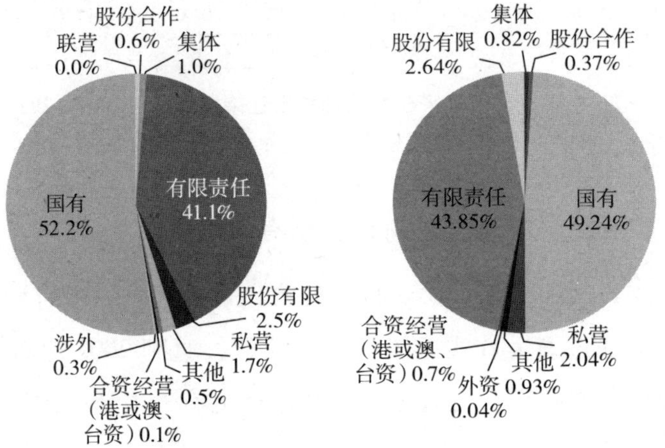

图2-4　2012年和2016年全国地质勘查单位经济类型构成

资料来源：《中国矿产资源报告（2013）》和《中国矿产资源报告（2017）》。

（三）矿业权市场监管尚未规范到位

现有的矿业权市场监管问题突出。主要在于政府在矿业权市场中扮演着多重角色，既是矿产资源所有者，又是矿业权市场的管理者和服务者。可以说，在矿业权出让市场，政府管理部门存在“既当运动员又当裁判员”的情况。作为资产所有者，政府普遍存在“重进入、轻退出”“重有偿、轻赔偿和补偿”、矿业权“隐形”转让等问题，而忽视作为管理者的监督责任，导致矿权纠纷不断涌现。例如，一级出让市场中，可以进行出让的矿业权的底数不清；而二级转让市场，一些矿业权人为了规避缴纳矿业权价款，私下非法转让、暗地交易。例如，有些国土资源管理部门把工作重点放在矿业权的有偿出让等有收益的环节，而对矿产资源开采的环境保护和合理利用监管不到位，过分强调有偿出让而缺少有效监管，容易导致投资主体重视炒卖炒买矿业权，放任买方出资评估矿业权价款，而不是鼓励投资企业进行实实在在的找矿、勘探和开采，这也不是市场经济应有的做法。

（四）矿业权价款评估不公正、不透明

目前，国内已经相继建立起了不少矿权矿产品市场，但多数矿权交易所和矿权交易中心分属各地行政部门，其功能局限于监管、发证，除矿业权的评估业务外，多种中介业务仍未开展，矿业权市场中介要素明显“缺位”。例如，经纪、交易服务、交易信息、融资筹资等其他中介业务服务水平不高，信用体系不健全，有的还存在编制假报告、提供假信息等现象。近年来，虽然矿业权评估还没有大的违规事件发生，但大环境下矿业权评估不规范现象事实上是存在的。例如，评估费与评估结果挂钩，评估出多少价位相应地给多少评估费，高评或低评不可避免，甚至事先已经确定好了评估值。在机制上，由于评估委托机制不顺，由买方出资评估卖方资产，卖方只进行备案或合规性确认。例如，2007年甘肃省庆阳市正宁南煤田南矿区采矿权拍卖，最后被甘肃省华亭煤业集团有限责任公司以47.5亿元拍得，而该煤矿起拍价为7.5亿元。之所以出现炒作矿业权的问题，根本原因还是在于矿业权评估机制不合理，给炒作矿产留有利润空间。有的地方矿业权设置不够合理，较小的矿业权在进行市场交易时，没有标准界定，评估价格难以与市场价值接近，容易造成主观抬升或降低矿业权价格，增加实际定价的难度。目前，矿业权评估定价受多种因素的影响，如果矿业权作价偏低，不但不能起到投资或者出让定价参考的作用，以偏低价格出让也容易造成国有资产流失。因此，矿业权价款评估不透明，缺少足够的公信力，致使价格发现和资源配置功能完全没有体现。

（五）资源税征收不平衡、不规范

1984年，中国开始征收资源税，对煤炭资源实行从量定额计征，

这种计税依据缺少收入弹性，调节机制不灵活。中共十八届三中全会决定提出，逐步将资源税扩展到占用各种自然生态空间的要求，结合相关资源特点、资源税费性质，逐步将水流等自然资源纳入资源税征收范围。从当前来看，正在推行的资源税费制度改革总体上仍存在税率偏低和改革缓慢的问题。资源税改革原为“十一五”工作目标，但一直推进缓慢。长期偏低的税率对地方财政的贡献非常微薄。于是，2010 年 5 月，新疆率先进行资源税费改革，将原油、天然气资源税由从量计征改为从价计征。2011 年 11 月 1 日实施的《中华人民共和国资源税暂行条例》，资源税改革率先在石油和天然气领域开展，采取从价计征，征收税率为 5%，而煤炭资源税维持从量计征方式，其中焦煤税率为 8 元/吨，其他煤炭为 2 ~ 4 元/吨不等。2014 年 10 月，财政部和国家税务总局再次发布《关于调整原油、天然气资源税有关政策的通知》提出，原油、天然气矿产资源补偿费费率降为零，相应地将资源税适用税率由 5% 提高至 6%。实际上 5% 或 6% 只是资源税征收的基准线，在执行过程中往往会打折扣，剔除综合减征率后的实际征收税率往往低于 5% 或 6%。因为每个油气田均可享受一定比例的减征额，最终实际征收率也不尽相同。由于煤炭、油气等矿产资源大都掌握在中央企业手中，偏低的资源税率往往导致高额的垄断利润。有些地方政府也表示，现行煤炭的资源税率太低，实施细则中确定的各地煤炭资源税税率略显不公平，很难体现其资源的稀缺性、生态修复成本和国家资源有偿使用的本质。偏低的资源税、征管范围偏窄和税费改革迟缓，导致资源税征收过程相当不规范，由此产生资源浪费、生态破坏及安全问题，并会在资源富集区造成大量社会问题。

三、国外矿业权市场化配置的情况

世界上大多数国家都规定矿产资源归国家所有，并通过市场机制来管理矿产资源产权，实行所有权与使用权分离的模式。矿业权一级出让市场一般都由国家垄断。国外矿业权出让通常遵循协商和非协商两种机制，主要坚持“先来先取得、先来先考虑、政府运用行政裁量权选择矿业权受让人、招标拍卖方式”等原则。但因各国的国情不同，矿业权出让的方式也不尽相同。实际上，市场化出让和非市场化出让的方式各有优劣。一般而言，地质资料越少，风险越高，通常采用申请在先；地质资料越多，风险越低，投资者越容易做出决定，通常采用招标拍卖的方式。从国外的情况来看，按照申请在先的原则授予矿业权，是多数矿业国的通行做法。而招标拍卖只是次要方式，与申请在先相互补充。但现在的趋势是许多国家经常使用招标拍卖方式，默认其为官方发证程序。

（一）美国矿业权出让转让管理制度

美国相关法律规定美国公民和准备成为美国公民的外国人均可以进行矿区标界，并且保有采矿用地。换句话说，美国采用以土地所有者的所有权为基础的矿产资源所有权体制。矿业企业在勘探之前一般都先申请矿地权，同时设计出选择权，即由卖主向买主提出的，给予买主在一定期限内接受卖主提出的专有权合同。美国矿业法规定，按矿种的不同确定不同的出让方式。美国分陆上矿产和水域矿产两大类分别管理：陆上矿产根据在国民经济发展中的作用、意义和供求状况分三类。第一类为“可标界”矿产，包括除铜、铅、锌外的金属矿产和石膏、金刚石、宝石、沸石等非金属矿产；第二类为“可租让”矿产，包括油气、煤、铜、铅、锌、硫、磷、钾等重要矿产；第三类为“可销售”矿产，包括砂、砾、石、黏土等建筑材料。

美国矿业权主要通过自由进入和特许制度、矿地租借制度或材料销售制度取得。美国对第一类“可标界”矿产和第二类“可租让”矿产中未知矿床出让执行自由进入及特许制度，即按照申请在先原则授予。这种出让方式手续简单，只要简单的申请及登记（立桩标界）即可，并且取得矿权不需要缴纳费用。国家在开采过程中从征收的矿地租金和权利金中得到利益。美国对第二类“可租让”的已知矿床以及美国领域内的水域矿产的出让主要采用招标拍卖方式进行出让转让。美国对“可销售”矿产出让主要是通过竞争性销售办法来授让矿业权，因为这类矿产不需复杂的勘查工作，资源情况基本明了，故政府把其作为国家财产出售。

美国以出租方式出让公共土地和蕴藏有联邦保留矿产的土地的可租赁矿产，要求矿业权申请人按照矿区面积缴纳矿地租金，并且每年缴纳不低于矿产品销售额10%的权利金。而对含有石油、天然气的国家森林系统公共土地上矿产资源的租赁，还要求必须经过竞争性招标的办法租让，只有在无人肯出等于或高于法案规定的最低标的金额时，才可以采用非竞争性的方式出租。美国执行可标界、可租让和可销售的陆上矿产矿业权可转让、租让和转租，但必须按契约方式转让，既可转让给法定继承人，也可由遗嘱执行人或行政管理人员协助出售矿业权。

（二）日本矿业权出让转让管理制度

日本《矿业法》规定除非条约有特别约定外，原则上不允许日本国民或日本法人以外的人成为矿业权人。日本矿业权出让转让管理制度以许可证制度为主，分为钻探权制度和采掘权制度。矿业权两权出让采用申请授予制，在审批时需有关政府部门与地方政府的广泛协商。对于矿业权的授予，国内法人和自然人通过申请授予，外商是通过协议、招标和拍卖的方式。日本政府管理职能集中在矿业权的保护、环境及资源保护、劳动就业及矿工安全等方面。根据日本《矿业法》规定，根据公益的需要，可划出禁止设立矿业权的区域，为防止矿害，可命令矿业申请人在一定期限内递交关于事业设备的有关设计书，还必须举行听证会征求各方面的意见。取得钻探权的企业在探明勘探区确有矿产并适于开采时，享有所探矿床的采掘优先权。

除了在《矿业法》中已有明确规定，日本矿业权的转让还适用不动产的规定，限制较少。日本《矿业法》第13条规定，矿业权除成为接替及其他一般性继承、转让，拖欠款项处理以及强制执行的标的外，不能成为权利的标的，但采掘权可以成为抵押权及租矿权的标的。为了规范矿业权市场，对矿业权转让实行程序性限制，矿业权转让要经过官方的同意并登记才能生效。日本《矿业法》中还专门针对租售矿权的设立、区域、有效期等做出了具体规定，促进了矿业权的合理配置。

（三）澳大利亚矿业权出让转让管理制度

澳大利亚法律规定，矿产资源属于国家所有，国家享有对矿产资源的所有权，其中联邦政府拥有各领地（北领地除外）上和海洋矿产资源的所有权，各州拥有其州内自然资源（陆上和近海域3英里内的自然资源）的所有权。根据澳大利亚矿业法规定，矿业权划分为探矿权、采矿权和与矿业权有关的其他权利。其中探矿权包括矿业者权利、小范围探矿权和大范围探矿权，采矿权是探矿权人对其取得采矿许可证之前对探得的矿产集宁开采或开发的权利，而与矿业权有关的其他权利包括通常目的租约、杂项工程许可证等。

国家和州政府都可以出让矿业权。申请人申请探矿权、采矿权时，除一次性缴付申请手续费外，每年还要按许可证允许的面积缴纳租金；州政府对已经圈定控制的矿体，试图向私营公司转让矿业权既可以出售全部权利或在商业开采时购买少量股份；也可以与第三方建立合资企业进行开采，由政府和公司共同拥有股份。新南威尔士州的矿业权出让包括申请授予和招标拍卖两种方式，西澳大利亚和北部地区的矿业权出让主要是通过协议的方式。澳大利亚允许矿业权由当事人双方协商合法转让，而矿业权在当事人之间协商转让议定时，政府一般不进行干预，但转让人必须履行完成勘查投资承诺、支付勘查作业资金额、按期缴纳租金和保证金、按期报告开支情况、勘查进度和结果、满足恢复生态环境的要求等义务。转让的程序是首先申请，经主管部门批准后，办理转让登记手续并在报纸上发表声明后生效。矿业权人可以将矿业权转让给出价最高的人；可以寻找合资伙伴来分担勘探风险，通过建立联合股份公司，将权利转让给该公司；还可以矿山企业的资产及其产品作为担保进行筹资，但其基本条件是其应有抵押权。

（四）加拿大矿业权出让转让管理制度

加拿大是一个由10个省和3个地区组成的联邦国家。加拿大宪法规定，矿产资源管理权由联邦政府与省政府分享共管。换句话说，加拿大矿业权管理部门分为联邦和省2级，分别负责其权限范围内的矿业权管理工作，其中12个省（区）拥有较大的管辖权，各个省辖区内的矿产资源归当地省政府管理，有的省是鼓励各种各样的投资者进行勘探和开发，也包括自然人和外国投资者，而联邦政府负责沿海大陆架矿产资源的管理和全国铀矿资源的统一管理以及印第安保留地、国家公园的公有土地内的矿产资源的管理。

加拿大多数省区采矿权采用“自由进入”制，即允许个人和公司自行标桩申请，但申请人要求获得勘探许可或类似的许可证，然后按照“先到者先得”的原则获得采矿权。探矿权主要通过申请审批交费后直接授予，采矿权租约按照承租契约处理。在加拿大取得勘探或开发的权利，需要向省政府自然资源部门申请两种权利：初级勘探权和高级开发权。其中初级勘探权申请较容易，成本比较低，多数省按照开放取得、先到先得的原则，申请条件相当简单；而高级开发权涵盖广，期限长。在勘探活动进行一定的程度，发现一定的资源量后，持有初级勘探权的权利人才可以申请高级开发权，申请时需要提交前期勘探报告和后续开发计划。而探矿者获得采矿权后，不需要再向政府报告最低勘探投入，而需按规定向联邦政府和省政府缴纳税款或租金。不列颠哥伦比亚省矿业法或矿业权法规定，加拿大矿业权的放弃、更换、转让、转租、出售应履行申请审批登记手续，并对出售、出租矿业权的广告形式有所规定。魁北克省矿业法规定，非排他性的矿业权不得转让，排他性权利可依法申请转让，经审批登记后生效。安大略省矿业法规定，矿业权转让必须履行申请、审批、登记程序，并规定了矿业权转让的格式。

加拿大对石油资源矿业权做了具体规定。《加拿大石油资源法》对领土内石油资源矿权及利益做出了规定，与石油资源矿权相配套的法规有：环境研究的调查基金地区规章、领土石油权利金规定、领土登记规定、航测制定区的规章等。加拿大对石油开采实行许可证制度，即授权当事人在规定的区块和期限内开展规定的石油业务，并履行相应的责任和缴纳税费。

（五）俄罗斯矿业权出让转让管理制度

俄罗斯《矿产法》1999 年规定，在俄罗斯联邦领土边境内的矿产，包括地下矿产资源、能源和其他原料属于国家所有。资源的开发、利用和支配由俄罗斯联邦和俄罗斯联邦主体共同管理。俄罗斯规定各种所有制形式的法人以及其他国家的公民都可以成为地下资源的使用者。俄罗斯采用许可证方式管理矿业权。根据《俄罗斯联邦地下资源法》的规定，矿业权基本上是采用招标和拍卖的方式出让。俄联邦内海、领海和大陆架矿区的竞标和拍卖，由俄联邦政府决定。矿区使用权公开竞标或拍卖只有一家参加而未能举行时，只要符合公开竞标条件，就可以向竞标者颁发矿区使用权许可证。

（六）巴西矿业权出让转让管理制度

巴西《矿业法》规定，探矿权由矿业能源部向个人或公司授予，拥有勘探许可证者享有优先申请采矿许可证的权力，如因市场条件不好，探矿权持有人可向政府报告暂不开采，待市场条件成熟后政府再通知其开采，如再不开采，他人可以申请开采，政府可将采矿权授予他人。采矿权由符合法律规定资格的采矿权人，向矿业能源部提出正式采矿申请，经审查批准，发给采矿许可证，采矿权在资源枯竭之前均有效（除非被政府吊销），采矿权人一旦取得采矿许可证，必须在 6 个月内进行开采。

巴西矿业权的出让有四种方式：①特许制：针对大部分矿山，经政府发给特许执照；②批准制：不需处理就可以使用的矿产品，经申请并授予批准书或许可证；③登记注册制：以简单原始工具进行的个体矿业经营者，在政府机构登记注册；④垄断制：个别矿种，联邦政府指定单位经营。矿业权出让方式主要通过谈判确定，具体形式有一次买断，可以分期付款；组成合资公司，将矿业权作价；向矿业权人支付矿业权使用费。矿业权可以用于出租、抵押、继承。矿业权转让收入应交转让税。矿业权转让由双方谈判协商，但需到矿业能源部矿业生产局办理批准、登记手续，但勘查批准书是发给个人的，即可传给自然继承人或尚健在的配偶，若传给商业继承人则该继承人应该符合探矿权人的基本条件。

（七）印度矿业权出让转让管理制度

为了鼓励油气勘探和开发，印度于1999年出台新的勘探政策，允许外国投资者在新勘探许可证框架下参与本国油气勘探，签订产量分成合同，销售石油和天然气，进口和运输液化天然气，建设炼厂、储油罐和管网设施等。印度联邦政府负责颁发油气资源勘探和开发许可证，并管理油气勘探和开发活动，而油气勘探许可证和采矿许可证通常采用招标方式获得，许可证权利人需缴纳税款或租金，并缴纳矿区使用费。

（八）智利矿业权出让转让管理制度

智利是一个矿业大国，国家对矿产资源享有主权，具有绝对的不可侵犯性。1983年《矿业法典》（第1条）规定，国家对于矿藏享有绝对的、排他性的、不可剥夺的和不因时效而消灭的所有权。智利由国家矿业协会负责对矿业权的管理，实行矿业特许权制度。智利国家规定的矿业特许权分为矿产勘查特许权和矿产开发特许权，矿业权转让限于国家规定的可租让矿产的资源和地区。任何人都可以通过法定程序申请和获得矿业特许权。任何人都可以进行采样试验预期发现矿产，并有权申请勘探许可证或采矿许可证。矿业权人向法院申请，由法院代表国家通过司法程序授予矿业权，政府并不涉及矿业权的授予。探矿权人在探矿权有效期及其范围内拥有取得开发权的优先选择权。所有自然人或法人都可以申请购买正在履行手续或已建立好的开发特许权或矿区的部分开发特许权。换句话说，矿业权人取得矿业权后即可转让，转让由双方协议商定，政府不干预，且中介组织一般不介入矿业权的转让，但必须到全国地质矿业管理局矿业权登记处登记后才有效（非行政批准，只是备查）。采矿权人丧失矿业权后，法院将采取公开招标的方式将采矿权转让给他人。

（九）南非矿业权出让转让管理制度

南非矿业法规定，任何人申请探矿权必须以法定的方式向矿产能源部部长提出申请，并交纳一定的申请费，该申请费是不予退还的，采矿权也是经申请授予的，为取得某一矿区的开采权，申请者要提供开采计划、预先制订的社会计划、用工计划、社会和用工计划的财政支持计划、增加弱势群体在生产经营中的机会以及改善经济社会福利计划。

（十）对中国矿业权管理的启示

国外矿业权出让方式有值得中国借鉴之处。完善矿产资源的市场化配置途径，需要从财产的角度将矿产资源权利物权化，通过民事立法明确矿产权的性质、法律地位、内容和效力。借鉴国外矿业权相关制度安排和政策措施，对中国矿产资源市场化配置具有以下几点启示：

一是根据矿产地资源特点、时间、资源价值等差异，选择适宜的矿业权出让转让方式，必要时需要多种方式相结合，并按照矿业权的物权属性，以合同的形式加以确定出让人（如国家）和受让人（探矿权人和采矿权人）之间的权利义务关系，其特点应该是自愿、有偿、有期、有界。借鉴国际上的通行做法，对矿业权的流转在立法层面进行必要限制，尤其是通过法律法规规范矿业权流转的登记、审查、备案制度。

二是对不同矿产区块实施分级分类管理。前景不明朗的区块，首次申请探矿权可采用申请授予出让，而矿区范围较大的可销售矿产，可采取招标方式出让，而推断矿化潜力好的地区及对被取消放弃及因其他原因由政府收回的矿业权的重新出让的区块，可采用拍卖方式出让，对调整经济结构实施产业政策需给予倾斜的项目，可采用协议方式出让。

三是尽量适当以竞争性方式出让矿业权。采用招标、拍卖等竞争性的方式授予矿业权，是多数矿业大国的做法（见表2－4），即便是国家投资发现的矿产地在重新设立矿业权时，也是通过招标拍卖的方式出让矿业权。可以说，竞争因素是矿产资源勘查开发主体的投资期望，以竞争性方式出让矿业权，符合市场经济中由市场供求关系和资源稀缺程度形成价格的要求，能够最大限度地实现矿产资源所有者的利益。

表2－4　国外矿业权招标和拍卖出让的适用情形

国家或地区	适用情形
美国	“可租让”矿产的已知矿床，美国领域内的水域矿产
澳大利亚新南威尔士州	位于已知矿产储备带内矿产资源的探矿权
瑞典	位于已知矿产储备带内矿产资源的探矿权
俄罗斯	几乎所有的矿业权
巴西	勘探报告通过后，在一年内勘探许可证持有人未申请开采许可证，政府将在60天内进行招标和拍卖
哥伦比亚	国家希望促进投资的地区
土耳其	对两权地区的取消、放弃和任何利用的缩小由矿业主管部门在其决定的日期内通过公开拍卖判决
安哥拉	战略性矿产，被认定具有极高地质储量地区的矿产的矿业权
吉尔吉斯斯坦	具有重要战略意义的、储量达到一定规模的矿产资源矿业权
泰国	黄金、潜力巨大的矿产
越南	主要针对外商，特别是油气及黄金
蒙古	使用国家预算资金勘探确定储量的场地、勘探许可证有效期已届满而持证人未申请开采许可证

资料来源：孙春强，陈丽萍．国外矿业权出让申请在先与招标拍卖的比较［J］．国土资源情报，2013（5）：36－39.

四、完善矿业权市场化配置的建议

建立矿业权市场制度的基本思想是建立以矿产资源所有权为核心的国家出让一级市场，以及以市场供需为核心的和以经济利益为驱动的二级转让市场[①]。完善矿业权市场机制，要完善政策法规基础，规范、优化矿业权出让市场，培育、显化矿业权转让市场，完善矿业权市场退出机制，构建全国统一的矿业权市场交易平台，使市场管理权和收益控制权分离并形成制衡机制，引导矿业权中介和技术服务规范化，建立矿产开采环境治理和生态修复基金制度，完善矿业权市场监管体制，促进中国矿业经济可持续发展。

（一）深化矿业权行政审批制度改革

一是进一步下放和取消矿业权行政审批项目。矿产资源配置是推进行政审批制度改革的重要领域，按照党中央国务院对行政审批制度改革的总体要求，进一步精简矿业权审批事项，按照“谁发证，谁审批”的原则下放矿业权转让审批权，由发证机关实施采矿权转让的审批权限，深化矿业权行政审批制度改革，例如，可探讨全面取消矿产资源的矿业权计划投放审批事项。

二是进一步强化需保留矿业权审批项目管理。进一步强化矿业权设置方案管理制度，保障全国矿业权合理分布，严格执行矿业权设置方案；改变矿业权分级审批制度，简化审批流程，缩短审批时限，初步建立部控省批的“先省级审批，后部级备案”制度；完善矿业权统一配号系统管理，强化对省级审批报部备案配号矿业权的监管。

（二）加快健全矿业权法律法规体制

一是进一步明确界定矿业权的物权属性。明确政府在探矿权、采矿权出让中的角色定位和法律责任，规范政府作为市场交易主体和监管者的双重定位，进一步把出让后的探矿权和采矿权视为不可侵犯的私权，设计矿业权作为用益物权与行政许可审批登记相衔接配合的制度，政府

---

① 在中国，矿业权市场分为一级出让市场和二级转让市场。一级市场是国家向使用者有偿、有期限地出让矿业权，二级市场则是矿业权在不同矿业权人之间的横向转让，包括合作勘查或开采、作价出资、上市、出租、抵押等。

只能代国家履行所有权责任，并依物权法管理矿业权，区分作为所有者代理人和投资者角色定位，不直接干涉矿业权的转让处置。

二是实行权证分离的矿业权管理制度。从事矿业资源勘查必须经过国土资源管理部门审批登记领取勘查许可证，取得探矿权，并按国家法律相关规定进行用益物权登记。明确矿产资源规划的法律地位，优化设计矿业权招标、拍卖、挂牌、协议和申请在先出让制度，赋予探矿权人在发现矿产资源后优先直接取得采矿权的法律地位，明确实施具体内容和实现程序，确保探矿权人转为采矿权人后退出探矿权市场，允许“采矿证”在二级市场自由转让，但必须明确的是，有采矿权并不必然就能直接开采，通过强制实施权证分离管理，保证矿产资源开采必须符合相应法规资质条件。

三是健全矿产开发环保相关法律制度。根据不同矿种的经济价值、在国民经济中的战略地位、在开采过程中对环境的影响程度等因素，健全环保和生态修复等方面的法规制度，健全完全反映环境损害成本的资源价格形成机制。

（三）建立规范有效的矿业权交易市场

一是规范、优化矿业权出让市场。按照“分类管理、分级管理、分出让方式管理、分区管理、分需求管理”和统一配号的原则，积极推进矿业权市场化出让，但要防止简单的“价高者得”，严格执行公示公开和集体会审的出让制度，建立规范有效的矿业权出让市场竞争性平台，严格执行现行深化矿业权有偿取得制度改革的相关规定，公平公正公开地选择矿业权出让市场的受让人，明确规定对矿业权受让人资金能力、勘查或开采资质、信用等方面的基本要求。

二是培育、显化矿业权转让市场。遵照“信息公开，确权公示；平等自愿，高效有序；产权分割，场内交易；严格审查，程序规范；交易撮合，结算安全；分级管理，强化监管”的原则，推进矿业权转让市场化建设，打破行政垄断和地区封锁，依托全国各地的矿业权市场交易机构，健全全国性的矿业权交易信息网，逐步形成全国统一的矿业权标准化转让平台，明确政府在矿业权转让市场的监管责任。

三是健全矿业权价款评估制度。通过建立和完善矿业权咨询、经纪制度，推进矿业权评估事业单位企业化转制，培育和发展市场化和社会化的矿业权评估机构，建立评估招标和结果备案制度，形成业内的合理公平竞争；建立矿业权评估行业规范、职业准则、合同示范文本、议价通则、信誉评估制度、执业资格认证等制度。

（四）完善矿业权市场有偿准入退出机制

一是完善矿产资源有偿使用制度。推进国有矿山矿业权的有偿使用，理顺矿产资源利益分配关系，包括取消探矿权、采矿权价款，实行矿业权出让金制度，并明确矿业权使用费为所有权管理费用，培育市场化的地勘投资机制，国家地质勘查基金只用于对国民经济有重要意义的矿产勘查工作。

二是完善矿业权市场退出机制。允许和鼓励矿业权以合法途径转让，实现自由退出，允许利用资本市场转让矿业权权益，实现自由退出，准许通过矿产勘查区块缩减，实现强制性退出；明确矿产资源收益向基层政府和矿产地居民转移支付。

（五）强化矿业权市场监管与执法水平

一是改进政府矿业权市场管理方式。政府必须以公正的立场保证市场交易主体在竞争有序的状态下进行，改变传统的只参与不管理的矿业权市场管理方式，主动依法规范管理市场交易，建立健全行政执法、行业自律、舆论监督、群众参与相结合的矿业权市场监管体系，按照法律规定矿业权变动的公示公信原则，做好矿业权申请人资质审查、备案、登记、核查和监督等义务，对违法破坏市场秩序的矿业权主体加大处罚或清理力度，防止“圈而不探”“以采代探”，创造公平、公正的矿业权交易秩序，保障矿业权人的合理利益不受损害。

二是推进矿业权管理公示、公开。建立健全矿业权申请登记和公开查询的信息发布制度，完善矿业权重大交易的决策听证度，健全政务信息公开和社会监督制度。

三是赋予市、县两级监督执法权。明确各级政府的监督管理责任，赋予市、县两级国土资源主管部门执法权，明确各级政府部门监督检查的主体资格、管辖范围、权利义务和法律责任。

（六）建立矿区环境治理和生态修复的保证金制度

一是建立矿业权出让中环境治理和生态修复保证金制度。通过法律法规制度在矿业权出让中规定缴纳各种保证金，即矿业权人要为矿业权的获得承担责任，一次性缴纳矿业权保证金、矿地复垦保证金等，避免矿业公司无法履行某些义务时，把“包袱”留给国家和社会。

二是建立矿业权征收的环保和生态修复保证金用于开采地。根据“专项基金专款专用”的原则，征收的环境污染成本收入应支付给开采地用于污染治理，征收的生态修复成本收入应支付给开采地用于生态修复，征收的资源税转移给地方政府财政所有，用于承担因矿产资源开采而带来的移民搬迁、安置就业等社会支出成本。

第五节　中国市场经济自由度的问题

根据世界经济自由度比较结果，中国经济在强化保护私有产权尤其是保护知识产权，保持高效廉洁的行政服务体系，创造公平竞争的市场环境，破除部分行业的行政垄断，促进金融自由化和投资便利化等方面还相对滞后。中国致力于发展成为一个开放、学习、包容和创新的大国，坚决使市场在资源配置中起决定性作用，需要进一步在深化全面改革开放进程中重视经济发展的弱势和短板，更好地提高经济市场化发展水平。按照美国传统基金会的解释，经济自由是人们获得更好的机会和生活质量的关键要素[①]。它意味着人们能够根据自己的意愿自由地选择生产、销售和使用自己的资源，同时要尊重他人做同样事情的权利。也就是说，经济活动不受政府干预的程度，其基础是个人选择、自愿交易、取得报酬和产权保障。美国传统基金会的立论基础是经济自由能够带来经济繁荣。换言之，经济自由是驱动世界财富增长的重要引擎，既是通往繁荣之路，也是衡量社会繁荣兴衰的重要尺度，影响着个人生活的方方面面，也影响到经济发展的速度与效率。照此逻辑，生活在经济自由度高的社会，意味着高收入、低贫困、少失业、长寿命以及洁净的环境等，即经济自由度越高，人类发展水平越高，人民生活质量就越高。

中共十八届三中全会以来，中国深化改革开放进程全面加速推进，首要以审批制度改革为突破口，加快政府机构改革和职能转变，从而创造良好的发展环境、提供优质“公共服务、维护社会”的公平正义。本届政府坚持市场化改革的取向，尽可能减少政府对市场的干预，加大对腐败问题的审查惩戒力度，经济开放程度将会有所提升。如何衡量中国深化改革开放的成效，如何评价中国市场经济的自由开放程度，需要借助国际上有关经济自由程度的评价系统，以反映中国市场经济在世界上的开放程度，并以此为参照标杆寻找经济发展中存在的问题。

一、中国经济自由度略显偏低但在逐步改善

当前，关于经济自由度评价的研究相当多，主要有美国传统基金会和《华尔街日报》联合发布的全球经济自由度指数，美国卡托研究所（Cato Institute）发布的卡托指数——全球经济自由度指数，加拿大弗雷泽研究所（Fraser Institute）发布的世界经济自由度年度报告，以及瑞士世界经济论坛发布的《全球竞争力报告》中有关市场效率评价的内容。其中，关于经济自由度的评价以美国传统基金会发布的全球经济自

① http：//www. economicfreedom. org.

由度指数影响最为广泛，该指数已经连续发布了 24 年，是全球最权威的经济自由度评价指标之一。

（一）中国经济自由度在全球略显偏低

从世界范围来看，中国经济自由度较为落后，但近年来呈现出逐步走高的态势。根据美国传统基金会和《华尔街日报》发布的年度经济自由度指数，2018 年中国在 180 个国家和地区中位列第 110 位，比 2015 年有了较大幅度的提升，但仍落后于世界上主要的经济体，如 G7，它们多数是经济比较自由的经济体。除中国香港、新加坡、瑞士等经济自由度高的小型经济体外，在金砖国家中，除南非属于有限自由经济体之外，其余 4 个国家均属于基本不自由经济体，中国经济自由度仅略低于俄罗斯，但已经高于巴西和印度（见图 2－5）。从整体上看，中国经济自由度与欧、美、日等发达国家差距较大，而与多数新兴市场国家的经济自由度差距较小。

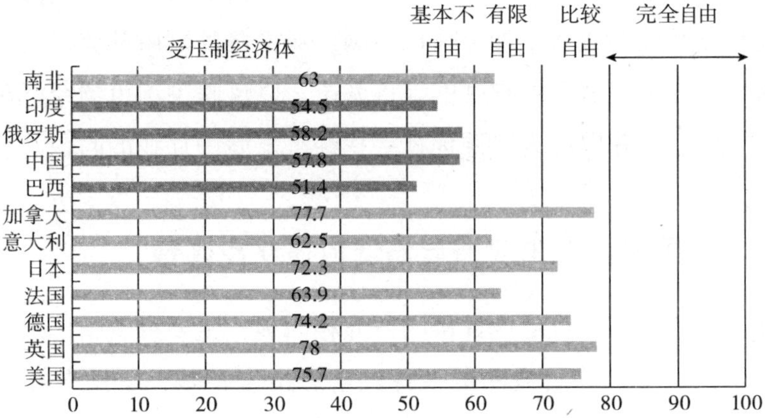

图 2－5　2018 年度主要经济体经济自由度比较

资料来源：https：//www. heritage. org/index/pdf/2018/book/index_ 2018. pdf.

（二）中国经济自由度总体上是不断改善的

从经济自由度的变化轨迹看，中国经济自由度不断得到改善，这与中国经济实施改革开放的现实是相符合的。从长期趋势来看，中国在世界经济自由度排名中总体排名是呈上升趋势的，2015 年度综合得分与 1995 年度增加了 0.7 分（2016 年度下降并与 1995 年度持平），2017 年年度增加了 2 项指标（其中将原来的腐败指标拆分为司法效力和政府公信力 2 个指标，增加税收负担的新指标）后，中国的经济自由度综合得分和总体排名大幅提升，其中综合得分提升至 57.4，而在 180 个经济体中经济自由度排名提升至第 111 位，调整后中国经济自由度改善的迹象是显而易见的，尤其是在贸易和商业自由度提升、政府税收负担减轻、政府公信力和司法效力以及物价水平控制方面均取得了不错的成绩。从短期走势来看，与 2017 年度相比，中国在政府公信力、司法效力、商业和投资自由方面有所进步，在贸易自由、财政健康、产权保护、劳动力自由和政府开支控制方面有所下滑。即便在参与评比的世界经济体个数达到 186 位（实际参与排名的有 180 个国家和地区）的情况下，2018 年中国在世界自由度排行榜中的名次较上年也只提升了 1 位。排位偏低的实际情况也反映出中国政府的市场干预仍然存在（见表 2 -5）。

表 2 -5　中国经济自由度年度排位变化情况（1995—2018）

年度	世界排名	得分	产权	腐败		财政健康	政府支出		商业	劳动力	货币	贸易	投资	金融
				司法效力	政府公信力		税收负担	政府支出						
2018	110/180	57.8	46.7	65.4	47.3	85.9	70.4	71.6	54.9	61.4	71.4	73.2	25	20
2017	111/180	57.4	48.3	60.7	41.6	92.5	70.0	73.0	53.9	63.4	71.8	73.6	20	20
2016	144/178	52	20	36		69.7	74.3		54.2	62.0	70.6	72.8	30	30
2015	139/178	52.7	20	40		69.7	81.5		52.1	63.0	74.2	71.8	25	30
2014	137/178	52.5	20	35		69.9	82.9		49.7	61.9	73.3	71.8	30	30
2013	136/177	51.9	20	36		70.2	83.3		48.0	62.6	71.6	72	25	30
2012	138/179	51.2	20	35		70.4	84.1		46.4	55.4	74.2	71.6	25	30
2011	135/179	52.0	20	36		70.3	87.0		49.8	54.9	75.3	71.6	25	30
2010	140/179	51.0	20	36		70.2	88.1		49.7	53.2	70.6	72.2	20	30
2009	132/179	53.2	20	35		70.6	88.9		51.6	61.8	72.9	71.4	30	30

续表

年度	世界排名	得分	产权	腐败		财政健康	政府支出		商业	劳动力	货币	贸易	投资	金融
				司法效力	政府公信力		税收负担	政府支出						
2008	126/157	53.1	20	33		66.4	89.7		50.3	64.8	76.5	70.2	30	30
2007	133/157	52.0	20	32		66.6	87.0		46.9	64.2	75.5	68.0	30	30
2006	117/157	53.6	30	34		70.0	86.0		43.1	65.2	79.4	68.0	30	30
2005	112/155	53.7	30	34		67.9	86.0		55.0	65.0	84.8	54.4	30	30
2004	—	52.5	30	35		66.4	88.4		55.0	n. a	86.4	51.4	30	30
2003	—	52.6	30	35		66.9	90.2		55.0	n. a	85.8	50.6	30	30
2002	—	52.8	30	31		70.3	92.3		55.0	n. a	87.6	48.6	30	30
2001	—	52.6	30	34		70.4	94.1		55.0	n. a	84.1	46.0	30	30
2000	100/160	56.4	30	35		70.4	90.3		55.0	n. a	84.0	42.6	50	50
1999	—	54.8	30	29		70.5	95.1		55.0	n. a	75.2	38.2	50	50
1998	—	53.1	30	24		70.5	95.9		55.0	n. a	68.2	34.0	50	50
1997	—	51.7	30	22		70.4	95.4		55.0	n. a	62.7	30.0	50	50
1996	—	51.3	30	30		70.7	94.6		55.0	n. a	61.5	20.0	50	50
1995	77/101	52.0	30	30		70.6	93.7		55.0	n. a	68.4	20.0	50	50

资料来源：http：//www. heritage. org.

（三）中国经济自由度局部领域尚受压制

中国经济正处在爬坡过坎的关键时期，经济结构调整的压力加大。2014—2016年，经济增长面临的下行压力加大，特别是过度依赖的投资增速出现大幅下降的情况，生产效率仍受到一定的压制。按照美国传统基金会近年的世界经济自由度排名，投资自由和政府支出有所下降，但在劳动力自由、商业自由和减少腐败等方面的大幅改善，抵消了政府支出控制和货币自由度下降带来的不利影响。值得注意的是，2014—2016年的分项排名中，中国经济环境中产权和腐败两方面的得分仍然偏低，这说明法制框架和契约精神方面的制度设计仍存在较大的欠缺。以2015年为例，2015年度中国的经济自由度较2014年度增加了0.2分，但仍低于世界平均水平60.4分，即便在亚太地区42个经济体中排名也不靠前，仅列在第30位

（见表2－6）。中国与发达经济体尽管在财产权、腐败、商业、投资和金融等5个领域有较大差距，表现为私人财产权保护还不够理想，投资和金融领域对外开放不够，政府腐败严重侵蚀商业自由活动，行政审批繁多增加商业交易成本。但与新兴经济体相比，中国在财政稳健控制上较为领先，在其他领域的自由度相差并不大，如中国只在惩治腐败和控制物价稳定等方面比俄罗斯更自由一些，其他领域与俄罗斯基本相似。值得指出的是，若按照与已获欧美国家市场经济地位承认的俄罗斯相比，中国已经基本达到了市场经济的国家标准，理应得到世界的承认①。实际上，经过40年的改革开放，中国经济自由度已经有所提升，但是在商业、产权保护、廉政程度、投资便利化和金融市场化等方面还有较大的提升空间。

表2－6　2015年度主要经济体经济自由度排名比较

国家	综合排名	区域排名	综合得分	产权	腐败	财政	政府支出	商业	劳动力	货币	贸易	投资	金融	人均GDP（PPP）（美元）
美国	12	2	76.2	80	73.0	66.2	51.8	88.8	98.5	76.6	87	70	70	53101
加拿大	6	1	79.1	90	81	79.9	48.3	89.0	76.1	77.9	88.4	80	80	43472
英国	13	5	75.8	90	76	62.9	30.3	91.1	75.6	74.4	88	90	80	37307
法国	73	33	62.5	80	71	47.5	2.5	80.2	43.5	77.5	83	70	70	35784
德国	16	7	73.8	90	78	60.8	40.1	88.2	51.2	81.5	88	90	70	40007
意大利	80	34	61.7	55	43	54.2	23.2	71.9	55.4	81.2	88	85	60	30289
日本	20	6	73.3	80	74	68.7	47.1	84.1	90.2	86.7	82.6	70	50	36899
巴西	118	21	56.6	50	42	68.4	50.9	53.6	52.1	69.4	69.6	50	60	12221
中国	139	30	52.7	20	40	69.7	81.5	52.1	63.0	74.2	71.8	25	30	9844
印度	128	26	54.6	55	36	79.4	78.3	43.3	48.7	65.3	64.6	35	40	4077
俄罗斯	143	41	52.1	20	28	86.1	57.8	76.3	58.9	63.9	75	25	30	17884
南非	72	6	62.6	50	42	69.5	68.2	73	61.6	74.9	76.6	50	60	11269

资料来源：http：//www.heritage.org.

① 范爱军，罗璇．中国市场经济地位的确认与改革进程评价——基于经济自由度的视角［J］．经济学动态，2009（5）：34－38.

二、经济自由度评价体系有其固有的缺陷

当前，中国的市场经济地位仍未得到多数发达国家的认可，但是经过40年的改革开放，中国经济已经完全融入世界市场，自由开放程度已达到相当高的水平。而由美国传统基金会与《华尔街日报》共同编制的经济自由度指数有失偏颇，且不说美国传统基金会本身具有的政治倾向，单是经济自由度指数编制方法本身就存在较大的缺陷，使其反映不出中国经济自由开放程度的变化。对此，笔者进行认真分析和评论，以正视听。

（一）经济自由度测量指标体系并不完善

2007年之前，传统基金会编制的经济自由度指数按照1～5的评分与评价呈反向关系的办法，采用10个子项50个指标；其中包含“工资和物价”“行业监管”及“黑市交易”等较难测量的维度，但不包含“劳工自由度”这个子项。2007年对该指标体系做了较大调整，改为1～100的评分与评价正向关系办法，同时合并了“货币政策”与“工资和价格”两项指标，新增了“劳工自由度”子项。2017年，传统基金会对该指标重新做了调整，取消了“腐败”这一指标，增加了“司法效力”和“政府公信力”两项指标，同时增加了“税收负担”的指标，但这也只是小修小补，而且主观性更强，与很多直接感受很不相符。即便指标体系更加明确、详细，指标体系也仍会有疏漏，如对经济发展规划、技术成果转移、知识产权保护等因素没有考虑，特别是政府经济政策或产业政策对经济发展有时会产生决定性影响，但在目前的体系中均未得到反映。这就削弱了指标评价的科学性与说服力。针对这一指标体系，国内的经济学者做了修正，并由此得出2001年中国经济的市场化指数已经高达69%，已经成为发展中的市场经济国家，世界应

该给予中国完全市场经济地位①。作为对比，倘若考察世界经济论坛的全球竞争力排名情况，2014 年度中国则排在 148 个经济体中的第 29 位，即便不考虑综合竞争力排名，只考虑分项指标，中国在商品市场效率、劳工市场效率和金融市场发展方面在 148 个经济体中的排名也不是很落后，分列第 61 位、第 34 位和第 54 位；而在商业成熟度（自由度）和组织机制灵活性方面则排在第 45 位和第 47 位，并不落后于世界平均水平。

（二）经济自由度的立论基础不牢靠

传统基金会编制经济自由度评价体系的立论基础如上所述，与经济自由度较低的国家相比，经济自由度较高的国家会拥有较高的长期经济增长速度，且更加繁荣。简言之，经济自由是通往繁荣之路。这就意味着经济自由与经济增长具有很强的正向因果关系。

从长期角度看，国外研究认为经济自由对经济增长具有推动作用，但在经济自由对经济增长内在作用机理的理解上并不一致。从短期角度看，并不是经济越自由就越有效率，只有与经济发展阶段相适应的经济自由度才能最优地推动经济发展。即便是发达经济体，人均 GDP 高也并不必然意味着经济自由度高，如日本经济高度发达，但其经济自由度在全球位列第 25 位。类似地，对多数由计划经济向市场经济转轨的经济体，其经济自由度与经济增长之间缺少显著的正相关性②。

尽管传统基金会的研究者研究认为经济自由度指数与实际 GDP 和人均 GDP（购买力平价）在总体上呈正相关关系，但这也只是停留在总体的统计意义上，并没有针对各个分项情况作因果关系判断。按照经济自由度越高，经济发展越好的立论，中国经济发展应该较差，而事实是中国经济发展却保持着较高增速，这就出现了一个中国式的悖论。即从中国的得分来看，经济自由度与经济发展之间并没有显著的正向关系

---

① 李晓西 . 2003 中国市场经济发展报告［M］. 北京：中国对外经济贸易出版社，2003.

② 李丽，徐明峰 . 转轨国家经济自由度与经济发展的相关性研究［J］. 世界经济研究，2006（7）：84－89.

（见图2－6和图2－7），只有2017—2018年调整指标后的经济自由度数值才开始与GDP和人均GDP有一定的拟合效应，这要么意味着指标体系存在严重偏差，要么意味着立论基础并不牢靠。

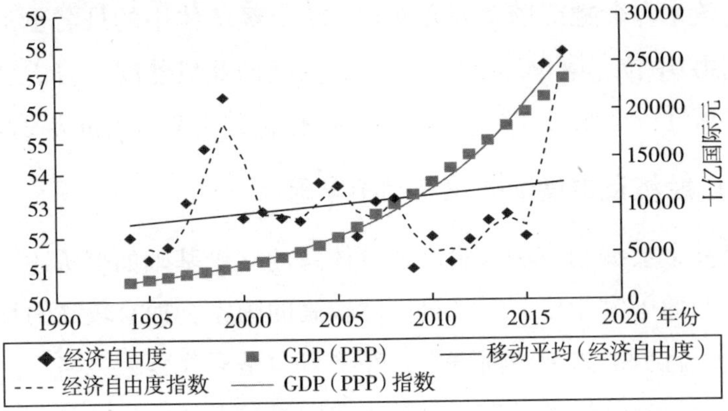

图2－6　中国经济自由度指数与GDP（PPP）走势

资料来源：http：//www. heritage. org和http：//www. imf. org.

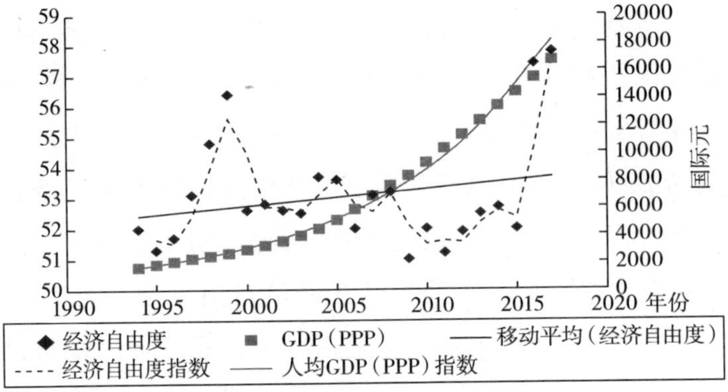

图2－7　中国经济自由度指数与人均GDP（PPP）走势

资料来源：http：//www. heritage. org和http：//www. imf. org.

（三）综合得分平均数掩盖样本差异

不考虑样本人口规模、经济总量、政权更迭稳定等因素的差异，而只对选定的指数采用简单加权平均，容易陷入“平均数陷阱”，掩盖量变带来的质变差异，缺乏平衡差异的权重系统，难免会使评价结果失之偏颇。例如，2015 年度经济自由度排名中，位列中国前后的经济体是非洲的多哥和利比里亚两个国家，无论是人口规模、经济总量还是贸易投资、经济健康程度，中国都具有领先优势，而由该指标体系得出三国经济自由度相似的结果，则意味着指标体系本身存在较大的缺陷。

（四）多项指标数据测评灵敏度不够

且不说数据的可获得性，单从历年中国自由度指数分项得分来看，经济自由度指数的测评便不具备普遍的可操作性。例如，财产权自由度一项，1995—2006 年中国的得分都是 30 分，而 2007—2015 年中国的得分反而均下调至 20 分，同样也有金融自由和投资自由两个方面，2017 年中国的分项得分分别由 2016 年的 30 分下调至 20 分，似乎有人为调低的嫌疑。由此推知该项指标得分欠精确，缺乏灵敏性，从而影响了评价结果的可信度。类似的分项指标还包括金融自由度、投资自由度和腐败对经济自由度的影响 3 项指标，倘若接近一半的指标失去灵敏度，那么评价结果就很难具有说服力。

三、评价分析帮助发现经济中存在的问题

尽管经济自由度指数排名缺乏科学性和精确性，但是该指数已经实施了 24 年，在世界上已经产生了广泛影响，毕竟通过横向比较，有助于找出经济发展的差距，通过纵向分析，也能帮助寻找到经济发展中的问题。倘若加快提高经济自由度，将有助于提升中国市场经济在国际中的地位。

（一）发现弱势经济因素，促进经济健康、平稳发展

在 2015 年度的世界经济自由度各项排名中，中国在腐败自由度、财政自由度、货币自由度和贸易自由度方面的得分均低于世界 178 个经济体的平均水平；同样在 2018 年度世界经济自由度各项排名中，中国不仅在总得分上低于世界平均水平（60.1 分），而且在财产权、税收负

担以及商业、货币、贸易、投资、金融自由度等方面均低于世界平均水平，特别是投资和金融自由度方面远低于世界平均水平约30分。为此，中国政府要加快提升经济自由度，就要进一步转变政府职能，加强反腐败力度和廉政建设，维持财政稳定和收支预算透明，设计有竞争力的税制，增加货币政策独立性和加速人民币汇率制度改革，健全稳健的宏观调控机制，进一步打破能源资源等关键要素领域的行政垄断，放松部分商品或要素的价格管制，加强与国外经济的联系，推进区域贸易一体化和自由化，增强中国与世界其他地区的经贸紧密程度。通过横向对比，有助于中国发现经济发展中的不足，尽可能逐步降低弱势因素对经济自由的拖累，并把弱势因素改造成优势因素。例如，中国在司法效力、政府公信力、财政健康程度、政府支出和劳动自由度等方面表现相对良好，各项评分均超过了全球平均水平。今后，随着政府预算约束增强和人口红利的逐渐消失，中国在这些方面的优势可能会削弱，为此还要把这些既有优势巩固下去，进一步强化政府支出管理、增强财政健全性、维护好司法效力和政府公信力，继续加大人力资本投入，加快推进社会保障、户籍、住房和劳动合同等方面的改革，在发展社会事业方面特别是教育和公民健康方面，投入更多的资金和资源，提升优势因素对经济自由度的贡献。

（二）重视经济制约因素，进一步深化市场化改革

除了较低于世界平均水平的弱势因素，一些制约因素如财产权自由度、商业自由度、投资自由度和金融自由度还远远落后于世界平均水平。按照2016年度之前的经济自由度指数计算的产权自由度，中国得分落后于世界平均水平20多分。中国该项得分虽欠精确，但与世界平均水平仍有差距，这提示中国政府要推进依法治国，加快推进私人产权法规制度领域的改革，进一步完善私人产权保护和法治环境，采取更有力的措施尊重和保障人权，尽可能减少司法系统的腐败，减少政府对司法系统的行政干扰。

2018 年度的经济自由度排名中，在商业自由度方面，中国的得分落后于世界平均水平 10 分左右，这意味着中国政府还要进一步提高商业行政效率，减少对商业活动的人为限制，继续简政放权，给民营企业和外资企业更多的自由裁量权，加快降低商业活动的交易成本。

在投资自由度方面，中国的得分较世界平均水平低了 25～30 分，这固然有评价机构对中国外资管制带有偏见的因素，但是也不排除中国的外商投资环境可能正在恶化，还需要打破国内行政垄断经营，进一步消除对垄断行业的非公有资本进入壁垒；目前在市场准入、资本项目、融资便利等领域尚存在严重的管制行为，为此需要政府进一步放松外商投资审批体制，给予外国投资者“国民待遇”，引入国外竞争者，激发民族企业的活力。

此外，在金融自由度方面，中国的得分落后于世界平均水平 20～30 分，尽管我们也质疑该得分的精确性，但中国金融系统仍然相对封闭，较高的存贷比制约着实体经济的健康发展，为此需要进一步深化金融体制改革，释放金融系统对实体经济的支撑作用。

（三）促进经济自由化让市场机制的作用更加充分发挥

经济自由化与经济市场化虽非同一概念，但二者有着紧密的内在联系，衡量自由度的相关指标与国内主要市场化指标可以相互对应。中国经济体制改革的重要方向是发挥市场在资源配置中的决定性作用，让市场本身形成价格机制和竞争机制，从而推进资源的有效利用，持续降低生产成本，推动科技创新和社会进步。充分发挥市场的作用，需要深化市场化改革。以往温和的、修修补补的、循序渐进的经济改革已很难从根本上实现中国经济的再平衡①，因而需要一次全面的深化改革。促进经济自由更能发挥“企业家精神”在市场中的作用，鼓励企业家们寻找和利用市场中的盈利机会，实现创新、创造和创业，为他们提供施展

---

① ［美］尼古拉斯·拉迪．中国经济增长，靠什么？［M］．熊祥，译．北京：中信出版社，2012.

才能的平台，促进创新精神传承。促进经济自由带来交易成本的降低，有助于促进私人投资和商业活动更趋活跃，让社会资本更多地流向能创造更大价值的领域。

（四）促进经济自由化有助于完全市场经济地位的确认

2001 年加入 WTO 以来，中国对外经贸取得了长足发展，现在对外贸易额已经排在世界第一位，中国完全市场经济地位[①]得到越来越多的经济体的承认，部分中国企业也完全得到了作为市场经济主体的同等待遇。早在 2011 年末，全球就已经有包括俄罗斯、巴西、新西兰、瑞士、澳大利亚在内的 81 个经济体承认中国是市场经济国家，而当前仍然未获得美国、欧盟、日本以及全球 40 个左右高收入国家中的 30 多个经济体的承认。按照《中华人民共和国加入世界贸易组织（WTO）议定书》(2001 年 11 月 10 日，多哈)，中国非市场经济地位的认定在“入世”15 年后终止，即到 2016 年 12 月 11 日，其他缔约国不能再借口中国不具备“市场经济地位”而以替代国产品为参照来对中国进行“反倾销”，尽管 WTO 没有在这份缔约文件中明确指出 15 年之后中国将获得市场经济地位，但实际上这应意味着中国的市场经济地位自动获得承认。应当说，在这种背景下，中国经济自由化程度的提升，将会赢得欧、美、日等发达经济体对中国完全市场经济地位的认可，从而进一步改善中国产品面临的贸易环境，释放中国经济发展的内在潜力。

（五）促进经济自由化有助于中国经济健康稳定发展

见贤思齐，择其善者而从之。加快中国经济自由化进程，有助于促进中国经济更健康、稳定地发展。当前，中国正在实施的全面深化改革，将会加快推进经济自由化进程，重点包括推进人民币汇率形成机制改革，使人民币成为可自由兑换的国际货币；通过修订《劳工合同

---

① 市场经济地位（Market Economy Status）反映一个国家市场经济发展状况或国家政府对经济的干预程度，在反倾销调查中，是反倾销调查确定倾销幅度时使用的一个重要概念。

法》，加快劳资双方自由议价的空间；加快放松证券、股票、银行等敏感行业对外资进入的限制；通过发展多元化的混合所有制企业，积极推进国有企业体制改革；通过简政放权和要素市场化改革，进一步减少对资源分配、价格形成、产出规模等行政干预；通过法规制度的整顿修订，进一步扫清影响市场机制发挥作用的法规政策障碍；促使在会计审计、公司破产、财产保护等方面与国际接轨，加快实施财税金融体制改革，减少对信贷、利率、资本市场等领域的管制。很明显，这些政策措施将会有利于中国经济自由度的提升，也自然有利于让更多的高收入国家承认中国的完全市场经济地位。

第三章

动能转换之变

何为新经济？何谓新动能？当代中国经济具有多样性，既有旧经济的成分，也有新动能的养分，两者相互转换，相克相生，既如新陈代谢，又如脱胎换骨。

中国经济发展至今，结构与动力面临优化转换，新旧动能转换本身不仅体现了中国经济中生产关系适应生产力发展的需要，而且体现了中国经济社会需求变化引导供给体系质量变革。

动能转换的目的不是摒弃旧动能，培育新动能，而是利用新动能改造旧动能，促使旧动能转换为新动能，进而使新动能成为支撑经济发展的主引擎。这道理就如同给一只鞋子插上隐形的翅膀，它一样会变成大众追捧的“新神器”。这一章从新旧动能转换的角度出发，阐述中国经济发展驱动力的演变，试图澄清新旧动能转换的阶段必然性和具体表现，并描绘利用移动通信技术培育经济新动能的未来图景。

当前，中国经济面临着由量变到质变的重大转型，正处在转变发展方式、优化经济结构、转换增长动力的攻关期，不仅要优化经济结构应对来自内外部环境变化带来的挑战，还要把握世界新一轮科技革命和产业变革大势，加快培育引领协调可持续增长的新动能。培育新动能已经成为中国政策制定与市场发展的基本共识。近年来，中国经济表现出一定的韧性，主要归因于坚定地推动经济发展动力变革，加快新旧动能接续转换，提振经济活力，提升发展质量。相比于依赖劳动力、土地、资源和资本等要素规模投入的旧动能，依靠创新引领驱动质量效益提升的新动能更符合中国现代化发展方向和经济高质量发展要求，能更有力地保障中国经济长期健康可持续地发展。党的十九大报告指出，在中高端消费、创新引领、绿色低碳、共享经济、现代供应链、人力资本服务等领域培育新增长点、形成新动能。这意味着中国经济经历着增长动能由量变到质变的迭代过程。

第一节　新旧动能转换的阶段必然性

中国经济已由高速增长阶段转向高质量发展阶段，社会主要矛盾已经转化为人民日益增长的美好生活需要和不平衡不充分的发展之间的矛盾。这一阶段矛盾的变化必然要求增长动力发生转换，由粗放的发展方式转向集约的发展方式，由新兴的经济形态替代传统的经济形态，实现生产力的新陈代谢和经济关系的推陈出新。在需求转变和消费升级的驱动下，中国经济体系的现代化就是要通过提升供给体系质量，解决经济社会发展中不平衡不充分的问题，通过培育和构建现代化经济体系，满足国际、国内社会多样性的高质量需求。

一、消费升级是新旧动能转换的根本动力

近年来，消费对经济增长的贡献率稳步提升，充分发挥了“稳定器”和“压舱石”的作用。在消费发挥对经济增长的基础性作用的同时，消费结构升级趋势明显。伴随着中等收入群体的壮大和人口结构的代际更替，国内社会消费观念、方式和习惯都发生了很大的变化，品牌消费、信息消费、服务消费等新兴消费领域快速发展，中高端消费已从精英阶层普及到一般消费者。在基本生活需求已经得到满足的情况下，普通居民的物质诉求已逐渐从物质品类的多样性，转向物质品类的高质量追求。这要求供给产品的复杂性加大，附加值提高，驱动供给体系迈向中高端。医疗、休闲、养老、教育、文化、旅游、家政等中高端消费成为消费的新亮点。可以说，随着中等收入群体的日益壮大和中高端消费需求持续扩大，更广泛深远的消费升级进程正驱动经济增长动能的新旧转换，而由满足中高端消费引发的供给体系变革正成为催生新技术、新产品、新产业、新业态涌现的内在动力。

二、产业优化是新旧动能转换的重要体现

当人民日益增长的美好生活需要升级时，不适应消费需要的供给就会逐渐被淘汰掉，而升级消费需求将会拉动供给结构的调整优化。品质革命是促进消费转型升级的内在要求。推动产业结构调整优化更多地依赖科技和产业变革的力量。新技术、新产业、新模式、新业态等形成的新经济形态将会是新旧动能转换的重要体现。新经济并不能与新动能画等号，新经济是表现而新动能是本质。发展壮大新动能的核心是运用新技术、新业态、新模式改造提升传统产业和培育新兴产业。按经济学原

理来讲，由消费升级拉动的产业优化就是从一种动态均衡状态跃迁到另一种更高级的动态均衡状态。

三、科技创新是新旧动能转换的主要引擎

消费升级意味着人们对所消费商品和服务标准的提升，意味着要有更高质量的供应体系与之相适应，而要提高供给体系的质量，离不开科技创新的力量。科技创新是建设现代化产业体系的战略支撑，是提升全要素生产率的重要途径，是实现新旧动能转换的主要引擎。科技创新也不能与新动能画等号，而在高质量发展的要求下科技创新能转化为强大的动能，增强发展的质量和效益。中国如果不走创新驱动道路，新旧动能不能顺利转换，是不可能真正强大起来的。

四、效率竞赛是新旧动能转换的实现途径

通过科技创新推动产业优化，就是要淘汰低效率的生产方式，而追求更高效率的生产力。无论对地方还是企业来说，要提升生产效率效能，首先都要提高资源配置的效率效能，依靠效率竞赛淘汰非效率或低效率行业或企业。这就意味着要真正发挥市场在资源配置中的决定性作用，通过企业的市场竞争或者地区的效率竞赛方式，引导资源向优质企业和产品集中或者向高效率地区汇聚，引导企业或行业提高全要素生产率，培育出更多具有自主知识产权和核心竞争力的“独角兽”企业，形成若干个具有国际竞争力的经济区域，以此实现国家、地区或企业发展过程中的新旧动能转换。如此循环，吐故纳新，中国经济才会逐步迈向发展的高质量阶段。

五、营商环境是新旧动能转换的制度保障

新旧动能转换并非没有约束条件，也并非只要肯下功夫就可以完成。要培育发展新动能，要有相适应的制度环境，即要想办法营造良好

的投资环境、创新环境和人才环境，否则就是无本之木、无源之水、无基之台。增强经济发展的活力、吸引力和竞争力，就需要创造良好的营商环境，引进国内外顶尖科技人才，激发人才的创造性和积极性，研发新技术，培育新产业，推动传统产业技术改造和转型升级，使其形成支撑经济高质量发展的新动力。

第二节　新旧动能转换的具体表现

党的十八大以来，中国经济进入新常态，新旧动能转换加快，展现出与以往不同的新时代特征，经济增长由出口和投资主导的驱动方式转向以消费为主、投资出口为辅的协同驱动方式，由以加工制造为主的驱动方式转向以第三产业和先进制造业共同驱动的方式，由以高投入和高消耗为主的粗放型驱动方式转向以创新驱动主导的集约型驱动方式等。中国经济向高质量发展阶段转换，需要加快新旧动能的转换，遵照新发展理念，培育和壮大新动能，从而改造现有经济体系，建设现代化的经济体系。

一、由主要依靠投资、出口拉动转向依靠消费、投资、出口协同拉动

改革开放以来，拉动中国经济增长的动能呈现出阶段性变化且逐步收敛的特征。改革开放之初，消费对 GDP 的贡献率平均保持在 60% 以上的高位，而体制转轨初期投资对经济增长的贡献率不算小但波动较大，特别是 1990 年投资对 GDP 增长的贡献率一度下降了 74. 6% ，而同期消费和出口对 GDP 的贡献率分别高达 91. 7% 和 82. 9% 。受外部需求和内部政策变化的影响，投资和净出口对 GDP 的贡献率走势波动较大，特别是 1997 年亚洲金融危机和 2008 年国际金融危机期间，净出口对 GDP 的贡献率呈现大幅下降情况，而同期消费对经济增长发挥着基础性支撑作用。2008 年国际金融危机以来，三大需求对 GDP 增长贡献率

的走势波动出现收窄倾向，而最终消费对经济增长的拉动作用日益凸显，这意味着消费成为名副其实的经济增长的主要动力（见图3－1）。从需求的角度看，经济动能由传统的“房地产＋基建”的投资主导模式向“新零售＋中高端消费”引领模式切换。2013—2017年，最终消费支出对经济增长的年均贡献率为56.2%，高于资本形成总额贡献率12.4个百分点，其中2017年最终消费支出对GDP增长的贡献率达到58.8%，比资本形成总额贡献率高26.7个百分点，净出口对经济增长贡献由负转正。随着国内外消费需求的此“长”彼“消”，经济动能由以往的“加工制造＋出口”向“一般制造＋内需”切换。在消费成为拉动经济增长主引擎的情况下，新生的投资和净出口仍保持一定的拉动作用，需求侧经济增长的动能由过去主要依靠出口、投资拉动转向依靠消费、投资、出口协同拉动，而且这种协同拉动体现出中国经济新旧动能转换的背后逻辑，即经济高质量发展既意味着国内消费者日益增长的美好生活需要，也意味着中国的优质供给将面向全球中高端消费的需要，这要求消费和投资合力促成的内需发生效力，而新生的外需市场也发生效力，三者协同发展才能使中国经济增长更加富有韧性和可持续性。

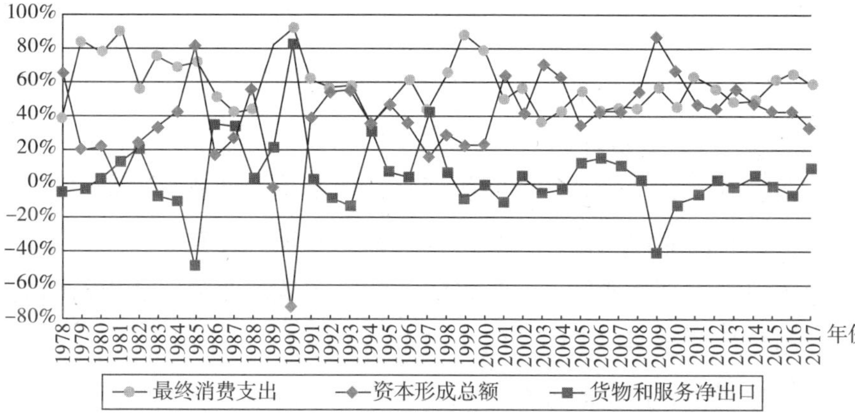

图3－1　消费、投资和净出口三大需求对GDP的贡献率

资料来源：国家统计局。

二、由主要依靠第二产业带动转向依靠三次产业共同带动

产业结构的调整主要受到需求结构的变化特别是消费升级的驱动。改革开放初期，中国还是个“一穷二白”的小型经济体（中国的 GDP 仅占全球 GDP 总量的 1.8%），国内首要解决的是 13 亿人口的温饱问题，当时第一产业占 GDP 的比重还比较高，1978—1987 年均占比约为 29.7%，而反映居民消费动向的恩格尔系数也较高，如图 3－3 所示城镇居民家庭恩格尔系数超过 50%，而农村居民家庭恩格尔系数超过 60%。随着人们的温饱问题逐步解决，接下来是居民增收问题。在扩大就业促进居民增收的背景下，以“出口创汇”和“基建提速”为主的第二产业占 GDP 的比重逐步走高（保持在 45% 以上）。2012 年以来，人们日益增长的美好生活需要渐趋占据主流，而对中高端产品和服务的消费驱动产业结构调整优化，其中第一、第二产业内部加速优化升级，而现代服务业占 GDP 的比重逐步攀升。2012 年第三产业增加值首次超过第二产业成为国民经济第一大产业。第三产业增加值占 GDP 的比重由 2012 年的 45.3% 上升到 2017 年的 51.6%，比 2017 年第二产业增加值占 GDP 比重高了 11.1 个百分点。从三次产业占 GDP 比重的此消彼长来看，中国经济增长由过去主要依靠第二产业（加工制造＋出口和基建＋城镇化）带动向现代服务业主导的三次产业共同带动切换。从产业结构调整方向看，既有产业间的调整，如由第二产业为主转向以服务业为主，也有产业内的优化，如由传统农业向现代化农业转变，由传统加工制造向先进制造业转变。值得注意的是，从产业角度认识新旧动能转变并不是片面地强调第三产业的培育发展，特别是房地产业、金融业、仓储物流业、信息服务业等相关行业对经济增长的支撑作用，而是应继续重视制造业为主的实体经济的转型升级和以新型农业为主的现代农业发展，即经济新动能旨在通过各种创新举措促进三次产业提质增效和融合发展，继续保持三次产业在经济新动能中的相对地位。

总体来看，新旧动能转换的突破口是重点培育战略性新兴产业，在关键基础材料、核心零部件以及关键流程等方面有所突破，确保产业增加值在经济总量中的“体量”足够大，能对总量的扩张形成一定比例的支撑，同时其在经济总量中的分量呈现逐步攀升的态势，而且具有广阔的市场前景和持续的发展空间。

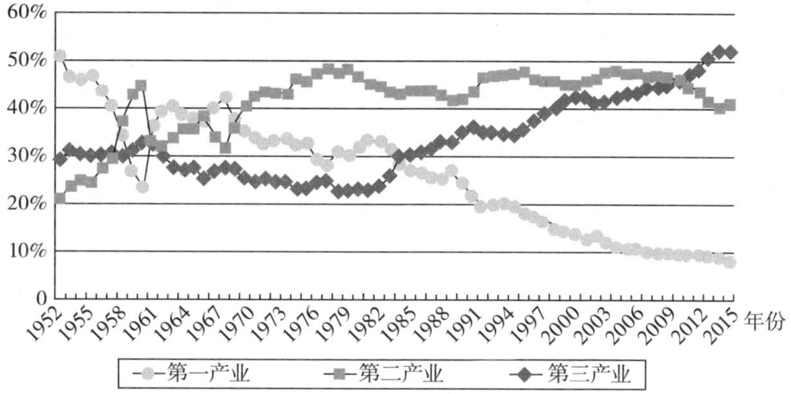

图 3－2　第一、二、三产业占 GDP 的比重（现价）

资料来源：国家统计局。

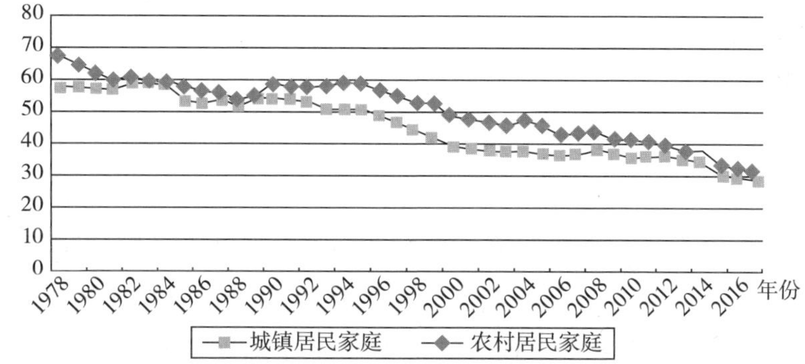

图 3－3　城镇和农村居民家庭恩格尔系数

资料来源：国家统计局。

三、由依靠要素资源高投入、高消耗驱动转向依靠创新驱动

当通过高投入、高消耗追求规模效应的旧动能不再适应需求升级的需要时，供给端的大规模投入就容易形成过剩产能或存货，而且还将挤占更多的资源进入高效产出的部门。虽然说大规模要素粗放投入仍能拉动经济增长，但经济增长的质量和效益并不高，存在严重的低效率、非效率或不经济的问题，这显然与现代经济的发展理念相背离。随着土地、劳动力、资源环境等成本约束趋紧，大规模投资将会遭遇边际效益递减规律的制约，而要素成本抬升将会使投入产出的增值效果折减，这意味着传统生产力处于落后状态，经济增长的动能呈现衰减态势，难以持续驱动经济稳定发展。在高投入、高消耗的要素投入难以维系的情况下，亟须推动生产力跃迁到先进状态，即用较少的投入获取更高质量和附加值的产出。这意味着要迫切深化改革创新，提高全要素生产率，增强经济发展的稳定性、协调性和可持续性。加快形成经济可持续发展的能力，需要依靠科技创新带来的新动力，即实施创新驱动发展战略，推动要素投入结构升级，提高生产效率和效益。增强科技进步对经济增长的贡献度，需要抓住新一轮技术革命的发展机遇，增加科技研发强度，推进创新创业发展。党的十八大以来，中国把创新摆在发展理念的首位，优化创新生态，深入开展大众创业、万众创新，推进全面创新改革试验，培育了一批具有国际竞争力的“独角兽”企业和新型研发机构。国家统计局的数据显示，2017 年中国研发经费预计达到 1.75 万亿元，比 2012 年增长 70.9%；全社会研发投入年均增长 11%，规模跃居世界第二位，研发经费投入强度（研发经费支出与国内生产总值之比）由 2012 年的 1.98% 攀升至 2017 年的 2.12%，逐步接近发达国家水平。科技进步贡献率从 2012 年的 52.5% 上升至 2017 年的 57.5%。国家创新能力排名从 2012 年的第 20 位升至 2017 年的第 17 位。高铁网络、电子商

务、移动支付、共享经济等引领世界潮流。“互联网 +”广泛融入各行各业，设备更新换代、产能利用率和产销率大幅提升，大众创业、万众创新蓬勃发展，日均新登记企业由 5000 多户增加到 2017 年的 1.66 万户，每万人口发明专利拥有量达到 9.8 件。2018 年前三季度，新登记注册的企业数超过了 500 万户，日均超过 1.8 万户。在创新驱动下，2013—2017 年全员劳动生产率年均提高 6.8%；高技术产业、战略性新兴产业年均增速超过 10%，种植业适度规模经营比重从 30% 提升到 40% 以上。2018 年前三季度，在规模以上工业企业中，高技术产业、装备制造业、战略性新兴产业增加值的增长速度分别达到 11.8%、8.6% 和 8.8%，明显高于全部规模以上工业的增速。

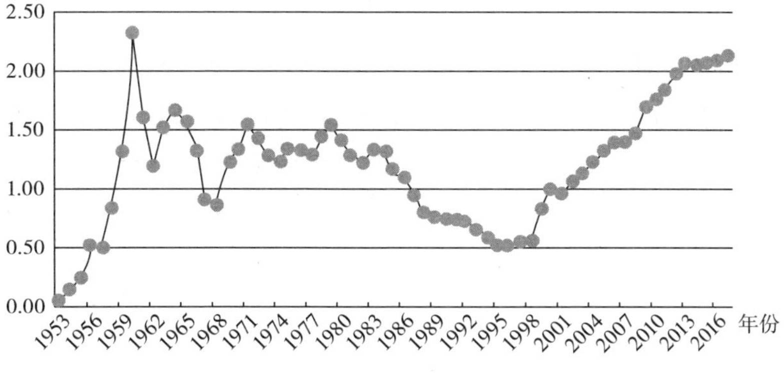

图 3－4 全国研发经费投入强度

资料来源：国家统计局。

四、由依靠东部沿海引领驱动转向依靠区域协调发展驱动

近年来，东、中、西、东北地区发展不平衡依然存在且差距越来越大，特别是中西部资源密集地区遭遇消化过剩产能和产业结构调整的阵痛，而东北老工业基地更是面临着经济发展活力不足的尴尬。国家统计局的数据显示，2017 年，全国 31 个省市经济增速呈现出“南高北低，东高西低”的格局，贵州和西藏是全国唯二 GDP 增速超 10% 的省份，

重庆和云南实际GDP增速分别为9.3%和9.5%。受经济数据挤水分影响，同期天津、内蒙古、甘肃等北方省份经济增速出现大幅下滑，东北三省经济增长虽度过了最艰难的时期，但仍低于全国平均增速，2017年辽宁经济增速由2016年的-2.5%回升至4.2%，黑龙江从2016年的6.1%回升至6.4%，吉林从2016年的6.9%下降至5.3%。传统以劳动和资本密集型为主的东部沿海地区也遭遇了要素成本高企的挑战，广东和江苏经济总量均超过8万亿元，分别占到全国经济总量的10%以上，实际GDP增速分别维持在7.5%和7.2%，其中广东受益于较早实施"腾笼换鸟"政策，经济增长稳健，而江苏面临较大的产业结构转型升级的压力，经济增速出现下降态势。

区域间发展不平衡、不充分的问题日益凸显。广东、江苏、山东、浙江、河南、四川、湖北、河北、湖南和福建为全国10强省级单位，GDP合计约为52.15亿元，约占全国的63%；广东、江苏和山东三省GDP合计约为24.84万亿元，约占全国的30%左右，是最后三名（合计7407.3亿元）的33.53倍。华东六省一市（山东、江苏、安徽、浙江、上海、江西、福建）GDP合计约为30.1万亿元，约占全国的36.4%。鉴于此，亟待重塑中国经济地理格局，实施区域协调发展战略，增强区域发展的协调性、可持续性，培育区域新的增长极，推动建设现代化经济体系。党的十八大以来，在推进西部大开发、东北振兴、中部崛起、东部率先的区域发展总体战略的基础上，党中央提出实施区域协调发展战略，提出"一带一路"倡议，推进京津冀协同发展、长江经济带和粤港澳大湾区建设，设立雄安新区，优化空间布局，以城市群为主体推动大中小城市和小城镇协调发展，形成区域协调发展的新动能。

五、由主要依靠快速城镇化驱动转向依靠城乡一体化驱动

在推进城镇化发展过程中，大中小城市得到了较快的发展，相反的是乡村逐步凋敝衰败，城乡差距越来越大，城乡二元结构依然存在。城

乡发展不平衡成为最大的发展不平衡，农村发展的不充分成为最大的发展不充分。调整城乡结构是经济迈入高质量发展阶段的必然要求，加快推进城乡一体化发展是新时代经济发展的阶段特点。在这样的历史条件下，党的十九大报告提出加快实施“乡村振兴”战略，坚持农业农村优先发展，按照产业兴旺、生态宜居、乡风文明、治理有效、生活富裕的总要求，加快推进农业农村现代化，补齐农村公共服务、基础设施和信息流通等方面的短板。其中产业兴旺就要求运用现代新技术发展农业和改造农村，引导和吸引更多的社会资本、技术、人才等要素向农村农业流动，调动广大农业经营主体的积极性和创造性，实现一、二、三产业的融合发展，全面发展农村农业的生产力，形成农村农业经济持续健康发展的新动能。

第三节　新旧动能转换的实现途径

随着原有技术、传统产业、陈旧业态等为代表的传统动能日渐式微，经济发展就会通过各类创新事物与实体经济相融合而产生化学反应——形成支撑经济可持续增长的新动能。相比于存量动能僵而不死对经济增长的带动日趋衰竭，通过创新催生充满活力的增量动能，经济增速才会平稳换挡，发展质量才会稳步上台阶。创新与实体产业的有机结合才会释放新的能量，在新动能形成过程中，科技创新是最根本的驱动力，而实体经济是最基础的承载实体，两者缺一不可。为加快促进新旧动能接续转换，我国陆续出台了培育发展战略性新兴产业、创新驱动发展、“中国制造 2025”“互联网 +”等战略规划、政策方针和行动计划等。

一、坚定不移地淘汰落后产能和优化传统产能

“旧的不去新的不来”，除旧革新往往是相伴而生的。适应国内外需求升级的变化，必须推进供给侧结构性改革，首先要做的是加快淘汰落

后产能和推动传统产能优化升级，重点是通过供给侧结构性改革引导落后产能退出，即强调行业部门之间资源的优化配置，推动行业间的效率提升，通过技术改造和科技创新引领产业结构升级，即强调新技术对传统行业的改造，推动行业部门内的效率提升，两者作用的结果都是推动供给质量的改善。2017 年以来，去产能更多地依靠环保、安全审查等政策工具，依靠市场化、法治化手段，依靠强大的政策执行力，促使大量非法和落后产能退出，实现了优胜劣汰。全面落实环保督查和安全检查的一票否决制，强化执法部门和去产能动机，使环保安全标准内化为地方政府的执政目标，有效破除地方保护主义。在环保限产常态化预期下，许多小型煤矿和钢厂面临高昂的重启成本和环保成本会主动选择退出，而且去产能已由钢铁煤炭领域逐步向火电、电解铝、水泥、平板玻璃等行业扩围。去产能与调结构并行，环保去产能不以经济下行为代价。截至 2017 年底，钢铁、煤炭行业新增投资放缓已拖累固定资产投资增速 0.1～0.3 个百分点，从业人数减少 80 万～100 万人。为此，各级政府通过鼓励企业在严格执行减量置换的基础上，推进传统产业“腾笼换鸟”和升级换代，加快升级改造生产设备、提升先进产能占比，同时通过职工妥善安置、技术改造和下岗职工再培训等政策组合拳进一步压低旧产能水平，引导产业结构优化，让传统产能焕发生机，转化为新动能。

二、加快推进信息化与工业化深度融合

以推动信息化和工业化为突破口，加快制造强国和创新型国家建设，推动移动互联网、云计算、大数据、物联网等新一代信息技术与制造业结合，促进制造业进一步朝数字化、网络化、智能化方向发展。重点推动集成电路、第五代移动通信、飞机发动机、新能源汽车、新材料等产业发展，实施重大短板装备专项工程，培育先进制造、高端制造和智能制造等新兴制造业，推动工业互联网和互联网金融健康发展，培育一批工业互联网平台，继续支持一批智能制造试点，培育一批系统解决

方案的供应商。积极发展智能机器人、智能汽车、智能家居（智能建筑），加强核心算法软件、控制系统和关键零部件自主研发，形成数字经济发展的工业基础。2017 年，全国技术改造的投资占整个工业的投资比重达到了 45.5%；高技术制造业增加值增速同比增长了 13.4%，快于整个规模以上工业 6.8 个百分点，电子制造业的增速达到 13.8%，装备制造业增速达到了 10.7%，其中工业机器人和新能源汽车的产量分别同比增长 68.1% 和 51.1%。截至 2017 年底，“两化融合”的标准系列被国际标准化组织 ISO 立项为国际标准，数字化研发工具的普及利用率达到了 63.3%，制造业的骨干企业互联网“双创”平台普及率达到了 70%，生产设备通过数字化改造以后，设备和设备之间的联网率超过了 39%。一批工业互联网平台上线运行，工业应用程序（APP）也实现商业化应用，制造业数字化、网络化、智能化的发展水平持续提升。

三、加快培育“互联网＋”服务新业态

充分发挥互联网、云计算、大数据、人工智能、区块链等现代技术向服务业延伸，推动“互联网＋”交通、餐饮、住宿、医疗、教育、旅游、咨询、就业等多个服务领域的跨界融合，由此带动传统服务业提质增效，也会催生新产业、新业态及新模式，大大提高相关服务的效率，有助于部分解决百姓出行难、看病难、上学难、就业难等社会问题。加快推动“互联网＋服务业”融合发展，重点是运用新技术、新业态、新模式改造提升传统服务业，壮大新兴现代服务业，包括推进“新零售”“金融科技”“共享汽车”等新业态发展。以金融科技（FinTech）为例，金融科技就是运用新一代信息技术推动金融服务业态变革，改变业务流程，解决结构性“痛点”，促使金融服务变得更有效率和更好地服务实体经济。换句话说，金融机构可以充分利用大数据、云计算、区块链、人工智能等数字技术提升金融效率、降低交易成本、优化金融服务以及更好地管理风险，由此催生金融科技服务的新业态、新

模式，应用场景涉及支付清算、融资、基础设施、投资管理等多个方面，主要包括电子支付、数字货币、外汇清算、消费金融、众筹平台、P2P 网贷、线上理财、智慧合同、零售银行、网络保险、网络基金、大数据征信、智能投顾、安全管理、房屋中介等。

四、推动城乡融合发展，实施乡村振兴战略

推动城乡融合一体化发展能有效破解城乡二元结构，缩减城乡不平衡发展。它涵盖了农业现代化、美丽乡村建设、农民工市民化、特色小镇建设等重要内容。全面建成小康社会的目标是要消灭贫困，但并不是要消灭农村，而是要改变农业、农村、农民长期反哺城市的单向机制。实施乡村振兴战略并非坚持逆城镇化的道路，不是要否定城镇化，也不是要抑制城镇化，而是要坚持农业农村优先发展，加快缩小城乡差距，防止农村人口的过度流失，增强城市反哺乡村的能力。2018 年《中共中央 国务院关于实施乡村振兴战略的意见》提出，深化农村土地制度改革，进一步完善农村承包地“三权分置”，要在坚持落实集体土地所有权、稳定农户土地承包权的前提下，平等保护土地经营权，以实现土地经营权流转能在更大范围内优化配置，培育壮大家庭农场、合作社、农业产业化经营组织和农业企业；同时加快推动土地征收、集体经营性建设用地入市和宅基地制度改革等三项改革工作，其中探索宅基地所有权、资格权、使用权“三权分置”，适度放活宅基地和农民房屋使用权等。促进这些改革举措有效落地将会进一步激发农村要素资源的优化配置，促进城乡要素自由流动，探索盘活利用闲置宅基地和农房增加农民财产性收入的经验做法，同时有效引导城市工商资本有序进入农村，提升一、二、三产业融合发展的质量和效益，真正形成促进城乡经济融合发展的新动能。

五、推进新型城镇化，建设生态智慧城市

城镇化是现代化的必由之路，仍是全国当前最大的内需潜力和发展动能所在。截至2017年末，中国的城镇化率达到58.5%，但与发达国家70%左右的城镇化率相比，水平还比较低，城镇化的质量也不高。1978—2007年，中国城镇化率从17.9%提高到58.5%。到2020年城镇化率提高至60%，到2030年提高至70%左右，意味着每年仍要提升1个百分点，也意味着每年至少有1000万~2000万农村人口进城，未来一二十年仍有2亿~4亿人进城生活发展。研究表明，世界各国的城市化率百分点与人均GDP的对数值的相关系数基本稳定在0.85的水平；而1978—2012年城镇化率百分点与人均GDP对数的相关系数高达0.99。以人为核心的新型城镇化已成为推动中国经济社会健康稳定发展的强大引擎，亿万农民能充分享受到改革发展的成果。党的十九大报告提出，“以城市群为主体构建大中小城市和小城镇协调发展的城镇格局”，这意味着推动以人为核心的新型城镇化发展要以城市群建设为主体，今后中国城市空间布局将会进行重构和调整，由此形成新的增长动能，例如，高标准推进雄安新区和粤港澳大湾区建设，形成宜业宜居的优质生活圈。除了空间布局的调整优化，新型城镇化本身还要求高质量发展，首先要通过户籍、土地、行政管理、规划、投融资等领域的体制机制改革进一步释放城镇化的红利，同时通过智能科技和智慧化手段提升城镇发展的质量和效益，统筹推进智慧家庭、智慧交通、智慧学校、智慧医疗、智慧电力、智慧工厂等智慧城市建设，加快提高绿色建筑比重、推进地下综合管廊整治、提升城市资源循环利用等低碳城市建设。建设生态智慧城市需要拉动更多的公共基础设施投资，同时也增加了对公共服务的消费，对城镇经济发展会形成新的动能支撑。

六、培育一批具有国际竞争力的“独角兽”企业

大众创业、万众创新是发展新动能的必要举措，能有效激发社会的创造活力，有效推动新技术、新产业、新业态、新模式发展。“想法—创业—瞪羚—独角兽”成为新的科技型企业成长路线，一批具有自主创新与进口替代能力的独角兽企业正在引领各行业的科技创新和产业升级，带动建设现代化经济体系，将会给中国经济未来发展带来具有持续爆发力的新动能。科技部火炬中心和长城战略咨询在北京联合发布的《2017中国独角兽企业发展报告》显示，中国独角兽企业共有164家，总估值达到6284亿美元，平均估值38.3亿美元。选取中国境内注册、成立不超过10年、获得私募投资且未上市、估值超过10亿美元等作为独角兽企业的上榜标准。其中，蚂蚁金服等10家企业估值超过100亿美元，成为超级独角兽企业。独角兽企业代表新技术、新产业、新业态、新模式的发展方向，可以充分体现新经济以科技促进效率提升的特征，而且技术驱动型已成为独角兽企业的重要特征。从融资的角度看，不少独角兽企业通过私募基金、风险投资等形式进行直接融资，也有部分企业通过银行等金融机构间接融资。2018年3月底，国务院办公厅转发证监会《关于开展创新企业境内发行股票或存托凭证试点的若干意见》，为创新型企业回归中国资本市场开辟了道路。无论是中央还是地方，都在改善营商环境，更好地改善发展质量，构建孵化产业独角兽的创新生态链，孵化更多的科技创新驱动型企业，使其成为引领经济发展的重要支撑力量。

第四节　新旧动能转换的挑战与对策

新旧动能转换不可能一蹴而就。对很多地区来说，怎么摆脱旧动能的包袱也是一件很艰难的事情。例如，东北老工业基地转型升级已经很多年，但是相较于浙江、广东等沿海地区振兴效果并不理想，这就面临

着旧动能如何转型升级，新动能如何接续的问题。培育经济新动能有必要引入互联网新经济。对东北老工业基地来说，加快推动旧动能升级为新动能更为重要，其中新一代信息技术可能是个“催化剂”。要仔细考虑怎样因地制宜，因城施策，鼓励和支持地区自主改革，大胆闯和大胆试，使其在引导传统动能优化升级上下足功夫，在培育互联网等新产业、新业态、新动能上有所作为，进而实现新旧动能的不断转换，驱使经济迈向现代化，实现地区的“分兵突围”。

一、新旧动能转换面临接续、转换和监管难题

相比于以往靠要素资源规模投入推动的劳动生产率提升，在现有基础上，亟待推动质量变革、效率变革和动力变革，提升全要素生产率。显然，三大变革的过程不会自主发生，需要有外力加以撬动，而且培育新动能向上提升面临的挑战更多，难度更大。

（一）顺利接续问题

当前，很多地方经济发展尚面临着旧动能加速衰减与新动能难以接续的增长困境。在去产能、去杠杆、去库存等政策的刺激下，很多地区旧有的动能衰减得很快，但相应的新动能并未能迅速地培育和发展起来，这就使其陷入支撑经济增长的动力不足的困境。过去很长一段时间，民间投资和制造业投资的积极性并不高，新的设备投资周期并未形成。在此情况下，新动能就很难接续旧动能成为经济发展的支撑力量。高新技术产业、高端装备制造业增长快速，但国产化的占比较小。如高端装备制造领域，有80%的集成电路芯片制造装备、40%的大型石化装备、70%的汽车制造关键设备及先进集约化农业装备仍依靠进口。在加速淘汰落后产能和消化过剩产能的情形下，新兴产业增长形成的新动能难以完全抵消传统动能走弱的影响。

（二）有效转换问题

传统增长动能已处于供给老化阶段，而新动能并未转换到位，难以满足消费需求升级的需要，导致消费外流现象日益严重。在新旧动能转换关键期，不能完全指望新动能替代旧动能，而应加快传统动能的优化升级使其转化为新动能。例如，作为劳动密集型的纺织制鞋业属于传统动能，但是相应的产品并不意味着不能满足中高端需求，如果增强相应产品的科技含量，如高科技的运动鞋，仍会适应中高端消费升级的需要，即利用技术改造和新技术促使传统动能升级为新动能。目前很多地区新旧动能难以有效转换，原因在于既缺少推动旧动能转型升级的技术能力，又缺乏促进旧动能升级发展的政策环境。如果只采取宽松的财政和货币政策，相应的资金并不一定就会流向技术改造或产能更新领域，而过多的经济刺激政策还有可能进一步推动过剩产能扩张和大量低水平重复建设。

（三）监管束缚问题

当前，很多创新做法往往与监管能力之间存在不可调和的矛盾。新旧动能转换首要面临的难题是新事物发展较快，而市场监管、数据开放等监管能力跟不上。目前仍有部分资源要素与市场准入受到限制管制，资源配置效率并不高。例如，分享经济的发展要求监管到位和数据公开，而当前的政府标准、政策和规定过于滞后，监管还用老办法来管理新产业，同时各部门数据开放共享难度较大，甚至面临着侵权等法律难题。再如，互联网金融领域以创新的名义存在着欺诈或非法集资行为，严重扰乱了金融市场秩序，对这类风险需要更强有力的监管才行。另外有些创新具有破坏性，如网络购物的兴起已经造成传统商铺的衰落，网约车的涌现给传统出租行业带来挑战，同时也给治安管理带来困扰。在新经济快速发展的环境下，监管者需要在容许创新和强化风险两个方面做出平衡，即在创新初期提供更多的容错空间，而在创新带来更多冲击时更好地管理好相应的风险。

二、急需多策并举促进新旧动能转换加速

加快新旧动能转换是一项系统工程，需要从财税、金融、产业等多个领域提供政策支持。从目前来看，中央和地方已出台相当多的政策措施，在鼓励创新创业、推进“互联网 +”计划、实施“中国制造 2025”战略等方面业已取得相应成效。为进一步促进新旧动能转换，不仅要在激发创新活力上下功夫，还要深化体制机制改革，营造更加良好的制度环境。

（一）继续深入推进供给侧结构性改革

在持续推进“三去一降一补”政策的基础上，着重解决消费升级和供给质量问题，重点在“破”“立”“降”上下功夫。“破”就是采取市场化、法治化手段有效处置“僵尸企业”，破除无效供给，更彻底地交给市场优化配置资源；“立”就是通过强化科技创新和技术改造，积极培育新动能，提升供给的质量和效益；“降”就是努力降低实体经济成本，重点降低制度性交易成本，提升实体企业的盈利水平和市场竞争力。

（二）加快落实促进新动能培育的若干政策措施

全面督察落实“大众创业、万众创新”“互联网 +”“中国制造 2025”等支持性政策。包括发挥中央和地方各类产业引导基金等资金作用，培育发展新兴产业孵化器，积极培育和孵化新技术、新产业、新模式和新业态。继续实施“三去一降一补”的政策措施，加快工业和服务业中高技术产业和战略性新兴产业发展，培育一批世界级先进的制造业集群。深入推进消费领域改革，从结构性减税、降低物流成本、鼓励消费金融创新等方面促进消费持续升级。

（三）深化传统动能升级的体制机制改革

加快推动发展不充分领域的开放发展，在基础产业领域进一步打破行政性垄断，重点在能源、电信、铁路、金融等产业引入竞争，放宽或取消市场准入限制，推进国有企业混合所有制改革，充分发挥市场优化国有资本配置的决定性作用，有效释放过去受制于行政性垄断而未充分发展的行业。进一步扩大服务业开放，吸引社会资本进入包括研发、金融、物流、信息服务等生产性服务业领域和医疗健康、养老、教育培训、文化娱乐、体育等与居民消费结构升级相关的服务行业，即采取便利化政策措施支持社会资本进入这些未充分发展的行业，将有助于增强这些行业的市场活力和国际竞争力，全面提升各类服务业的生产效率，从而形成新的增量为经济增长提供支撑。

（四）采取有力措施支持新旧动能综合试验区建设

重点依托苏南、长株潭、珠三角、山东半岛等 10 多个创新示范区及新旧动能转换综合试验区，鼓励支持区域内开展体制机制改革，营造良好的营商环境，加快新旧动能转换的进程，积极推动区域性自主创新示范区合作能力建设，全面提升区域间协同创新水平。

第五节　利用移动通信技术培育新动能

世界经济加速向以现代信息技术产业为重要内容的经济活动转变。以 5G 通信技术为代表的新一代移动通信技术正急速改变着人们的生活方式，催生新兴的产业和商业模式创新，已经成为推动国民经济发展和提升社会发展水平的重要引擎之一。IHS Markit 在其《5G 经济》研究报告中预计，到 2035 年，仅 5G 价值链［代工生产（OEM）厂商、运营商、内容创作者、应用开发者和消费者］本身，就能产生高达 3.5 万亿美元的总收入，同时创造 2200 万个工作岗位。5G 对全球 GDP 的贡献，甚至能与印度经济总量相媲美，而印度目前是全球第七大经济体[①]。对中国而言，5G 技术对中国经济社会带来的影响难以完全用数字估量。5G 技术的研发应用将会成为供给侧结构性改革的重要抓手，也将会成为中国实施创新驱动战略、精准扶贫开发、实现制造强国的重要举措。5G 网络带来的变革不只是带宽速度上的提升，而是涉及移动网络、管理、业务等电信业本质的变化及相关产业的根本性改变，而由 5G 网络驱动的变革力量有可能超过今天的互联网。推进 5G 技术应用发展能够为中国经济增长的可持续提供新动能，培育万亿量级的“新经济”增量，还能帮助创造上百万个就业岗位，满足人们日益增长的消费升级需求。

一、移动通信技术支撑“新经济”发展

移动通信技术正在推动中国经济成长。作为与电力一样的泛在基础设施，5G 网络将成为支撑中国“新经济”发展和培育新动能的重要驱动力之一。据调查，91% 的受访者认为 5G 将会驱动产生尚未出现过的新产品和服务，89% 的受访者认为 5G 将会提高生产率，87% 的受访者认为 5G 将会催生新的行业[②]。在中国，5G 技术与其他无线移动通信技术的密切结合，正在催生各种新产业、新业态和新模式的基础性业务平台，并以此推动互联网和实体经济深度融合。5G 技术拥有更大的带宽容量和更快的数据处理速度，通过手机、可穿戴设备和其他联网硬件可以创造出更多目前尚不存在的全新终端服务，使未来拥有无限的可能。埃森哲的调查显示，中国企业认为移动通信技术已经上升为对中国企业最为重要的技术，将得到广泛采用的移动通信技术视为企业层面的重要内容，60% 的中国受访者表示已经在整个企业范围内积极寻求移动通信技术相关机遇和投资项目，一半以上（56%）的中国首席执行官会参

① IHS Markit. The 5G Economy: How 5G Technology Will Contribute to the Global Economy. January 2017.
② Qualcomm. 5G Economy Global Public Survey Report. December 2016.

与移动通信技术战略的制定，比全球平均水平高出20个百分点[①]。预计2020年5G试商用时，中国移动数据流量的增长会非常迅速，更高的数据流量和更快的用户体验速率、海量终端设备连接数和更低的设备连接时延将会带动增强现实和虚拟现实、移动视频直播、移动云服务、无人驾驶、智能家居等新兴产业呈现爆发性增长。

第五代移动通信技术（IMT－2020）推进组发布的《5G愿景与需求》报告预测，面向2020年及未来，中国的移动数据流量增速将高于全球平均水平，预计2020年将比2010年增长300倍以上，2030年将比2010年增长4万倍，其中发达城市及热点地区的移动数据流量增速更快，上海到2020年将比2010年增长600倍，北京热点区域将增长1000倍[②]。据此推算，当2020年以5G为代表的更高速移动互联网出现时，全球接入互联网的终端数可能将会超过500亿个，而中国接入互联网的终端数将会超过100亿个。根据思科公司发布的《可视化网络指数（VNI)》预计，2017—2021年的5年间，移动数据流量预计将增长7倍，到2021年5G将占移动数据总流量的1.5%（移动数据流量将占2021年所有互联网流量的20%），每个5G连接设备产生的流量是4G连接设备产生流量的4.7倍，是3G连接设备流量的10.7倍，届时使用移动设备的人口数量将很快超过能够用上自来水的人口数量[③]。

可以说，5G网络连接的设备将会呈现爆发性增长，即呈现“J”型曲线增长。移动通信业具有拉动信息行业领域进步的功能，如需要布天线、建设基站等，单从运营商市场看，5G网络建设投入也将是千亿级美元。5G本身的研发投入和资本性支出也将成为拉动中国经济增长的新动能之一。IHS Markit在其《5G经济》研究报告中预计，2020—2035年，中国是引领5G前沿发展的主要国家之一，中国的5G研发投

① 埃森哲．移动技术：助推数字化浪潮——2014年埃森哲移动技术首席高管调查报告聚焦中国［R］．2014.

② 第五代移动通信技术推进组．5G愿景与需求［R］．2014.

③ Cisco. Visual Networking Index：Forecast and Methodology，2015—2020. 11th，February 2017.

入和资本性支出累计将达到1.1万亿美元，仅次于美国的1.2万亿美元，占到全球5G投资总量的24%[①]。

专栏3-1：5G技术的物联网应用

物联网主要面向物与物、人与物的通信，包括智能家居、智能电网、环境监测、智慧农业、智能抄表等业务都需要移动互联网支持海量设备接入和大量小数据包频发，视频监控和移动医疗等业务对传输速率提出了很高的要求。此外，大量的物联网设备会部署在山区、森林、水域等偏远地区或室内角落、地下室、隧道等信号难以到达的地方。

5G技术为物联网而生，不仅为物联网提供超大带宽（容量预计是4G的1000倍），而且5G通信网络具有连续广域覆盖的能力，可以支持比4G速率高10倍以上的移动设备接入，能够使设备具有更强的灵活性和可扩展性。例如，使用4G网络不能在智能手机上真正实时地玩在线游戏，在5G网络下可以完全做到；5G网络能提供无缝的高速业务体验，保证在边缘地区、角落或高速移动中的设备保持业务的连续性以及网络极高的流量密度要求。

现在基于5G网络的窄带物联网（NB-IoT）标准已经被运营商标准体系采纳，传感器、处理器和互联网技术成本将迅速降低，运营商和设备商率先发力智能抄表和车联网领域。物与物连接的场景、应用和业务模式多样化。据预测，到2020年，全球物联网市场总体规模，包括硬件、软件和服务将扩大到1.29万亿美元；其中智能家居市场的年投资额将达到约630亿美元，连接模块和传感器技术等硬件市场达到约4000亿美元[②]。2009—2015年，中国物联网产业规模由1700亿元跃升至7500亿元，年复合增长率超过25%，

---

① IHS Markit. The 5G Economy: How 5G Technology Will Contribute to the Global Economy. January 2017.

② 全球物联网规模可达1.29万亿美元 国内发展成果显著［EB/OL］. 中国仪表网，http://www.ybzhan.cn/news/detail/63076.html.

机器到机器应用的终端数量超过1亿个[①]。

国内领军企业纷纷布局物联网产业生态。华为、百度、阿里巴巴、腾讯、中国移动、三一重工、海尔等国内骨干企业相继发布物联网战略，通过开放物联网平台、操作系统等关键共性环节建立起自己的物联网产业生态。工业制造、农业、交通、能源等领域的传统企业积极应用物联网技术实现不同环节的升级改造，涉及家居、安全、医疗健康、养老等民生领域的融合类消费应用广泛推进。截至2015年底，中国智慧城市建设数量达到386个，为物联网技术提供综合集成应用平台，有力促进其规模化应用[②]。

预计未来几年，中国物联网行业年均增速将在30%左右，2018年物联网行业市场规模有望超过1.5万亿元，到2020年中国物联网市场规模预计将达5万亿~10万亿元[③]。2020年后，5G网络的广泛应用将会带动物联网行业迅速发展，到2035年之前有望维持年均30%的发展增速。到2030年中国年均GDP增长率可提升1.3%，届时有望实现1.8万亿美元的累计增长[④]。埃森哲预测，在中国当前政策和投资趋势的助推下，未来15年，仅在制造业，物联网就可以创造1960亿美元的累计GDP增长[⑤]。

---

① 吴刚．物联网迎来新机遇助力中国制造“破茧成蝶” [EB/OL]．物联网，2016-11-04. http：//www. c114. net/m2m/2488/a980164. html.

② 互联网发展趋势报告（2017） [EB/OL]．中国信息通信研究院，http：//www. catr. cn/kxyj/qwfb/bps/201701/P020170110333987961362. pdf.

③ 欧志葵．2020年中国物联网市场规模或达10万亿 [EB/OL]．新华网，http：//news. xinhuanet. com/local/2015-05/09/c_ 127781791. htm.

④ 物联网：推动中国产业转型 [EB/OL]．埃森哲，https：//www. accenture. com/cn-zh/insight-how-the-internet-of-things-can-drive-growth-in-china-industries.

⑤ 物联网：中国产业转型加速器 [EB/OL]．埃森哲，https：//www. accenture. com/cn-zh/insight-zhanwang-iot-accelerator-of-china-industry.

专栏3－2：5G技术的车联网应用

车联网业务要求毫秒级的时延和接近100%的可靠性。5G技术具有高可靠性和超低时延的特征，可以应用于高要求的车联网行业。如果车与车之间的通信能实现低时延的通信，就能提高驾驶的安全性。在高速公路上，100毫秒的时延相当于3米左右的距离，每减少1毫秒的时延，就可以缩短汽车的安全距离。在自动驾驶广泛普及前，每辆车里都需要有可靠的通信技术，提高车辆在行驶过程中的安全性能。

Gartner预测，2020年联网汽车产量将突破6000万辆①。GSMA预测，2018年全球车联网渗透率将超过20%，2025年有望实现所有汽车联网②。庞大的汽车市场为中国的车联网服务的增长提供了强有力的基础，预计到2020年5G商用时，中国汽车保有量将超过2亿辆，车联网用户规模将突破5000万户，产值规模将超过500亿元，并迈向高速发展周期③。

二、移动通信技术加速垂直产业转型升级

作为与铁路、汽车、互联网类似的通用技术，5G将成为移动互联网高速发展的强力支撑平台，对各类产业的发展都会起到加速推进引擎的作用，如可以加快中国传统产业数字化、智能化，拓展经济发展新空间。传统行业的业务流程、推广平台将会进一步提速增效。例如食品、餐饮、娱乐、航空、汽车、金融、家电等传统行业更有可能依赖APP

① Gartner. Forecast：Connected Car Production. 2016.

② GSMA. 2025 Every Car Connected：Forecasting the Growth and Opportunity. 2012.

③ 2020年中国车联网用户规模有望突破5000万［EB/OL］. 前瞻产业研究院，http：//www. qianzhan. com/analyst/detail/220/150515－ed32b69b. html.

开展企业推广，医疗、教育、旅游、交通、传媒等领域更有可能通过O2O等模式实现业务改造或重构。以5G为基础平台实现的万物互联应用，将会渗透物联网及各种行业领域，与工业设施、医疗仪器、交通工具等融合，满足工业、医疗、交通等垂直行业的多样化需求，从而将互联网、物联网、车联网、临时组网、政府网、交通网等众多公用网络连接起来，同时也将铁路、公路、航空、医院、学校、企业等各行各业的行业专用网络连接起来。

5G不仅意味着连接技术的提升，更是一种全新的网络架构，将与机器人技术、人工智能、自动驾驶、纳米技术等领域的创新紧密结合，极大地丰富和改善现有行业及技术水平，催生更多的新兴产业和业态。5G将会把家庭、汽车、城市、制造业、健康等行业变得更加智能化、自动化和互联网化。2010年，中国互联网经济只占到GDP的3.3%，落后于大多数发达国家；2013年，中国互联网经济规模达到GDP的4.4%，已经达到全球领先国家水平，这主要源于以3G、4G为代表的移动互联网的大规模应用，此后以5G为基础的移动互联网将得到快速发展，中国的互联网经济将会在2020—2025年带动中国劳动生产率提高7%～22%[①]。

三、移动通信技术带来万亿级的经济效益

移动通信技术对经济增长具有重要的推动作用。据波士顿咨询公司（BCG）2015年1月发布的《移动革命：移动技术带来万亿美元影响》的估算，移动通信技术对中国经济的贡献达到3650亿美元，相当于当年中国国内生产总值的（GDP）的3.7%，到2020年这一比例有望增加至4.8%。倘若中国的中小企业都能够使用移动通信技术，有望还能带来约900亿美元的GDP贡献[②]。随着移动通

① 麦肯锡全球研究院．中国的数字化转型：互联网对生产力与增长的影响［R］．2014.

② BCG. The Mobile Revolution: How Mobile Technologies Drive a Trillion – Dollar Impact. January 15, 2015.

信技术的快速发展，5G 技术的广泛应用将会对全球经济增长产生较大的正向推动作用。5G 的整体经济效益则将于 2035 年之前在全球实现。

中国正在积极推动 5G 技术的研发、应用及商业化，争取在 2020 年实现商用。据 IHS Markit《5G 经济》对 5G 价值链的分析预测，到 2035 年，5G 价值链对中国的总产出为 9840 亿美元，超过美国的 7190 亿美元，占到 5G 全球总产出的 28.11%。根据 IHSMarkit 的全球连接模型（Global Link Model）测算，2020—2035 年，5G 对全球实际 GDP 的贡献额约为 2.1 万亿美元（以 2016 年美元计价）。简单按照 5G 对中国的贡献额占到全球份额的 1/4 的保守估算，2020—2035 年 5G 对中国实际 GDP 的贡献额约为 5250 亿美元，相当于中国 2016 年实际 GDP 的 4.6%。预计未来 15～20 年内，5G 每年对 GDP 增长至少贡献 0.2～0.4 个百分点①。

四、移动通信技术创造数百万个就业岗位

移动通信技术的快速发展已经给中国创造了上百万个直接工作岗位。根据波士顿咨询公司的报告估计，移动通信行业已经为中国创造了 350 万个直接的工作岗位，倘若中国各地的中小企业进一步利用移动通信技术，还将创造出近 250 万个工作岗位。从 3G、4G 到 5G 的应用将会是新一轮的拓展升级，再次对中国经济产生前所未有的巨大影响。5G 技术的应用将会带动世界全产业链的发展，由此会给全球创造上千万个就业岗位。据 IHS Markit《5G 经济》对 5G 价值链的分析预测，到

① 根据 IHS Markit 估算的 5G 对全球增长净贡献额的 20%～25% 计算，同时假定中国 2016—2035 年实际 GDP 的平均增速为 5.5%（由此可推算 2020—2035 年的中国 GDP 规模），则初步估算每年 5G 产生的增加值贡献将会拉动中国经济 0.2～0.4 个百分点。倘若考虑到基于 5G 网络的物联网、车联网、工业互联网的增加值贡献，则每年由 5G 及其关联产业增加值对中国实际 GDP 的拉动贡献更高，预计会达到 0.7～1.0 个百分点。

2035 年，5G 价值链将为中国创造 950 万个就业岗位，占到 5G 全球创造就业岗位的 43.19%[①]。

倘若把以 5G 为核心的移动互联网平台创造的就业机会考虑在内，以此催生的数字经济将会带来更多的就业机会。据波士顿咨询公司在《迈向 2035：4 亿数字经济就业的未来》报告中的测算，2035 年中国整体数字经济规模（e－GDP）接近 16 万亿美元，数字经济渗透率（e－GDP/GDP）达到 48%，总就业容量达到 4.15 亿人，占到中国总人口的近 1/3[②]。由此推算，由 5G 经济及由此衍生的数字经济将会创造更多的新工作岗位，也会改变传统就业岗位的形态、方式以及人们对工作的重新认识。

五、移动通信技术适应消费升级的需要

移动技术不仅能增加工作岗位，还能改善消费者的生活。随着 40 年的高速成长，中国已经拥有了一个庞大成熟的消费者群体。2G、3G、4G 移动网络服务已经在中国广泛使用，中国消费者的移动网络采用率快速提升，中国消费者获取的消费剩余超过万亿美元。

工信部数据显示，2016 年，移动宽带（3G、4G）用户在移动用户中的渗透率达到 71.2%，比 2015 年提高 15.6 个百分点；8M 以上宽带用户占比达 91.0%，移动电话用户普及率达 96.2 部/百人，有 10 省市的移动电话普及率超过 100 部/百人，其中 4G 用户数全年新增 3.4 亿户，总数达到 7.7 亿户，在移动电话用户中的渗透率达到 58.2%；移动互联网接入流量消费达 93.6 亿 G，全年月户均移动互联网接入流量达到 772M，其中通过手机上网的流量达到 84.2 亿 G，在总流量中的比重

---

① IHS Markit. The 5G Economy：How 5G Technology Will Contribute to the Global Economy. January 2017.

② 波士顿咨询公司. 迈向 2035：4 亿数字经济就业的未来——数字经济下的就业与人才研究报告（上篇）［R］. 2017.

达到90.0%[①]。2016年，中国已经成为全球最大的智能手机销售市场。中国智能手机市场实现了同比8.7%的增长，该增幅远高于2015年1.6%的年度增长[②]。

BCG的报告调查显示，中国消费者认为，移动通信技术的价值每年高达3300美元，占到其平均年收入的43%左右；90%的3G和4G用户表示希望拥有更快的数据传输速度、更大的网络覆盖范围、更长的待机时间及其他多个方面的改善[③]。5G技术将具有满足所有消费者需求或其潜在需求的能力。例如，由于5G具有满足虚拟现实与增强现实（VR/AR）移动设备的高性能需求、散热限值和能效限制，未来基于VR/AR移动设备的消费将会快速增长。

六、移动通信技术实现无盲区的精准扶贫

移动通信技术是扶贫减贫的重要技术工具之一。中国“十三五”规划纲要要求，到“十三五”时期末，中国要确保约5575万农村贫困人口全部如期脱贫，这意味着每年要减贫1115万人[④]。2015年10月14日，国务院常务会议提出，到2020年要实现约5万个未通宽带行政村通宽带、3000多万农村家庭宽带升级，使宽带覆盖98%的行政村，并逐步实现无线宽带覆盖。另据《“十三五”国家战略性新兴产业发展规划》，到2020年将实现城镇“1000Mbps+”，大中城市家庭“100Mbps+”接入能力；98%以上行政村光纤通达，半数以上农户达成“50Mbps+”[⑤]。

---

① 2016年通信运营业统计公报［EB/OL］. 中华人民共和国工业和信息化部，2017-01-22.

② IDC：OPPO、华为、vivo位列2016年中国智能手机市场前三甲，占市场份额近半［EB/OL］. 网易科技，2017-02-06.

③ BCG. The Mobile Revolution：How Mobile Technologies Drive a Trillion-Dollar Impact. January 15，2015.

④ 中华人民共和国国民经济和社会发展第十三个五年规划纲要［EB/OL］. 新华网，2016-03-17.

⑤ “十三五”国家战略性新兴产业发展规划［EB/OL］. 新华网，2016-12-19.

在中央提出精准扶贫的措施后，“互联网+精准扶贫”的方法被广泛推广应用。2017年1月15日，中共中央办公厅、国务院办公厅印发的《关于促进移动互联网健康有序发展的意见》提出，要全面推进第四代移动通信（4G）网络在城市地区深度覆盖、在农村地区逐步覆盖、在贫困地区优先覆盖。加快第五代移动通信（5G）技术研发，统筹推进标准制定、系统验证和商用部署。4G与5G协同发展推进精准扶贫，加大对中西部地区和农村贫困地区移动互联网基础设施建设的投资力度，充分发挥中央财政资金的引导作用，带动地方财政资金和社会资本投入，加快推进贫困地区网络全覆盖[①]。

在政策的指引下，各行业各地区将会发挥移动互联网的驱动引领作用，积极参与精准扶贫脱贫事业，减免通信资费、开展结对帮扶、开设扶贫频道、提供便捷服务等。例如，Upwork、猪八戒网、58同城等自由就业平台将会使贫困地区的远程工作成为可能，并且使个人、家庭或小型组织均能无差别地融入全球就业体系之中[②]。

中国政府高度重视新一代移动通信技术对中国扶贫事业的重要性，也吸引行业的跨国公司纷纷参与其中。例如，以高通为代表的移动通信领域跨国公司也纷纷参与中国的扶贫事业之中。举例来说，2015年，高通与中国贵州省达成谅解备忘录，探讨成立一个独立的法人实体，开发和销售以高通基于ARM架构的以服务器技术为基础的芯片组，这将为贵州和整个中国在芯片技术引领增长与创新方面打下坚实的基础，有望重塑贵州这一中国数据中心产业格局，以高科技产业推动贵州推进精准扶贫任务。

5G所具有的超高频谱利用率、无限覆盖性能、热点区高容量、

① 关于促进移动互联网健康有序发展的意见［EB/OL］. 新华网，2017－01－15.

② 波士顿咨询公司. 迈向2035：4亿数字经济就业的未来——数字经济下的就业与人才研究报告（上篇）［R］. 2017.

低时延、高可靠、低功耗、系统安全性等特征将显著提升扶贫精准度。在精准扶贫方面，结合 5G 的技术特点，可以与 4G 协同发展，真正有效地满足老少边穷地区对外信息沟通的需要，提升人们对边远地区的广泛认知度，也让身处偏远地区的个人或小型组织无差别地接入全球化生产服务体系之中，从而提高贫困地区远程参与就业创业的概率，进而满足边远地区精准扶贫的需要。移动通信网络的成熟应用能进一步提升边远地区贫困人口就地致富的能力，巩固“十三五”时期精准扶贫的发展成果，增强脱贫后维持优质生活的可持续性。

当前，中国政府提出要积极“补短板”，扩大电信基础设施建设，提升边远地区的网络供给能力，加快农村宽带网络全覆盖进程，缩小城乡之间的“数字鸿沟”，扩大骨干网间互联带宽、互联网国际出入口带宽，进一步提高网络性能，改善用户访问体验。

在缩小数字鸿沟方面，很多跨国公司都在履行自己的社会责任。例如，高通公司推动了一个消弭数字鸿沟的战略计划——“无线关爱”计划，是将无线技术带到全球各地欠发达社区的战略计划。这一计划已在全球 46 个国家或地区拥有超过 100 个处于不同发展阶段的项目[①]。在中国，高通利用 3G/4G 智能手机及应用，重点在中国各地资源相对匮乏的社区开展扶持创业、辅助公共安全、提高医疗保健服务效率、丰富教学体验和推动环境可持续发展等公益活动，中国“无线关爱”计划直接或间接受益人数总计近 85 万人。这些举措将会改善边远地区及农村的信息基础设施状况，向边远地区的贫困人口提供互联网就业机会均等的信息基础设施平台。

---

① https：//www. qualcomm. com/company/wireless – reach.

专栏 3 - 3：高通的“无线关爱”计划助力中国扶贫事业

2006 年高通开始创立“无线关爱”计划，旨在通过无线技术缩减数字鸿沟并带动全球各地欠发达社区的发展。10 多年来，高通的这一计划得到许多利益相关者的高度认可，并积极参与进来，该计划的现有全球合作伙伴已经超过650 个，并受到美国、中国、印度等40 多个国家政府和社会各界的表彰支持。

在中国，借助“无线关爱”计划，高通与其合作伙伴在中国各地资源匮乏的社区投资超过6000 万元（965 万美元）。举例来说，高通与中国儿童少年基金会于 2015 年合作开展“Qualcomm 二十一世纪课堂”项目①。该项目率先在四川省广安市广安区和仪陇县的 3 所试点中小学开展，帮助提升试点学校教师的教学能力和学生的学习能力，大力改善教学环境，通过信息化助力教育扶贫。截至目前，该项目已惠及约 4000 名中小学生，他们所在的教室已配置多功能触控一体机，对接定制的教育资源平台和智慧课堂系统，同时为参与项目的师生配备平板电脑，确保学生能全天候与同学和老师进行交流沟通，随时随地获取学习资料，该项目还计划在其他地区的学校中实施和推广。

2011 年，高通与中卫莱康科技发展（北京）有限公司推出“移动心健康”项目②，面向农村诊所的医疗服务人员，提供中卫莱康开发的心电图传感智能手机。高通的“无线关爱”计划是项目的主要资助方，并提供项目管理支持。中卫莱康提供心电图传感智

---

① Cui Ling. Modernizing Education and Alleviating Poverty in China. https://www.qualcomm.com/news/onq/2015/10/20/modernizing-education-and-alleviating-poverty-china.

② Qualcomm. Wireless Heart Health Improves Health Care for Rural Patients in China. https://www.qualcomm.com/documents/wireless-heart-health-improves-health-care-rural-patients-china.

能手机和呼叫中心资源，并为参与项目的医生提供技术培训。此后，中国社区卫生协会、中国电信和山海丹药业也参与进来。截至目前，超过1100家社区卫生服务中心和诊所使用心电图传感智能手机对患者进行检查，并与中卫莱康呼叫中心进行远程会诊，着力解决“因病致贫”问题。目前，已有来自全国各地的逾30万名患者在“移动心健康”项目中受益。

七、加快培育发展先进的物联网产业

“物联网”概念早在20世纪末就已提出，近些年才开始加速发展。特别是在2005年11月，国际电信联盟（ITU）发布了《ITU互联网报告2005：物联网》，物联网发展备受世人瞩目。该项报告全面透彻地分析了物联网的技术细节及其对全球商业和个人生活的影响。概括地讲，物联网技术的发展不仅能协助提高生产力，提高物品与网络智能化程度，从行业应用的“局域网”过渡到“网络化连接”，而且能有效帮助了解世界的复杂性，迅速感知环境变化，甚至实现在无人干预的情况下工作。2008年，思科、爱立信、SAP和Sun等联合成立“IPSO（IP for Smart Objects）联盟”，同年IBM提出“智慧地球”战略，其中物联网为“智慧地球”不可或缺的一部分。国际金融危机后，全球主要国家（地区）均将物联网提升到战略高度，并做出积极行动。美国总统奥巴马在就职演讲后就对“智慧地球”构想作做积极回应，并将物联网提升为国家级的创新战略。欧盟宣布“物联网行动计划”，日本制定《i－Japan战略2015》，韩国提出《物联网基础设施构建基本规划》，中国把物联网纳入“十二五”发展规划，并致力于打造“感知中国”中心。

（一）物联网发展面临一个关键的战略机遇期

国际金融危机后，物联网发展面临一个前所未有的重塑全球生产服务体系的战略机遇期。目前，各行业对物联网应用提出了更多需求，各企业都在寻求物联网的力量使自己成为全球性公司。实际上，无论国家财富多少、产业位置高低、企业规模大小，物联网发展都将带来完全平等的机遇。只有懂得如何在全球产业链中占据制高点，才能形成有竞争力的优势产业，才能产生有影响力的全球性企业。

一是物联网具有成为产业转型发动机的潜力。全球的产业结构面临重大的调整和战略转变。发达国家开始回归实体经济，制定再工业化战略，发展中国家逐步减少出口增长依赖，加快转变经济发展方式。各类产业均朝智能化和低碳化的方向发展，面临着转型升级的巨大压力。传统信息技术产业带动经济增长的步伐有所放缓，目前也正处于一个转型升级的新起点。由于具有广阔的市场前景和资源消耗低、带动系数大、就业机会多、综合效益好的产业特征，以物联网技术为代表的新一代信息技术应用发展将会演变成为一股引领经济增长的新动力。近些年，世界各国的积极实践表明，由物联网孕育的产业融合发展正在成为传统产业改造升级的助推器。

二是物联网具有广阔的发展空间。物联网技术的应用早已在各领域逐步展开。例如，射频识别技术（RFID）电子标签在零售、物流、电网领域的应用。据麦肯锡公司最近的一项研究指出，如今已有超过350亿的传感器、路由器、照相机等无生命“物体”被连到互联网上，超过2/3的新产品都带有某种形式的智能技术。Forrester等国际权威机构预测，到2020年，物与物互联业务将是现有人与人互联业务的30倍，会成为一个极具吸引力的万亿级信息产业。由此可见，物联网应用具有非常广阔的市场空间。

三是加剧的供应链竞争要求全链条的智能化管理。物联网的发展虽然已经有了一定的技术基础，但是保持全球供应链流畅快捷的运转，还需要有新一轮的技术突破，特别是供应链管理上寻求物联网技术应用的空间还比较大。只有将更多的物品嵌入智能系统，在制造流程中设置大量新型传感器时，生产组织才能实现更精确的控制，创造新的商业模式，改进业务流程，降低成本和风险。只有在数据终端利用强大的分析显示工具，决策机构才能使海量数据提炼出的信息被人类决策者快速理解。在全球供应链竞争中，充分组织机构或企业利用这些能力的将会比不这样做的竞争者处于更有利的地位。

（二）物联网发展尚面临一些重大挑战

物联网系统虽有巨大的发展前景，但构建一个庞大的物联网并非一朝一夕能完成的事情。在物联网系统被广泛接受之前，还必须解决商业上、政策上以及技术上面临的各项挑战。

一是不成熟的物联技术与技术标准化之间的深刻矛盾。物联网应用需在互联网、通信网和广播电视网三者融合的基础上接入各种异构多技术的传感器网络。当前，在原有不同制式的异构网络之间的互操作性（即兼容性）还比较差，要完全实现互联互通、无缝接入的四网融合，需要涉及接口标准定义、系统升级改造以及整体架构部署等有关无缝接入技术的问题。破除不同网络和多种技术间的天然壁垒，首先要解决异构网络间的相互认证和标准化接入问题。另外，解决物联网技术国际标准的统一问题。例如，RIFD 电子标签的编码体系有两种，一种是日本的 UID 编码体系，支持的企业与公司已达 352 家。另一种是美国的 EPC 编码体系，拥有沃尔玛、Tesco 等 100 多家美国与欧洲的流通企业支持的 EPC 电子产品编码标准。两种编码体系下的标签与阅读器还难以实现兼容。因此，必须不断提高联网技术以及对其提供支持的标准水平，使数据能在传感器、计算机和执行机构之间自由流动。

二是有限的网络资源与无限的终端需求之间存在突出矛盾。涵盖物物互联的网络所涉及的网络终端数量将会比以往任何网络的终端数量都要庞大得多。在现有的技术体制内开展物联网的应用，无疑会受到码号资源、频率资源以及 IP 地址资源的限制。要满足庞大数量级终端的资源需求，需要提供充足的码号资源标识网络中的每一个终端；需要建设更多的无线信号发生器（基站、接入点等）以覆盖到网络中的每一个终端，保证分配到相互通信所需的频率资源，需尽快启用 IPv6 标准解决原有 IPv4 标准中 IP 地址资源不足的问题。

三是专业化商业应用与大规模产业融合存在严重错位。物联网建设涉及许多以 5G 为代表的新一代信息技术跨行业、跨领域的应用。如何让新的技术快速商业化需要大规模推广应用，同时还要具有一定的专业化水准，是目前世界泛在网发展的一大瓶颈。例如，现在嵌入芯片的主动和半主动标签成本还比较高昂，尚未形成大批量的规模化生产，无法用到低价值的商品上。能否研发出成本低廉的标签正成为物联网技术应用的关键所在。当前，物联网系统实际应用案例不多，搭建成本较高，随着应用的推广，其改良空间仍然较大。另外，目前各行各业应用特点和用户需求不同，大规模的跨行业、跨领域应用不仅需要新的技术与行业进行深入融合，还要做到标准化、专业化；这必然会触及业务流程变革、业务系统对接、关键设备改造以及人员岗位调整等问题。因此，定制化的服务需求和个性化的接口设计，使得网络运营商的规模化和专业服务优势难以发挥，必须将传感器和应用系统的成本降低到能激励人们广泛使用的水平。

四是以人为本的建构理念与信任安全隐患存在潜在的矛盾。物联网首先是确保与以人为本的建构理念相契合的网络系统。以人为本首要是建立一个用户充分信任的安全网络平台。物联网要妥善解决如何建立高效、便捷、安全的网络安全机制，有效保障用户隐私和信息安全，以及用户终端根据自身需求随时随地选择加入或退出网络等安全性问题。因此，物联网发展面临的主要挑战是，行业团体和政府监管部门怎样尽快研究有关数据保密和数据安全的规则，尤其是对涉及敏感的消费者信息的数据使用，制定针对自动化系统错误决定的法律责任框架。除此之外，物联网可能还会带来个人隐私和个人安全等问题。例如，超市中使用 RFID 技术可能会引发顾客的不满，因为顾客常会感到被第三只眼睛监视，担心购物时个人隐私权遭受侵犯。另外，商品的 RFID 磁条属于高频范围，人体长期受到高频射线的影响，容易导致免疫力下降和癌变。

（三）中国物联网发展面临诸多亟待解决的困境

在传感技术方面，中国传感网技术研究和标准体系建设起步并不晚。早在 2006 年，《国家中长期科学与技术发展规划（2006—2020 年）》和"新一代宽带移动无线通信网"重大专项中就将传感网列为重点研究领域。中国已形成传感网标准体系，多项标准提案被国际标准化组织采纳。2010 年，国务院将"新兴信息产业"纳入重点扶持圈定的七大战略性新兴产业范畴，引发各地方政府积极行动，如江苏、上海等城市出台了省级的物联网产业发展规划。但从掌握核心技术来看，中国与信息产业起步更早的欧美发达国家相比仍然存在不小的差距。中国虽将物联网技术列入国家重大专项，并初步明确了未来发展的一些方向和重点领域，但能否占领制高点尚待观察。

一是物联网发展依赖的自主技术创新能力不强。众所周知，信息技术产业是技术创新密集型的产业，但中国信息技术企业普遍自主创新能力不强。主要表现在拥有的自主知识产权的产品较少，关键的核心部件还基本依靠进口。例如，高端元器件（如芯片）、大尺寸面板（如液晶显示板）以及关键的设备仪器（如适用于环境恶劣和感知复杂指标的传感器）、材料（如存储器、锂离子电池）基本依靠进口。与发达国家相比，中国企业在新技术研发及应用上的投入明显偏少，特别是因新兴技术门槛较高，投资回报周期较长，民营资本很难进入。国内一些物联网企业仍存在"重贸易、轻研发"和"重引进、轻消化"的落后观念，这很难适应国际物联网技术迅速发展的形势，容易陷入技术"引进—落后—再引进"的恶性循环。

二是物联网建设缺乏明晰的商业运作模式。物联网建设若只是一项涉及基础设施的民生工程，则其所有投入都应由政府承担；然而物联网建设实际上还涉及各种各样的营利性商业应用。目前，国内外物联网建设模式无外乎收费模式、政府财政支持的免费模式以及第三方业主付费模式等三种类型。物联网新技术的后续发展应由谁来埋单、谁来管理、谁来运维等问题并未有效解决。目前中国对如何维持物联网正常运营，还缺乏一个明晰的商业模式，从而导致促进物联网发展的必要动力不足。

三是物联网技术产业化低、商业效益不明晰。截至2016年，中国有1360多家集成电路设计企业，但全部设计业务销售额大致与全球最大设计企业美国高通公司的销售额相当。关于RFID技术的应用还多停留在零售、物流领域的低层次上，而更高端智能化的应用（如智能电网）还存在难度。虽然物联网建设上已有一些示范工程，但商业化应用后是否盈利还不太清楚，这关系到示范工程能否推广到全国开展应用。率先采用物联网的企业必须证明，这种以传感器驱动的新型业务模式能够创造卓越的价值。

四是物联网发展尚未形成完整的产业体系。从物联网建设来看，目前网络层无论是通信网络还是互联网络都有一定的产业基础，但是在感知层和应用层方面还没有建立起相应的产业体系，特别是传感器网络、新一代互联网和人工智能网络都还处在起步阶段，这将形成对物联网发展的制约。

（四）抢占物联网发展制高点的几点建议

国家重大专项和中长期规划中已经明确了中国对移动通信发展的目标定位，即在2020年之前使中国成为无线通信技术、产业发展和服务应用的领先国家之一。要实现这一目标，在新一轮全球产业调整中，要抢占物联网发展的制高点，这必须掌握核心的物联网技术——传感技术、宽带技术和智能处理技术，并深度参与物联网技术国际标准的制定。

一是积极利用国家重大专项，加快物联网技术自主研发。国家投入重大资金大力推进下一代互联网和物联网技术的研发应用，围绕重大专项开展基础技术研发，提高核心传感技术的研发投入，注重以集成电路技术和元器件技术为代表的基础技术研究；加大对新一代互联网技术的研发投入，加快新一代宽带移动无线通信网的建设，重点突破有线、无线宽带及4G和5G技术与传感技术融合的关键技术和应用系统；加强以高性能计算机和云计算为代表的计算技术研究，提高数据挖掘技术、人工智能技术为代表的智能化处理技术水平。同时积极打破行业垄断，鼓励民营资金进入信息产业领域，发挥财政资金“四两拨千斤”的作用，利用民营资本灵活的特点，鼓励参与信息技术研发与创新工作，建立企业技术共享研发基地，培育实践能力强的人才队伍，形成一个产学研结合的良性互动机制。

二是基于“三网融合”明确利益分享的商业运作模式。早在2009年2月国务院发布的《电子信息产业调整和振兴规划》中就指出“支持IPTV（网络电视）、手机电视等新兴服务业发展和落实数字电视产业政策，推进‘三网融合’”。在由“三网融合”以及宽带战略形成的新需求的基础上，加快运营商的全业务运营，明确政府、企业和科研机构的责任关系，理顺三者之间的利益诉求，鼓励创新商业运作模式，建立一个多方共赢的运行机制，推动泛在网络产业技术进步。

三是建立物联网技术产业化的孵化平台。在明确核算泛在网技术投资收益的基础上，加快新技术成果的转化，利用技术产业化孵化平台，鼓励采用首制技术和设备，进一步降低泛在网建设的成本，缩短技术转化的周期。同时，通过技术产业化孵化平台和示范项目，厘清技术转让、产品定价和市场推广的各项体制机制，积极借用市场的力量，推动技术的商业化应用以及技术升级改造，进一步降低国产化产品的风险。

四是建立健全泛在网的上下游产业链体系。国家正在大力推进宽带战略、“三网融合”并出台了一系列产业振兴计划。这些规划对于基础性和先导性的重要产业将给予优先发展，并以此带动全产业链的发展。特别是要利用信息通信市场开展结构重组和全业务运营的契机，尽快建立包括传感器网络、物联网体系以及智能应用网络等在内的较完整的泛在网络产业链体系。具体而言，就是基于互联网技术，构建以移动宽带网为主的异构泛在网，形成从技术、标准、研发、试验到应用的创新链，从芯片、终端、系统、网络到业务的产业链，研究多种无线通信技术无缝衔接的异构泛在网络，支持以宽带和无线移动网络为主的“三网融合”。

五是遵照客观规律有序发展物联网产业。全国上下各方虽对物联网的概念非常重视，但是仍需要谨防不切实际的炒作，以免形成新的网络泡沫。我们应清醒地认识到物联网的发展需要一个相当长的时期，要做好整体的顶层设计，充分共享技术和商业资源，避免无序重复建设问题在新兴信息产业领域重现，避免形成物联网产业“大跃进”式发展。政府应提供良好的政策环境引导和帮助企业加速技术、产品创新，推动相关产业升级。例如，可帮助建立产学研结合的创新基地和创新联盟，促进企业向持续创新型企业转变；设立中小企业创新基金，充分发挥创业板科创板的优势，加快物联网技术的升级和应用；加强物联网领域的引智引才力度，形成职业院校专业人才的良性培养机制。

第四章
消费升级之变

消费事关衣食住行，全是百姓生活；消费也事关你我他，无论贫穷还是富有。中国消费者是最现实的，喜欢物美价廉的实惠，也是最赶时髦的，喜欢尝试各种新鲜事物。

中国拥有13亿多人口的消费大市场，其消费特征更是表现出个性化、多样性，既有消费升级，也有消费降级，但整体来看，消费升级转变趋势是不可逆转的，因为人们对美好生活充满向往。

反映在宏观层面上的消费对稳定增长的贡献日益突出，然而最终消费增速的放缓却使经济分析者感到揪心，因此亟须探寻以扩大消费提振经济的具体办法。

要解决中国经济结构中存在的各种扭曲现象，需要实施供给侧结构性改革，进一步释放国内消费潜力。中国需要通过增加优质供给，扩大居民消费，建立起以此为起点的新增长循环，让个人消费激发市场活力，激发市场导向的高效投资。中国经济将更多地依赖内需而不是外需，更多地依赖节能产业而不是耗能产业，更多地依赖科技、管理、制度创新而不是劳动力和资源的规模投入。人口结构代际变化和内陆城市的财富增长将会释放更多的消费潜力，富裕起来的新一代中国人正在展现出与其父辈不同的消费特点，他们即将成为驱动中国经济增长的中坚力量。随着净出口和资本形成总额对经济增长的贡献下降，消费需求已是社会总需求中份额最大的部分。早在亚洲金融危机时期，中国就面临总需求不足的问题，当时国家出台了一系列扩大内需的政策，其中为适应消费升级的需要，启动“住”和“行”消费升级的增长周期。当前，中国特色社会主义进入新时代，中国社会的主要矛盾表现为人民日益增长的美好生活的需要和不平衡不充分的发展之间的矛盾。从物质消费到美好生活的演进，从自我积蓄型延迟消费转为信用支持型超前消费，体现了居民高质量消费升级的需要。中国经济正处在投资驱动向消费驱动增长转换的关键时期。

第一节　消费对经济的拉动作用日益显著

在国内生产总值（GDP）按支出法核算中，最终消费（宏观层面上的消费）是支撑经济增长的“三驾马车”之一。可以说，消费需求是社会总需求的重要组成部分，在推动经济发展中发挥着基础性作用。消费是反映经济状况重要、直观的指标之一。其中，最终消费可分为居民消费和政府消费两大部分。在当前城乡二元结构下，居民消费又分为农村居民消费和城镇居民消费。居民消费涵盖了居民个人日常生活中的衣、食、住、用等物质消费和文、教、体、娱等服务消费。政府消费主要指党政机关、事业单位、社会团体等非生产组织办公使用的设备、图书、办公用品、燃料、电力等物质及服务消费。2012 年底召开的党的十八大做出重要决定，指出了中国经济未来 10 年转型升级的方向和路径，即加快形成新的发展方式，着重提高经济发展的质量和效益，使经济“更多依靠内需特别是消费需求拉动，更多依靠现代服务业和战略性新兴产业带动，更多依靠科技进步、劳动者素质提高、管理创新驱动，更多依靠节约资源和循环经济推动，更多依靠城乡区域发展协调互动，不断增强长期发展后劲”。2016 年中国国务院总理李克强在政府工作报告中指出，中国正坚定不移地推动深化改革以助推新常态下的经济转型，使中国迈向更加依靠国内消费、服务业发展和创新驱动的开放型经济体。可以预见的是，中国家庭可支配收入倍增计划将会促使消费需求向高层次迈进，即加速消费升级，而消费需求的升级也将会推动产业结构的升级和世界市场的结构变化。

一、发挥消费促进经济增长“稳定器”的作用

相较于投资和出口两大需求，消费需求的表现更为平稳、有韧性，在促进经济健康发展方面发挥着重要的基础性、先导性作用。1996 年中国经济实现“软着陆”后，中央政府就把扩大消费作为启动内需的重要抓手。随着社会消费方式的升级换代，之前的模仿型排浪式消费阶段基本结束，个性化、多样化消费渐成主流，此时居民消费（或私人、个人）将在经济生活中扮演着更加重要的角色。促进消费升级也是当前结构调整的重要任务之一，也是中国经济进入新常态的重要表现之一。

（一）消费需求对经济增长的贡献进一步凸显出来

为了应对国际金融危机的冲击，2008 年中国曾出台了“4 万亿元刺激计划”，实施了大规模的信贷投资，对稳定经济增长取得了一定成效，但也带来产能过剩、库存高企等结构性问题。资本形成总额占 GDP 的比重在国际金融危机期间达到顶峰后出现持续下滑，而最终消费占 GDP 比重相应地有所提升。随着国内全民消费增长持续增加，国内市场扩张快于经济增长，消费对经济增长的拉动趋稳向好。除 2013 年外，2011—2017 年消费对 GDP 增长的拉动作用相当明显，对 GDP 平均贡献率达到 50% 以上，多数时候超过投资对 GDP 增长的拉动（见图 4 - 1）。2013 年消费对 GDP 增长的拉动略微弱于投资的拉动作用，但消费对 GDP 的贡献仍保持在 50% 的高水平。特别是 2015—2017 年消费成为中国经济增长的最重要引擎，最终消费对 GDP 贡献率分别高达 59. 7% 、64. 6% 和 58. 8% ，分别拉动 GDP 增长 4. 1 个、4. 3 个和 4. 1 个百分点。麦肯锡 2012 年 11 月发布的《中国经济的下一站》提出，未来 20 年中国经济将实现由投资主导型经济向消费驱动和服务驱动型经济转变，其中消费将在 2020 年以前成为 GDP 增长的最重要驱动因素，到 2025 年个人消费将代替投资成为 GDP 的最大贡献者①。

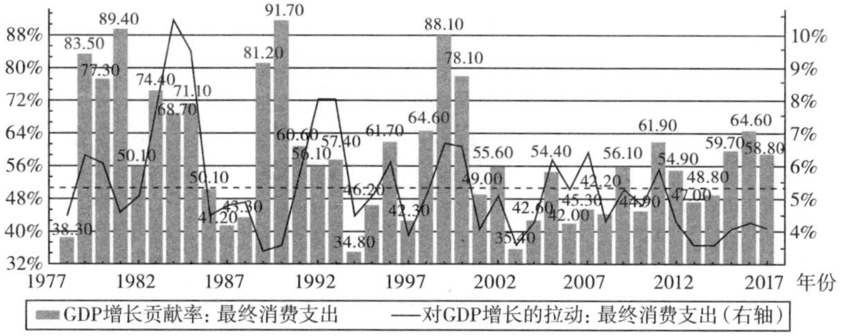

图 4 - 1 最终消费需求对 GDP 增长的拉动（1978—2017）

资料来源：国家统计局。

① Jonathan Woetzel, Xiujun Lillian Li, William Cheng. What's Next for China? McKinsey Insights China. December 2012. www. mckinsey. com.

（二）中国的居民消费支出维持较高水平

2004年以来，中国社会消费品零售总额实际同比平均维持在10%以上的水平，而且仍有继续维持较高增长的可能性。国际金融危机之前，中国社会消费品零售总额经历过一个上升周期之后进入了持续下降的通道，直到2011年实际同比降至11.6%后开始进入相对平稳变化的阶段。按人民币对美元年均汇率计算，2014年中国人均国民生产总值（GDP）达到7575美元，已突破了7000美元的关口，正式进入中等收入国家行列。居民消费支出水涨船高。2018年前三季度，全国居民人均消费支出14281元，比上年同期名义增长8.5%，扣除价格因素，实际增长6.3%。人们的生活水平不断提高，消费层次也在向上迈进，消费模式和消费预期正经历着重要的变化。因为中国新一代消费者已不再像其上一代那样偏好储蓄，更偏好分期付款的借贷消费者增多，尤其倾向于通过按揭借贷实现对住房和汽车的拥有。与主要国家相比，中国居民的最终消费支出水平并不低。2011年以来，中国居民最终消费支出年增长率均高于美国、德国、日本、法国、英国、澳大利亚和韩国等主要经济体，保持着领先于巴西、俄罗斯、印度和南非等金砖国家的趋势（见图4－2）。

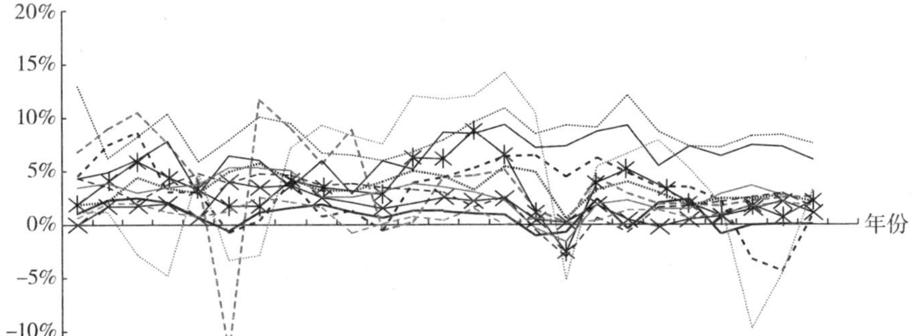

图4－2　世界主要国家居民最终消费支出年增长率（1993—2017）

资料来源：世界银行、国家统计局。

（三）强劲的消费增长有着坚实的基础

由于服务业比制造业吸纳就业的能力更强，而且有相当一部分属于技能密集型行业，支付的工资比制造业更高，有利于促进国内消费和创新。近年来，全国城镇居民可支配收入增长正在接近实际 GDP 增长，趋于保持同步（见图 4－3）。党的十八大报告提出，到 2020 年实现城乡居民人均收入比 2010 年翻一番，以此应对日益扩大的财富不平等。预计未来 10 年，中国的消费潜力将会来自于居民家庭收入的快速增长。未来中国家庭收入占 GDP 比重还会逐步回升，而家庭收入水平的不断提高正在带动中高端消费，尤其是旅游消费以前所未有的速度增长。

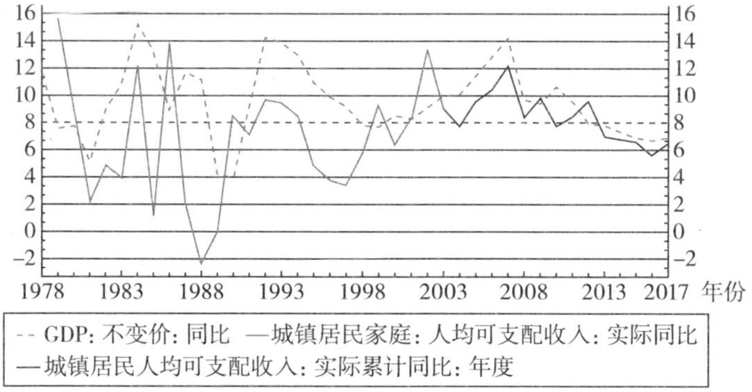

图 4－3　中国城镇居民可支配收入增长与实际 GDP 增长（1978—2017）

资料来源：国家统计局。

（四）出口与投资增速下滑使消费对 GDP 贡献相对提升

随着中国国内生产要素价格（土地、劳动力、资金、环境）逐步市场化，投资因为无法创造价值而增速趋缓，由政府主导的低效投资会逐步减少，而由消费驱动的高效投资将大大增加。消费需求增加来自两个方面，一是中国城镇化带来的基础设施升级和农村人口的城市转移，二是中产阶层消费群体的壮大成熟，由此催生的消费需求将是巨大的。由于净出口和投资对经济增长的贡献减弱，消费对 GDP 的贡献就相对凸显出来，即表现为消费的基础性作用继续增强。发达经济体的发展经验表明，当经济发展和城镇化达到一定水平时，消费和服务将成为驱动经济增长的主要动力。例如，2018 年前三季度，消费对经济增长的贡献率达到了 78%，比上年同期提高了 14 个百分点。

（五）中国加速的城镇化使内需潜力得以持续释放

过去 40 年里，超过 3 亿人已从农村转移到城镇，如今还有 3.5 亿人正在转向城镇，百万以上人口城市已有 160 多个，而且城市规模和城市数量还在持续增加。但是与发达国家相比，中国城镇化水平仍然偏低（见图 4－4）。2013 年，中国的城镇化水平才刚达到世界平均城镇化水平，在金砖国家中仅领先于印度。值得指出的是，2003—2017 年中国城镇化率提高了 18 个百分点以上，年均增长 1 个百分点。当前，中国政府正在推进新型城镇化战略，促进区域协调发展，建设若干个城市群，致力于将中国城镇化水平提高至 75% 以上。预计未来 10 年中国城镇化率仍有年均 1% 的提高，由此将带来基础设施和公共服务需求的快速增长，能够带动全球的资源、能源、商品、服务、资本、技术等要素继续流入中国。

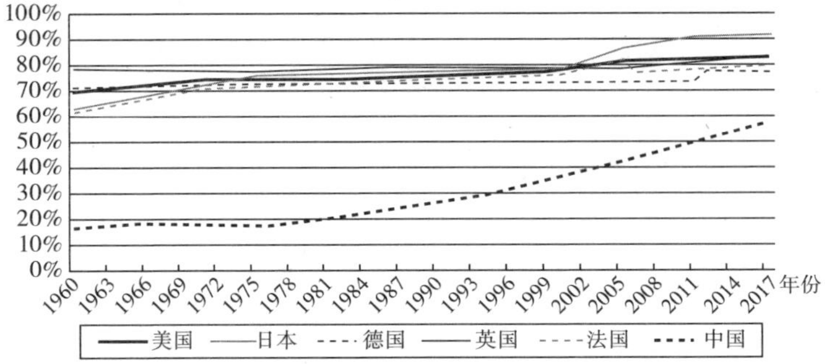

图 4－4 世界主要国家城镇化率（1960—2017）

资料来源：世界银行。

（六）中国将拥有一个相当成熟的开放消费市场

中国庞大的中产阶层消费群体正在快速成长起来，尤其是年轻的消费者变得更加成熟，对商品品质、品牌的要求也更加强烈，消费习惯差异化加剧，网络购物生活常态化。根据欧睿信息咨询公司的预计，到

2020 年中国中产阶层（年均可支配收入在 8 万 ~ 12 万元）的规模将达到 7 亿人。另据麦肯锡《下一个十年的中国中产阶级》估算，到 2022 年将有超过 75% 的中国城市家庭年可支配收入在 6 万 ~ 22.9 万元，达到中产阶层收入水平[①]。其中，城市中产阶层在商场购物消费是国内零售额增长的发动机，目前占所有零售支出已达到 41%。随着“80 后”“90 后”以及“00 后”新一代消费群体的快速崛起并占据主导，预计到 2020 年中国总消费额的 35% 将来自新一代的中产阶层，新一代消费者购房、买车等消费需求会大幅增加，这将会推动消费增长超过收入增长，同时也会使中国的高储蓄率渐趋走低。

二、中国成长为具有全球影响力的重要市场

随着中等收入群体逐步成长，中国将会拥有 4 亿 ~ 6 亿人口规模的消费升级需求，并将为内外资企业提供一个更加开放成熟的超级大市场。而且，中国在不断地主动扩大对外开放，采取放宽市场准入，降低进口税费，举办进口博览会等重大举措，将会给很多外国企业提供巨大的市场机会。特别是随着服务性消费快速增长，中国在旅游、文化、体育、健康、养老等五大幸福产业领域的消费潜力巨大。

（一）中国经济仍是世界经济的重要引擎

过去几年里，中国经济对全球经济的贡献份额接近 30%。据国际货币基金组织按照汇率法计算，2011—2017 年中国经济对世界经济增长的贡献率平均约为 21.7%，而联合国统计司计算的结果显示，中国经济对世界经济的贡献率平均在 30% 以上。由此可见，中国经济对世界经济的影响日益显著。国际货币基金组织的数据显示，2017 年中国的国内生产总值（GDP）占世界的比重达到 15.01%，比 2012 年提高

① Dominic Barton, Yougang Chen, Amy Jin. Mapping China's Middle Class. McKinsey Quarterly, June 2013. www. mckinsey. com.

了3.5个百分点，而且与美国GDP的差距明显缩小，相当于美国GDP的61.7%，比2012年提高了8.8个百分点；而到2023年中国GDP占世界的比重将达到18.01%，比2017年提高3个百分点，而与美国GDP的差距继续缩小，相当于美国GDP的79.4%，比2017年提高了17.7个百分点（见图4－5）。从人均GDP来看，2012年中国人均GDP相当于美国人均GDP的12.28%，2017年中国的人均GDP相当于美国的14.46%，而到2023年中国的人均GDP将达到美国的18.91%。作为“世界工厂”，中国通过商品和服务出口为全球经济做出了相当大的贡献。2012年以来，中国加快实施结构调整和创新驱动战略。一旦中国经济转型成功，中国13亿多人口规模的内需将完全释放出来，就会形成一个极具吸引力的世界市场。随着中国消费者财富的快速增长，中国消费需求将为世界总需求的增加做出更加重要的贡献，形成强大的进口动力，给世界各国带来更多的商业机会和正能量，尤其是对与中国经济互补的国家和地区的增长会将产生较大的正向拉动作用。

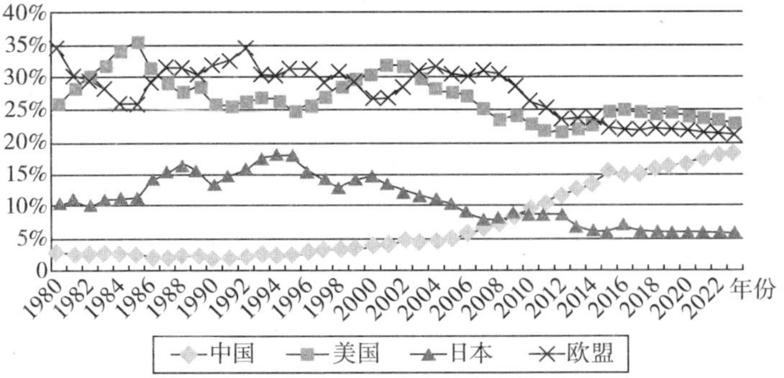

图4－5　中国、美国、日本和欧盟GDP占世界比重（1980—2023）

（二）中国消费市场正在展现其全球影响力

如前所述，中国日渐增多的富裕阶层和中产阶层正在释放强劲的国际购买力。目前中国消费规模已超过4.5万亿美元，是仅次于美国的全球第二大消费市场。依照近期增长趋势推算，中国有望在2025年前后成为世界第一大消费市场。根据世界贸易组织秘书处初步统计数据，2013年中国成为世界第一大货物贸易国，货物进出口总额达到4.16万亿美元，占世界货物贸易比重的12%。截至2012年底，中国已经成为全球128个国家和地区的最大贸易伙伴。2015年中国首次超过加拿大成为美国最大的贸易伙伴。随着中国进一步扩大进口和举办国际进口博览会，预计2015—2020年中国进口将超过15万亿美元，对外投资将超过5000亿美元，出境旅游人数将超过5亿人次，世界各国将分享中国市场需求扩大的效应。

（三）中国海外消费能力展现其爆发力

早在2013年，中国就有接近1亿人次出国旅游购物，消费金额超过1000亿美元，而同时国内海外代购市场持续扩张，海外代购交易规模接近120亿美元，增速高达约30%。中国对海外商品的消费能力还可以从下面一组数据看出来：2013年，中国购买的各类艺术品占世界交易额的1/3，黄金消费接近世界的30%，汽车消费超过世界的1/4，购买的工业机器人数量达到世界消费量的20%。再以奢侈品市场为例，据贝恩公司2013年底的调查显示，中国人已经成为世界范围内最大的奢侈品消费群体，购买了全球约29%的奢侈品，其中在海外消费的部分已占其奢侈品消费总额的2/3，且大中华区已取代日本成为仅次于美国的第二大奢侈品市场①。另据波士顿咨询公司预计，到2020年，中国个人奢侈品消费金额将会达到近1900亿美元。

未来10～15年，中国庞大的消费群体对世界经济增长的贡献还会继续提升。以旅游消费为例，中国旅游市场将会以11%左右的年均复合增长率增长，带动酒店客房需求以7%左右的年均复合增长率增长，也会带动航空、高速公路、高速铁路等客运量的快速增长。另据波士顿咨询公司（BCG）的预测，到2030年，中国城市游客国内游及出境游（不包括当天往返的短途旅行）总数将从2012年的5亿人次增加至17

① 2013年中国奢侈品市场研究——贝恩观点［EB/OL］. 贝恩公司，2012-12-17. www.bain.com.cn.

亿人次，消费支出金额将从约2600亿美元增至1.8万亿美元，其中出境游将占据中国旅游市场总值的40%左右①。

第二节　当前消费增速放缓的原因

2018年以来，消费对经济的拉动作用显著，但消费增速却呈现下滑迹象。2018年前三季度社会消费品零售总额同比名义增长9.3%（扣除价格因素实际增长7.4%），其中5—7月社会消费品零售总额同比名义增长分别为8.5%、9.0%和8.8%（扣除价格因素实际增长分别为6.8%、7.0%和6.5%），分别较上年同期下降2.2个、2.0个和1.6个百分点（扣除价格因素实际增长分别下降2.7个、3.0个和3.1个百分点）。相较于以往年度两位数的增长，消费增速呈现大幅下滑迹象，消费内需稳中略疲趋势不改，让市场对未来主要消费驱动的经济增长变得谨慎。近期消费增速下降究竟是暂时现象还是趋势性态势？对此综合考虑，既有短期因素也有长期因素。2018年前三季度社会消费品零售总额同比名义增长较上年同期下降1.1个百分点（扣除价格因素的实际同比下降1.9个百分点），显著低于市场预期。究其原因，主要有以下几个方面：

一、汽车类消费增速下降幅度较大

2018年1—6月，汽车类零售额累计同比增长2.7%，较上年同期下降2.5个百分点，其中5月和6月当月同比分别下降1%和7%。汽车零售额所占权重在12%～13%，对整体消费增速变化的影响较大。因为受2018年7月1日汽车进口关税的调整，5—6月汽车类商品的销售有比较明显的回落，拉低了社会消费品零售总额增速。汽车消费下降

---

① 吕晃，Frank Budde，Paul Tranter，Achim Fechtel，Alan Wise，Terri Milunsky. 赢得下一个十亿亚洲游客——起航中国［EB/OL］. MBA智库网，2013－12.

与消费者观望进口车税费降低政策出台、推迟购买有关。2018 年 7 月，汽车消费回升 5.0 个百分点至 -2.0%，这种回升只是汽车进口关税下调的短期政策效应，随着当前汽车消费需求的脉冲式释放，后续汽车销售增速回升势头可能会适可而止。2018 年 9 月，汽车类消费需求当月同比增速下滑了 7.1%，2018 年前三季度的汽车类消费同比增长也只有 0.2%。

二、文化体育娱乐消费增速出现一定下降

2018 年 1—6 月，体育、娱乐用品零售额累计同比下降 0.1%，较上年同期下降 17.2 个百分点，文化办公用品类零售额累计同比增速为 6.6%，较上年同期下降 5.2 个百分点；前 9 个月，这一同比增速继续下降至 5.7%，而 9 月该类消费增速只有 4.9%。由于技术进步的带动，近些年文体娱乐和休闲消费的增长表现强劲。2018 年以来，文体娱乐用品消费下降表明国内消费升级类商品消费出现减速，这与前期消费增速较快的基数有关，也与消费者的理性消费有关，预计未来消费降级与消费升级可能会在较长时期内并存。特别是近期，由于对社会保障不完善、住房成本高企和收入增长预期不乐观，在教育文化办公和体育娱乐等领域居民消费支出开始变得较为谨慎。居民增收预期下降将会促使其优先缩减在教育、文化、娱乐领域的消费支出。

三、网上零售替代实体零售势头有所减弱

2018 年 1—9 月，网上商品和服务零售额累计同比增长 27.0%，较上年同期下降 7.2 个百分点，这意味着网上零售增速出现放缓，对实体零售的替代有所减弱。其中实物商品网上零售额累计同比增长 27.7%，较上年同期下降 1.4 个百分点，实物商品网上零售额占社会消费品零售总额的比重上升至 17.5%，较上年同期提升 3.5 个百分点；在实物商品网上零售额中，吃、穿和用类商品分别增长 43.8%、23.3% 和 27.7%，

其中用类商品较上年同期下降 4.8 个百分点。随着网上零售与实体零售的不断渗透融合，网上吃穿用行等日常生活消费呈现快速增长，网上零售额占比将会进一步提高。

四、房地产销售放缓造成相关消费支出减速

受 2017 年同期基数较低，以及棚改货币化安置政策对三、四线地产销售形成支撑的影响，2018 年 7 月全国商品房销售面积同比增速继续回升至 9.9%，而同期全国商品房待售面积同比降幅则继续收窄至 14.3%。2015 年 6 月，国务院颁布《关于进一步做好城镇棚户区和城乡危房改造及配套基础设施建设有关工作的意见》，明确提出“按照推进以人为核心的新型城镇化部署，实施三年计划”，各级政府通过货币手段和专项贷款，开始大幅提高棚改货币化安置比例。随着三年棚改计划到期，货币化安置逐步退出意味着由此刺激的短期住房消费景气渐趋平淡。考虑到只有房地产市场火热的态势不太正常，2018 年 7 月底，中央政治局会议表态“坚决遏制房价上涨”，这意味着各地楼市调控只紧不松，再加上房地产去库存接近尾声，棚改货币化政策或逐步退出，预示着今后房地产销售增速呈现放缓态势，从而造成与居住相关的消费出现了一定的减速。2018 年 1—7 月，建筑材料零售额增速明显放缓，较上年度大幅回落，这可能是对房地产销售放缓的滞后反应。2018 年 7 月，房地产下游相关消费普遍回落，家电类增速为 0.6%，几近归零，家具类、建材类增速分别下滑至 11.1% 和 5.4%。

五、居民可支配收入增长低于实际 GDP 增长

影响居民消费的因素有很多，其中居民可支配收入将是重要的因素之一。2017 年以来，居民整体收入增速低于实际 GDP 增速已成为影响消费增速的重要抑制因素之一。在市场经济条件下，消费者往往根据自己的可支配收入约束自主意愿决定消费支出。国家统计局的数据显示，

2017 年国民总收入约 82.5 万亿元，比上年增长 7.0%，而人均国内生产总值 59660 元，只比上年增长 6.3%。

从居民可支配收入看，中国居民人均可支配收入从 2013 年的 18311 元攀升至 2017 年的 25974 元，年均增长 7.4%。其中，2017 年全国农民工人均月收入 3485 元（全年 41820 元），仅比上年增长 6.4%。2018 年前三季度，全国城乡居民可支配收入增长 6.6%，仍低于实际 GDP 增速 0.1 个百分点；居民人均可支配收入中位数 18236 元，增长 8.7%，中位数是平均数的 86.7%。从收入来源看，2018 年前三季度，居民人均工资性收入 11984 元，增长 8.8%，占可支配收入的比重为 57.0%；人均经营净收入 3437 元，增长 7.0%，占可支配收入的比重为 16.3%；人均财产净收入 1735 元，增长 10.6%，占可支配收入的比重为 8.2%。

尽管收入增长有所放缓，但居民收入差距并未缩小，如将 2017 年全国居民人均可支配收入分成五组，低收入组人均可支配收入为 5958 元，中等偏下收入组人均可支配收入为 13843 元，中等收入组人均可支配收入为 22495 元，中等偏上收入组人均可支配收入为 34547 元，高收入组人均可支配收入为 64934 元；其中最高收入组与最低收入组的可支配收入相差约 10.9 倍。

第三节　消费升级与消费降级并存

消费与储蓄之间的关系将会随着人口结构的变化而变化，从而影响居民消费倾向。在居民用于消费的收入因为购房而被动减少后，消费升级放缓甚至出现了“消费降级”① 现象。当前制约消费增长的一些因素

① 消费降级是个相对的概念，主要是指消费者在经济条件不是很理想的条件下，不得不主动压缩消费开支，对于刚性的日常消费，往往采取选择购买价格便宜和质量一般的产品，对于具有弹性的生活消费，有些消费者干脆就选择不消费，或者选择性地不消费，还有些消费者是不愿意再为品质和品牌支付高溢价，而是主动降低效率，降低体验，降低个性、品位、态度，通过不同的购买形式或者购买渠道，以相对便宜的价格消费。

确实还比较多。人口结构的变化引导消费结构呈现多样变化，甚至“宅”“丧”“佛系”等一些消极的社会心态让部分消费者的消费欲望越来越淡，即出现日本式的“低欲望社会”现象。多元化消费结构的价值在于为不同细分市场的消费者提供“物美价廉”的产品和服务，并保证消费商品和服务的不断提档升级。

一、居民收入持续改善的稳健性

居民消费和居民收入直接相关。居民收入改善将是驱动居民扩大消费的主要因素之一。随着居民收入的稳步上升，中等收入群体逐渐壮大，而食品在消费结构中的比重持续走低（即恩格尔系数持续走低）。从全国范围来看，除了先富起来的一、二线城市地区人均可支配收入偏高（5万~6万元）外，占人口比重更大的三、四、五线城市乃至农村地区人均年可支配收入为2万~3万元。从消费支出来看，衣食住行仍是人们消费的主体。2017年全国居民人均消费支出中食品烟酒类支出占比仍高达29.3%，其次是居住类，占比为22.4%，第三是交通通信支出占比13.6%，第四是教育文化娱乐支出占比11.4%，第五是医疗保健消费支出占比7.9%，第六是衣着消费支出占比6.8%，其他生活用品及服务支出占比8.5%，其中前两者食和住的消费支出合计占到51.7%，衣和行的消费支出占到20.4%，刚超过总消费支出的1/5。2018年前三季度，升级类消费占比有所提升，人均教育文化娱乐消费支出1556元，占人均消费支出的比重为10.9%；人均医疗保健消费支出1275元，占人均消费支出的比重为8.9%（见图4-6）。

从家庭负债表来看，家庭债务占比持续走高，逐步逼近家庭破产的危机警戒线。据上海财经大学的一份报告估计，家庭债务占居民可支配收入的比重在2017年末已经达到了107%，很接近美国2007年超过

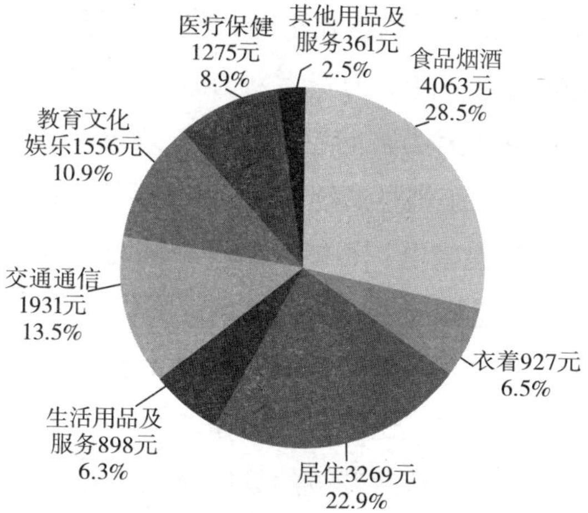

图4－6　2018年前三季度居民人均消费支出及其构成

资料来源：国家统计局。

130%的峰值水平①。随着去杠杆的深入推进和中美贸易摩擦升级，银行理财产品打破刚性兑付，股市出现持续下跌，居民财产性收入预期不景气，制约了居民进一步扩大消费的能力。特别是经济增速放缓增加了居民对未来收入的不确定性，这可能会进一步对稳定就业和收入水平产生影响，进而影响人们的消费意愿，开始减少支出。倘若居民收入改善不能持续，则其消费支出的大头仍是衣食住行，真正朝健康幸福转向的消费升级就不会出现。未来商品零售增速向人均可支配收入增速收敛，甚至会低于可支配收入的增速。

二、消费结构优化升级的速度

改革开放40年来，城乡居民恩格尔系数几近减半，中等收入群体批量涌现让消费加速升级。其中，食品消费转向绿色健康和均衡膳食结

① “中国宏观经济形势分析与预测”课题组，上海财经大学高等研究院．2018年中国宏观经济形势分析与预测年中报告：风险评估、政策模拟及其治理——释放内部活力，应对外部风险［EB/OL］．上海财经大学高等研究院，(2018－07－08)［2018－09－20］．http：//iar. shufe. edu. cn/kindeditor－4. 1. 10/attached/file/20180708/20180708094154_ 51818. pdf.

构，如在肉类消费中，牛羊肉占比上升，猪肉下降；在饮料消费中，果汁占比上升，碳酸饮料下降。消费者对方便面的需求量也在2014年见顶后出现下滑。耐用品消费转向更加注重舒适度、智能化，如SUV及多功能汽车销量占乘用车销量增速已从2008年的10%以下攀升至2017年的40%以上，对智能家电、智能家居等智能化产品的需求大幅增加。可以说，消费升级的趋势从未中断，市场应提供物美价廉的商品或服务满足人们消费升级的需要。升级类的一些商品消费仍然保持较快增长，如化妆品、智能家电保持了比较快的增速。然而，优质优价并不等于消费升级，优质低价也应是消费升级的具体表现。其中，由物质消费向服务性消费就是消费升级的表现之一。截至2017年，中国服务性消费占居民消费的比重是49.2%，比2012年提高了5.2个百分点；2018年三季度，服务性消费比重是52.6%，比上年同期又提高了0.2个百分点。如果再加上价格不断上涨，必然会影响商品零售。旅游消费增长较快。根据文化和旅游部的数据，2018年上半年国内旅游人数超过28亿人次，同比增长11.4%；国内旅游收入超过2.4万亿元，增长12.5%。

三、减税降费政策的实施效果

随着减税降费等政策的实施，如进口商品关税降低、个人所得税改革等政策的落实会对刺激消费带来一定的正面影响。当前人们的普遍感觉是，减税降费的力度还不够，尚未产生刺激消费的显著效应。税收是调节国民收入初次分配的最重要手段。倘若每年税费收入增速长期高于人均可支配收入增速，则意味着政府消费支出能力增强，而居民消费能力会受到抑制。据统计局数据显示，中国住户部门在初次收入分配中占比由1996年的高点67.2%下降至2008年的低点57.6%，随后虽有所增长，2015年恢复至60.9%，但上升势头并不显著，相反的是政府部门在初次收入分配中的占比由1995年的12.4%逐步攀升至2012年的15.5%，此后虽有所下降但仍维持在15%左右。在最终的可支配收入分配比例中情况与初次分配类似，住户部门的收入占比由 1996 年的 69%一度下降至2008 年的57. 2%，后又反弹至2015 年的61. 6%，而政府可支配收入占比则由1995 年的14. 1%上升至2012 年的19. 2%，此后虽有所下降但 2015 年仍保持在 18. 5%的较高位水平。为此，要进一步扩大消费，就要在收入端减税降费，更多地向居民部门倾斜，推动居民可支配收入的回升。

四、消费与储蓄的替代关系

当国家比较贫穷落后时，鼓励居民少消费、多储蓄可以为经济发展提供资金来源，促进经济高速增长。当经济发展到一定阶段时，居民的消费倾向适当提高就显得比较重要。当前，居民消费总体呈现升级趋向，但是个别领域或群体还是出现了消费降级现象，这主要与居民的保障预期有关。当居民在就业、收入、住房、教育以及生老病死等方面的不安定感增强时，就倾向于多储蓄和延迟消费，以备不时之需。尤其是当前在社会保障尚不健全和居民增收难度加大的情况下，居民更倾向于把更多的收入用于储蓄而不是增加即期消费。在安定感不强的情形下，即便国家采取临时性减税或增加居民收入的措施，也并不能有效地刺激即期消费增加。为此，要更好地让居民平衡储蓄和消费的关系，尚需完善社会保障体系，同时稳定就业、住房、教育等刚性消费市场的预期，从而引导扩大理性消费。

五、居民住房成本抬升造成的挤出效应

高杠杆抑制了城镇居民的消费意愿，举债购房透支消费。目前居民债务存量相对有限，但已经对居民消费产生了较为严重的流量压力，其中城镇居民收支结余中有 80%左右被用于首付及房贷的偿还。住房消费开支的增加必然会挤压其他可选消费品，即消费在不同商品上存在

“跷跷板效应”。居民工资水平因产业结构而难以上涨，造成居民买房按揭压力过大，购房家庭只能节衣缩食积累首付款。随着住房（购房和租房）开支大幅增加，其他如家电、家具、汽车、装潢等可选商品消费将会下降。2018 年前 7 个月，可选消费同比增速较上年同期和上年底均有不同程度的下滑。居民杠杆率空间受限开始压制居民的购买力，住房或房租价格快速上涨意味着居住领域所有收入层次群体消费支出均有大幅增加，居民不得不以更快的速度加杠杆满足居住的需要，从总量上表现出其他项消费升级放缓的势头。购房支出成为居民开支中的最大部分，已经接近居民可承受的临界点。据测算，在剔除了高收入阶层购房的影响后，中间收入阶层购房支出占其总收入比重已攀升至 42.5% 以上，接近总收入的一半，自然会挤占其他方面的支出。房贷利息增加和房租抬升对其他商品消费的挤出效应将持续存在，社会零售品销售总额增速仍有可能继续放缓。

六、人口老龄化带来的消费结构变化

按照联合国的标准，65 岁及以上人口比重超过 7% 即是老龄化社会。2000 年中国 65 岁及以上人口占比达到 7%，正式步入老龄化社会，即出现了所谓的“未富先老”现象。国家统计局的数据显示，2017 年末中国大陆 65 周岁及以上人口为 15831 万人，占总人口的 11.4%，远超过 7% 的老龄化社会门槛。令人忧虑的是，中国人口的老龄化程度仍在加速加深，每年以 1000 多万人的速度增加，预计到 2050 年中国的老龄人口将达到峰值 4.8 亿，约占总人口的 35%。计划生育政策的实施使中国人口的生育率降低。20 世纪 80 年代以来，计划生育政策实施使中国少生了 4 亿人左右，当时对缓解人口对资源、环境的压力有贡献，但如今其弊端也逐步凸显，促使政府在 2013 年和 2015 年放开二胎生育政策。国家统计局的数据显示，2017 年，中国出生人口为 1723 万人，比 2016 年减少 63 万人。人口出生率为 12.43‰，比 2016 年下降了

0.52‰，比日本的出生率还低，人口自然增长率更是下降到了5.32‰的惊人低生育水平。

日益突出的老龄化问题和劳动适龄人口比例下降问题（由低生育率造成）不仅会带来人口结构的变化，引发劳动力资源短缺、劳动力老化等问题，还会影响中国国内消费结构，可能会导致未来消费需求乏力。总抚养比上升和劳动适龄人口比例下降对消费的作用较为消极。随着老龄人口的迅速膨胀，社会需要抚养的老年人口比例快速增加。人口老龄化加速将会使耐用品的需求逐步回落，同时老年人在医疗保健、食品、服装、旅游、娱乐、养老等各方面的需求会大幅增加，并且消费需求也正朝高层次、高质量、个性化、多元化的方向发展。发达经济体的经验表明，住宅、乘用车、家电等耐用品分年龄段需求量呈“倒U”型走势。随着人口老龄化趋势显著，未来中国住宅、汽车、家电等耐用品需求将会下降并逐步向老年人倾斜。老龄人口比重持续攀升将逐步改变社会消费结构，并形成以“银发经济”为主导的潜在消费市场。

第四节　持续扩大消费的政策建议

长期的实践表明，消费对经济增长具有基础性支撑作用，扩大消费和促进消费升级是“扩大内需”必不可少的重要措施之一。在消费升级的背景下，需要采取措施消除制约消费升级或造成消费降级的主要障碍，这样人民日益增长的美好生活需要才能转换为现实购买力，才能放心、安全地消费。倘若消费增长出现下滑，就意味着经济增速将会再下一个台阶。2018年4月23日，政治局会议提出“注重引导预期，把加快调整结构与持续扩大内需结合起来，保持宏观经济平稳运行”。出于“稳增长”的需要，在不影响调结构的情况下，有必要制定出台扩大居民消费和政府消费的政策措施，以适应社会消费升级的需要，满足人民日益增长的美好生活需要；同时应避免出现仅仅依靠短期的刺激消费的政策造成脉冲式提前透支消费的现象，降低消费增长的可持续性。

一、实施普遍性的减税降费

在降低部分进口日用消费品最惠国税率等减税降费的基础上，进一步研究出台降低生活消费品相关税费的政策措施，扩大日用消费品进口关税，包括对低值易耗消费品免征关税，加快出台采用综合征税的个人所得税调整细则，加快落实“提高个人所得税起征点，增加子女教育、大病医疗等专项费用扣除，合理减负”等政策目标，进一步加大进口生活消费品关税税率及其他相关税费。

二、加大中低收入群体补贴力度

对城乡中低收入群体采取直接消费补贴的办法增强其消费能力。相较于直接补贴生产端容易扭曲市场，直接补贴消费端可以增加市场竞争。为了保证中低消费群体真正消费所需，可以尝试发放政府消费券、社会消费券、转移性消费券、教育培训消费券、旅游消费券等各种消费券或充值卡的办法，如鼓励更多的企业面向内部职工发放福利消费券或旅游休闲补贴，将职工旅游休闲度假作为奖励和福利措施；还可以加大对青年就业人员的补贴力度，重点用于减轻年轻中低收入群体的刚性支出负担，如教育、医疗、住房等项目支出，从而有效释放中低收入群体的消费潜力。

三、提高居民的可支配收入水平

居民收入增长放缓对一部分居民的消费能力和预期提升可能也有会所制约。在做好社会保障的同时，还要稳定和扩大就业，加快推进系统性的收入分配制度改革，让更多的工薪阶层成长为中等收入阶层；加快完善最低工资标准调整机制，适时发布市场工资指导价位和企业工资指导线，推行工资集体协商，健全企业工资水平决定机制、正常增长机制和支付保障机制，提高居民的工资性收入；加快完善营商环境和提振资本市场信心，提高居民的经营净收入和财产净收入水平；积极通过给低收入者发放消费券等方式增加部分居民收入分配的转移净收入；按照“同工同酬”分配原则和单位实际建立健全劳动报酬分配办法，参照当地人力资源市场工资指导价位，做到同工同酬；支持重点群体就业创业，全面落实税费减免政策，促使全国居民的人均可支配收入与经济增速保持同步，以此增强居民的消费能力。

四、健全消费金融服务体系

为了适应居民的高质量消费需求，通过设计合理的消费贷款产品，可以有效增加居民支出，激发消费潜力，扩大有效消费。在打击挪用消费贷款、违规透支信用卡等行为，以及严控个人贷款违规流入股市和房市的情况下，加强对消费金融业务的规范化管理。稳步推进消费金融健康发展，继续健全消费金融体系，鼓励和引导商业银行、消费金融公司通过金融产品和服务创新来激发消费者的消费潜能，支持发展消费信贷，创新金融服务方式，积极满足旅游、教育、文化、健康、养老等升级型消费的金融需求，包括面向特定消费场景（如装修分期、教育分期、医美分期等），发挥消费信贷促进消费的积极作用。同时合理引导信用消费行为，要完善个人消费信用收集、分析评价和监督体系，提倡适度消费、理性消费，提醒消费者重视自身的信用记录，克服从众心理、攀比心理等，避免不理性消费，在全社会形成良好的消费风尚。

今后应扩大信用信息覆盖面，推进互联网消费金融信息纳入征信体系，建立健全全覆盖的个人消费征信体系，加强消费者的权益保护和维权意识，促进信用卡发卡量和互联网消费金融贷款持续增长。鼓励引导青少年财商教育，提高财经素养，减少奢靡浪费，培育良好的消费观；引导青少年合理投资理财，提高其投资理财及防范金融风险能力，支持青少年进行创业投资等，调整退休储备计划，更新资产配置组合，合理分散风险。

五、完善社会保障体系

打破城乡户籍挂钩的社会保障双轨制，制定“以人为本”的统一社会保障账户。有序地减少农村人口的数量，提高人口城镇化率，促进农村人口向城镇自由流动。增加公共服务与社会保障的投入，加大力度建设完善医疗健康养老服务支持体系，继续完善基本医疗保险制度和大病医疗保险制度，完善社区卫生服务，逐步建立适合不同人群特点和满足多层次医疗需求的老年医疗保障体系。提高机关事业单位和企业退休人员的养老金，重点做好农村、“失独”、贫困老年群体的养老保障工作。建立基本养老保险和商业养老保险互相补充的多元化养老保险体系。简化办理手续，支持缴存职工家庭提取住房公积金，用于支付房租、普通自住住房物业费和缴纳住宅专项维修资金以及装修费用等。

六、大力发展“银发经济”

通过加快调整结构、壮大实体经济、促进居民消费等方式来适应人口老龄化对经济社会的冲击。例如，可以充分发挥科技创新的作用，广泛应用机器人、人工智能等技术提高生产力，抵御人口老龄化对经济发展产生的负面影响。完善老龄社会条件下的消费需求机制，完善社会保障、延迟退休、收入分配等制度，最大限度地满足老龄人口的消费需求，发展“银发经济”，增强当前社会条件下的经济驱动力。可以采取税收优惠、减免费用、信贷支持等特殊政策，重点发展老年人需求集中的产业，如老年食品、服装、旅游、文化娱乐、医疗保健、社会性养老服务，加大力度扶植老年产业发展；积极引导社会和企业开拓发展老年消费市场，开发研制门类齐全、品种多样、经济适用的老年产品；积极发展医疗健康养老产业，逐步建立社会化的养老服务支持体系，重视对老年人健康养老保障，设计与退休金、养老金挂钩的各种健康养老产品和服务，提供预防、医疗、护理、康复、养老、咨询等各种服务；切实保证退休金、养老金按时、足额发放，形成老年人能消费、敢消费的预期。

七、全面放开生育政策

尽快制定鼓励生育的相关政策，把鼓励生育纳入各类制度和政策设计目标，尽早全面放开生育限制，停止对未婚或超生的生育罚款，给予超额生育的妇女儿童现金补贴；根据家庭孩子抚养数量进行税收抵免；设计灵活的带薪产假和陪产假制度，增加妇女产育假期，从制度和社会文化方面消除对女性就业的歧视；加快普及公办学前教育，让新生儿有所教，增加学前教育消费；加快普及高中阶段教育，使绝大多数城乡新增劳动力接受高中阶段教育、更多地接受高等教育；对多胞胎家庭提供0~18岁的社会抚育金和标准营养费，对婴幼儿看护给予现金补贴和政策扶持，对小孩数量较多的家庭在购房时提高公积金贷款额度和降低贷款利率等。

八、严控住房成本增加

在严控住房价格上涨的基础上，加快土地、住房制度改革，逐步全面降低住房成本，并为多子女家庭减免住房相关税费；完善公共租赁住房政策，大力推进公共租赁住房货币化补助改革，建立购租并举、以补为主的公共租赁住房保障制度，平稳住房租赁成本快速上升；对大额消费贷款的流向进行排查，进一步规范现金贷业务，严格防范消费贷款资金违规流入房地产等虚拟经济市场。

九、加大政府采购规模

政府作为市场中商品和服务的重要购买者，连接着需求和供给。扩大政府采购规模对提振消费具有直接的作用，也将间接促进居民消费的扩张。更好地发挥政府采购的消费导向作用，支持调整政府支出结构，提高政府消费规模占比，合理利用公务招待费、公车消费和公款出国等“三公”消费的引导作用，有序改善政府工作人员的办公条件，包括更新改造政府硬件设施，增加政府服务性消费；扩大政府采购清单产品种类，优先采购符合结构调整方向的绿色产品、创新产品和扶贫产品，以适应供给端产业升级和精准扶贫开发的需要。

十、启动“以工代赈”项目

以前，“以工代赈”是扶贫的重要方式，主要是通过投入以工代赈资金改善贫困地区的基础设施水平，同时通过以工代赈可以缓解职工下岗和失业人员收入不足的问题，而且能发挥“少花钱多办事”的效果，直接增加中低收入者的消费需求，拉动经济增长①。在当前经济下行压力较大的情况下，政府通过以工代赈方式主动创造需求，既可以增加就业、产出，又可以激发中低收入群体的消费潜力，倘若再由地方或企事业单位配套相应的投入，则可以带动更多的投资需求。为此，政府可以发挥财政资金的效力，启动一批以工代赈项目，在相当广泛的公益性建设领域发挥作用。

十一、加快启动延迟退休政策

为应对人口老龄化挑战，美欧依靠引进移民，日本依靠延长退休，未来中国在放宽生育政策的同时，很可能会实行日本延迟退休的模式。

---

① 韩文秀，范剑平. 扩大内需——中国式的“新政”[M]. 北京：中国物资出版社，1999.

预期寿命延长和受教育程度的提高推高了人们的工作年龄上限，增加了劳动力市场的有效供给，同时也扩大了劳动人口消费规模。在此情况下，扩大劳动人口消费，需要加快制定延迟退休的相关政策，同时增加老年人就业的岗位，鼓励65岁以上老年人继续返聘工作。

十二、扩大旅游购物消费

进一步落实跨境电子商务零售进口税收优惠政策，支持跨境电子商务园区、跨境电子商务进口平台发展，积极引导境外消费回流；加快落实《关于促进旅游业改革发展的若干意见》，在具备条件的口岸可按照规定设立出境免税店，完善境外旅客购物离境退税政策，将实施范围扩大至全国符合条件的地区；支持扩大境外游客落地签范围，扩大境外游客旅游消费规模。

第五章
投资增效之变

作为拉动经济增长的“三驾马车”之一，投资这架马车一旦熄火就会造成增长放缓和波动加剧。因为投资在扩大内需中发挥着关键的作用，可以用来熨平经济的周期波动。

中国经济增长面临着投资边际效益递减的困境，特别是固定资本投资与资本形成总额形成背离，大规模基建投资导致增长动力有所减弱。

当前中国经济面临的基本面不是没有投资需求，而是未挖掘有效投资需求，因而亟须加快投资增效转变，扩大有效投资范围，使其继续发挥“稳定增长发动机”的作用。

愈演愈烈的中美贸易摩擦正给中国经济带来一定的下行压力。为有效应对外部冲击，中国经济将更加依赖内需市场的增长。“十三五”规划中提出，加快全面深化改革，深入实施创新驱动发展战略，在这一时期使经济年均增长率保持在6.5%以上，确保到2020年实现国内生产总值和城乡居民人均收入比2010年翻一番。由此可见，中国经济结构正在朝内需拉动、创新驱动和服务业主导的方向转型。2018年4月23日，中共中央政治局召开会议，时隔3年再提“扩大内需”。这意味着经济形势要求必须把加快调整结构和持续扩大内需结合起来，即统筹调结构和保增长两个目标的实现。2018年一季度净出口对经济的拉动再次转负，这说明寄希望于外需改善来保持超预期增长的可能性下降。倘若不能转变到更加有效的内需增长上来，中国经济增速面临的下行压力将会大幅增加，并会威胁到既定目标的完成。因此，持续扩大内需将会增强经济发展的稳定性和韧性，而将其与结构调整结合起来会增强经济增长的协调性和可持续性。扩大消费已成为确保中国经济维持中高速增长的稳定器，而增加有效投资也成为驱动经济增长的重要引擎。相较于消费持续保持基础性的支撑作用，近期投资增速的快速下滑已成为威胁经济平稳健康增长的关键因素。在当前的形势下，有必要更好地发挥投资对经济增长的关键作用，做好增加有效投资的政策储备，及时防范化解经济快速下行带来的风险。

第一节　拉动经济增长的投资动力在减弱

发挥投资对优化供给结构的关键性作用，需要调整投资的结构和方式，扩大有效投资，减少无效投资。随着中国经济向高质量阶段发展，经济增长的主引擎不再是加大要素的粗放式投入，固定资产投资不可能像过去一样保持20%以上的增速。未来较长一段时期内，固定资产投资仍然有着巨大的发展空间和潜力，尤其是交通、水利、能源、信息、管网等基础设施领域仍然存在不少“短板”，有待增加投资补建。中央政府已经采取积极的措施扩大有效投资，特别是管好、用好预算内投资，突出抓重点、补短板、强弱项，进一步带动民间投资增长。

一、投资对拉动经济增长的关键性作用在下降

中国经济进入增速换挡期，经济增长的需求动力正在发生改变。消费仍保持对经济增长的基础性作用，而随着投资和出口拉动经济增长的动力减弱，消费对经济增长的贡献度大幅提升。2017 年最终消费支出对 GDP 增长的累计同比贡献率达到 58.8%，较 2013 年高出 8.8 个百分点；而同期资本形成总额对 GDP 增长的累计贡献率却下降了 22.3 个百分点。2018 年一季度最终消费支出对当季 GDP 增长的贡献率高达 77.8%，而资本形成总额的增长贡献率为 31.3%，较 2017 年全年下降 0.8 个百分点（见图 5－1）。凯恩斯学说着眼于国民经济短期的稳定运行，认为通过扩大政府投资可以弥补私人投资和消费的不足，从而达到提高国民收入、促进经济增长的目标。

当经济下行压力较大时，通常会采取宽松的刺激政策，提升投资对经济增长的拉动作用。如金融危机时期，扩大有效投资是熨平经济波动的有效手段[①]。当时，资本形成总额对 GDP 增长的贡献率陡然升高，如 2009 年和 2010 年资本形成总额对 GDP 增长的贡献率分别达到 86.5% 和 66.3%，比 2007 年高出 42.4 个百分点和 22.2 个百分点。经验表明，当外需出现大幅萎缩引发净出口对经济增长形成拖累时，如 2009 年和

---

① 郭庆旺，贾俊雪．中国经济波动的解释：投资冲击与全要素生产率冲击［J］．管理世界，2004（7）：22－28.

2010 年净出口对 GDP 增长的贡献率分别为 -42.6% 和 -11.2%，短期内支撑经济增长的应对策略就是扩大投资需求。2018 年一季度净出口对 GDP 增长的贡献率转为 -9.1%。随着贸易摩擦加剧和主动扩大进口，净出口对 GDP 增长的负拉动作用更为突出，加大了经济下行风险。为了应对短期外需变化对增长的冲击，需要及时出台持续扩大内需的政策，避免经济出现较大的波动。

图 5-1　2015 年一季度至 2018 年二季度投资需求对 GDP 的贡献率和拉动

资料来源：国家统计局。

二、近期固定资产投资增速呈持续下降态势

2009 年以来，固定资产投资增速呈趋势性下降态势，由 2009 年的 30.4% 下降至 2017 年的 7.2%。2018 年前三季度，固定资产投资增速维持在 5.4%，第二产业投资增速只有 5.2%，第三产业投资增速维持在 5.3%，而受财政支出政策重点向“三农”领域倾斜的影响，第一产业投资增速保持在 11.7% 的高水平。考虑到产业体量问题，第三产业投资增速是支撑固定资产投资增速保持在 5% 以上的主要原因，而第三产业投资增速维持较高水平主要是受房地产投资略微回升的影响，并不会改变整体投资增速趋势性下降的事实，这一增速已为 2000 年以来最低。

2018 年前三季度，房地产开发投资增速回升至 9.9%，较上年同期增长 1.8 个百分点，这主要是前期土地购置费延期支付的缘故，而且土地购置费不计入 GDP，若将土地购置费剔除，则房地产投资增速还将有较为显著的下行。在施工面积增速和销售面积增速持续低迷的情形下，房地产投资增速回升的势头并不具有可持续性。虽然房地产开工和销售出现了明显的反弹且好于预期，但房地产开发投资资金却面临着信用紧缩带来的压力。从资金来源看，2018 年前 4 个月，房地产开发企业到位资金增速回落至 2.1%，前 9 个月才逐步回升至 7.8%，全年房地产企业都将面临巨额到期债务，在开发融资渠道受限的情况下，后续投资遭遇压力。2017 年商品房销售情况不错，2018 年销售回款将会成为房地产开发投资重要的资金来源。考虑到房地产开发商使用自有资金拿地的速度将会下降，土地购置费的增速也将持续回落。

（一）制造业投资增速呈现托底回升迹象

2011 年以来，制造业投资增速出现了持续下降，由 2011 年的 31.8% 下降至 2017 年的 4.8%，降幅高达 27 个百分点。短期来看，2018 年，这种下降趋势仍在延续，前 3 个月下降至 3.8% 的低点，而前 5 个月有所触底回升，反弹至 5.2%，高出 2017 年全年增速 0.4 个百分点，但仍低于同期 6.1% 的固定资产投资增速。分行业看，传统制造业维持在低位，高技术制造业和装备制造业投资保持高增速，分别为 9.7% 和 8.2%。2018 年前 5 个月，高耗能制造业和国有控股制造业投资增速受结构性改革政策的抑制表现低迷，如占比约 22% 的高耗能制造业投资同比增长 2.8%，国有控股企业投资增速为 6.5%，跌至金融危机以来的最低水平；而新兴制造业投资增速呈现出较快的增长态势，如占比约 46% 的装备制造业投资同比增长 7.9%，比制造业投资增速快 3.1 个百分点。

制造业投资回升明显行业多为出口依赖度较高的行业，如专用设备、TMT 设备、航空航天设备、生物医药及电气器械及器材等，高端制造业固定资产投资平均增速大致在 6.7%；而农副食品加工、纺织服装、石油加工、皮革制鞋、有色冶炼、酿酒饮料等行业投资增速明显下降，累计投资平均增速不到1%，个别行业投资增速转为负值。传统制造和高端制造的此消彼长反映了结构调整优化的政策需要。这种变化与去产能背景下的行业需求偏弱有关，也与去杠杆压力下的融资成本上升有关。

此外，制造业投资增速的托底回暖还受到外商直接投资增长的支撑。随着中国进一步推进汽车制造等制造业开放，2018 年前 3 个月国内实际使用外资金额增速出现明显回升，保持在 15.5%，较 2017 年提升了 21.1 个百分点，其中专用设备制造（67.7%）、医药制造（54.7%）、通信设备计算机及其他电子设备制造（43.3%）、化学原料及化学制品制造（22.0%）外资增长比较显著。

（二）基建投资增速回落态势仍在持续

基础设施建设投资告别高增长态势，已显现出动力减弱的迹象，由 2013 年的 21.2% 下降至 2017 年的 15%，2018 年前三季度更是下降至 3.3%，其中铁路、水利环保、公共设施和公路投资都出现了明显的下滑，累计同比增速均有超过 2 个百分点的回落。基建投资增速持续放缓，既与前期基数偏高有关，也与财政支出有所减弱有关。在广义的信用紧缩（债券违约带来的被动收缩和资管新政抑制表外融资活动的主动收缩）背景下，基建投资增速大幅下滑超出市场预期，已构成拖累固定资产投资增速下降的主要因素。从基建投资的资金端来看，预算内财政资金、PPP 项目资金、全国政府性基金收入等构成基建投资的资金来源。非标、城投债等融资渠道受阻拖累了基建投资，而受到信用收缩的抑制，地方融资平台融资规模扩张的空间有限，新增地方债更多地用于置换或再融资，持续投入基建行业的资金偏少。中央政府规范清理 PPP 项目和对地方举债融资“开正门堵偏门”的政策，对地方基建投资融资能力也产生了较大的抑制。

（三）民间固定资产投资复苏动能仍较脆弱

截至 2018 年 4 月，民间固定资产投资累计占比达到 61.8%，在固定资产投资中发挥着举足轻重的作用。近年来，民间固定资产投资增速持续下滑，由2011年的34.2%下降至2017年的6.0%，其中2016年7月下滑至2.1%的低点，随后在提振民间投资政策的激励下，民间固定资产投资名义增速有所反弹，2018年前4个月回升至8.4%，但与3年前两位数的增速相比仍有较大差距。值得警惕的是，2018年初民间投资增速的回升并未表现在制造业领域（民间制造业投资累计同比增速只有6.0%，此后有所回升，前三季度同比增长8.7%），而是依赖于房地产领域的投资增速回暖。民间投资主要集中在制造业和房地产业，这两个行业中大概有70%属于民间投资。考虑到今后仍受环保限产、信用收缩、债务整顿等政策的影响，民间投资这种暂时的回暖并不具有可持续性。如信用收缩可能会引发民营企业资金链断裂等风险。

第二节　投资增速递减在于效率降低

如前所述，中国固定资产投资名义增速持续走低，某些时段实际增速更是出现负增长。从总体上看，投资增速下降背后的成因是受到边际投资效益递减的制约，特别是制造业投资面临成本约束趋紧的压力，扩大投资很难带来增加规模收益的效果。

一、边际投资的产出显著下降

近年来，国内边际投资的产出显著下降。受国际金融危机的影响，多数行业的投资回报率显著下降，而屡禁不止的重复投资、重复建设造成极大的资源浪费，导致边际投资效益大幅下降。以增量资本产出率①为例，近年来投资效率持续走低，明显低于发达国家的平均水平。正常年份增量资本产出率指标的数值保持在1～3的区间，2009年国际金融

① 这里使用GDP现价和固定资产投资完成额替代计算增量投资产出率。

危机时这一指标飙升至7.6左右，此后虽有所下降，但2012年后再次出现回升，2015年该指标接近12.5，这意味着大规模的固定资产投入并未转换成有效的产出。2017年该项指标下降至7.7左右，这也意味着每新增1元GDP需要增加7.7元的投资，但仍高于2008年国际金融危机爆发时的水平，这意味着不断加大投资并不能确保经济的快速增长。

当前，中国经济增长对投资拉动的依赖较强，投资率水平明显高于国外相同发展阶段水平。从资本形成率来看，2011年后资本形成率持续下降，由48%下降至2016年的44.2%。另一项指标也能反映投资效益下降，即固定资本形成总额与固定资产投资之间的比值。尽管两者的比值可能存在统计上的不一致，但通常不会偏离太多，会保持在0.9～1.1。实际上，两者的比值越来越小，意味着投入越多并未形成更有效的资本。2005年以来，固定资本形成总额与固定资产投资额的比率由2004年的0.92下降至2016年的0.55，这说明全社会固定资产投资的高增长并不意味着其对GDP的贡献率同步上升。2002年，每增加1元固定资产投资可以形成1元固定资本，但是到了2016年，同样1元的固定资产投资只能形成0.55元的固定资本。若用固定资产投资代替固定资本形成总额计算对GDP的贡献率，则投资对GDP的贡献率可能更高。

二、工业企业投资效益持续走低

从增加值看，近期工业企业投资效益持续走低。国际金融危机以来，规模以上工业增加值增速由2010年的15.7%下降至2017年的6.6%，虽然2018年前5个月反弹至6.8%，但总体下降的态势没有根本改变。从利润增速来看，2016—2017年受益于供给侧结构性改革，工业企业利润增速保持较高的正增长，但随着“去产能”政策带来的价格效应减弱，工业企业的利润开始走低，2018年前3个月规模以上工业企业利润同比增长11.6%，较2017年底放缓9.4个百分点，而3

月利润同比增长仅为3.1%，比2017年同期下降20.7个百分点。经验表明，工业企业盈利增速领先制造业投资增速10~12个月。受供给侧结构性改革的影响，2017年工业企业盈利增速大幅回升，这将对后续的制造业投资增速回升形成支撑，但政策刺激的动能正在减弱，因而暂时的盈利改善并不会改变制造业投资增速趋势性下降的态势，直到制造业结构调整到位，即高端装备制造业和高新技术制造业的贡献占据主导地位。总体来看，制造业投资收益降低的原因在于投资中的土地成本不断升高，而信贷驱动的前期投资形成庞大的过剩产能，在内外需求放缓的背景下，制造业的投资回报率可能会低于贷款基准利率，甚至可能受贸易争端等限制，有些新增制造业投资刚形成产能就没有了市场需求，自然也就不会产生相应的回报支持扩大再生产。

三、劳动生产率增速呈现放缓态势

劳动生产率增速放缓也反映出投资效率下降的问题。根据国家统计局的测算，国家全员劳动生产率增速已由2010年的10.2%下降至2016年的6.4%，2017年虽反弹至6.7%，但生产率趋势性下降的形势并未改观。原因有二：一是多年来劳动供给减少，年轻人劳动参与率下降，由低效率产业部门向高效率产业部门转移的农村劳动力速度放缓，而产业部门内部生产率的提升有赖于技术改造推动的全要素生产率的提升；二是第三产业劳动生产率本身提升幅度较慢，2008—2015年第三产业劳动生产率增速仅为5%，同期第二产业劳动生产率增速为7.4%。受人口老龄化加速和第三产业增加值占比越来越高等因素的影响，国家全员劳动生产率增速还会进一步下降。

四、国民总储蓄转化为投资的能力减弱

国民总储蓄并不能有效转化为国内投资。一直以来，中国较高的储蓄率不仅为投资提供了资金来源，而且内在地要求形成更多的投资。考

虑到储蓄投资也需要社会平均回报率，但近年来中国平均回报率的下降，特别是固定资产投资转化为资本形成总额的过程中存在诸多难以解释的纰漏，在一定程度上限制了储蓄转化为有效投资的能力。在国内投资收益空间缩小的情况下，将会有更多的储蓄资金转化为海外投资，特别是“一带一路”沿线国家的有效投资，以追求更高的投资收益为目标。因储蓄不能有效地转化为投资而导致总产出水平下降、银行运行风险加大。

值得警惕的是，中国储蓄率出现持续性下降趋势。国际金融危机以来，国内储蓄率呈现持续性下降态势，由 2008 年的 50. 3% 下降至 2015 年的 47. 9% 。2017 年居民储蓄率出现负增长，未来仍可能继续保持在低位。国际货币基金组织预测，到 2023 年，中国的国民总储蓄率将会下降至 42. 2% 。国民总储蓄的下降与中国居民的收入消费结构有关，老一代国民更愿意储蓄，以保证子女教育支出和自身养老，但随着汽车、住房等大宗消费的增加，特别是高企的房价，促使更多年轻一代的国民借贷消费，而人口结构的变化将会进一步加剧这种趋势。

从短期来看，较高水平的储蓄率并不能转换为有效投资，这与当前银行存贷模式发生变化有关。为了追求更高的收益，银行通过表外业务兜售理财产品，使大部分存款转变为理财产品进入投资市场，而高昂的理财回报促使资金在金融机构或房地产市场运转，很难流到实体经济中，即金融领域存在的资金“脱实向虚”现象。近年来，金融机构各项存款余额同比增速已下降至 10% 以下，而且存在进一步下滑的可能性，而 2016—2017 年居民新增人民币贷款保持两位数的增长，其中 2016 年增幅高达 63. 6% ，在严格控制房地产贷款利率的背景下，2017 年居民新增人民币贷款仍同比增长 12. 6% 。随着时间的推移，按揭贷款规模持续膨胀将进一步侵蚀存款规模，引发储蓄率下降，进而使储蓄转化为有效投资的能力减弱。

第三节　投资与资本形成出现背离

近年来，中国全社会固定资产投资与固定资本形成总额之间出现了严重背离的现象，两者差额逐步扩大，由2003年的约2000亿元增加至2017年的29.5万亿元，期间两者比例由2000年的1:1左右攀升至2016年的1.9:1。其中，土地购置费的快速增长常被认为是两者差距扩大的主要影响因素，但两者差额在扣减土地出让金、固定资产投资中“其他费用”项以及估计的“三公”经费后，仍然剩余近3.15万亿元难以具体解释，我们认为这可能是构成灰色收入的主要来源之一。若两者差额持续扩大，则可能会导致投资效率低下、土地财政膨胀和债务风险加大及腐败滋生等。

一、固定资产投资与固定资本形成出现背离现象

固定资产投资是以货币表现的建造和购置固定资产活动的工作量以及与此有关费用的总和，按管理渠道可分为基本建设、更新改造、房地产开发投资和其他固定资产投资四个部分。支出法下的固定资本形成总额是常住单位购置、转入和自产自用的固定资产，扣除固定资产的销售和转出后的价值，既包括一定时期内完成的建安工程和设备工器具购买（或处置）价值以及土地改良、新增役、种、奶、毛、娱乐用牲畜和新增经济林木价值等有形固定资产形成总额，也包括矿藏的勘探、计算机软件、娱乐和文学艺术品原件等获得减处置等无形固定资产形成总额。通俗来看，固定资产投资记录当年发生的有关固定资产的交易额，而资本形成总额记录当年生产的固定资产形成额。两者虽有较大的差别，但理论上还是比较一致的。在季度经济分析中，固定资产投资额常被视作固定资本形成总额的替代指标。

固定资产投资是计算固定资本形成的基本资料来源，所形成的固定资本增量基本反映在 GDP 的增长上，因而对经济增长的贡献较大。尽管固定资产投资与固定资本形成总额存在一定程度上的不一致，但实际差额较小，长期变化趋势比较接近，两者比例通常会保持在 0.9 ~ 1.1，因而常被作为相互验证或推算的依据。

即便考虑到固定投资受时滞效应和年度投资率差异等因素的影响，但 2005 年以来，固定资本形成总额与固定资产投资额之间仍出现较大的背离现象，两者的比例由 2004 年的 0.92 下降至 2016 年的 0.52，两者的差额也由 2004 年的 5359.7 亿元扩大至 2017 年的近 29.5 万亿元。

表 5－1　1981—2017 年固定资产投资额与固定资本形成总额及其关系表

年度	固定资本形成总额（亿元）	固定资产投资额（亿元）	固定资产投资额－固定资本形成总额（亿元）	固定资本形成总额/固定资产投资额
1981	1381.90	961.00	－420.90	1.44
1982	1558.60	1200.40	－358.20	1.30
1983	1742.60	1369.06	－373.54	1.27
1984	2192.10	1832.87	－359.23	1.20
1985	2844.10	2543.19	－300.91	1.12
1986	3299.70	3120.60	－179.10	1.06
1987	3821.40	3791.69	－29.71	1.01
1988	4842.00	4753.80	－88.20	1.02
1989	4518.50	4410.40	－108.10	1.02
1990	4636.10	4517.00	－119.10	1.03
1991	5794.80	5594.50	－200.30	1.04
1992	8460.90	8080.10	－380.80	1.05
1993	13574.40	13072.30	－502.10	1.04
1994	17187.90	17042.10	－145.80	1.01
1995	20357.40	20019.30	－338.10	1.02
1996	23319.80	22913.50	－406.30	1.02
1997	25363.20	24941.10	－422.10	1.02
1998	28751.40	28406.20	－345.20	1.01

续表

年度	固定资本形成总额（亿元）	固定资产投资额（亿元）	固定资产投资额 - 固定资本形成总额（亿元）	固定资本形成总额/固定资产投资额
1999	30241.40	29854.70	-386.70	1.01
2000	33527.70	32917.70	-610.00	1.02
2001	38063.90	37213.50	-850.40	1.02
2002	43796.90	43499.90	-297.00	1.01
2003	53964.40	55566.60	1602.20	0.97
2004	65669.80	70477.40	4807.60	0.93
2005	75809.60	88773.60	12964.00	0.85
2006	87223.30	109998.20	22774.90	0.79
2007	105052.20	137323.90	32271.70	0.76
2008	128001.90	172828.40	44826.50	0.74
2009	156734.50	224598.80	67864.30	0.70
2010	185827.30	251683.77	65856.47	0.74
2011	219670.90	311485.13	91814.23	0.71
2012	244600.70	374694.74	130094.04	0.65
2013	270924.10	446294.09	175369.99	0.61
2014	290053.10	512020.65	221967.55	0.57
2015	301503.00	561999.83	260496.83	0.54
2016	318083.60	606465.66	288382.06	0.52
2017	346440.80	641238.00	294797.20	0.54

资料来源：国家统计局。

从两者的比例走势看，全社会固定资产投资的高增长并不意味着其对 GDP 的贡献同步上升。2002 年，每增加 1 元固定资产投资可以形成 1 元固定资本，但是到了 2010 年和 2016 年，同样 1 元的固定资产投资，只能形成 0.66 元和 0.52 元的固定资本。多年来，中国的资本形成率（资本形成总额占支出法 GDP 的比重）呈现攀升走势，已由 1998 年的 36.2% 上升至 2013 年的 45.38%，随后回落至 2017 年的 42.66%。而若用固定资产投资代替固定资本形成总额计算对 GDP 的贡献率，则投资对 GDP 的贡献可能更高。从图 5 - 2 的走势来看，固定资产投资与固定资本形成总额之间的背离，表明运用不同指标衡量投资对 GDP 的贡献率确实存在差异，这就意味着中国的投资率存在一定程度的高估。

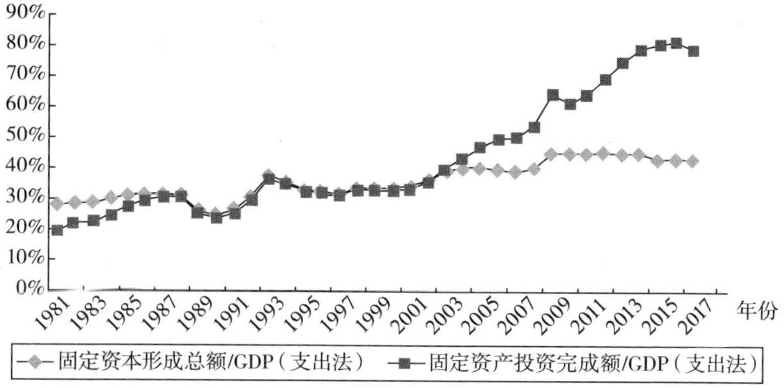

图 5－2　1981—2017 年固定资产投资完成额和固定资本形成额占 GDP 比例变化

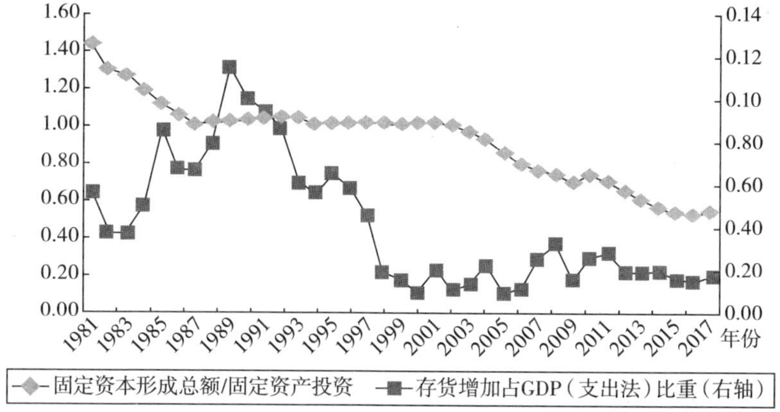

图 5－3　1981—2017 年存货增加占 GDP 比例与固定资本形成总额占固定资产投资比例

从存货增加变动趋势来看，固定资本形成总额与固定资产投资的比值与存货增加占 GDP 比重表现得比较一致（见图 5－3），近年来两者都处于相对较低的水平。存货的顺周期变动在一定程度上虽会抵消固定资本形成总额对资本形成总额实际增长率的贡献，但投资对 GDP 贡献的变化并不完全是工业去库存化的影响。很显然，近些年来固定资产投资与固定资本形成总额之间的差距正在逐步拉大，但中国经济的总体形势还是稳步向好的，尤其是在最终消费率保持小幅下降的情况下，资本投资对经济增长的贡献有目共睹。一方面，固定资产投资高速偏离固定资本形成，另一方面，投资对经济增长的贡献却在提升，这是否意味着固定资产投资效率逐渐下降，或者固定资产投资统计数据存在高估的可能？对此，需要分析两者在内涵或构成上的区别。

二、固定资产投资与固定资本形成背离的成因分析

固定资产投资包括土地购置费、旧设备和旧建筑物购置费，其中土地购置费不属于生产活动成果，故不包括在固定资本形成总额中，而旧设备和旧建筑物作为折旧已包括在前期或当期的固定资本形成总额中，不能重复计算。固定资本形成总额不仅包括城镇和农村非农户规模以下（1997 年后 50 万元以下，2010 年调整为 500 万元以下）项目的固定投资，而且包括矿藏勘探、计算机软件等无形资产投资以及房地产开发商的房屋销售收入和房屋建造投资成本之间的差额（房地产开发增值收益），而固定资产投资不包括这些部分。由此可知，固定资产投资统计不仅包括固定资本形成，还包括零星的固定资产交易和土地交易价值等。固定资产投资额与固定资本形成总额的差值可能就是土地购置费与城乡规模以下项目固定投资、无形资产投资和房地产开发增值收益之间的差值。因为固定资产投资统计中包括了以出让方式和划拨方式取得土地所支付的各种费用，当固定资产交易和土地交易价值占比增加且增速较快时，固定资产投资增速将高于固定资本形成增速，表现在规模上就是固定资产投资完成额大于固定资本形成总额，但两者在反映投资增长趋势方面具有一致性。

按理说，两者的差额可以用土地购置费来解释。在土地购置价格和土地购置面积迅速增加的情况下，土地购置费在固定资产投资中所占的份额就会上升，从而拉大固定资产投资与固定资本形成总额之间的差距。从理论上讲，两者差额不应大于全国土地出让金总额，然而事实并非如此。财政部和国土资源部统计的土地出让金收入数据表明，固定资产投

资和固定资本形成总额的差额要远远大于当年土地出让金总额，表5－2给出了2003—2017年两者差额与土地出让金之间的差额。从中可以看出，自2005年开始扣减固定资本形成总额和土地出让金后的固定资产投资额开始变为正值，且呈现逐年增加的走势。以2016年为例，当年土地出让金额约为3.75万亿元，从固定资产投资与固定资本形成总额的差值扣减后仍结余近25.09万亿元。由此不难推知，近几年固定资产投资额与固定资本形成总额之间的差距难以完全用土地购置费来解释。

表5－2　2003—2017年固定资产投资额、固定资本形成总额与全国土地出让金总额

单位：亿元

年份	固定资产投资额－固定资本形成总额	土地出让金	差额
2003	1602.20	5421.30	－3819.10
2004	4807.60	5894.00	－1086.40
2005	12964.00	5505.00	7459.00
2006	22774.90	7676.90	15098.00
2007	32271.70	12763.50	19508.20
2008	44826.50	9737.00	35089.50
2009	67864.30	14253.80	53610.50
2010	65856.47	29397.98	36458.49
2011	91814.23	33477.00	58337.23
2012	130094.04	28886.31	101207.73
2013	175369.99	4.1618.50	133751.49
2014	221967.55	42940.30	179027.25
2015	260496.83	33657.73	226839.10
2016	288382.06	37457.00	250925.06
2017	294797.20	52059.00	242738.20

资料来源：国家统计局、国土资源部。

那么剩余的25.09万亿元该如何解释呢？从构成上看，固定资产投资额包括3个部分：建筑安装工程、设备工器具购置和其他费用。表5－3给出了2004—2017年固定资产投资额的构成部分及其占比，其

中建安工程占比为60% ~70%，设备工器具占比18% ~23%，这两部分比较固定，应当切实计入固定资本形成总额中。而其他费用是指固定资产建造或购置过程中发生的除上述几项内容以外的各种应分摊计入的费用（包括土地购置费、旧建筑物购置费等），通常占11% ~17%。以2016年为例，若从25.09万亿元的差额中再扣除“其他费用”项，则仍然结余约18.15万亿元。假如2016年全国“三公”消费开支约为15万亿元（财政部2016年预算安排的“三公”经费为6146.48万元，从全国国税系统统计来看，2016年使用中央财政拨款安排“三公”经费预算为133574.54万元，即便财政部公布全部的“三公”经费开支，也肯定小于这个数），再次从中扣减这部分经费（可能部分“三公”经费还含在“其他费用”项中），即便可能重复扣减了土地购置费用（土地出让金），那么扣减后的两者差额中还剩余3.15万亿元难以明确解释。由此推测，固定资产投资中至少有1万亿~4万亿元莫名流失了，这可能是构成灰色收入的主要领域（“其他费用”项中部分费用也可能构成灰色收入）。

表5－3　2004—2017年固定资产投资额构成及其占比　　单位：亿元

年份	建安工程		设备工器具		其他费用	
	总额	占比（%）	总额	占比（%）	总额	占比（%）
2004	36197.54	61.75	12392.88	21.14	10029.86	17.11
2005	46154.12	61.46	16439.23	21.89	12501.75	16.65
2006	57099.41	61.15	20397.57	21.85	15871.70	17.00
2007	71595.25	60.95	25694.84	21.87	20174.38	17.17
2008	90361.87	60.75	33572.29	22.57	24804.15	16.68
2009	119780.36	61.77	42333.85	21.83	31806.18	16.40
2010	148601.27	61.55	51692.61	21.41	41137.01	17.04
2011	193644.64	64.04	63580.02	21.03	45171.39	14.94
2012	236601.07	64.85	75938.32	20.81	52314.76	14.34
2013	290333.98	66.63	89296.38	20.49	56117.07	12.88
2014	341412.13	68.01	99679.84	19.86	60912.94	12.13
2015	379728.39	68.84	109522.75	19.86	62338.90	11.30

续表

年份	建安工程		设备工器具		其他费用	
	总额	占比（%）	总额	占比（%）	总额	占比（%）
2016	415196.26	69.61	111859.88	18.75	69444.61	11.64
2017	441771.54	69.94	114057.51	18.06	75854.92	12.01

资料来源：国家统计局。

三、固定资产投资与固定资本形成背离的影响

尽管2010年调整了固定资产投资的统计口径，但固定资产投资和固定资本形成总额之间的背离问题没有根本改善。预计未来两者之间的差距可能会继续扩大，从而影响经济发展的质量和效益。具体而言，有以下四个方面的影响。

（一）容易造成投资率偏高的假象

当前固定资本形成总额对GDP的贡献保持在较高水平，而固定资本形成的高速成长往往归结为固定资产投资的高增长率。从历史数据上看，中国固定资产投资的增长率往往超过固定资本形成总额的增长率，这容易被误认为是投资率偏高问题。从经济原理上讲，高投资率应由技术进步、融资成本下降或放松管制所引发，而如果只将经济增长与固定资产高投资联系起来，则容易误导宏观调控决策，引发投资结构失衡，诱发通过增加固定资产投资来刺激经济增长，出现投资“过热”问题。

（二）容易导致投资效率低下问题

若固定资产投资长期偏离固定资本形成总额，意味着单位投资产出下降了很多，固定资产投资对资本形成的效率在下降，有可能会扭曲资本的有效配置。现实情况也表明产出增长慢于投资增长，这种现象已开始引起人们对基建投资和国企投资的质疑，除了投资结构不平衡制约效益提升，追求政绩的冲动也促使地方政府和国有企业只关心投资数量多

少和规模大小，而将投资效益高低放在了次要地位。

（三）容易引发连锁的经济运行风险

从历史数据来看，全国土地出让金逐年递增，政府卖地收入已成为地方财政收入的主要来源。土地购置费的迅速增长，也促使固定资产投资增速大幅上升，而依赖公共财政投资的公共建设项目，需要大量的低成本资金维持，更加剧了土地财政的持续膨胀和公共债务的日益扩张，这很容易导致投资不可持续、引发融资债务风险。若长期将固定资产投资、土地财政和公共债务三者绑在一起，则会增加连锁经济风险发生的可能性。

（四）容易形成滋生腐败的温床

固定资产投资中的“其他费用”项若持续扩大，则可能意味着“三公”经费开支逐步扩大。在当前各级政府经费开支尚不透明的情况下，容易导致官商勾结、假公济私、暗箱操作的不良现象。而固定资产投资与固定资本形成总额之间的差额无法解释的部分，更是灰色收入的主要来源，而这种资产投资上的“漏洞”往往伴随着腐败的发生。

四、解决固定资产投资与固定资本形成背离问题的措施

针对固定资产投资与固定资本形成总额之间存在严重背离的问题，笔者提出如下建议：

（一）持续关注固定资产投资与固定资本形成总额之间存在的巨大差额

尽管固定资产投资与固定资本形成总额在内涵上存在区别，但是两者的严重背离显然不是一件好事。因此，需要持续关注两者在以往年度数据上的差异，并详细分析造成这种差异的原因，使各项数据之间的勾稽关系都能得到很好的解释。

（二）严格细察固定资产投资中“其他费用”项的构成变化

由于固定资产投资中“其他费用”项包括土地购置费和可能的“三公”经费，因此近些年土地购置费和“三公”经费的快速增长，可能会促使地方政府过度依赖土地财政来增加公共建设工程项目投资，而其构成上的不透明，使这部分费用的增长难以给出合理解释，容易引起公众的无端猜测和误解。

（三）把反腐败重点关注领域紧盯在固定资产投资领域及其流转环节

针对工业生产、基础设施建设、科技投入研发以及城镇化建设等领域的固定资产投资的具体流向进行认真审计核查，使实际支出与账面统计相一致。尤其是纪律监察部门可依据两者之间的差异把反腐重点紧盯在资产投资领域，并依此顺藤摸瓜地查清固定资产投资资金的流向，尽可能堵住资金尤其是国有资金流向“灰色地带”。

第四节 加快挖掘有效投资需求潜力

从短期来看，扩大投资稳增长的主要途径是放松房地产市场管制，这将引发新一轮房地产投资热潮，但是这种做法确实有“饮鸩止渴”之嫌。要有效防止重走刺激房地产振兴经济的老路，不能指望更加宽松的货币政策和信贷政策的支持，而是要依靠更加精准的财政货币政策引导投资资金更多地流向高端制造业和民间投资领域。在以防范化解重大风险的前提下，亟待释放高端制造、基础设施和乡村振兴补短板的需求潜力，扩大有效投资，达到兼顾调结构和稳增长等多重目标的要求。

一、中国并不存在投资过度问题

中国经济依赖投资拉动的表现引发了对投资是否过度问题的持续争论。笔者认为，中国投资增长可能存在误判，总体上并不是投资过度，而是结构性错配严重，有效投资明显不足。

（一）中国投资存在结构性错配和有效性不足问题

一是当前投资活动仍存在严重的结构性错配问题。受短期利益的驱动，大量金融资源配置在低效率的部门或行业中，而且低效率部门的盈利能力还在下降。从结构上看，信贷资金过多地流向钢铁、水泥、电解铝、造船等市场饱和产业，投向过度杠杆化的金融地产及其相关行业，引导中下游企业和私人部门的投资也多集中于这类领域，造成了供给过剩而有效需求不足，而涉及公共基础设施、科技创新、医疗教育及其他民生领域的投资相对较少，出现了有效供给不足。

二是利率价格扭曲是造成投资结构失衡的主要原因。2003 年以来，中国利率政策出现明显调整，实际贷款利率下降至非常低的水平。在这种高度扭曲的价格政策下，中国资本存量占 GDP 的比例从 2003 年的 41% 增长至 2011 年的 49%。不管对中国资本存量的估算准确与否，在价格扭曲的环境下形成的资本存量都将增加中国的不良投资规模，导致了部分企业的投资冲动，致使许多资金利用效率较低的项目也可以上线。2013 年以来，一年期民间借贷综合利率均在 15% 以上，即便扣除当期价格因素，民间借贷利率也远远超过银行的短期贷款利率，这表明民间融资成本非常高，而依靠银行短期贷款的部门融资成本却较低，这种资金价格“双轨制”也是造成投资结构失衡的重要原因。投资结构失衡甚至有可能引发大规模的融资风险。值得关注的一个问题是地方政府的“短债长投”问题，即地方政府通过融资平台把借贷资金投向周期长、外部性大的基础设施领域，但中央地方收支倒挂的财税体制和相对廉价的资金成本，既容易产生过多的不良投资项目，又容易诱发地方“借新债还旧债”，不断积累地方债务风险。

（二）增加投资仍具有相当大的空间

一是中国人均资本存量相对较低。龙州经讯估算显示，2010 年中国资本存量为 82 万亿元，若按人均资本存量计算，则低于美国 1930 年的水平。汇丰银行的估算数据相对较高，2010 年中国资本存量约为 93 万亿元，但也仅为美国的 1/3。由此推算，中国经济发展仍处于资本积累阶段，未来具有较大的投资空间。

二是中国仍拥有相对较高的储蓄率。2005 年之前，固定资产投资占 GDP 的比重低于国内储蓄占 GDP 的比重，之后国民储蓄占 GDP 的比重达到 50% 左右，同时伴随着高投资增长。在国内储蓄中，企业和政府储蓄的比重较高。2010 年企业储蓄占 GDP 的比重超过 22%，几乎为 1992 年 11.7% 的 2 倍，政府储蓄占 GDP 的比重由 1992 年的 4.4% 上升至 2010 年的 8% 左右。显然，企业和政府是要将这些储蓄转化为有形资产，高投资率就是高额储蓄释放的结果。

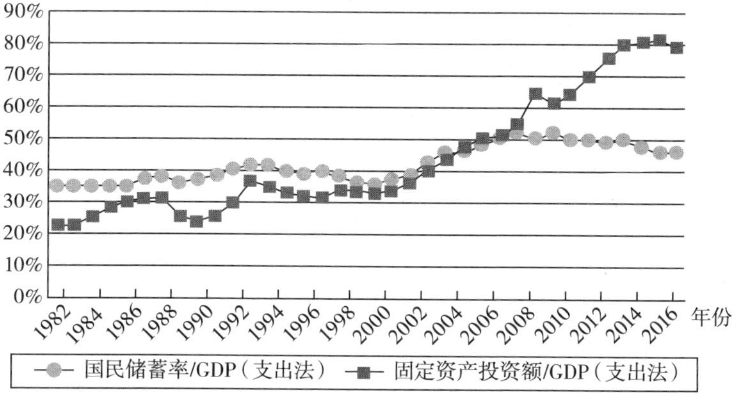

图 5－4　国民储蓄率、固定资产投资占 GDP 比重走势（1982—2017）

资料来源：国家统计局。

三是增加投资能带动技术进步。在增长核算中，有很大一部分技术设备投资是算入资本积累的。加大对设备更新改造、提高劳动力素质和发展基础设施都需要通过适度投资来带动。对后发展的国家而言，投资本身是技术进步的最重要方式。中国作为后发国家，短时间内必然需要购置更多的先进设备，直接利用国外先进技术，在使用新资本过程中促进人力资本积累和技术进步。

四是增加投资能拉动消费增长。实践表明，固定资产投资对刺激消费具有正向带动作用，尤其是在中西部地区。在形成自我消费驱动经济增长循环之前，必要的投资有助于促进居民收入增长，进而带动消费增长。

二、中国亟待挖掘有效投资的潜力

稳投资对稳定增长至关重要。长期以来，中国投资增长较快，占GDP比重也较大，尽管投资的实施效果有所下降，但是仍有很多需要投资的短板领域，虽然短期效益并不好，但是从长期来看这些资产的回报还是可观的，特别是高端制造、地方新动能培育和乡村振兴等领域。

（一）高端制造业投资仍有较大的挖掘潜力

扩大有效投资首先要增加高端制造业领域的投资强度。从目前来看，制造业投资增速下降主要是受传统制造业投资减少的拖累，而在高端制造业投资已有所增加。随着中高端消费的升级加速，高质量供给能力短板更加凸显。近期美国对华技术封锁更凸显出中国高端制造缺少核心技术和关键人才的尴尬。要彻底改变核心技术被“卡脖子”的状态，需要持之以恒地增加这方面的投资，培育世界一流的全球性企业和人才队伍。在中美贸易摩擦带来的压力下，中国已意识到亟须围绕“中国制造2025”的既定目标，增加高端制造技术的研发投入，营造容许失败的创新氛围，引导更多的社会资金投入高端制造领域。

（二）部分地区基建投资仍有发力的空间

对于国家政策重点支持的经济一体化区域，如2022冬奥会赛区、粤港澳大湾区、雄安新区、海南自由贸易港等，中央本级预算将会加大财力支持，特别是对重点建设项目将给予重点资金保障。相较而言，中西部还有一些贫困地区基础设施存量只相当于全国平均水平的一半左右，进一步完善的空间比较大。同时，财政状况良好的省份（如东部）

仍有条件发挥基础设施的需求潜力，可以采取多种投融资形式，进一步更新改善交通、水利、环保、租赁住房、信息网络等公共基础设施质量。由此推断，各地投资未来有加速增长的可能。当前，地方政府正在主导新一轮投资计划。2018 年 6 月以来，地方政府纷纷接洽中国铁路总公司、国家开发投资公司等单位，以获取更多的项目和资金支持。很多地方纷纷推出了以投资为主的经济刺激计划。如中央政府规划川藏铁路总长约 1700 千米，80% 以上将以隧道和桥梁的方式建设，累计爬升高度达 1.6 万多米，投资约 2500 亿元，进而带动地方开展配套投资，带来上千万吨的水泥需求。

（三）乡村振兴投资具有广阔的腾挪余地

实施乡村振兴战略首要是加大对乡村地区基础设施的投资力度，特别是结合全面建成小康社会的目标要求，推进乡村振兴战略将会带来更多的基建投资机会。中央和地方可以发挥财政资金的杠杆撬动作用，积极引导工商资本下乡参与乡村旅游、养老、安居等项目建设，让更多的资金找到投资的出路，获取稳定的投资回报。

第五节　扩大有效投资的具体措施

从上述分析来看，短期内单纯地通过扩张性政策调整难以持续扩大有效投资，在房地产投资受制于调控政策与房企融资约束的条件下，基建投资因缺乏地方政府债务融资支持而难以维持强劲势头。要进一步发挥投资对稳增长的关键作用，政府主导的投资要保持适度，产业政策转向功能性，税费减免转向普适性调整，短期可促进经济平稳运行。通过扩张性的财政政策和货币政策，适当引导社会资本参与基础设施建设和制造业、房地产投资，刺激投资需求。较高的投资率对短期的经济增长确有促进作用，但是中长期的经济增长主要依赖于技术进步。为此，有必要确保制造业和民间有效投资落地，亟须破除制约有效投资落地的各项措施，在积极的财政政策和稳健中性的货币政策上做出精准导向，通过实施供给侧结构性改革，增加技术投资以加快核心技术攻关，积极引导市场投资预期，切实把扩大有效投资与促进结构调整有机结合起来。

一、采取适度灵活的货币政策

扩大有效投资，在保持稳健中性的货币政策总基调不变的前提下，要保证适度的货币流动性，谨防社会融资增速快速下降。因 2018 年 5 月社会融资规模增速出现超预期下调至 10.3%，央行于 6 月中旬开始调整货币政策，授予国有银行额外的信贷额度。今后在表外融资和直接融资短期内很难大幅改善的情况下，仍需依靠表内信贷承担更大的流动性供给职责。因此，应继续实施差异化的信贷政策导向，加大定向降准的力度，适当降低中长期利率，引导市场发债利率有所下降，逐步恢复和扩大债券融资，尽可能降低创新企业、小微企业开展有效投资的融资成本。

二、适度扩大财政赤字规模

当经济下行压力较大时，应实施更加积极的财政政策，通过适度扩大财政赤字规模以扩大有效投资，在全国赤字率控制在 3% 以内的情况下，发行长期国债和专项建设债券，扩大地方政府专项债券的发行融资额度，适度保障在建项目投资的持续性。遵照“老项目老办法”的原则，在盘活现有存量设备和基础设施价值的基础上，保障在建项目和后续项目投资资金供应，避免形成“烂尾工程”或“断头项目”；同时逐步降低扩建投资占比，增加传统行业更新改造、技术创新等改建和新建项目投资。地方新增融资额度应优先投向已批和在建的基础设施，重点支持保障已规划确立的中长期重大工程，如雄安新区、粤港澳大湾区、海南自由贸易港、冬奥会场馆设施、棚户区和农村危房改造、中西部高速铁路、对外经济走廊、重大水利工程和生态环保整治等项目建设。适度加大地方政府专项债券发行力度，优化财政支出结构，将更多的资金支持放到精准扶贫和污染防治上来。

三、持续完善普遍减税措施

在现有减税降费的基础上，实施近 8000 亿元的减税规模主要在于推动扩大内需和高质量发展。针对高端制造、乡村振兴等短板突出的领域，加大减税降费力度，如可将高端制造业的增值税进一步下调，对高新技术企业和小微企业延长所得税减免的期限，对企业的研发投入给予税前扣除，降低创新创业企业和个人所得税税率，降低资本市场交易印花税，由减半征收企业创办和增资印花税转向减免征收。密切关注美欧等国家的税改动向，积极推进财税体制改革，研究出台普遍降低企业增值税和所得税税率的措施，加快推进地方和中央财政事权与支出责任划分改革，推进个人所得税改革，推进综合与分类相结合的税制改革，启动房产税立法和扩大试点，激发民间和居民投资。

四、加大高端制造中长期研发投入

在经济下行压力较大的情况下，更要加大半导体（芯片）、5G、军工、航空航天等高端制造业核心技术的攻关研发投入，鼓励和支持更多的信贷资金流向中长期科技和人力资本投入领域，增加国家和企业开展基础性研发的资本存量，到 2020 年之前努力将研发支出占 GDP 的比重提高到 2.5% 以上，积极引导各地设立的产业基金支持新产业、新模式和新业态发展，重点在高端制造及其相关领域加大长周期投资，促使资本与产业深度结合，培育经济发展新动能；有效控制重化工业领域的投资力度，重点加大对农业基础设施现代化、产业化和生产性服务业的投资力度。同时，采取“疏堵结合”和“因城施策”策略，严防信贷资金过多地流入房地产、互联网金融等领域，确保更多社会资金沉淀到以高端制造为代表的实体经济中。

五、推进市场化、法治化债转股落地

更多地运用市场化、法治化手段化解过剩产能，进一步推进市场化债转股、引进各类社会资本参与债转股实施，加快国有企业改革和关键性行业改革，推动投资要素由低效率的部门向高效率的民营企业或中小企业配置，通过推进市场化债转股重在降低企业特别是国企债务成本负担，重置高成本信贷资源的投入机制，引导存量信贷资金以直接融资的方式流向高技术产业等生产率较高的领域。进一步加快利率市场化改革，确立短期和长期的基准利率体系，以均衡利率引导资金流动，科学调整商业银行的信贷存量，将通胀控制在合理区间，提高实际利率水平，加快中小金融机构改革，培育中小非银行金融机构，建立覆盖村镇的县域金融体系。

六、加大乡村振兴投资力度

逐步收缩政府投资的范围，把有限的财政资金重点投向乡村的公共产品，从直接投向项目工程转向资源要素的投入，包括交通运输、电力、水利等农村基础设施投资，以及环境治理、教育、卫生等公共事业领域，降低城乡的土地购置费用投资。参照“乡村振兴”战略规划的重点项目列表，加大对乡村基础设施、重点产业、民生工程等基础性投入，包括中央本级预算更多地向农、林、水等领域倾斜，引导社会资本采取 PPP 等模式参与乡村振兴建设，改善农业基础设施，强化现代农业科技支撑，推进农超对接和农村人居环境整治等，鼓励工商资本参与农产品精深加工、休闲农业和乡村旅游、特色小镇和美丽乡村建设。

七、进一步提振民间投资活力

在持续改善营商环境的基础上，采取更有力的措施打破行政性垄断和所有制歧视，加强私有产权保护，激发企业家精神，引导民间资本更多地流向高端制造领域，增强民营企业从事实体经济的信心。认真落实《促进民间投资健康发展若干政策措施》等各项政策，认真履行在招商引资、政府与社会资本合作等活动中与投资主体依法签订的各类合同，完善财政对中小企业融资担保的风险补偿机制，巩固民间投资企稳回升势头，继续发挥投资对稳增长的关键作用。坚决落实《中共中央国务院关于完善产权保护制度依法保护产权的意见》《国务院办公厅关于开展涉及产权保护的规章、规范性文件清理工作的通知》（国办发〔2018〕29号），营造平等保护各种所有制经济产权和合法权益的法治环境，增强人民群众的财产财富安全感。进一步细化投融资体制改革举措，加大对民间投资、中小企业投资扶持引导政策的实施力度，增加普通民众收入分配占比，提高人均资本存量。

八、持续营造便利的投资环境

进一步把营造公平竞争的营商环境放在突出位置，深入推进简政放权，清理和取消在政府采购、资质资格获取、招投标、权益保护和参与政府战略、计划等方面的差别化对待；进一步破除行政垄断，放宽电力电网、石油天然气和铁路等领域的市场准入；进一步开放国内市场，赋予内外资企业同等准入权利，放宽金融、汽车、医疗、信息技术和服务等领域的外资股权比例；尽快完善《外商投资负面清单》和加快“外资三法”的修订工作，制定外国人出入境、定居和工作的便利化措施，提供更多居民开展国际化资产配置的投资渠道；切实保证国家关于促进民营经济发展的政策措施落到实处，进一步提振民营投资者的信心。进一步优化第二产业投资质量，改善以企业为主体的投资环境，通过市场引导企业自发投资增长，鼓励商业银行把信贷资金更多地向消费领域倾斜，鼓励居民购房、购车、购生活耐用品消费信贷。

第六章

出口导向之变

国际金融危机后，中国经济面临的外需市场已有所萎缩，特别是美国借贷消费的模式遭受挑战，同时美国实施再工业化战略，逐步引导产业和资本回流，这意味着中国出口导向模式已难以为继。

美国行使的单边主义和保护主义政策增加了全球经济的不确定性，而中美之间爆发的贸易摩擦将给中国商品出口贸易带来较大压力。

在外部挑战加剧的情形下，亟待转变以加工贸易为主的出口导向模式，采取更加平衡的政策选项，应对来自外部摩擦风险的冲击。

2018 年以来，国内外形势变化错综复杂，上半年经济保持平稳增长，主要经济指标处在合理区间。随着外部环境发生明显变化，当前经济运行稳中有变，特别是中美贸易摩擦升级给经济增长带来下行压力，中国出口、投资、消费三大需求出现全面放缓，使国内风险逐步显现出来。中美贸易摩擦牵动着世界各国的神经，双方的贸易谈判更是一波三折，给世界经济带来诸多的不确定性。2018 年 5 月 29 日美国单方面再次挑起争端，宣布将对 500 亿美元从中国进口的包括高科技以及与“中国制造 2025”相关的产品征收 25% 的关税，其中对约 340 亿美元商品自 2018 年 7 月 6 日起实施加征关税措施，同时对约 160 亿美元商品加征关税开始征求公众意见。与此同时，国务院关税税则委员会不甘示弱，同样给出了 500 亿美元的征税清单。中美贸易争端再次升级，将给中国经济带来更多的不确定性。5 月 30 日，中国股市率先对此做出反应，当日上证综指跌逾 2.5%，近 200 只个股跌停、3000 只个股下跌；6 月 19 日，上证综指跌逾 3.8%，逾千只个股跌停，创出 2016 年 6 月以来的最低点，市场恐慌情绪进一步加剧。受美国政府策略性谈判施压、美联储加息预期升温以及意大利政局持续动荡等利空因素的影响，全球经济持续回暖的势头受到抑制，中国经济正遭遇严峻的外部挑战。

第一节　出口导向的增长动能难以为继

从外部需求来看，2008 年的国际金融危机导致世界经济结构做出调整，这对中国经济长期赖以发展的出口导向模式产生了较大冲击。因为以欧、美、日为代表的发达经济体改变了以往过度借贷消费的模式，这些经济体的私人储蓄率较危机之前有所提升，造成来自外部的进口需求放缓甚至萎缩，亚洲新兴经济体的外贸增速大幅放缓。

一、净出口对经济增长产生拖累

由于外需疲软和贸易保护主义抬头，货物和服务的净出口对中国经济增长的贡献度出现下降甚至负拉动。在外需疲软的情况下，中国净出口对经济的贡献率连续下降，甚至屡次出现负拉动的局面。国际金融危机以来的10年间，除了2012年、2014年和2017年货物和服务净出口回升使之对GDP的贡献率分别达到1.7%、4.3%和9.1%之外，其他7年（2009—2011年，2013年，2015—2016年，2018年前三季度）其对GDP的贡献率均为负（见图6－1），其中，2014年全年净出口对经济增长的贡献度只有1.7%，远低于以往的平均水平。2017年全球经济复苏加速，再加上前期基数偏低，中国货物和服务净出口对GDP的贡献率增长了9.1%，但是与国际金融危机之前两位数的贡献率仍有较大差距。

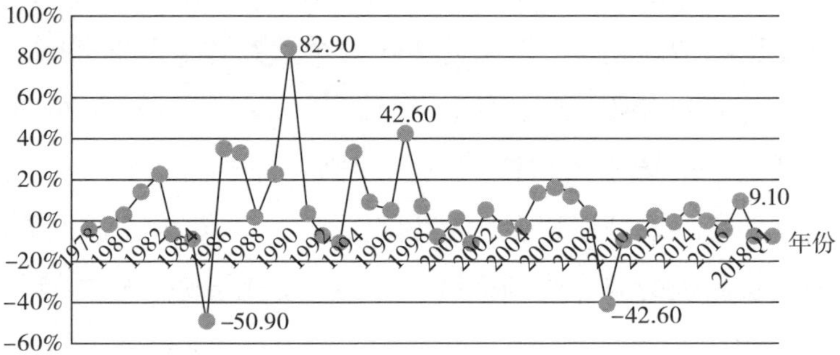

图6－1　货物和服务净出口对GDP增长的贡献率（1978—2017）

资料来源：国家统计局。

2018年以来，随着中美贸易摩擦加剧，中国货物和服务贸易出口虽然保持稳定，但净出口对经济增长的贡献再次出现负拉动，其中2018年前三季度净出口对经济增长的贡献率为－9.8%，负拉动经济增长0.67个百分点。未来全球贸易保护主义短期难以消除，净出口对中国经济的贡献率也很难短期转正，依赖净出口驱动增长的模式难以为继。

二、资本和产业向发达国家回流

发达经济体加速吸引制造业和跨国资本回流。以美国为代表的发达经济体正在通过强化劳动力和技术创新等方面的优势，促使其制造业供给能力大幅提升。以美国为例，国际金融危机之后，美国人改变了以往过度借贷消费的行为，开始着手增加储蓄并偿还债务，因而过去两三年来其消费支出增长率维持在2%左右，而在10年之前这一增长率则超过了3%。美国波士顿咨询公司2013年8月发布的《美国制造业重拾竞争力》报告显示，美国将在未来6年内每年从欧洲、日本和中国等出口大国争夺700亿~1500亿美元的制造业出口额[①]。在外需疲软和竞争加剧的形势下，中国依赖出口驱动的增长模式已不可持续。随着中国土地、劳工、环境等成本的逐步攀升，中国境内加工的制成品出口竞争力正在减弱，甚至丧失了部分低端制造业部门的业务，这促使中国政府做出结构性改变，下大力气调整经济结构，减少对出口企业的依赖，更多地转向对国内庞大消费群体的依赖。

为了吸引资本和产业回流，美国等发达国家纷纷实施大规模减税，以提高制造业投资的吸引力。例如，2017年底美国税收制度迎来30年来最大幅度的修改，特朗普政府对美国企业实施大规模减税，将企业所得税从35%大幅削减至20%，这意味着美国将从经济合作与发展组织（OECD）中企业税最高的国家变成税率最低的国家之一，这将极大地增强美国企业的竞争力。通常，当企业所得税高企时，企业的投资回报

① Harold L. Sirkin, Michael Zinser, Justin Rose. The U. S. as One of the Developed World's Lowest-cost Manufacturers – Behind the American Export Surge. August 20, 2013. www. bcgperspectives. com.

率将会有所降低，进而使企业不得不减少投资，若再征收过重的消费税和增值税，民众消费和企业生产意愿就都会被抑制，进而影响国家的竞争力和经济增长。美国的大规模减税行动已引发其他国家纷纷效仿，欧洲、日本、中国、印度等国家只能把跟进减税作为保持企业竞争力的必选项。

第二节　出口增速回暖势头不能持续

2017 年以来，中国经济维持在 6.7% 以上的中高速增长。2017 年，净出口对经济增长的贡献率达到 9.1%，其中当年四季度贡献率更是高达 28.8%，这是中国经济保持 6.9% 的超预期增速的主要原因之一。净出口对经济增长的正向贡献虽有较低基数的影响，但更多是受益于全球经济的普遍回暖。2018 年以来，净出口对经济增长的拉动大幅减弱。国家统计局的数据显示，2018 年一、二季度净出口对当季 GDP 的贡献率转为 -9.10% 和 -10.7%，负拉动 0.60 个百分点、0.73 个百分点，对经济增长的拖累有扩大的趋势。这造成经济增长主要依靠内需特别是消费的拉动。其中，2018 年一、二季度最终消费对经济增长的当季同比贡献率高达 77.8% 和 79.2%，这主要体现为出口和投资动力减弱下的“水落石出”效应，与以往“三驾马车”共同拉动的模式有所不同。

一、出口增速短期向好势头难以为继

受春季开工复苏影响，2018 年前 4 个月出口数据出现好转，以美元计价的出口增速由负转正，同比增长 12.7%，而同期进口增速更是同比增长 21.5%，货物贸易项下重回顺差，但这并不意味着出口已无失速之虞。除了 2017 年节节升高的基数影响，出口维持较高增速的难

度增加。原因有三：

一是当前出口增速超预期得益于全球经济继续稳定的扩张，全球制造业采购经理人指数（PMI）达到53点以上，而且波罗的海干散货指数上升态势明显，但是随着全球经济复苏进程的再次分化，美、欧、日经济增速已显示出回调迹象，这预示着未来外需表现将不再强劲，对中国出口提振的动力减弱。

二是受春节错期扰动的影响，前期观望的订单已经在4月显现出来，而后期需求订单尚具有很大的不确定性，可能会对出口的持续增长造成拖累。2018年6月，中国制造业PMI较前月下行0.4个百分点，降至51.5%，降幅为2017年10月最大值，其中新订单指数、新出口订单指数分别为53.2%和49.8%，较5月分别下降0.6个和1.4个百分点，可见新出口订单指数下降尤为明显，已降至荣枯线以下。新出口订单已由扩张转向收缩态势，反映了中美贸易战持续发酵对出口的影响开始逐步显现，贸易抢跑的行为开始减弱。未来中美贸易争端带来的压力或将持续拖累PMI数据，仍需持续关注中美贸易冲突后续进展及贸易数据的变化情况。整体来看，受外需下降的影响，采购量指数略有下降，产成品库存指数上涨，其中6月产成品库存指数为46.3%，较上月小幅上涨0.2个百分点，采购量指数小幅下降0.2个百分点，降至52.8%；未来仍需持续关注产成品库存及采购量变化情况。

三是出于稳步推进金融市场开放的需要，人民币对美元汇率将会保持相对稳定。主要发达经济体PMI边际走弱叠加前期人民币升值已造成中国出口增速出现下行迹象。特别是人民币实际有效汇率升值将削弱中国出口产品的价格优势，进而造成订单转移。近期，人民币对美元汇率虽出现较大幅度的贬值，但为防止金融系统出现较大的风险，人民币贬值的预期已得到抑制，同时美元指数单边走强的可能性不大。因此，未来一段时间，出口恐难以始终延续两位数超预期增长。

二、出口市场面临的不确定性风险增加

2018年以来，主要出口市场遭受了诸多不确定因素的冲击。2017年，中国出口增速转正得益于主要出口市场需求表现强劲。2018年前5个月，以美元计价的出口增速延续2017年末的两位数增长，累计同比高达13.3%，较前4个月下降0.3个百分点，但是从主要的出口目的地来看，2018年5月中国对美国、日本、东盟、巴西的出口均有提升；但是对欧盟、中国台湾、韩国、澳大利亚的出口有所下降。其中中国对美国、欧盟、日本三大市场出口金额当月同比分别增长11.6%、8.5%和10.2%，均低于整体出口当月同比增速（12.6%），而三大市场占到中国出口总额的40%以上（2017年占到41.5%），长期都是影响中国出口增长变化的主要方面。2018年5月，中国对欧盟出口增速较前月下行2个百分点，降至8.5%，拉低了整体出口增速下行0.4个百分点；但对美国出口增长上行2个百分点，升至11.6%，提振整体出口较前月回升0.4个百分点，这是中国整体出口增速仍能保持韧性的主要原因之一。

考虑到2018年前5个月，中美贸易摩擦对中国出口增速的影响尚未产生实质性负面影响，而且存在部分企业因担忧美国上调关税而提前增加出口的现象，即为规避美国上调关税，部分出口商会提前执行订单。主要经济体的制造业PMI数据显示，全球制造业景气正边际走弱，叠加中美贸易争端的透支效应，中国出口增速面临下降的幅度较大。考虑到美国对华500亿美元的进口商品提升25%的关税，2018年6月16日美国贸易代表办公室发布对中国征税清单，其中价值340亿美元的征税清单于7月6日正式生效，中国传统劳动密集型产品的对美出口将进一步下滑，为后续出口埋下了隐患，2018年前三季度对美进出口增长已经下降至6.5%。此时美国自中国进口关税由2.9%提升到10.3%，这与目前中国对美国平均进口关税水平相当。届时中国对美的出口肯定

会受到负面冲击，而这些举措将会在接下来的数月产生实质性的影响。

以欧元区为代表的发达经济体经济增长动能减弱，特别是欧元区制造业边际走弱将拖累中国对欧元区的出口。自 2017 年 12 月欧洲经济景气度高点已经连续 5 个月放缓（2018 年 5 月 PMI 达到 55.5），这将给中国出口带来一定的滞后影响。而且接下来数月欧盟内部正遭遇新的不确定性，即欧盟第四大经济体意大利面临债务危机，特别是意大利新政府的财政扩张政策有违欧盟处理欧债危机的初衷，倘若意大利债务危机爆发，就有可能威胁欧元和欧盟的稳定。这种不确定性因素可能会给欧盟的对外贸易形成拖累，而中国对欧盟的出口也将不可避免地会遭受一定的负面影响。倘若中美贸易摩擦加剧，再加上 2018 年一季度日本经济增速下降 0.6%，中国对日本的出口增速也很难长期维持约 10% 以上水平。

三、扩大进口将大幅收缩贸易顺差

2017 年以来，中国每月进口增速大都高于同期出口增速，这将会大幅压缩贸易顺差，促进经常项目下的收支平衡。进口增速与出口增速关系弱化，进口增速与国内投资增速也出现较大的背离现象，这意味着伴随国内消费需求释放及消费品进口关税下调，消费品进口占比不断上升，贸易结构正在由以加工贸易为主向以一般贸易为主转变，同时中国的产业正在转型升级，由全球价值链的中低端逐步迈向中高端。中国海关统计数据显示，2017 年一般贸易额占比达到 56.3%，其中出口占比为 54.4%，进口占比为 58.7%，而 2018 年前 5 个月一般贸易额占比攀升至 58.8%，其中出口攀升至 56.7%，进口占比攀升至 61.2%。2018 年 1—5 月，中国一般贸易进口增长 23.4%，其中 5 月当月一般贸易进口同比增长 28.6%，而同期加工贸易进口同比增长只有 11.9%。

受国内消费升级的驱动，中国主动扩大进口的政策效果开始显现。2018 年 3—4 月，中国进口维持较高增速，部分原因是企业担心贸易战升级导致相关产品进口受限，所以短期加大了进口力度。2018 年 5 月，中国进口金额当月同比增速高达 26%，较 4 月提升 4.5 个百分点，前 5 个月累计同比增长 21%，较前 4 个月同比上涨 1.4 个百分点。从结构上看，2018 年前 5 个月，中国高新技术产品和机电产品进口增速分别同比增长 25.0% 和 23.2%，其中最大的进口项集成电路的进口量和进口额增速分别高达 15.1% 和 35.8%。

2018 年 4 月初，中国国家主席习近平在博鳌亚洲论坛上提出主动扩大进口的相关举措，如降低汽车及零部件、日用消费品等商品的关税，这些持续扩大进口及关税减让措施，将会进一步刺激进口增长，再加上以原油为代表的大宗商品价格持续上涨，将使进口增速有望维持高位增长，这意味着将进一步引导贸易顺差继续收窄。贸易顺差趋于收窄，意味着净出口对经济增长的贡献还会减弱。

第三节　外部不确定性挑战可能长期化

2018 年 5 月 20 日，中美双方发布《中美经贸磋商的联合声明》，使中美贸易摩擦带来的不确定性风险有所消退，暂时稳定住了市场的情绪，而 5 月 29 日美国白宫重提对 500 亿美元从中国进口的商品提高关税，这种出尔反尔的做法引起世界哗然，再次让市场情绪遭遇波澜，避险需求大大增加。为什么特朗普政府不遵守双方已磋商达成的结果呢？中美贸易争端问题可否继续通过磋商有效解决呢？从美国总统特朗普的自身行为来看，他在对外事务上并未表现出足够的诚意，无论是在朝美半岛无核化会谈上，还是在中美经贸磋商上，都是采用策略性的谈判手段胁迫对方就范，而其对国内选民仍坚持其竞选承诺，无论是大规模减税，还是放松金融监管，都一意孤行地坚决推行到底。由此，笔者认为需要认真研判特朗普政府发起中美贸易摩擦的终极目的。

一、国际贸易规则正面临新一轮调整

特朗普政府意在重塑贸易规则，实现美国利益最大化。特朗普政府对华贸易施压的基本理由是缩减美国对华的巨额逆差问题。相对而言，贸易逆差问题只是表象，因为中国给出的解决方案是主动扩大从美国的进口，包括农产品、能源、高科技产品等，在相互开放的情况下，贸易逆差在较短时间内是能够缓解的。然而，特朗普政府并不满足于缩减贸易逆差的要求，反而拟推翻双方合意的磋商结果，再次开启贸易战，并对中国的高科技产业发难。

相较于4月提出的征税清单，2018年6月15日美国再次提出的征税清单对部分行业征税产品范围更广，尤其是以高新技术行业为主，部分行业征收关税的产品进口额占该行业总体甚至高达100%，如铁路运输设备及零件（100%），航空航天器及零件（98.3%），矿物燃料（77.0%），光学、激光灯精密仪器（52.6%），机器、机械器材及零件（37.1%）。沿着这个逻辑看，特朗普政府此次更加针对“中国制造2025”，针对中国未来需要重点发展的高新技术领域，希望中国在发展高技术产业领域做出更大让步，消除美国在高科技领域的潜在威胁，以维持美国的核心竞争力，实现美国利益长期最大化。

二、中美贸易争端短期内难以有效解决

中美贸易摩擦并不会以中方忍让就能有效解决。20世纪60—90年代，日美贸易摩擦持续了30多年。其间，美国先后针对日本进口的纤维制品、彩电、钢铁、汽车、半导体等商品领域发起贸易调查或提出争议，通过不断向日本政府施压，限制上述日本产品对美国的出口数量；而日本曾在纤维制品、汽车、半导体等产品的贸易争端中也做出过多次让步，但是美国并没有因此缩减对日贸易逆差，其真实目的在于打击日

本与美国形成竞争的高科技产业。

与以往美国的经济表现不佳而挑起贸易争端不同，当前美国经济基本面非常好，2018 年二季度 GDP 环比折年率增速可能会超过 4%，因而中美贸易摩擦升级，美国以缩减贸易逆差为由，并以制裁所谓的政府重点补贴或有市场进入壁垒的项目为借口，其真实目的在于限制中国高科技产业发展。美国宣布的 500 亿美元和 2000 亿美元从中国进口的高科技产品中大都是“中国制造 2025”明确发展的相关行业，诸如电机和电气设备、先进轨道交通设备、航空航天设备等。考虑到“301”调查清单中涉及的高科技行业覆盖面广泛，预计此次美国宣布的对 500 亿美元且包含重要工业技术的中国出口产品征税清单中的商品与此前宣布的征税清单中的商品会高度重合。

三、贸易冲突已对地区生产网络造成冲击

中美贸易摩擦升级将波及整个东亚生产网络。中美贸易争端升级不仅会减少双方的进出口，而且还会波及中国产业转型升级的进程。因为随着贸易摩擦升级，中国将难以从美国获得外商直接投资（FDI），也难以进口如芯片等高科技产品，相应地会冲击中国参与的东亚生产网络，特别是波及包括日本、韩国、中国台湾在内的对外贸易。

作为排名世界第六的出口大国，韩国在外贸结构上对中美两国的依存度较高，韩国对华出口占韩国出口总量的 25%，对美出口占 12%。据韩国产业研究院的推算，如果中美对 500 亿美元商品相互征收高额关税，则韩国对华出口将减少 1.1 亿美元，对美出口将减少 0.9 亿美元。另韩国现代经济研究院的研究，如果中美贸易摩擦全面升级，韩国对华出口最多能减少 282.6 亿美元，约占韩国每年对华出口额的 20%。原因在于中韩双边贸易是以零部件等中间品贸易为主，其中 2017 年韩对华出口 1421 亿美元中，中间产品占比高达 78.9%。美国对中国加征关税的产品清单中，包括了三星电子、SK 海力士等在中国生产的存储半导体。

第四节　贸易争端正加大经济下行压力

中美经贸摩擦将对多个领域产生负面冲击。2018 年 3 月，美国对华实施“301”调查，7 月 6 日，对 340 亿美元输美产品加征 25% 的关税，8 月 23 日，美国对另外 160 亿美元的中国输美产品加征关税，7 月 10 日，美国就宣布扩大到对 2000 亿美元输美商品加征 10% 的关税清单，随后还决定将该部分商品加征税率由之前的 10% 提高到 25%，后续还有对 2000 多亿美元输美商品要加征关税。

一、中美贸易争端直接拖累出口增速

中美贸易争端将直接拖累中国出口增速。倘若美国对华 500 亿美元的科技产品出口提升关税，将会缩减中国对外出口规模。特朗普政府公布的 2017 年美国自中国进口的 500 亿美元商品关税清单占当年美国从中国进口 4331 亿美元的 11.5%，占中国 2017 年全部商品出口金额 2.26 万亿美元的 2.2%。假定美国从中国进口的产品有八成是可替代的，意味着中国对美出口规模将会有 400 亿美元的减少，预计 2018 年出口增速可能将由 2017 年的 11.5% 下降至不足 1%，进而拖累整个出口增速。按 2017 年中国对美出口 4331 亿美元的金额计算，出口减少的程度占中国对美国出口的 3.5% ~7.2%，占中国整体对外出口的 0.7% ~1.4%。总体来看，受益于全球经济基本面仍保持良好的增长态势，预计出口累计增速将在接下来数年继续温和放缓，但不排除因中美贸易冲突加重造成的恐慌市场预期带来的短期大幅下滑。

二、贸易摩擦加剧增加经济下行压力

出口下行而进口高增将缩小中国货物贸易顺差，进而拖累净出口对 GDP 同比增长的拉动。假定在进口规模不变的情况下，中国对美出口

规模下降将会减少同等规模的对美贸易顺差，净出口对实际 GDP 的拉动作用将会大幅减弱。以 2017 年数据估算，2017 年净出口对实际 GDP 的拉动贡献为 0.6 个百分点，扣除服务业逆差的负向影响，纯货物顺差的拉动贡献约为 1.2 个百分点，而中国对美货物顺差约占 2/3（65.7%），粗略估算中国对美贸易顺差将拉动实际 GDP 增长 0.8 个百分点左右。以 2017 年中国对美出口 4331 亿美元的数据估计，考虑到 400 亿美元相当于 2017 年中美贸易差额的 1/10 左右，这样规模的顺差额减少将对中国的实际 GDP 直接拖累约 0.08 个百分点。

按照 2018 年一季度净出口对实际 GDP 负拉动 0.6 个百分点的趋势，再叠加贸易摩擦升级的影响，2018 年净出口对实际 GDP 的拖累至少会达到 0.68 个百分点。在其他条件不变的情况下，假定中国货物贸易顺差收窄至 500 亿～2000 亿美元，名义 GDP 同比将下降 0.4～1.5 个百分点。国家发改委报告显示，扩大到 2000 亿美元商品规模将会影响中国经济增速 0.5～0.6 个百分点，造成 300 万个就业岗位流失。据《共享繁荣仍是可能——中美经贸关系全景报告》① 测算，中美双方执行 500 亿美元商品加征关税的情形下，美国总出口将下降 1.83%，中国总出口将下降 2.56%，拉低美国 GDP 增速 0.21 个百分点，对中国 GDP 的负面冲击为 0.85 个百分点。另据中金公司测算，与不发生中美贸易摩擦情景相比，2500 亿美元规模的贸易摩擦会使中国 GDP 增速放缓 1.4 个百分点。

中美经贸摩擦不断升级会形成不良的市场预期，再叠加美欧等主要经济体货币政策收缩的外溢影响，将进一步加大资本外流压力、加剧金融市场波动。若进一步扩大到所有对美出口商品，今后较长时期内中国经济和就业遭受的负面冲击将更加凸显。倘若美国对自中国进口的 4000 亿商品征收 10% 以上的高额关税，则会进一步压缩中国的出口空

① 中国人民大学重阳金融研究院、对外经贸大学中国 WTO 研究院．共享繁荣仍是可能——中美经贸关系全景报告［R］．人大重阳研究报告，2018（46）．

间，而通过“出口产业链”，广泛影响支出法下的资本形成，甚至冲击到最终消费支出，进而加大中国经济下行压力。预计未来数个季度进出口还有可能同时回落，特别是净出口回落的幅度更大，净出口对经济贡献可能会产生较大的负拉动作用。

三、出口压力增加拖累了工业生产增速

外贸出口压力增大影响了工业生产增速。受中美贸易摩擦加剧的影响，中国外贸出口特别是对美出口增速下降，贸易顺差大幅收窄。2018年7月，中国对美出口金额（美元计价）增速为11.2%，环比下降1.3个百分点，同期对美贸易顺差280.9亿美元，超过中国对外贸易顺差280.5亿美元。中美贸易摩擦阴影下对美国出口需求的转移已逐步向供给端传导，中国电子设备行业出口增速降幅在20%以上，其他机械和设备行业出口降幅也接近20%。从8月中国制造业采购经理人指数（PMI）来看，新出口订单下降至49.4，连续3个月处于荣枯线以下，进口分项也降至49.1，连续2个月低于50，表明贸易景气度持续走弱，中美贸易摩擦负面冲击显现。

出口增速下降已对重点地区、重点行业产生了负面冲击。2018年7月，东部地区工业增加值当月同比增长6.4%，其中广东、江苏、上海三省市工业增加值分别只增长了4.2%、3.6%和0.9%，均低于东部地区和上年同期水平；通用设备、汽车、仪器仪表制造业增加值增长较上年同期分别回落了4.6个、5.5个和8.0个百分点。

四、贸易冲突造成国际汇率市场波动

中美经贸摩擦造成国际汇率市场大幅波动。2018年以来，阿根廷、委内瑞拉、土耳其等国汇率相继大幅贬值（超过20%），港元再次触及弱方兑换保证，人民币对美元汇率也出现了一定幅度的贬值。原因在

于，2018 年以来，中国经常项目顺差持续收窄给人民币带来了贬值压力。2018 年上半年，中国货物贸易顺差 1571.3 亿美元，而 2015—2017 年同期的货物贸易顺差规模均在 2000 亿美元以上；而同期服务贸易逆差接近 1500 亿美元，也明显高于 2015—2017 年同期规模。2018 年一季度，人民币对美元汇率小幅度升值 3.8%，但进入二季度后人民币对美元汇率贬值加速，到 8 月底累计贬值近 8%，仅在二季度就贬值 5.3%。为了谨防过度贬值（突破 7 的心理关口），央行再次重启干预措施。外汇风险准备金的上调以及逆周期因子的重启在边际上缓解了贬值压力，但在当前美元指数持续走强的情形下，人民币对美元汇率的贬值压力并未消除，将会对央行后续货币政策操作形成牵制。

五、美国货币政策收紧引发外资出现回流态势

2018 年以来，美联储已加息 3 次，强劲的消费支出推动美国二季度国内生产总值大幅上涨 4.2%，亮丽的经济数据预示着后续有再次加息的可能性，推动中美利差进一步缩窄。美联储实施的加息政策，造成中美利差收窄甚至倒挂，增加了资本向美国回流的压力。自 2015 年 12 月起，美联储就开启了在实施大规模量化宽松货币政策后的加息周期，截至 2018 年 10 月，美联储已经连续 8 次上调利率，虽然每次上调幅度并不大，但联邦基金利率已经达到 2% ~2.25% 的目标区间。

考虑到美国的失业率和通胀率都不高，而且就业状况良好，美国经济仍有望延续强劲复苏态势。若美联储 2018 年加息 4 次、2019 年加息 3 次、2020 年加息 1 次，则预计联邦基金利率 2018 年底为 2.375%、2019 年底为 3.125%、2020 年底为 3.375%，将超过国内大额美元一年期存款利率。

尽管美联储加息对美元长期利率的影响还需要观察，但美国基准利率抬升已开始吸引境外资本回流美国，特别是强势美元已引发新兴经济体资本流回美国。随着美国长端利率将趋势上行，若中国央行不跟随美

联储同步加息，中美两国将出现长端利差（中国10年期国债收益率－美国10年期国债收益率）倒挂，加剧中国国内资本外流的压力。

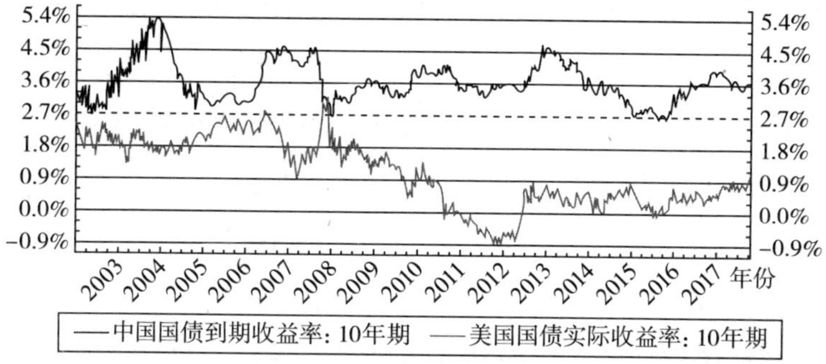

图6－2　中美10年期国债收益率走势（2003.1—2018.9）

资料来源：中国债券信息网、Wind资讯。

在强化外资监管的背景下，资本外流并不是中国经济面临的主要风险，但在人民币贬值的预期下资本外流的压力仍在，不排除会受到新兴市场资本外流的拖累。从短期来看，此轮人民币贬值的同时并未出现明显的资本外流，显示市场预期依然平衡。值得警惕的是，资本外流迹象已初步显现，2018年上半年外汇储备净减少493亿美元，到同年7月银行结售汇差额转负为94亿美元，其中银行代客结售汇现逆差4.3亿美元。特别是2018年4月以来，美国10年期国债收益率强势走高，中美10年期国债收益率差已由年初的1.44%下降至0.5%左右，这将驱动全球投资者重返美元计价资产。从长期来看，如果中国的经常项目无明显改善，央行不再加大资本管制和反洗钱的力度，人民币贬值预期长期化将加大资本外流程度，进而给中国经济造成一定程度的损害。

六、贸易争端增加中美双向投资的阻力

中美经贸摩擦导致对美投资阻力重重。美国对华实施贸易制裁的目的不只是追求公平贸易缩小贸易逆差，而且还针对“中国制造2025”，旨在遏制中国技术追赶的意图。2018年8月13日，美国总统特朗普签

署了《2019 财年国防授权法案》，其中包含 2 个重要法案：《出口管制改革法案》和《外国投资风险审查现代化法案》，进一步加强了高技术出口限制和防范外国企业通过投资获取技术。受此影响，2016 年以来，已有 27 起中国企业对美收购未能完成，2018 年前 5 个月就有 20 多亿美元的对美收购交易“流产”，其中蚂蚁金服收购美国汇款公司速汇金国际的交易就以失败告终。

荣鼎咨询报告显示，2018 年前 5 个月，中国对美开展的并购和绿地投资等直接投资金额同比骤降 92%，创 7 年来最低水平。虽然中国主动优化外商投资环境，扩大外商直接投资规模，但是中美互设贸易壁垒，造成美国企业到中国的投资面临压力，如果不打破贸易壁垒，长期下去势必会引发美国对华投资的回撤和减少。

第五节　应对外部贸易压力的政策选项

尽管中国承诺会主动扩大进口和开放服务业，但中美贸易摩擦加剧风险的概率仍在大幅增加。综合考虑中美贸易争端等带来的冲击，2018 年 4 月中旬，中央政治局会议提出要扩内需和调结构相结合，体现出国家政策的前瞻性。扩内需和调结构成为中国应对贸易摩擦的政策选项。“持续扩内需”主要是应对出口增速下滑对经济增长造成拖累，而“加快调结构”旨在应对技术封锁而倒逼国内产业加速转型升级。对于中美贸易摩擦风险，我们不仅应做好反制措施，更应坚定信心稳住外贸形势，增强中国经济发展的韧性和可持续性，顶住美国的不断施压。

一、以静制动应对贸易争端升级

采取“以静制动”的策略应对中美贸易摩擦的负面冲击。当前特朗普政府出尔反尔的贸易政策已失信于世人，即便在美国内部也不占据道义高点。在此情形下，我们应坚持“以谈促和”的态度，采取“以静制动”策略，继续降低主要商品关税，扩大短缺商品的进口，如派出采购团大量进口美国优质农产品和能源产品。坚持经贸关系仍是中美“压舱石”的基调，尽可能将贸易摩擦缩小到可承受范围，避免中美贸易摩擦升级为全面无节制的贸易战。

二、主动寻找多元化的替代市场

坚持多边贸易体制，拓展多元化贸易渠道。在美国对欧盟、日本等盟国同样实施关税壁垒时，应通过世界贸易组织（WTO）等多边机制积极应对不公正的关税壁垒，进一步与欧盟、日韩等其他主要贸易伙伴加强高层级磋商，共同寻找缓解美国贸易保护压力的办法，共同努力扭转贸易保护主义和反对多边主义的趋势；同时还应携手欧盟、东盟和日韩等主要贸易伙伴坚持以规则为基础的多边贸易体制，加快推进双边或多边自贸协定谈判，稳固提升中欧、中日、中韩等双边贸易规模；在“一带一路”框架下，推进中国与亚非拉等地区的经济合作，进一步挖掘贸易畅通的潜力，提高与新兴经济国家的贸易份额。

三、支持企业赴美开展绿地投资

引导中资企业“走出去”赴美开展绿地投资。除扩大从美国进口外，还应鼓励中资企业赴美开展绿地投资，充分利用当地资源，生产国内相对短缺的消费品，通过产业转移引导和激励国内企业优化生产结构；同时可以利用世界银行、亚洲开发银行等多边金融机构参与美国基础设施融资改造，而不是直接采取收购的方式参与美国各领域的投资建设，这样不仅有助于缩减对美贸易顺差，缓解中美贸易摩擦，而且有助于提升企业的国际竞争力，增强全球配置资源的能力。

四、及时调整非市场导向政策

适时调整被诟病的补贴和市场限制的产业政策。考虑到美国主要以歧视性补贴等非竞争性政策指责“中国制造2025”，应适时调整这种具有争议性的产业扶持政策。借鉴美国等国家的产业政策，通过税收减免等措施补贴技术研发领域，避免直接实施赤裸裸的补贴政策授人以柄，陷入口舌之争。在进一步放宽市场准入的同时，更需要完善对知识产权、劳动者权益的保护，强化市场公平竞争，对内外资企业一视同仁，实行投资准入管理制度，着力建设符合国际规范的高水平营商环境。

五、保持人民币汇率的相对稳定

采取灵活的货币政策并保持人民币对美元汇率适当贬值。2018年前5个月，以人民币计价的出口增速呈现回落态势，人民币对美元升值预期减弱。按道理讲，中美贸易摩擦加剧应要求主动形成人民币对美元汇率有贬值的预期，以提振中国产品的竞争力，对冲中美贸易争端的风险；事实上，人民币汇率正在承受美元走强带来的被动贬值压力，外汇流出会压制基础货币扩张，形成紧缩负反馈。倘若货币当局主动促成大幅贬值预期或放任人民币贬值，就会出现单边贬值的趋势，可能会引发资本市场大幅波动，增加资本外流压力，同时还会加大中国主动扩大进口的压力，增加企业原材料进口成本，增加货币政策调整的被动性和复杂性。

近期，人民币兑美元出现急速的贬值是对中美利差收窄的反映，也体现了市场对中美贸易冲突升温的担忧。为此，未来较长时期内应采取更为灵活的货币政策，允许人民币汇率在合理水平上进行贬值，保证人民币对美元汇率在合意的水平上维持双向变动，既不引导汇率出现单边贬值预期而加大资本外流的压力，也不应放任汇率继续升值而进一步恶化出口形势。现阶段允许人民币汇率适度贬值是及时应对外部不确定性的反应，也是稳定国内市场预期的策略，有助于改善中国在贸易战中的被动局面，获得更大的回旋空间，尽量避免中美争端由贸易领域转入金融领域，对中国已启动的金融系统有序开放的格局造成干扰，同时为推进国内关键经济金融领域的改革赢得重要窗口期。

六、启动扩大内需的一揽子政策

采取扩大消费内需的一揽子激励政策。在保持流动性合理“充裕”的前提下，继续密切关注国际、国内的经济金融走势，加强形势预判和前瞻性预调微调，包括适时调整外贸行销品转内需市场的政策措施，制定财政、税收、信贷等多种优惠政策，出台扩大消费的一揽子激励政策，如加快出台新能源汽车等消费激励性政策，加快完善乡镇充电桩设施，如以 PPP 模式等支持乡村充电桩项目，鼓励新能源汽车下乡，提振国内汽车消费。配合“乡村振兴”战略，完善改善型住房需求的政策措施，适时降低房地产市场的各种限制性措施，鼓励工商资本下乡开展美丽乡村建设，如发展以旅游为主的民宿经济，引导供给端加快满足度假、休闲、养老等多样性的住宅需求。

第七章
产业结构之变

消费需求快速变化正在引发产业结构的调整变革。随着收入条件的改善和生活水平的提高，人们的消费能力也大幅提升，并追求个性化和高品质的产品及服务。当人们转向更高质量的消费时，产业供给必须把质量放在第一位。

无论农业还是制造业都需要瞄准新需求提供新产品，这就意味着农业要转向现代农业，制造业要迈向中高端，以满足人们日益增长的高质量需求。

消费结构变化的深层次原因有人口结构变化的影响，特别是人口老龄化将会带来产业体系的变革，即面向“银发经济”提供更多的健康养老等服务性消费。

在当前全球价值链变得日益复杂的情况下，中国市场本身释放出的消费潜力，正迫切要求中国产业相应地做出结构调整，既要研制出符合新的消费需求的高品质产品和服务，也要加快推动“出口转内销”的市场战略。供给侧所进行的调整主要反映在三次产业结构的调整升级上。在提升农业现代化水平和推动工业结构优化升级的同时，更需要推动第三产业尤其是现代服务业的发展，加快提高服务业占 GDP 的比重和服务业从业人员占总就业人员的比重，形成以服务业为主导的现代产业结构。中国产业结构的转型升级，将形成一个完全不同的建立在服务业基础上的消费市场，同样会给世界其他国家带来新的发展机会，这不仅体现为增加它们的出口和吸引外资，而且能够带动其就业增加和财富创造。

第一节　由传统农业向现代农业升级

20 世纪 70 年代，中国就提出了“农业现代化”的概念，旨在推动农业的机械化、电气化和水利化，此后农业现代化的内涵持续演变。然而，20 世纪末以前，中国并没有出现真正意义上的现代农业，无论从种植业规模还是养殖业规模来看，中国农业都还属于典型的小农经济，主要表现在农村人均经营耕地只有 2 亩左右，农业生产的组织化程度低，机械化水平不高。总之，中国农业现代化水平普遍偏低。

一、农业的基础地位没有改变

1979—1984 年，我国第一产业占 GDP 的比重在 30% 以上，随后呈逐步下降的态势，2017 年更是降至 7. 92% 。但是农业的基础地位没有改变，中国既是农业生产大国，也是粮食消费大国，“粮食安则天下安”。

由于工业化和城市化的影响，中国的耕地面积在以每年40万公顷的速度减少。与此同时，中国每年的进口粮食总量在不断增加。据农业部预测，到2020年，中国的粮食产量将上升到5.54亿吨，缺口将扩大到1亿吨以上。如果粮食缺口越来越严重，那么“谁来养活中国”的命题就会重新提出来。

党的十九大报告提出，“确保国家粮食安全，把中国人的饭碗牢牢端在自己手中”。为此，中国仍需要继续加强农业的基础地位，促进粮食增产和农民增收，保障中国13亿多人口的粮食供给；继续加强农业的科技服务，广泛应用现代科学技术、现代工业提供的生产资料和科学管理方法促进现代农业发展，发展以保障农产品供给、增加农民收入、促进可持续发展为目标的现代农业，提高农业的生产效率。

二、农业劳动生产率长期低于二、三产业

1992年以来，中国第二产业和第三产业的劳动生产率①迅速攀升，而第一产业劳动生产率呈现缓慢攀升势头，第二、三产业的劳动生产率提升幅度远远超过第一产业（见图7-1和图7-2）。2003年以来，第一产业劳动生产率提升幅度严重滞后，同期第三产业劳动生产率提升幅度也滞后于第二产业，这意味着吸纳劳动力较多的第一、三产业劳动生产率仍有提升的空间。中国农业劳动生产率长期偏低，从而使得农村富余劳动力出现向二、三产业转移的现象。倘若农业领域劳动生产率得到

① 单一产业部门的劳动生产率通常使用该部门单位时间内增加值和全部从业人数比值衡量。考察不同部门之间劳动生产率的高低，通常用比较劳动生产率，即该产业部门占总增加值比重与该产业就业人数所占总就业人数的比重之比，它能反映该产业部门与其他产业部门的差距。如一产业部门比较劳动生产率越低，表明其部门劳动力存在转移倾向，如与其他部门的差距越大，则意味着经济结构的二元性越显著。

提高，跨部门的劳动转移就会逐步减少，产业间劳动生产率趋于接近和稳定后，部门劳动生产率的提升要更多地依靠部门内部。

从同比增速来看，国际金融危机以来，三次产业增速均呈现放缓迹象，其中第三次产业劳动生产率增速出现明显下降态势，直到 2016 年重新有了较大幅度的跃迁，这既与当年 GDP 核算调整有关，也与国家不再公布三次产业的全员劳动生产率有关，因而 2015 年以后三次产业的劳动生产率计算方式就调整为 GDP 三次产业（不变价）与相应的就业人数的比值。尽管由第一产业向第二、三产业劳动力的转移带来的生产率提升仍然存在，但今后更需依靠部门内劳动生产率的提升，来缓解劳动力供给、低成本和贸易条件优势削弱的压力，以及在此情景下中国经济增长面临的发展压力。

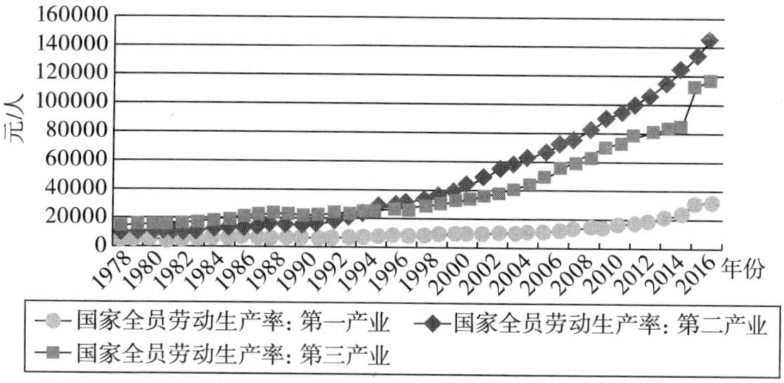

图 7－1　1978—2017 年中国三次产业劳动生产率走势

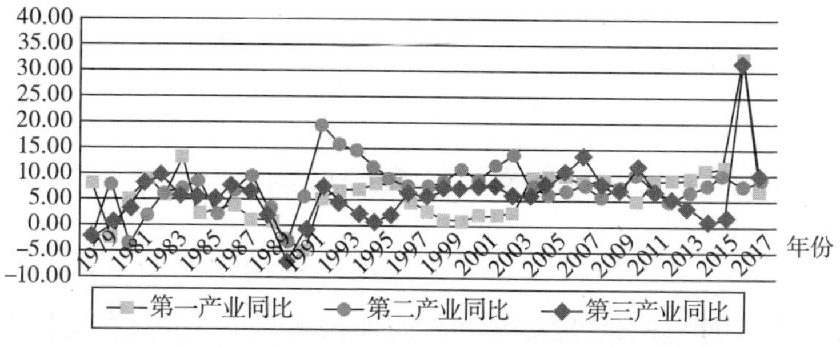

图 7－2　1979—2017 年中国三次产业劳动生产率增速变化

从比较劳动生产率来看，中国三次产业间的比较劳动生产率呈现分化趋势。第一产业的比较劳动生产率始终处在 1.0 的下方（见图 7－3），这意味着农林牧渔业的劳动生产率长期低下且与二、三产业的劳动生产率差距在加大，中国经济结构的二元特征依然显著。2003 年以来，第二产业的比较劳动生产率呈趋势性下降，已经跌破 1.4 并向 1.0 逼近，这意味着第二产业劳动生产率提升幅度放缓。

随着中国制造业通过技术改进等方式提高了生产率，2017 年第二产业的劳动生产率出现向上的拐点，达到 1.44，这意味相较于第一、三产业，第二产业的劳动生产率重新处于上升的态势。2001 年以来，第三产业的比较劳动生产率也逐步下降，且向 1.0 逼近，即便 2016 年有略微提升，但整体下降的趋势并未改观，这意味着第三产业生产方式仍相对落后，今后尚有进一步提升的空间。

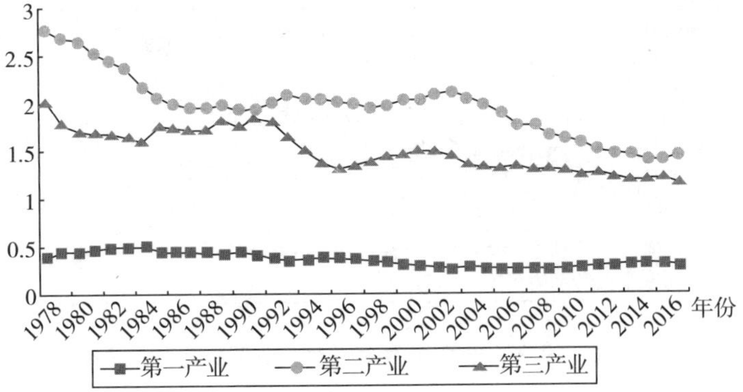

图 7－3　1978—2017 年中国三次产业比较劳动生产率走势

三、农业供给侧改革将助推新型城镇化

21 世纪以来，中国政府高度重视农业现代化发展，着手实施了提高劳动生产率的一系列重大改革，如加快耕地经营制度和土地制度改革，推进土地向专业合作社、家庭农场、农业公司流转，加快农业的转型升级，推进农业向规模化、集约化和生态化发展。

发展与现代农业配套的现代化工业和服务业，着力建设家庭农场和农业合作社，实现农业的机电化经营，培养机械化农场，带动农机产业发展，实现由农村家庭生产经营向规模化和集约化转变，提高农业生产率和土地利用率，实现三次产业的联动和协调发展。充分利用生物技术加强农业技术改造，提升科技服务和科技成果的转化力度，重点发展规模化、集约化经营，不断推动农业科技应用推广，进一步释放农村的富余劳动力。

如果各项农业农村改革得以实施，未来 10 年中国城镇化率将提高至68%以上，即每年提高 1 个百分点左右，可能会有 1000 万～1500 万的农村人口向城市转移。

第二节　由低端制造业向先进制造业转型

如今，中国制造业的发展面临越来越严峻的挑战，低成本优势正在逐步丧失，这些挑战既来自于人口老龄化、能源价格上涨、改革效应递减等内部因素，也来自于发达经济体需求萎缩、国际贸易摩擦加剧、欧美制造业回流和产业转移加速等外部因素。中国制造能否超越持续 30～40 年的低成本优势成为热议的话题。

一、中国制造面临成本高企和外需放缓的双重挤压

经过 40 年的改革开放，中国取得了“世界加工中心”的国际地位。早在 2011 年，中国就已超过美国成为世界上最大的制造业国家，加工组装了世界 90% 的个人电脑和移动电话，80% 的空调，70% 的太阳能面板和 65% 的鞋子，贡献了中国经济总量的 40%，解决了 1.3 亿人的就业。中国尽管现已拥有门类齐全的独立工业体系，生产产量领先但产品附加值较低，主要占据全球价值链的加工制造环节，只能获得

10%左右的利润。

21世纪初，受劳动力成本上升、外需下降、人民币升值等影响，中国传统制造业面临发展瓶颈，正经历由低端组装向高科技制造升级的痛苦过程，部分行业产能严重过剩，生产效率低下，研发和创新不足，产品竞争力不强等。与早已拥有市场份额和品牌忠诚度的跨国公司相比，中国制造企业通过规模扩张和低价销售已不能获得更多的市场份额，很多加工制造企业陷入了困境。

二、加快推动中国制造迈向产业中高端水平

在此严峻形势下，中国政府主动优化政策环境推动中国制造迈向产业中高端水平。中国制造企业不得不像跨国公司一样不断地寻找提升竞争力和向价值链两端转移的途径，通过提高劳动生产率和精炼产品研制工艺以更好地应对供应链全球化带来的复杂性。近年来，中国政府已采取应对措施，加快推进供给侧结构性改革，通过淘汰落后产能、提高劳动生产率，鼓励研发创新投入和培育自主品牌，开拓新兴出口市场等激励手段，重点培育电子设备、医疗设备、轨道交通设备、航空航天设备等高端装备制造业，加快推动传统制造业向先进制造业转型，加快推动由低附加值的“中国制造”向高技术含量的“中国创造”迈进，使中国制造业继续成为支撑经济发展的支柱产业。

近年来，中国高科技产品出口竞争力有所增强，占制造业出口比重由1994年的8.3%攀升至2013年的27.0%，已超越德国、日本、美国等高科技出口国家，也超过了俄罗斯、巴西、南非等新兴市场国家，与韩国和法国相接近（见图7－4）。未来30年，中国的发展目标是还要继续坚持“新型工业化”道路，加快建设制造强国，发展先进制造业，推动互联网、大数据、人工智能和实体经济深度融合，推动产业结构的再平衡，引导制造业迈向全球价值链的中高端，培育若干世界级先进制造业集群；推动制造业资源利用方式根本转变，最大程度地节约集约利

用资源，最大潜力地发展循环经济，推动中国制造由为世界提供质次价廉的物耗品转向提供质高价优的智耗品。

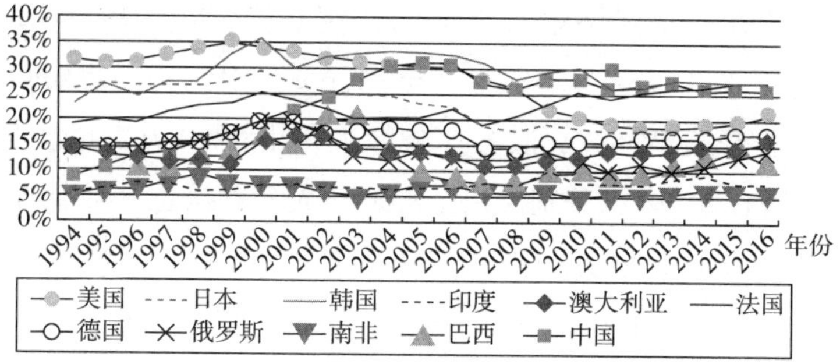

图 7－4　世界主要国家高科技产品出口占制造业出口比重（1994—2016）

资料来源：世界银行。

第三节　由传统服务业向现代服务业跃迁

国际金融危机之后，服务业替代制造业成为国际产业转移的新内容，向价值链两端转移逐渐替代资源禀赋决定的低端优势，制造业自动化、智能化促使劳动力向服务业转移，而服务外包成为现代企业降低经营成本的新手段。中国城市化水平提高、居民消费升级、要素价格的变化和财税政策的调整，将会促进中国第三产业的扩张，尤其是发展现代服务业，将会创造更多、更好的就业岗位。

一、服务业对经济增长的贡献逐步凸显

1978—2017 年，中国服务业增加值从 905 亿元增长到 427032 亿元，年均实际增长 10.5%，比 GDP 年均实际增速高 1.0 个百分点。2013 年，服务业增加值占国内生产总值的比重已超过制造业。国家统计局的数据显示，2013 年中国第三产业占 GDP 比重达到 46%，首次超过第二产业（见图 7－5），而工业对 GDP 的贡献率逐年下降，由 2010 年的 48.5%

降至2015年的37.1%。2018年前三季度，服务业增加值增长7.7%，保持比较快的增长，对经济增长的贡献率达到60.8%。

第三产业在拉动经济增长方面的作用日渐突出。1978—2017年，服务业占GDP的比重从24.6%上升至51.6%，对国民经济增长的贡献率从28.4%上升至58.8%；服务业就业人员由4890万人增长到34872万人，年均增长5.2%，分别高出全部就业人员和第二产业就业人员年均增速3.5个和2.2个百分点，就业人员占全部就业人员的比重为44.9%，高于第二产业16.8个百分点。2018年前三季度，第三产业占GDP的比重继续攀升至53.1%。

服务业各领域对个体经济、民营经济、外资经济的准入不断放开，已成为培育新型市场主体、吸引外资和对外投资的主要领域。可以说，服务业在中国经济发展中正展现其前所未有的地位和作用，在消费升级、增加就业、培育新的增长点、促进第一、二产业持续健康发展等方面的作用日益突出。

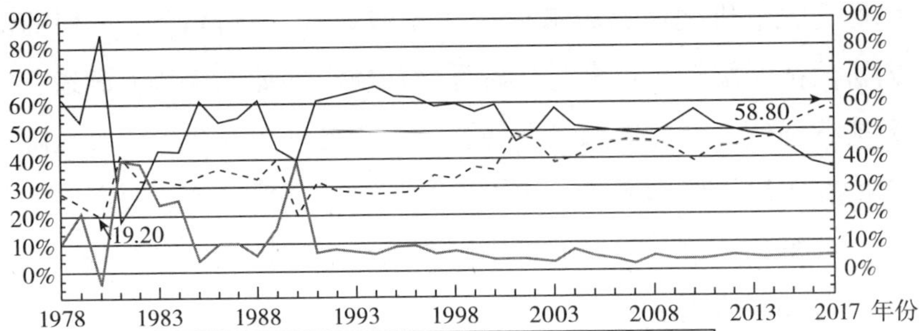

图7-5 三次产业对GDP增长的贡献率（1978—2017）

资料来源：国家统计局。

二、服务业供给和消费水平均远远落后于发达国家

中国服务业发展很快，消费升级也在加速，但是在总体供给和消费水平上仍落后于发达国家，具体表现在服务贸易逆差规模不断扩大，与

货物贸易呈非均衡的发展态势，在国际上具有竞争力的服务行业和服务业企业较少，国内服务业行业标准及规范建设相对滞后，一些服务业标准制定工作尚处于起步阶段。

中国服务业供给和消费水平均远远落后于发达国家。长期以来，中国服务业总体水平远远落后于发达国家甚至世界平均水平。从服务业增加值来看，中国服务业增加值占 GDP 比重远远低于发达国家水平，也低于印度、巴西、南非、俄罗斯等金砖国家水平（见图 7－6）。从消费能力看，中国服务消费水平还远落后于发达国家，中国服务消费占居民消费支出的比重约为 40%，显著低于同等发展阶段的韩国（58%）和美国（66%）。从吸纳就业来看，中国第三产业吸纳就业比重偏低，2012 年末第三产业从业人员占全社会从业人员的比重仅为 36%，2017 年末第三产业从业人员占比还不到 45%，远低于全世界 60% 的平均水平，甚至低于发展中国家 50% 的平均水平。

当前，中国的第三产业主要集中在传统服务业，包括交通运输仓储和邮政业、批发和零售业、住宿和餐饮业等，而金融、保险、通信、教育、医疗等现代服务业仍受到严格行政管制，市场开放程度偏低，发展水平较低。

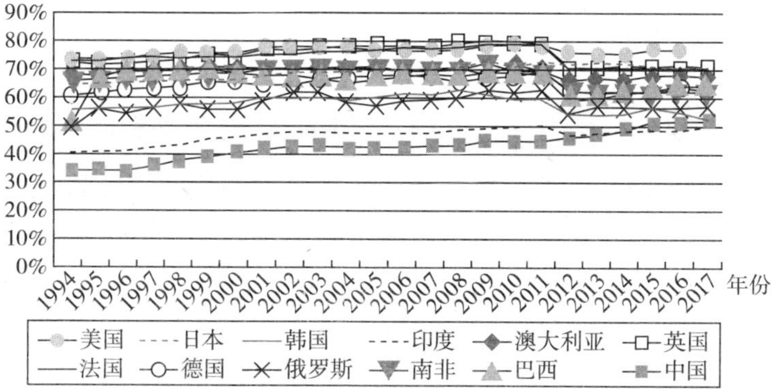

图 7－6　世界主要国家服务业增加值占 GDP 比重（1994—2017）

资料来源：世界银行。

三、加快推动传统服务业向高端服务业转型升级

近年来，中国政府制订了“互联网 +”行动计划，推动互联网与传统服务业的跨界融合，同时营造良好的政策环境，通过鼓励民资和外资进入，提供基础设施及融资支持，加强知识产权保护和数据服务。中国政府积极支持在金融、物流和信息技术等商业类服务业的创新，提高包括医疗保健、旅游、教育、金融保险、法律咨询、文化娱乐、研究与开发以及政府服务等高端服务业的供给能力和质量，同时在与消费者和家庭相关的生活服务业推动流程优化和服务水平的完善等，并将其发展成能够促进收入提高和就业增长的主导产业。无论是创造就业还是驱动增长，服务业在中国经济中都将发挥更加突出的作用。

生产性服务业是提升制造业供应链效率和效果的黏合剂。生产性服务在供应链中的作用，不仅体现在其自身作为利润源泉的价值上，更体现在其作为各个专业化生产环节的纽带而产生的“黏合剂”功能上。通过生产性服务业这一纽带，制造业逐渐“服务化”，服务业逐渐“机械化、自动化”，两大产业相互融合、互动发展。经济效率越来越取决于供应链效率而不仅仅是生产效率①。

从总体上看，国内许多生产性服务业还处于起步阶段，很多企业的规模较小，主要集中在中低端市场，服务的层次和技术含量偏低，很难适应当前高端服务、个性化服务、复合型服务的要求，导致很多服务订单只能拱手让给国外服务业巨头。与国际先进水平相比，国内大部分生产性服务企业的专业化程度不高，国际化程度较低，供应链管理能力和上下游资源整合能力都比较弱，提供的服务增值能力有限。

未来 10 ~ 15 年里，受消费者收入上升与人口结构变化双重因素的

---

① 程大中．中国生产性服务业的水平、结构及影响——基于投入—产出法的国际比较研究[J]．经济研究，2008 (1)：76 – 88.

影响，中国服务业消费在总消费中的比重将会显著上升，尤其是文教娱乐、金融保险、居住服务、医疗保健等领域的服务消费所占比重将会呈现大幅上升趋势。据估算，倘若将服务业从业人员比重提高至发展中国家的平均水平，将会新增约1.1亿个就业岗位。推动传统服务业向现代服务业转型升级，瞄准国际标准提高水平，将是实现中国经济长期持续健康发展的重要基础。

第八章

要素供给之变

随着劳动力、土地、环境等要素成本日益攀升，中国制造赖以生存的低成本优势正在消失，主要表现是工业制成品的出口结构发生变化，鞋帽箱包等价格低廉的劳动密集型产业已转移至印度、孟加拉国、东南亚等国家和地区。

面临高企的要素成本压力，中国企业亟待加快产业转型升级，依赖科技创新驱动产业生产效率提升，为此要努力将生产中心转变为创新中心，充分利用中国改革开放40年积累的“工程师红利”，以取代最初所依赖的“人口红利”。

当今社会正处在第四次工业革命的初始阶段，人工智能、高性能设备、大数据和云计算等新技术已开始在能源、交通运输、医疗护理等领域带来新的生产力增长。全球价值链正在呈现出新的分工协作形态，跨国公司继续追随低成本的价值洼地，把零部件生产遍布全球各地，这也使得供应链变得更加复杂。在全球产业分工重构过程中，来自成本和竞争两方面的压力促使中国制造企业必须跟进世界科技革新的变化，寻求新的竞争优势，逐渐向全球价值链两端转移，努力通过加大研发创新，提升产业生产率和国际竞争力。为此，中国制定了创新驱动战略、制造强国战略和“互联网 +”行动计划，并把创新摆在五大发展理念之首，使其在驱动未来经济发展中发挥重要作用。

第一节　要素的低成本优势正在减弱

随着内外环境的不断变化，中国发展面临的成本比较优势逐渐消失。国际市场萎缩留下的产能过剩风险尚未消除，跨国公司加速产业转移引发的产业空洞化威胁悄然来临，而中国人口老龄化和改革效果递减，高房价导致土地成本飙升，环保督察趋严让环保成本增加，中国发展赖以生存的低成本优势已不再具备，持续供应低价产品的能力受到严峻挑战。

一、要素成本高企削弱产业发展比较优势

持续攀升的要素成本正在蚕食优势产业的竞争优势。近年来，受劳动工资成本持续上涨，能源价格逐步与国际接轨，生态环境压力加大，

人民币升值加速等多重不利因素的影响，中国与其他国家和地区的竞争关系发生显著变化。此外，城市土地成本也在迅速上涨，油、气、电、水等能源资源价格仍具有持续上涨的动力，国内资金利率也处于较高水平，可以说所有的投入成本都在上涨，而高强度竞争和过剩的产能使得中国企业很难将上涨的成本转嫁给消费者，从而导致企业生产成本不断提高，盈利能力持续下降，部分行业产能严重过剩，出口竞争力出现下降。

二、日益紧迫的环境压力迫使传统产业提高环保标准

中国长期对物质资源的高消耗带来的是高排放和高污染，这是造成中国当前多次出现大面积雾霾和发生地下水枯竭的主要原因。坦率地讲，这种高消耗、高污染、低效率、低产出的发展模式已不能持续下去了，但这并不是说中国不再消耗资源了，否则人们也就无法生存。笔者这里说的是，即使采用目前最先进的技术，完成工业化所需的能源资源规模也是前所未有的。按照传统的增长思路，经济总量基数增大意味着资源消耗更多。中国政府和中国的企业显然已认识到问题的严重性，并开始对此前的资源利用方式进行深刻反思。早在十几年前，中国政府就已经下定决心加快转变经济发展方式，推进经济结构调整，提高资源利用效率，进一步减轻环境承载负担，而转向高效、绿色的可持续发展道路。

三、中国传统产业依赖的廉价劳动力成本优势正在减弱

中国劳动力成本每年以 10% 以上的速度增长，中国具有传统出口优势的劳动密集型产业正在丧失低成本优势，被更具有劳动力成本优势的国家替代，劳动密集型制造业开始大量向外转移。从目前来看，东南亚国家以及墨西哥、印度等新兴国家凭借低廉的工资水平成为全球制造

企业的投资目的地。2014 年，中国各省市最低工资标准为 1030 ~ 1820 元，接近马来西亚等国的工资水平，高于越南、柬埔寨、孟加拉国、老挝等东南亚国家 1 ~4 倍。在高成本压力下，曾在中国代工的国际鞋帽服装品牌如耐克、阿迪达斯、锐步等，纷纷将生产基地转移到东南亚国家，中国本土的一些鞋帽服装制造商也开始将工厂转移到这些国家。

第二节　工业制成品出口结构发生改变

中国各种要素成本逐渐高企已对中国的进出口贸易结构产生了重要影响，中国出口的商品结构正在由低廉的劳动密集型产品转向具有一定高附加值的资本密集型产品和技术密集型产品。与传统制造强国相比，中国出口的工业制成品仍具有一定的成本优势，但是这种优势也面临着成本抬升和市场竞争的双重压力，为此要维持中国“世界工厂”的地位，需要采取更加有力的措施提升中国出口商品的竞争力。

一、加工制造商品出口面临升级压力

近年来，中国出口增速出现较大的波动。2012 年出口增长只有 7.9%，到 2015 年同比下降了 1.8%，远低于此前 10% 以上的增速。从出口目的地来看，随着发达经济体外需市场低迷，中国对新兴经济体、发展中国家的出口增多，其中 2015 年对印度双边贸易增长 2.5%，而对欧盟、日本双边贸易分别下降 7.2% 和 9.9%，同时加工贸易进出口下降了 10.6%。

从出口商品结构看，劳动密集型产品出口额的比重下降，资本密集型产品出口额的比重明显上升，高新技术产品出口占工业制成品出口总额的比重大幅提高。2012 年机电产品、高新技术产品占出口比重分别达到 57.6% 和 29.3%，2015 年机电产品出口占出口总值的 57.7%，高

新技术产品出口速度超过低附加值产品，出口结构开始由过去基于廉价劳动力成本优势的低附加值产品出口转向技术、创新和绿色经济密集型的高附加值产品出口。这意味着中国出口企业加工制造高附加值产品能力在逐步增强，加工贸易产业结构从劳动力密集型为主转变为劳动密集和技术、资金密集型并重，出口产品的技术含量在逐步提升。即使今后出口总量减少，但高附加值产品份额仍能提供正向增长，同时向世界提供更高品质的商品。

二、高科技产品出口占比呈下降态势

根据世界银行的统计，近年来中国高科技产品出口占制成品出口总额的比重呈下降趋势，已经由 2005 年的 30.84% 下降至 2016 年的 25.24%。究其原因，在高科技产品研制上，中国有自身的短板，科技创新能力存在明显的不足。

中国的国际专利申请数从 2003 年起，每年以超过 10% 的速度增长，2013 年中国申请国际专利数量不到美国的 40%，也不到第二名日本的一半，而 2017 年同比增长 13%，首次升至全球第二，达到了美国的 86.33%。PCT（Patent Cooperation Treaty）国际专利申请量中国占全球的比重已由 20 世纪 80—90 年代的不足 1% 攀升至 2017 年的 20.13%（见图 8 -1）。

如果以每百万人国际专利拥有和申请量来考察，中国的全球排名更是在 30 名之外。世界产权知识组织关于国际专利的报告显示，2012 年在世界 PCT 国际专利申请 50 强的企业中，日本企业有 20 家，美国企业有 14 家，德国企业有 5 家，而中国企业只有 2 家；到了 2017 年，在全球专利申请量 50 强企业中，中国共有 10 家企业进入排名。其中进入榜单的企业全部来自信息通信行业，华为和中兴占据了前 2 名，京东方排在第 7 名。更为重要的是，中国科技创新活动的质量较低，在所拥有的国际专利中，技术含量高的发明专利比例与发达国家相比明显偏低。

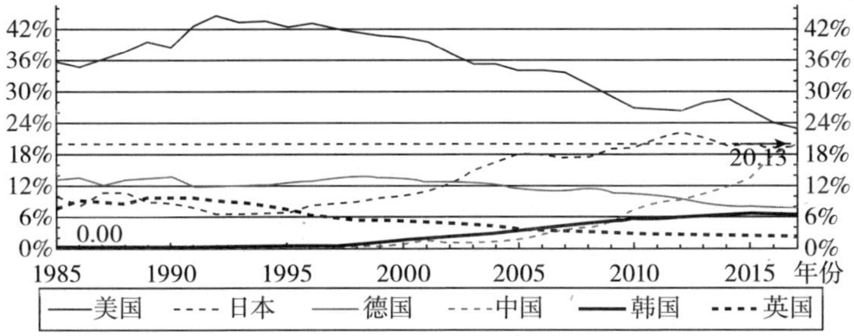

图 8－1　主要国家 PCT 专利申请量占全球的比重（1985—2017）

资料来源：Wind 资讯。

三、仍需致力于维持“世界工厂”地位

中国仍需要维持“世界工厂”的地位。尽管工业制成品出口结构正在发生改变，但中国政府的施政目标之一是创造就业岗位，提升技术密集型制造业和现代服务业比重不应该以放弃劳动密集型制造业为代价。事实上，中国在劳动密集型产业发展上仍有较大的腾挪空间，在中国的中西部仍然有相当大比例的非熟练工人需要以工作谋生。未来 10 年，中国将会同时扮演“世界工厂”和“世界市场”两种角色，产业转移既会在省与省之间也会在国家与国家之间发生，无论是劳动密集型产业转移还是技术或资本密集型产业入驻，中西部城市都将会由此受益，并会培育出数千万中产阶层消费群体。

第三节　科技创新驱动产业生产率提高

面临诸多领域成本上涨的挑战，解决劳动力、土地、能源等成本上涨的最佳途径是瞄准国内外最佳实践，通过推动新的技术创新，不断提高企业生产率。提高全要素生产率是中国供给侧结构性改革的主要目标。中国产业升级亟须加快以创新为导向的产业生产率革新，提高科技进步对经济增长的贡献率或全要素生产率，使创新成为经济社会发展的核心驱动力。

一、中国做出努力抑制潜在增长率的下降

改革开放40年来，中国劳动和资本投入对经济增长的贡献大约为70%，全要素生产率的贡献大约为30%，这与发达国家相比大体形成了相反的结构。随着中国城镇化加速和中等收入群体的不断壮大，以消费驱动的经济增长循环正在激发以市场为导向的创新活动，原有的资源投入型发展模式已遭遇“天花板”，中国经济的潜在增长率呈现下降态势[①]，迫切要求提升全要素生产率，实施创新驱动发展战略，使创新资源得到充分有效的配置，使企业具备向创新要效率的能力。

（一）中国政府有效地提高了能源使用效率

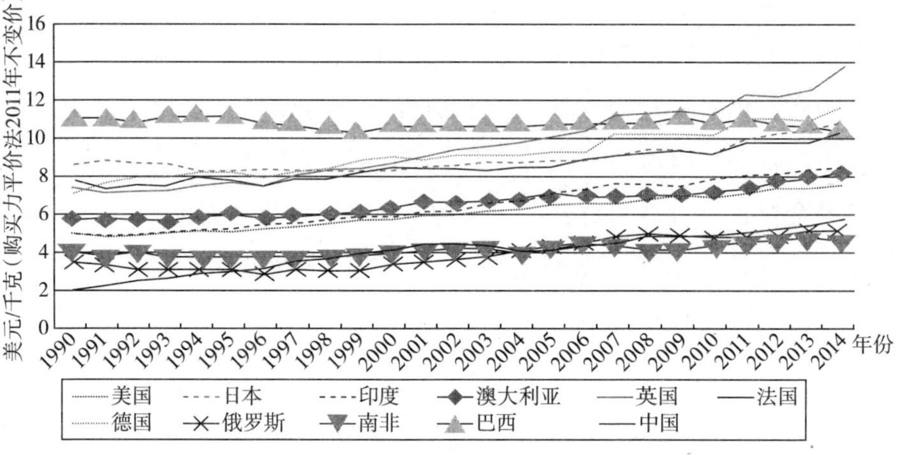

图8-2 世界主要国家单位GDP能源消耗（1990—2015）

资料来源：世界银行。

① 中国经济增长前沿课题组．中国经济长期增长路径、效率与潜在增长水平［J］．经济研究，2012（11）：4-17.

中国政府致力于降低单位 GDP 能耗，持续地提高能源效率。尽管与发达国家尚有差距，但近些年中国已经做了大量努力，单位 GDP 能耗下降较快，正在接近法国、澳大利亚、印度等国家水平（见图 8-2）。与此同时，中国政府正在实施能源结构调整，尤其致力于抑制煤炭消费增长和扩大清洁能源的消费利用，更加注重发展低耗能产业，这对未来 10 年全球能源需求增长和跨国矿业公司财富增长将产生重大影响，甚至可能改变世界能源市场格局。

（二）中国正在发挥人口基数优势形成新的人口红利

作为拥有 13 亿多人口的大国，中国拥有庞大的人才基础，高素质劳动者的比例逐年提升，人力资本新红利（即工程师红利）正在形成，这为实施创新发展战略奠定了基础。尽管中国在科技创新领域尚存在产学研衔接不足、大学生就业困难、高品质专利较少、企业存活时间短等诸多问题，但中国拥有良好的创新创业的基础潜力。因为中国拥有更多的智力人才，中国高等教育的毛入学率已超过 30%，每年大学毕业生的数量已从 1998 年的 100 万人攀升至 2018 年的 820 万人，超过了瑞士和以色列的总人口数。

为此，中国正在深化科技服务体制改革，挖掘人才资源富矿，推动由廉价劳动力主导的人口红利向由高素质劳动者主导的人才红利持续跃升。劳动者素质的提升也极大地提高了劳动生产率。尽管近年来中国劳动生产率有所下降，但与世界其他国家相比，年均增速仍处于较高水平。如果中国能够在释放人才的创造潜能方面做出相应的调整，就能更多地依靠人力资本实现价值创造，使资源利用更加高效，使劳动生产力得到极大的释放。

（三）中国经济的潜在增长率出现下降迹象

需要警惕的是，受科技进步速度放缓的影响，中国经济的潜在增长率出现快速下降①。根据 IMF（国际货币基金组织）的估计，2007 年开始中国潜在的增长率已经出现下降态势。究其原因在于科技进步对 GDP 增长的拉动作用同期出现下降，据 IMF 估计，按潜在资本存量计算的全要素生产率由 2007 年达到 6.0 的高点下降至 2013 年的 3.0 附近，并仍处在持续下降的通道之中（见图 8 -3）。2012—2013 年全要素生产率增速放缓尽管受到周期性因素的影响，但仍然对经济增长起着非常关键的作用，提示我们需要为此采取应对措施。

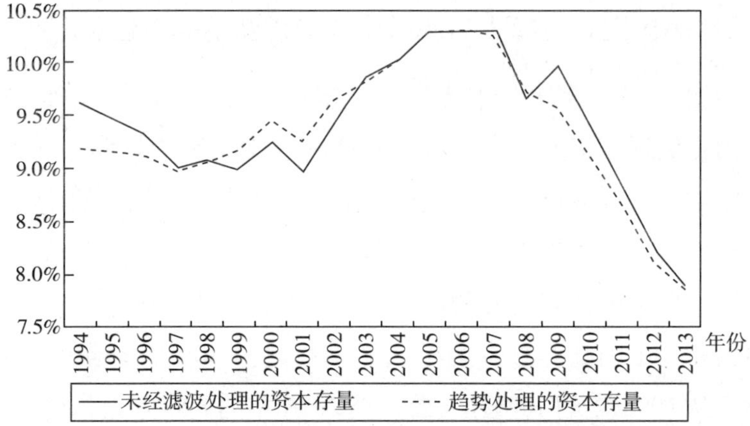

图 8 -3　中国经济的潜在增长率（1994—2013）

注：＊使用 HP 滤波获得。

资料来源：Rahul Anand，Kevin C. Cheng，Sidra Rehman，Longmei Zhang. Potential growth in emerging Asia，IMF working Paper，January 2014.

二、中国的二次创新有其可取之处

近年来，中国在创新方面做了很多努力，其中在引进吸收消化再创新方面取得了积极成效，包括高铁、核电等重要高科技领域都是依靠二次创新取得的成绩。除此之外，中国在电子商务、共享经济等领域的创

① 高善文，高伟栋，莫倩. 三十年未有之变局——中国潜在增速的趋势转折［N/OL］. 安信证券宏观研究，2010 -10 -12.

新也可以算作二次创新。现阶段，尽管发达国家对中国的自主创新和知识产权保护问题比较担忧，并提高了技术引进的门槛，但是中国开展二次创新的能力是不容忽视的。正如佐治亚理工学院的国际事务教授丹·布莱兹尼茨在其最近出版的《红皇后的奔跑：政府、创新、全球化和中国经济增长》一书[①]中描述的那样，应全面看待中国创新模式，不能把新技术、新产品的研究开发作为唯一的标准，不能照搬硅谷的技术创新模式；与产品应用相关的“二代创新”和制造工艺相关的“流程创新”都可以创造更多的效益，促进经济的可持续发展。

（一）中国二次创新的优势在于随需而变的适应性

在全球生产分散化的背景下，跨国公司没有中国的制造技术将无法生产并保持盈利，掌握产品制造技术的中国企业也与掌握产品创新技术的海外高科技企业完全相互依存。中国企业在二次创新和制造工艺革新上的优势已经突破了传统的低成本劳动力和政府补贴优势。中国企业的创新目的是促进本国经济增长和增加就业，单纯强调新颖独创新可能会本末倒置。中国制造业发展壮大的实践表明：可供一个经济体选择的创新有多种形式，不能仅仅依据硅谷创新模式的标准要求中国企业，而是要根据本国国情不断调整创新战略，使其与现实的生产力相适应。

生产和服务的全球分散化在世界范围内创造了更多就业机会，也为中国式创新奠定了基础，而中国现有的政策环境和改革实践也为二次创新提供了保障。一是相关政策、市场准入规则与时俱进的适应性加快了中国二次创新的步伐。中国相关政策、规则具有随需而变的适应性，许多当前批准的活动在未来有可能会随政策变化而调整，有些规定可能因需求变化而被严格执行。在此情形下，中国企业家可能会侧重关注当下的发展机会，而且会充分利用不同的社会关系和所有制结构，避免未来

① ［美］布莱兹尼茨，［美］默夫里．红皇后的奔跑：政府、创新、全球化和中国经济增长［M］．柳卸林、陈健，等，译．北京：经济管理出版社，2014.

潜在变化带来的风险损失。因此，很多企业能够抓住当前的机遇做出适应性调整，通过投资短期获利项目及对成熟工艺和产品再改进，使其在二代技术开发和制造工艺创新方面获得独特优势。二是地方政府的自主能动性催生短期成熟的技术创新。中央政府根据地方具体实践及经验决定倡导哪种模式或者摒弃哪种模式，而这种倡导或摒弃落实到地方时又是灵活的、多变的。为了在短期内获得良好政绩，地方政府会对短期项目和成熟的技术倾注全部人力和物力，致力于技术引进消化吸收再创新，开发适用的新技术和新产品（即“二代创新”），而暂时无暇顾及研发那些开发周期长、不能立即见效的新技术新产品。

（二）庞大的内需市场规模为二次创新提供了空间

中国企业经常推出其二次创新的产品以适应强大而快速增长的国内市场。它们不仅为国外品牌从事外包生产，也在国内市场销售用二代创新技术生产的自主品牌。例如，华为公司就是通过生产与国外同类商品相比更物美价廉的通信设备，开拓中国乡村市场而获得成功的。正是庞大的内需市场和强大的二次技术创新能力，才使中国企业能够在国际上获得技术和价格上的优势。

（三）政府鼓励支持自主创新时还应兼顾二次创新

政府鼓励本土企业加快“创造具有划时代意义的技术”，而不太强调产品的二代创新和制造工艺创新，这往往会导致政府财政补贴政策在落实过程中走样、所扶持的企业出现依赖症而研发效率降低，甚至可能会影响到经济发展的稳定性和可持续性。中国走有中国特色社会主义的技术发展道路，而不是复制其他经济体制下的技术发展模式。随着时间的推移，中国企业自然会提高自主创新能力并掌握核心技术，尤其是在竞争准则和行业标准尚未定义的新兴产业，例如纳米技术、生物技术和绿色环保产业。未来十年左右，中国仍可凭借二次创新优势继续保持经济的稳定增长。在绘制创新蓝图时，政策制定者应充分考虑中国已经具有的不可替代的创新优势和竞争优势，在强调自主创新的同时兼顾二次创新。

三、中国的发展仍需加大科技创新力度

如上所述，中国虽然在二次创新方面取得了不小的成绩，但是在自主创新方面并不具有优势。如果单纯鼓励企业自然而然地提高自主创新能力和掌握核心技术，在现有体制下很难达到预期效果，而且随着外部环境的冲击日渐增强，以往短、平、快的创新已经不能满足中国企业的生存发展需要，特别是中兴通讯遭美国技术封杀后，中国企业深刻意识到在关键技术领域应加快自主创新步伐，增加科技创新投入，提高国际竞争力。为此要优化激励机制，兼顾行动主体的积极性和改革的持续性，通过加快提高劳动生产率和全要素生产率，扭转实体部门杠杆率过高、全要素生产率下降、产业升级迟滞和竞争力不强等现象。

（一）中国科技研发经费投入持续增长并位居世界前列

鼓励企业、科研单位、大学增加科技研发投入，用具有自主知识产权的技术成果带动产业升级，逐步提升中国产品在全球产业链中的位置。中国每年的研发经费投入都在持续增长，占世界研发投入的比重已从1993 年的 2.2% 攀升至 2009 年的 12.8%，继 2010 年超过德国之后，在 2013 年超越日本，成为仅次于美国的研发经费投入大国。2017 年，中国国家创新能力排名已从 2012 年的第 20 位升至第 17 位；中国国际科技论文总量比 2012 年增长 70%，居世界第二位。中国的研发投入占 GDP 的比重已从 2005 年的 1.34% 提升至 2015 年的 2.10%，超过了欧盟 28 国 1.96% 的总体比例。2017 年，中国的研发经费投入强度为 2.12%，较上年提高 0.01 个百分点，超过欧盟 15 国 2.08% 的平均水平，但与经济合作与发展组织（OECD）国家 2.40% 的平均水平相比还有距离。创新资源进一步向优势企业集中。2016 年企业研发经费超过 1.2 万亿元，较 2015 年增长了 11.6%，占全社会研发经费支出的 77.5%。

（二）中国科技创新成果初具国际竞争力

世界知识产权组织（WIPO）的数据显示，2013—2016 年中国申请国际专利数量连续位居世界第三位，2017 年国际专利申请量首次升至全球第二，排在首位的美国申请数达 56624 件。2003 年起，中国的国际专利申请数每年以超过 10% 的速度增长，2017 年同比增长 13%，达 48882 件（日本为 48208 件）。截至 2017 年底，中国国内（不含港澳台）发明专利拥有量共计 135.6 万件，每万人口发明专利拥有量达到 9.8 件。

中国在通信、电力输送、高铁设备制造等方面获得了大批国际专利，带动了相关产业技术水平的快速提高，有的方面已经位居世界前列。2017 年，华为技术（4024）和中兴通讯（2965）2 家中国通信设备厂商雄踞榜单前两名。以华为公司为例，公司拥有 15 万名员工，其中研发人员就有 6.8 万人，而思科公司 6.6 万名员工中只有 2.1 万名研发人员。中国在信息技术领域的创新也在成规模增长，涌现出一批像阿里巴巴、腾讯、百度等这样的互联网企业，它们创新的速度并不落后于欧美发达国家。快速的信息通信革命，也会助推能源、动力、健康护理等领域的技术创新，进而造就更多的中产阶层消费群体。

这些创新因素提高了企业生产率，成为推动中国经济增长的重要力量。例如，按照替代估计，1999—2016 年，代表科技进步因素的全要素生产率提升平均拉动 GDP 增长 1.2 个百分点，但 2014—2016 年全要素生产率则对 GDP 产生负拉动 1.04 个百分点。如果按照官方估计，1999—2016 年，全要素生产率提升平均拉动 GDP 增长 3.2 个百分点，但 2014—2016 年全要素生产率提升平均拉动 GDP 增长 2.78 个百分点（见表 8－1）。

表 8－1　全要素生产率（TFP）提升对 GDP 增长的拉动（调整后）

国家	1999—2007 年	2008—2013 年	2014—2016 年	2015 年	2016 年
美国	0.89	0.05	－0.09	－0.01	－0.38
中国（替代）	2.31	0.75	－1.04	－2.15	－1.55
中国（官方）	3.54	2.87	2.78	2.78	2.72

续表

国家	1999—2007 年	2008—2013 年	2014—2016 年	2015 年	2016 年
日本	0. 00	-0. 11	-0. 27	0. 10	-0. 17
德国	0. 31	-0. 50	0. 61	0. 42	0. 80
法国	0. 10	-0. 94	-0. 18	-0. 21	-0. 05
英国	0. 95	-1. 05	0. 22	0. 10	0. 23
巴西	0. 23	-0. 32	-3. 64	-5. 19	-3. 42
俄罗斯	5. 61	1. 24	-1. 04	-3. 31	0. 08
意大利	-0. 64	-1. 28	-0. 09	0. 06	-0. 33
印度	1. 57	1. 05	2. 46	2. 47	3. 01
加拿大	-0. 09	-0. 69	-0. 06	-1. 00	-0. 17
澳大利亚	-0. 10	-0. 66	0. 05	-0. 47	0. 55
西班牙	-0. 92	-1. 11	0. 41	0. 67	0. 84
墨西哥	-1. 28	-1. 77	-0. 41	-0. 44	-1. 14
韩国	1. 50	0. 56	-0. 41	-0. 17	0. 57
印度尼西亚	0. 53	0. 79	0. 45	0. 95	-0. 28
土耳其	-0. 07	-0. 80	-0. 65	-0. 10	-1. 72
荷兰	0. 42	-0. 97	0. 56	1. 07	0. 22
沙特阿拉伯	-2. 75	-4. 39	-2. 69	-2. 28	-1. 26
瑞士	-0. 21	-1. 08	-1. 51	-2. 45	-1. 41
瑞典	0. 93	-1. 22	0. 85	1. 76	0. 33
伊朗	0. 20	-3. 24	1. 79	-3. 48	6. 98
挪威	-0. 47	-2. 03	-0. 39	-0. 10	-0. 40
波兰	1. 87	0. 45	0. 31	0. 57	0. 58
比利时	-0. 03	-1. 12	-0. 30	-0. 09	-0. 71
阿根廷	1. 55	0. 51	-2. 34	0. 40	-3. 76
奥地利	0. 52	-0. 73	-0. 17	0. 17	-0. 07
南非	1. 53	-1. 21	-1. 36	-2. 24	-0. 94
委内瑞拉	0. 56	-1. 10	-8. 89	-6. 33	-13. 94
哥伦比亚	-0. 37	-1. 00	-0. 40	-0. 83	-1. 15

注：全要素生产率增长（Total Factor Productivity Growth）是指总劳动小时数、工作技能、机械化水平、结构革新和信息技术资本投入等综合因素对 GDP 增长的贡献。

资料来源：The Conference Board Total Economy Database TM (November 2017).

（三）中国通过实施创新驱动战略提高科技进步的贡献率

中共十八届三中全会提出的全面深化改革正在有效实施，目的之一就是要通过提高资源配置效率来扭转全要素生产率增长下滑的态势。2014年8月18日，中央财经领导小组第七次会议重点研究部署了创新驱动发展战略，并提出了四点要求，即明确科技创新的主攻方向和突破口，强化激励科研人员创新的相关政策，围绕使企业成为创新主体推进产学研深度融合，坚持全方位国际合作全面融入全球创新网络。

在新一轮改革、开放、创新的推动之下，中国将会更加注重“人才红利”创造，发挥驱动创业创新的企业家精神，增加“人”的要素投入，而尽可能减少“物”的要素投入。预计未来5~10年，中国全要素生产率的增长率有可能回升到2%~3%的水平，并再次成为推动中国经济增长的主要引擎之一（见图8-4）。

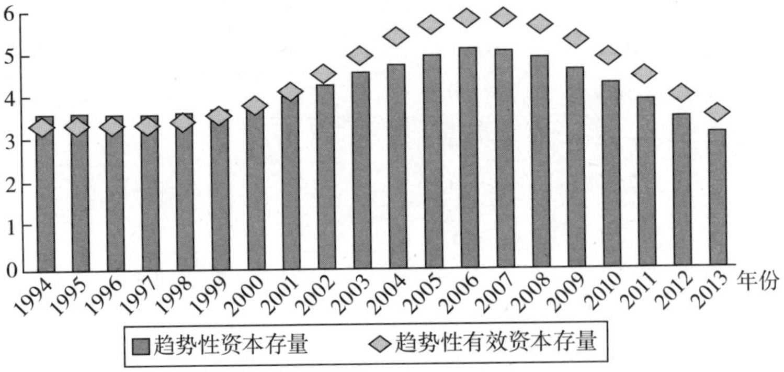

图8-4 全要素生产率对中国经济增长贡献变化（1994—2013）

注：*根据资本存量与产能利用率乘积而得。

资料来源：Rahul Anand, Kevin C. Cheng, Sidra Rehman, Longmei Zhang. Potential growth in emerging Asia, IMF working Paper, January 2014.

近年来，在中国实施创新驱动发展战略和积极鼓励企业创新的背景下，有些中国企业脱颖而出，其中包括以阿里巴巴、腾讯、百度等为代表的互联网企业，也包括华为这样的创新企业。从总体上看，除这些新兴的企业之外，在创新50强的名单中鲜有中国老牌的传统企业，而美、欧、日的创新企业既有互联网新锐公司也有老牌创新企业。在全球创新企业50强中，有27家企业来自美国，16家来自欧洲，7家来自亚洲，其中亚洲的创新企业中有3家来自中国，3家来自日本，1家来自韩国（见表8－2）。

表8－2　全球创新企业50强（2018年排名）

序号	企业名称	序号	企业名称	序号	企业名称	序号	企业名称	序号	企业名称
1	苹果	11	爱彼迎	21	西门子	31	英特尔	41	3M
2	谷歌	12	SpaceX	22	联合利华	32	NTT docomo	42	SAP
3	微软	13	Netflix	23	巴斯夫	33	戴姆勒	43	杜邦
4	亚马逊	14	腾讯	24	亿客行	34	安盛（AXA）	44	洲际酒店
5	三星	15	惠普	25	强生	35	阿迪达斯	45	迪士尼
6	特斯拉	16	思科	26	摩根大通	36	宝马	46	华为
7	脸书	17	丰田	27	拜耳	37	日产	47	宝洁
8	IBM	18	通用电气	28	道氏化学	38	辉瑞制药	48	Verizon
9	优步	19	Orange	29	AT&T	39	时代华纳	49	飞利浦
10	阿里巴巴	20	万豪	30	安联保险	40	雷诺	50	雀巢

资料来源：波士顿咨询公司2017年全球创新调查，https：//www.bcg.com.

第九章
通货膨胀之变

在经济转轨过程中，中国既经历过因价格闯关而形成的高通胀，也经历过因总需求不足导致的通货紧缩。这些经历增强了中国对通胀的宏观调控能力。

物价波动虽然主要受供求基本面影响较大，但汇率、预期等因素的影响也不可忽视，特别是人民币贬值和商品涨价的预期都会产生通胀预期，进而引导货币政策做出调整。

作为更加开放的经济体，中国经济与国际商品市场的联系日益紧密，而国际商品价格波动对通胀具有输入性影响，特别是国际油价波动对国内通胀的形成具有一定的传导影响。

通货膨胀问题是经济运行中的重要问题之一，而治理通胀则是宏观调控政策的主要目标。随着中国改革开放不断深化，经济运行中的通货膨胀现象也发生了机制性改变。在开放经济体系下，以生产资料为价格代表的通货膨胀与国际大宗商品价格的波动具有较强的一致性，而以消费者物价为代表的通货膨胀，即主要由食品价格所主导的情况则有所改变，因为食品价格的波动表现出了与工业品价格波动的同步性，而影响消费通胀的因素越来越复杂，既有需求拉动和成本推动的因素，也有货币供应、利率和汇率变化的因素，同时国际大宗商品价格波动也会传导到国内消费市场上来。

第一节　2017 年以来中国物价形势分析

2017 年以来，生产者物价指数（PPI）和消费者物价指数（CPI）均进入温和通胀区间。其中，PPI 反映了可贸易部门的通货膨胀情况，在开放经济和相对固定汇率的条件下，中国的 PPI 与全球的工业品价格波动表现较为一致[①]；而 CPI 更多地反映了国内食品、居住等不可贸易部门的价格变化，食品价格的变动更多与农户的通胀预期有关，而居住价格的变动更多与中国的住房价格调控政策有关，因此 CPI 表现得相对平稳一些，与 PPI 的走势理论上应不具有同步性。

① 高善文．中国经济运行的逻辑［M］．北京：中国人民大学出版社，2013.

一、工业品价格波动受国际市场的影响较大

2016年9月，全国工业生产者出厂价格（PPI）结束了同比连续54个月下降的态势，即由深度通缩开始转为温和通胀。在中国推进供给侧结构性改革的影响下，PPI逐月走高并于2017年2月攀升至7.8%的高点，此后PPI当月同比虽有所回落，但仍维持在温和通胀区间，2018年8月达到4.1%，较上年同期回落2.2个百分点，但当月环比上涨了0.4%。从短期来看，影响PPI的翘尾因素在减弱，但是新涨价因素仍然存在。如前所述，在开放的经济条件下，PPI的波动不仅受到国内工业部门需求和产出的影响，而且会受到全球工业部门产出的变化以及汇率波动、市场预期和国际油价波动的影响。

（一）国际大宗商品价格攀升推动PPI上涨

从历史数据来看，中国PPI的走势与美国的PPI、国际大宗商品价格指数以及全球工业生产需求的变化走势表现出一定的同步性。根据相关分析情况，随着中国经济日益融入全球化，RJ/CRB商品价格指数[①]的走势与中国PPI走势形态高度相似，2015年之前这种相关性比较高，但2016年之后在中国国内结构性改革政策的影响下，中国PPI的波动幅度比国际商品价格的波动幅度大一些，特别是2016年初开始经历1年多的快速回升过程，随后与国际商品价格波动方向相一致。由于国际商品价格略有回升势头，由此推测中国的PPI不仅不会大幅下跌，还有小幅回升的可能。

---

① RJ/CRB商品价格指数是2005年6月由路透集团与Jefferies集团旗下的Jefferies金融产品公司调整路透商品研究局（CRB）指数更名后的商品价格指数。该指数涵盖的商品品种有19种，能源类包括原油（23%）、取暖油（5%）、无铅汽油（5%）、天然气（6%）等4种，金属类包括黄金（6%）、白银（1%）、铜（6%）、铝（6%）、镍（1%）等5种，农产品类包括大豆（6%）、小麦（1%）、玉米（6%）、棉花（5%）、糖（5%）、冰冻浓缩橙汁（1%）、可可（5%）、咖啡（5%）、活牛（6%）、廋肉猪（1%）等10种。括号内标注的为计算指数时各品种的权重。

另一种观察是，1996 年之后中美 PPI 表现出高度的同步性，因为 1996 年后中国实施的开放国际收支经常项目下的货币兑换采取了人民币钉住美元的汇率政策，使得在中美之间的工业品价格套利机制失效，据全球可贸易工业品的一价定律①，中美 PPI 波动表现出较强的一致性。从图 9－2 提供的月度数据可以看出，国内外工业品生产价格的同比波动有较强的一致性。

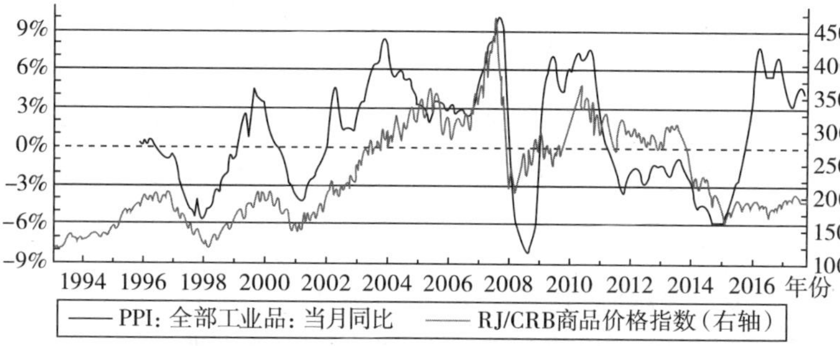

图 9－1 RJ/CRB 商品价格指数与中国 PPI 走势（1994—2018）

资料来源：Wind 资讯。

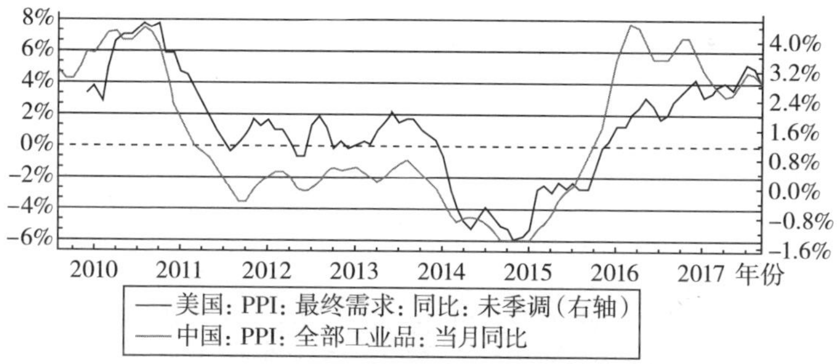

图 9－2 中国 PPI 与美国 PPI 走势（2010.7—2018.8）

资料来源：Wind 资讯。

从同比走势来看，PPI 的同比增幅与国际大宗商品价格指数的同比增速走势高度一致，可见两者有非常强的正相关性。如果国际大宗商品

① 在开放的经济世界里，如考虑到自由贸易、资本开放和无交易成本的情形，则可贸易的工业品供需变化会保持同步，价格在各国之间没有价差，可以实现全球的一致性，即所谓的全球统一定价。

价格同比增速持续增长，则 PPI 同比增速持续回升的势头还会持续。作为更上游的原材料、燃料动力购进价格指数（PPIRM）走势也与大宗商品价格指数当月同比走势相似，并于 2017 年 3 月达到 10% 的高点，随后也经历了一个先降后升的过程，2017 年 10 月达到 8.4% 后再次经历先降后升的过程，由 2018 年 4、5 月的 3.7% 回升至 7 月、8 月的 5.2% 和 4.8%，体现出全球工业品市场剧烈的波动特征。

（二）制造业购进价格回暖预示 PPI 下降势头近期受到遏制

2017 年 9 月以来，中国制造业采购经理人指数（PMI）开始有限回升，2018 年 5 月明显上升到 51.9 的高点，随后逐步下降至 9 月的 50.8。经验表明，PMI 中主要原材料购进价格与 PPI 之间具有较高的时差相关性，PMI 中购进价格能够预先反映生产物价变化。2018 年 4 月 PMI 中主要原材料购进价格出现明显回升，由 4 月低点 53.0 震荡上升到 9 月的 59.8，这就预示着至少未来数月 PPI 同比增幅持续下降会受到遏制（见图 9-3）。

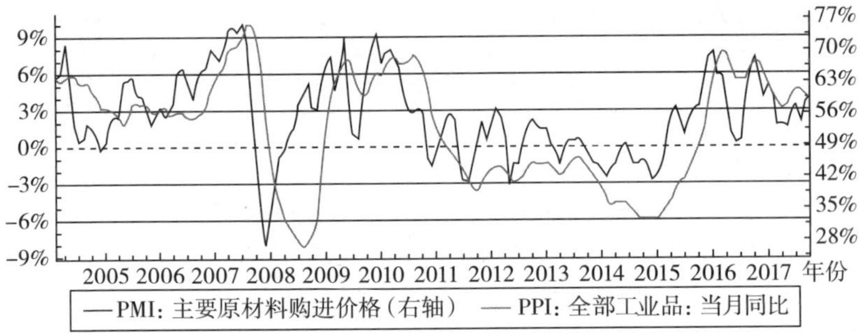

图 9-3　中国 PPI 与中国 PMI 主要原材料购进价格走势（2005.1—2018.9）

资料来源：Wind 资讯。

（三）人民币汇率波动可对冲全球生产价格波动的影响

对可贸易品通胀而言，汇率的波动会对国内价格水平产生影响。保持汇率稳定时，全球工业品价格可以与 PPI 保持很好的一致性，但在其他条件不变的情况下，汇率贬值则意味着全球可贸易品价格的上涨，进而带动PPI上行。2017年底至2018年初，美元兑人民币中间价出现下降，意味着人民币有一定幅度的升值，中国PPI也出现一定幅度的下降。2018年4月以后，美元兑人民币中间价大幅攀升，PPI开始有攀升势头，直到美元兑人民币稳定在6.8左右的位置，全球工业品价格才正常传导到中国PPI上来，由此预示中国PPI未来3~4个月内下降势头将会终结。

图9-4　中国PPI与美元兑人民币中间价走势（2013.7—2018.9）

资料来源：Wind资讯。

二、消费物价指数呈现温和上涨势头

过去很长时期内，中国消费物价指数的波动主要是由食品价格波动引起的，但近年来越来越多地受到生产资料价格波动和居民工资变化的影响。不像工业品那样可全球采购和生产，受国内农业政策等因素的影响，国内外农产品价格很难实现统一。另外，住房作为不可以贸易商品，也很少受到国际市场波动的影响，而影响国内物价的还有货币供应量情况，通过汇率波动和输入的生产资料价格波动也可以传导到消费者物价上来。

近年来，中国CPI保持在1%~2%的温和通胀区间，但随着外贸条件的恶化和国内稳增长的需要，CPI同比开始展现抬升势头，物价上涨的压力逐步体现出来，预计未来将会迎来真正的通胀考验。

（一）CPI结构性上涨压力逐步体现出来

2017年以来，在经历1年多的低通胀后，CPI开始呈现出上涨势头，除了2018年2月暂时攀升至2.9%的高点（主要受春节的影响），其余月份均在2%上下浮动，2018年7月、8月再次表现出上涨压力，连续2个月维持在2%以上。尽管2018年内翘尾因素正逐步减弱，但考虑到近期新涨价因素有所增强，CPI持续攀升的压力仍然存在。

从环比上看，2018年7月、8月CPI分别环比上涨0.3%和0.7%，也展现出持续上涨的压力。从结构上看，CPI的上涨受到食品价格上涨的推动，2018年8月食品价格环比上涨高达2.4%，食品价格环比涨幅明显扩大，预示着食品价格带来的新涨价因素将会支撑CPI价格持续上涨。前期环比明显下跌的蔬菜、水果类价格也因台风等造成的洪涝天气影响自2018年7月开始明显上升，食品价格季节性上涨等短期因素仍在。

CPI中的非食品价格拉高了CPI，其中CPI服务价格同比增速维持在2.5%左右，有力支撑了CPI价格的回升。由于房贷新政抑制购房、中介借机炒作和季节性需求增加，租房价格出现大幅上涨。加之资产泡沫深化倒逼城市用工薪酬加速上涨，资源性产品阶梯调价压力长期存在，使得消费者物价出现波动的幅度有限，未来一段时期CPI同比很可能会进一步走高。

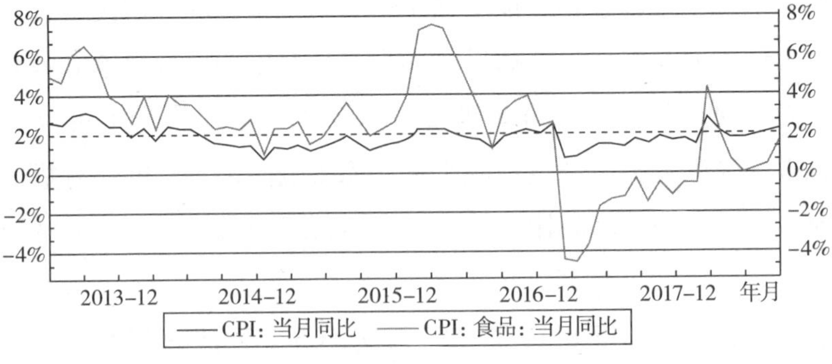

图9-5　中国CPI当月同比与CPI食品价格当月同比走势

资料来源：Wind资讯。

（二）PPI 的回升传导将增加 CPI 上涨压力

在居民消费总体平稳的情况下，前期 PPI 回升可能会进一步推高 CPI。经验表明，PPI 对 CPI 非食品部分具有传导作用，特别是 PPI 中与生活资料直接相关的部分已开始呈现上升势头，这与 PPI 非食品部分上涨表现出一致性。当然 PPI 生产资料价格上涨也会对 CPI 非食品部分产生传导影响，促使 CPI 非食品部分上升势头延续。国内工业品价格受国际大宗商品价格波动的影响有所增强，主要是因为国内主要工业品依靠国际原材料资源的输入供应。

在 PPI 构成中，生产资料的权重约占 75%，生活资料的权重只有 25% 左右。包括煤炭油气、基本金属、纺织服装、橡胶塑料等在内的开采、制造业与国际工业品市场的联系越来越紧密。在此情形下，中国加快在钢铁、煤炭、电解铝等领域的去产能工作，以及积极开展工业企业降杠杆等活动，都会波及生产资料市场，并对工业品价格走势带来一定的影响。可以说，供给侧结构性改革叠加环保趋严的影响，会对钢铁等工业品原材料供给带来一定的冲击，而扩大基础设施建设投资的政策将会加大工业原材料的需求，这可能会推高上游原材料的价格上涨，进而推动 PPI 生产资料价格上涨。考虑到上游的压力会向下游缓慢传导，且出于对消化成本的滞后反应，生活消费品价格易涨难跌，带动 CPI 仍有上升空间。

CPI 同比增速在经历上升后，2017 年 2 月下跌至 0.8% 的低点，并与 PPI 形成较大背离，两者之差高达 7%。从 PPI 和 CPI 的背离可知，两者并非紧密联系的上下游市场，而是两个相对较为独立的市场，都有各自的特定决定因素。国际大宗商品价格波动虽然可以传导至国内工业品市场，但是并不会对消费品市场造成太大的冲击，因此出现输入性通胀或输入性通缩的可能性并不大。之前，中国主要行业的产能过剩只能解释 PPI 下跌的原因，但是无法解释 PPI 与 CPI 的严重背离，从市场分割的角度解释两者的背离原因会更合理一些。

从 CPI 构成上看，CPI 价格指数主要是食品价格，因而其上涨与食品价格的上涨有较强的关联性。食品价格的决定因素更多是国内农产品供需关系的变化，而受国际农产品价格波动的影响相对较小。在 CPI 构成中，食品烟酒占比达到 30% 左右，其中粮食、畜肉类、鲜菜、水产品、鲜果等产品主要依靠国内供应，很少部分来自境外进口。以稻谷和大米为例，作为中国居民的主要口粮，稻谷和大米在食品构成中占有一定比例，而 2017 年中国进口稻谷和大米 403 万吨（低于 532 万吨的进口配额），对外进口依存度不超过 2.5%。此外，包括居住、娱乐、教育、文化用品及服务等不可贸易的商品和服务在 CPI 构成中权重占到 30% 以上，而这些商品和服务价格受国际商品价格波动的冲击也不大。

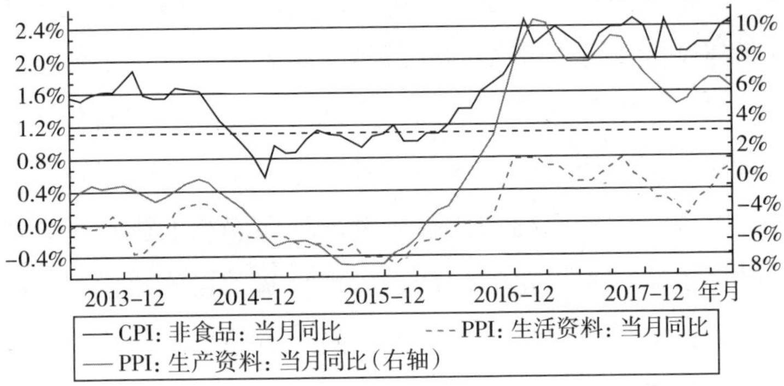

图 9－6　CPI 与 PPI 生产资料和 PPI 生活资料价格同比走势

资料来源：Wind 资讯。

（三）货币供应和信贷投放速度将影响 CPI 上涨空间

2017 年以来，狭义货币和广义货币供应量（M1 和 M2）大幅放缓，其中 2018 年 M2 增速更是保持在 8% 左右的较低水平，与过去两位数的增长有很大不同。截至 2018 年 8 月，M2 余额达到 178.87 万亿元，过去 10 年增长了近 300%，是 GDP 的 2.14 倍。2018 年以来，金融机构新增人民币贷款保持两位数以上的增速，信贷投放依然偏强，前两个季度新增人民币贷款增速分别为 15.2% 和 13.3%。

总体来看，国内货币流动性仍保持合理充裕，不会对物价上涨造成压力。与过去经验不同，M2 同比增速偏低，意味着市场流动性偏紧，通胀预期将会承压，但考虑到 2 倍于 GDP 的货币供应量，以往没有大幅度推高物价，主要是因为有房地产市场这个“蓄水池”，而随着坚决遏制房价上涨的预期形成，即便是较低的 M2 增速，流向房地产领域的货币也会逐步减少，而流向商品市场的可能会增多，意味着物价仍有继续上涨的可能性。

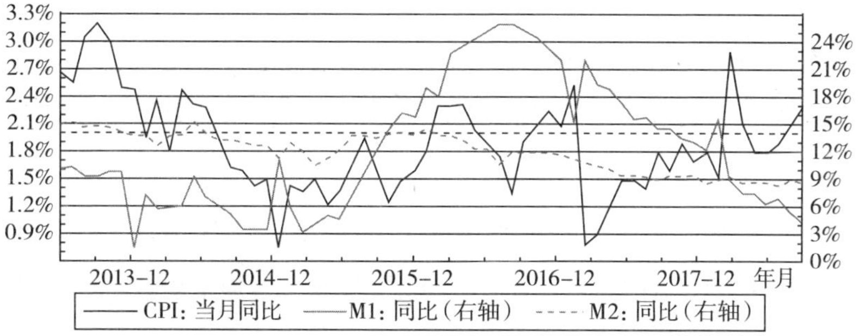

图 9-7　CPI 与 M1 和 M2 同比走势（2013.7—2018.8）

资料来源：Wind 资讯。

第二节　汇率和预期是影响通胀的重要因素

如前所述，影响通货膨胀的因素既有贸易关税、货币政策波动等外部因素，也有改革政策、环保标准等内部因素，其中可贸易部门受到外部贸易条件恶化的冲击较大，特别是在中美贸易争端短期难以解决的背景下，全球工业需求的变化和国际商品价格的波动都会影响国内 PPI 走势；而国内市场预期和农产品进口贸易也会影响 CPI 的变化。国际油价波动对国内经济的影响在第三节中会具体阐述。本节主要从汇率和农产品贸易的角度分析今后的通胀形势。

一、人民币汇率波动对通胀的影响

根据购买力平价学说，通货膨胀率比国外高的国家货币币值将会走弱，货币对内贬值会通过汇率下跌引起对外贬值。换句话说，一国货币的对内价格和对外价格始终成正比变动，实际汇率与国外物价之比保持稳态变动。

当前人民币对内贬值和对外升值预示着购买力平价理论不再成立。这直观地表明经济内部失衡和外部失衡并存。通货膨胀无论何时都是一种货币现象，所以流动性泛滥会带来通胀动力；而对外升值则意味着实际汇率上升，因为高经济增长率要求有与之相适应的强势货币。反之亦然。2010 年 6 月，人民币汇率形成机制改革后，再次出现人民币对内贬值和对外升值的价值背离。2018 年 4 月以来，这种价值背离得到改观，国内通胀率开始走高，但人民币兑美元出现了贬值。因此，如何处理人民币贬值预期和高通胀压力两者间的关系，成为政策制定者亟待解决的问题。

（一）国内高通胀与人民币对外升值的价值背离

按照购买力平价学说，国内通胀率与本国货币贬值方向是一致的。然而，有一段时期两者出现了背离走势。2005 年 7 月人民币汇率实施渐进式改革以来，人民币汇率进入了一个单边升值预期的通道，即人民币实际汇率要向国际认可的合理水平渐进调整。国际金融危机期间，人民币采取钉住美元的做法并维持了一段时间。2010 年以来，人民币再次表现出较强的升值预期（见图 9－8），这一过程持续到美联储采取收缩货币政策。

一是全球主要货币竞相贬值，使人民币相对升值较快。为了应对国际金融危机，美国在施压人民币升值的同时，实施量化宽松货币政策和“弱势美元”策略，直接超发货币致使美元大幅贬值，造成非美货币面临“被升值”压力，最终导致各国央行纷纷干预汇市，引发全球范围出现竞争性贬值。在此背景下，境外美元资本将大规模流入中国，其中贸易顺差不到一半，绝大多数是“热钱”，从而给人民币汇率带来更大的压力。

二是国际收支长期不平衡和巨额外汇储备，增加了人民币升值预期的政治压力。1994 年以来，中国国际收支始终保持经常项目和资本项目双顺差，积累了巨额的外汇储备。国家外汇储备一度接近 4 万亿美元，从而给贸易逆差国施压人民币升值提供了口舌之利，致使人民币升值的政治“噪声”越来越响。

三是国内长期资本和劳动成本较低，致使人民币汇率被压制低估。在 WTO 框架和全球化背景下，中国以进口替代转向出口导向战略，以低廉的劳动力和低成本资本为代价，发挥加工制造业的比较优势，所生产的产品超过中国的内部需求，过剩产品只有在较低汇率水平下出口。产品过剩主要是由过度投资形成的，地方政府为追求政绩，以低成本土地、资源和资本招商引资，导致固定投资过快，产业低水平发展。内需不足主要是收入分配制度不合理，劳动者工资低，造成实际购买力不高。这种“低工资、低消费”的经济结构导致人民币汇率缺乏弹性和价格信号被扭曲，不能真实反映货币供求关系，被压制的人民币汇率面临被迫升值的压力。

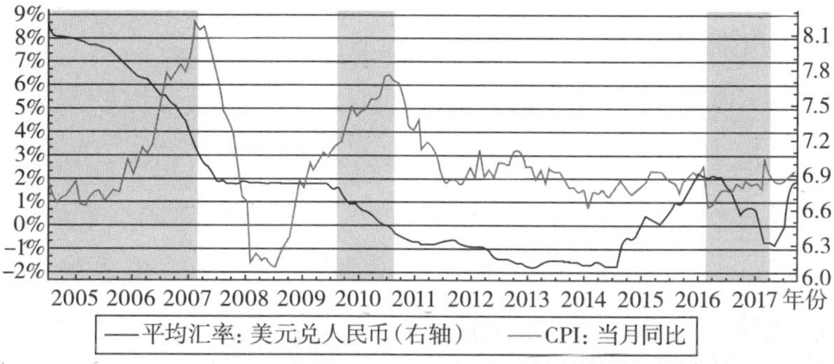

图 9－8　CPI 与美元兑人民币汇率走势（2005. 7—2018. 8）

资料来源：Wind 资讯。

（二）人民币对外贬值带动通胀率走高

随着中国经济增速放缓以及人民币汇率多年来的单边连续升值，市场对人民币汇率下跌的预期一直存在。2015 年 8 月 11 日中国人民银行实施人民币汇率中间价改革，即启动了包括调整人民币兑美元汇率中间价报价机制、加大参考一篮子货币力度等多项内容的改革，随后造成人民币汇率大幅贬值，此后人民币汇率不再持续过去的单边走势，双向浮动特征明显，汇率弹性增强。

2017 年以来，人民币再次出现内贬外升的背离，2018 年 4 月起人民币汇率出现贬值，进而 CPI 指数出现抬升的迹象，两者呈现出同向波动的关系。特别是在对外贸易条件恶化和贸易顺差持续收窄的情形下，人民币汇率贬值预期初步形成，而且在贸易争端升级的叠加作用下，国内通胀预期有所抬头，尽管 CPI 尚未超过 3% 的警戒线，但预计接下来 CPI 可能会持续走高甚至超过警戒线。

一是成本推动通胀压力加大。在人民币贬值预期下，加上夏季粮食减产和游资集中炒作，导致食品、能源等价格出现新一轮上涨；同时输入型通胀压力也会提升。

二是物价指数商品中虽不包含投资品价格，但人民币贬值预期可能会引发资本外流，进而对国内股市和楼市资产价格带来压力，倘若房价维持高位就会带动房租价格快速上升，从而引发居住价格上涨明显。

三是 CPI 低估了真实通胀，实际通胀远超 3% 的警戒线。目前中国官方公布的 CPI 低估了真实的通胀。近期，中美贸易摩擦使贸易条件加剧恶化，关税上升将会逐步反映到最终产品与服务价格上。这既有政府管制政策导致价格传导不顺的影响，也有官方通胀测量不合理的缘故。2018 年以来，中国虽维持住了 6.7% 左右的经济增速，但人民币贬值预期下通胀风险已有所抬头，需要提前预防，以免陷入恐慌性商品抢购。因而，设定 3% 的通胀警戒线是基本合理的。

（三）人民币贬值预期推高通胀的应对举措

从短期来看，货币政策调整仍是应对通胀预期最好的措施。中国央行的货币政策并未跟随美联储进入加息轨道，反而要在稳增长压力下保持合理的流动性。因此，定向降准就成为合理的应对措施，在保证合理流动性的同时，又确保不引发恶性通胀。今后宏观调控的任务是坚持以国内物价和产出稳定为目标，管理好人民币贬值预期和市场的通胀预期。

一是主动采取综合的政策工具抑制通胀压力和房价泡沫。可适当采取差别化的弹性利率政策，必要时须下调利率，取消利息税，实行利差补贴等，维持中国制造业资金投入力度；采取总量调控与结构性调控并重，分阶段推进，有效控制大规模资金外流，谨防人民币加速贬值和资产泡沫破裂。

二是有效调控商品供需结构，促进民间投资转向实体经济。采取严格财税政策抑制资产品价格投机，加快增加保障房建设用地；采用多渠道增加国内粮食、猪肉、大蒜、食糖等食品供应，依法严惩游资囤积炒作行为；加快资源性产品价格和要素市场改革，理顺价格传导机制；增加民间投资渠道，向国内资金开放金融与实体市场，引导社会资本和新增信贷流向实体经济。

三是加快调整外贸政策，维持国际收支平衡。继续降低高污染、高耗能和低附加值产品的出口退税，适当提高低污染、低耗能和高附加值产品的出口退税，鼓励高技术产品的出口，主动拓展进口渠道，利用举办进口商品博览会的时机，进一步扩大进口短缺资源、原材料和高精尖设备，有效缩减贸易顺差。

四是优化外汇储备资产，加强国际资本监管限制。有条件开放金融市场，加强外资金融机构入驻交易所的监管，加强对国际资本流动的监管限制，防止国际“热钱”的快速进出。鼓励有条件的企业到海外投资，放松结售汇制度，实行“藏汇于民”的外汇储备策略，将部分外汇储备资产证券化。

二、农产品市场预期对通胀的影响

如前所述，国内 CPI 的变化主要由食品价格主导。从 CPI 的权重结构来看，CPI 商品构成中食品烟酒所占的权重为 30% 左右，较往常年份略有下降，而居住所占权重攀升至 20% 以上。2018 年以来，食品价格对 CPI 的拉动维持正向增长，其中 8 月对 CPI 环比的拉动达到 0.49 个百分点，甚至高于对 CPI 同比拉动的 0.48 个百分点。在近期的上涨中新涨价因素占据主导，在 8 月 2.3% 的 CPI 构成中占到 1.3 个百分点。尽管国内 CPI 的近期涨幅尚未超过市场预期，但物价有抬升势头，特别是食品价格刚开始抬头，新涨价因素还有扩大的可能。

CPI 食品价格上涨势头与农产品价格的预期有关。受农作物生产周期的影响，粮食、蔬菜和鲜果价格仍有稳步小幅上涨的空间；而以粮食为原料的猪肉、肉禽及制品、鸡蛋、水产品等非食品类价格上涨对 CPI 的冲击可能会加大。当人们普遍感到菜价贵了的时候，CPI 抬升的可能性就比较大，而这通常会受农户对市场预期的影响。

（一）国内农产品价格短期走出底部空间

2017 年 6 月以来，农业生产资料价格开始出现触底反弹，由 2017 年 6 月的 -0.87% 攀升至 2018 年 8 月的 3.87%。尽管食用农产品价格指数经历上涨后出现回调，但 2018 年 6 月后食用农产品价格指数再次触底反弹，截至当年 9 月下旬，涨幅超过 18%。短期来看，中国部分农产品价格出现快速上涨，主要是由突发性因素引起的。这些短期影响因素既有影响供需基本面的因素，也有市场炒作等因素。

一是不利天气引起部分农产品供需失衡。比如受“温比亚”“山竹”等台风异常气候的影响，山东寿光等农产品种植基地遭受洪涝灾害，蔬菜等农产品产量下降，催生物价上涨预期，而且农民种植农作物的积极性不高，导致部分农产品供不应求，人为形成上涨预期，推高物价。由于收入分配改革、资源品和要素价格改革，带动劳动、水、电、油、气等要素价格上升，加上国际农产品价格普涨，形成国内农产品涨价预期，导致部分农产品惜售、恐慌性购买等现象出现，可能会加快抬升农产品价格。短期内可通过抛储、进口和采用替代品平抑价格过快上涨。

二是投机性资金流入炒高农产品价格。目前，国家对楼市加以严格调控，促使游资流入商品市场，增加了对部分农产品诸如大蒜、生姜、苹果等耐储产品的囤积。现行偏松的货币政策难以有效引导游资进入实体经济，部分投机性资金可能会进入商品市场，短期内造成部分农产品价格波动加剧。

三是农产品供应链过长抬高终端价格。实现农产品从田园到餐桌供应，要有一条高效的供应配送体系。随着国内城市人口不断增加，城市农产品的供给自给率较低，使得农产品供应链条延长。再加上生产布局和物流规划不合理，农产品供应中间加价的现象越来越严重。例如，在蔬菜的产销链中，菜农得到的地头收购价格仅为零售价格的 20% ~ 30%，批发价格又约为零售价格的一半，到零售终端价格又涨了 1 倍。很明显，中间加价也是在经营成本基础上的暂时性提价。

（二）农产品价格长期有趋势性上涨压力

美国对中国输美商品加征关税，可能会抬高国际农产品价格，也会增加中国农产品进口的成本，而且这种影响具有滞后性和长期性。预计，长期被低估的农产品价格正回归价值，并进入趋势性上涨的通道。即便国家通过收储体系调节农产品价格，农产品生产成本推动的价格上涨也是大势所趋，难以用收储办法平抑。从目前来看，决定国内农产品价格长期走势的成本因素有以下四个：

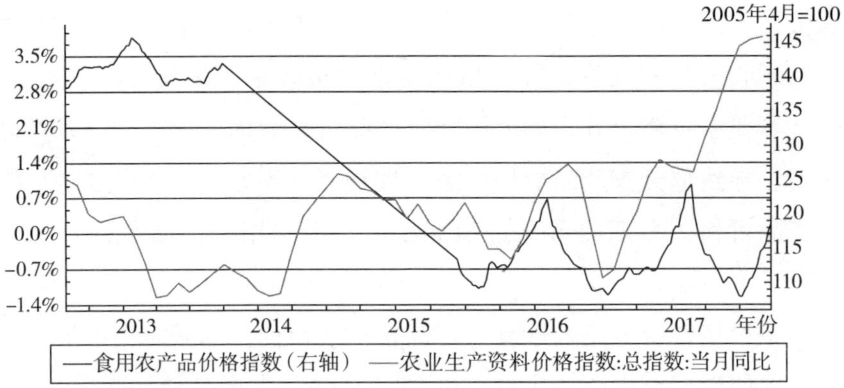

图9－9　食用农产品价格指数与农业生产资料价格当月同比走势（2013.7—2018.8）

资料来源：Wind资讯。

一是农资价格刚性上涨已成常态。2016年下半年以来，受石油、煤炭等资源类产品价格上涨的影响，农业生产上游的农资产品价格出现持续走高的情况。从过去的经验看，农产品价格和原油价格存在高度相关性，两者基本同涨同跌。以原油等为原料的农业生产资料价格就会受其影响。2017年下半年以来，化肥、农药、种子、农业机械、水利灌溉等农资价格整体出现上涨态势。根据国家统计局发布的农业生产资料价格指数数据，2018年1—8月，农用机油、化学肥料以及农药及农药械具呈现同比上涨态势，其中农用机油累计同比上涨12.22%，化学肥料同比上涨7.22%，农药及农药械具同比上涨4.06%，均高于农业生产资料价格2.65%的累计同比涨幅。

二是劳动工资上涨对农产品价格提升作用明显。过去10年间，中国城市化率以每年1.0个百分点的速度上升，大量青壮年农业人口转移到城市，成为推高农产品价格上行的结构性因素。随着人口老龄化和"少子化"社会的到来，农村转移带来的人口红利逐渐消失，劳动力短缺问题日趋明显，"用工荒"现象在农业领域业已显现，农民进城务工成本的提升，促使农业劳动力价格迅速上涨。加上现代农业需要熟悉农业机械的新型农民，务农成本上升将是长期渐进的，由此推动农产品涨价的形势难以改变。

三是农地成本上升拉高了农产品价格。当前，中国城市地价和房价快速上涨，带动城郊土地价格看涨，引起耕地租价上涨。由于农业是弱质产业，种粮的投资回报较低，而用作住房和工业建设用地的投资回报更高，农业用地逐渐减少，大规模土地租赁经营，快速提升用地成本，地价上涨很快就传导到了农产品价格上来。

四是货币超发导致实际购买力下降。2017 年以来，中国广义货币供应已超过 GDP 规模的 2 倍，而且供应速度出现大幅下降，但央行仍努力通过降低存款准备金率等措施保持货币流动性合理充裕。随着贸易盈余的持续收窄，再加上房地产市场的严控，流动性总量上向商品价格体系扩散。因而，货币超发带来的副作用就是人民币对内贬值加速，人民币币值重估将为农产品纸面价格提供强有力的支撑。也就是说，农产品的纸面价格将会随币值的下降而抬升。考虑到中国经济保持平稳增长的需要，人民币的实际购买力不会得到尽快提升，农产品纸面价格上涨的趋势将具有长期的性质。

（三）农产品涨价预期引发通胀预期

保持物价基本稳定，是促进经济社会协调发展的基础。农产品涨价预期的形成，可能会推高消费者物价指数，引发通胀预期。从短期来看，随着中美贸易摩擦长期化，农产品涨价预期难以有效消除，而且已逐步传导到肉类等食品价格上来。

一是前期粮食价格上涨会传导到猪肉价格上。从猪肉价格的波动周期看，猪肉价格的上涨还未完全表现出来。从近期数据来看，猪粮比价波动区间为 4.65 ~ 12.0，波动幅度较大。2018 年以来，猪粮比价经历了一个先降后升的过程，从年初的 8.5 逐步下降至 3 月底的 5.5，随后又攀升至 9 月底的 7.8（见图 9 – 10）。农户养猪在接近亏损边缘后，因短期非洲猪瘟的影响导致供给减少，加上猪肉价格波动周期远远长于生猪出栏周期，猪肉价格可能还会有所反弹，并拉动牛羊肉以及鸡蛋、水产品价格进一步反弹。

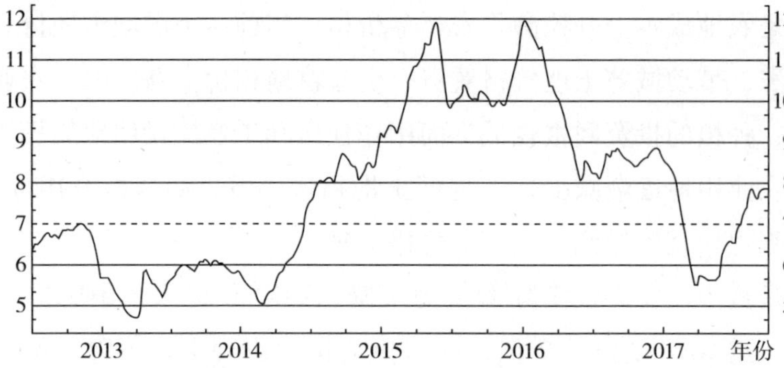

图 9－10　全国猪粮比价走势（2013.7—2018.8）

资料来源：Wind 资讯。

二是非食品价格带来的新涨价因素可能会有所抬头。从历史上看，过去 10 年非食品价格同比涨幅大都介于－1%～2%，波动幅度很小。由于制造业存在产能过剩和服务业存在劳动力相对过剩，非食品价格保持长期低位走势，造成近 10 年高增长低通胀的局面。但是随着劳动力成本和国际油价逐步攀升，成品油、天然气等资源要素价格面临上调，可能会推动衣着类、医疗保健、娱乐教育等价格出现抬升。一旦非食品价格出现大于 2% 的明显上涨局面，就会造成较大的通胀压力。

三是通胀预期初步形成并切实存在。2018 年以来，棉花、白糖、玉米、小麦、早籼稻以及豆类油脂等产品价格缓慢上涨并仍在延续，虽然时有回调的可能，但是回调的幅度有限。食品价格持续飙升将持续加强通胀预期，引发劳动者提出加薪的要求，从而导致工资与物价的交替上升，致使高企的通胀将难以消退。由此，预计 CPI 涨幅可能会突破 3% 的警戒线。如果放任通胀预期上升，涨价潮将会引发抢购潮，理性的消费者就会提前消费，造成假性消费需求，在某种程度上加剧通胀的压力。

三、提升“两个市场”资源配置能力

随着中国经济与国际市场的联动性增强，国内企业利用两个市场、两种资源的能力也有所增强。为了进一步适应国际商品价格波动的变化，应在加快推进供给侧结构性改革的基础上，重点深化国内要素市场改革，提升在全球市场配置资源的综合能力。

（一）进一步化解钢铁、煤炭等过剩产能

在巩固现有钢铁、煤炭去产能成果的基础上，以提高供给体系质量为主攻目标，进一步加快钢铁、煤炭去产能。严禁新增钢铁产能，推进钢铁去产能，加快落实《国务院关于煤炭行业化解过剩产能实现脱困发展的意见》，争取2018年完成煤炭去产能任务。加快推动落后产能市场出清，完成结构性优化产能的任务，优化存量资源配置，扩大优质增量供给，提高行业集中度，营造与国际原材料市场良性互动的市场环境，提升中国企业对国际商品市场变化的应变能力。

（二）加快推进资源类“僵尸企业”兼并重组

围绕“三去一降一补”的目标任务，重点发挥市场倒逼机制作用和紧紧抓住处置“僵尸企业”这个牛鼻子，加快推进资源类“僵尸企业”的兼并重组；对国企“僵尸企业”主动去杠杆，以市场化方式优胜劣汰，在环保、质量、安全等方面逐步依法倒逼“僵尸企业”有序退出，逐步释放优化钢铁、煤炭、电力、热力、有色冶金、石油加工等行业企业占有的低效或无效资源，提升国际、国内两类资源的配置效率，并引导资源类企业开展国际化经营，主动获取权益矿，提升套期保值交易水平，增强综合利用国际商品资源的能力。

（三）稳妥推进房地产投资正常化发展

严格坚持“房子是用来住的，不是用来炒的”定位；同时稳妥推

进房地产投资正常化发展，在建立健全长效机制的基础上，逐步放宽房地产限购限贷等调控政策，引导并稳定房地产投资建设市场，有效化解房地产市场的供求结构性矛盾，谨防房地产这一“灰犀牛”风险的规模爆发，严重冲击国际大宗商品市场；同时积极支持国内房地产企业“走出去”，重点到“一带一路”沿线地区开展投资建设经营，在全球范围内发挥房地产投资对国际商品市场的支撑作用。

（四）稳步推进油气、电力等行业改革

在推进要素市场改革的同时，应配合降成本、补短板等结构性改革政策，推进油气、电力等关键领域和关键环节的改革；切实理顺政府与市场的关系，打破行政行业垄断，开放竞争性业务；纠正国内要素价格的扭曲，逐步与国际商品市场实现联动发展，让价格信号能更充分地反映供求关系的变化。

（五）有效补齐资源交易市场机制的短板

提升利用国际商品市场的能力，应加快补齐国内资源交易市场机制的短板，加快推动国际原油期货、天然气期货等商品交易市场建设，完善相关套期保值交易机制，引入境外投资者参与铁矿石期货交易；同时加快推进国内商品交易所的国际化，建设多元开放、国际一流的衍生品交易所，推进证券基金经营机构参与大宗商品衍生品交易，鼓励证券公司开展大宗商品衍生品做市业务，引导证券基金经营机构创设大宗商品衍生品关联产品，有效发挥大宗消费地交易中心的影响力和活跃度，形成国际公认的大宗商品交易中心，充分发挥其价格发现的功能。

（六）加强国际能源资源基础设施合作

发挥“一带一路”建设等国际经济合作平台的作用，加快推进国际能源资源基础设施领域的合作，支持国内企业“走出去”开展能源资源基建投资；同时发挥国内外商品交易所的助推作用，引导国内外各

类金融机构开展能源资源基础设施筹资融资合作，增强国际国内金融机构服务实体经济的能力。

第三节　国际油价上涨对宏观经济的影响

2018 年以来，国际油价持续回升，各机构纷纷上调预测均价。世界银行 2018 年 4 月预计[①]，2018 年国际油价涨幅有望超过此前预期，均价攀升至每桶 65 美元，部分市场机构更是看高到每桶 70 ~ 80 美元。经历几年的低迷后，国际油价重拾攀升势头，再次牵动石油消费国的神经，高油价将对石油进口国能源结构及其用能成本产生影响，乃至影响宏观经济运行的稳定性。近年来，中国石油进口依存度持续走高，持续攀升的国际油价将给中国石化企业、能源产业及宏观经济带来了不小的冲击。对此，应密切关注国际原油供需市场变化，及时采取措施对冲油价波动风险。

一、影响国际油价上涨的主要因素

根据美国能源信息署（EIA）的归纳，影响国际油价变化的因素主要有供应、需求、库存和金融市场四个方面。其中，供、需两个方面是决定油价的基本面，主要受当前状况和未来预期的影响，而影响供应方面的因素主要有替代能源价格、OPEC 和非 OPEC 的生产能力、空闲产能、地缘政治、自然天气以及探矿成本等。而需求方面则主要受到替代能源价格、经济增长、工业生产、货物运输、私人交通、天气和设备创新等因素的影响。除供需基本面之外，油价还受到平衡供需的库存（包括战略储备和商业库存）和汇率、利率、商品投资等非石油因素的影响。

---

① World Bank Group. Commodity Markets Outlook：Oil Exporters：Policies and Challenges. April 2018.

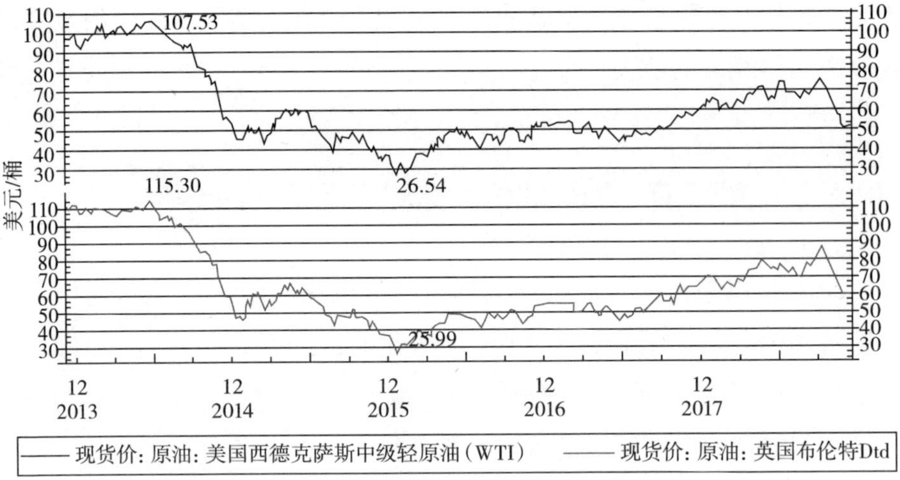

图 9－11　布伦特原油现价与 WTI 原油现价走势

资料来源：Wind 资讯。

2017 年下半年以来，国际油价告别低位徘徊的状态，开始进入快速上升通道。2018 年 5 月 15 日，WTI 原油现价和布伦特原油现价分别达到每桶 71.3 美元和 78.8 美元，逼近每桶 80 美元的关口（见图 9－11）。继布伦特原油期价突破每桶 75 美元之后，WTI 原油期价也突破每桶 70 美元关口，均创 2014 年 11 月以来的新高。截至 2018 年 9 月底，布伦特原油现货离岸价格平均为 82.72 美元/桶。此次国际油价的持续上涨，有超跌后的自然反弹，但更多是基本面供求关系变化带来的量缩价升。特别是在需求稳步增长的情形下，供给端的收缩调整逐步推动国际油价渐渐抬升。

（一）全球经济复苏向好促进原油需求稳步回升

从需求的角度看，全球经济复苏超预期向好，新兴经济体需求拉动全球石油消费稳步上升。国际货币基金组织（IMF）2018 年 4 月发布的《世界经济展望》[①] 上调了全球经济增速，其中 2018 年全球经济预测值

① International Monetary Fund. World Economic Outlook: Cyclical Upswing, Structural Change. April 2018.

上调至3.9%，更高的经济产出意味着对石油及其他矿产品更大的需求。国际能源署（IEA）的报告显示①，2017 年以来，国际原油需求市场以每天 150 万桶的速度增长，需求总量达到 9930 万桶的历史新高。很多专家认为，新兴经济体的强劲需求是支撑国际油价上涨的主要动力，但有关实证研究表明，中国石油需求与油价变动并没有显著的关系。这是因为中国的石油需求是稳步上涨的，即便在国际油价超跌时，中国石油消费需求也并未出现减少（见图 9－12）。

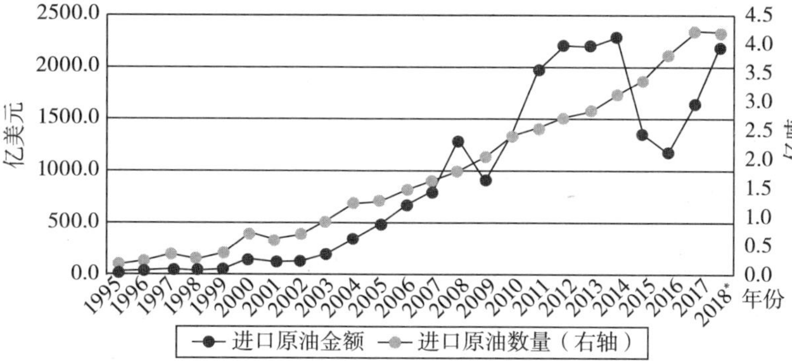

图 9－12 中国原油进口数量及金额

资料来源：Wind 资讯。

（二）全球原油供给已经由严重过剩转向相对的紧平衡

从供给端看，2016 年底 OPEC 与俄罗斯等非 OPEC 产油国达成减产协议（后延长至 2018 年底）发挥效力（14 个 OPEC 主要产油国一致同意将日产油量减少 120 万桶，设定 OPEC 国家合计日产油上限为 3250 万桶）。2018 年之后，减产协议是否续期还有待观察。其中，石油产量下滑最厉害的是委内瑞拉。由于经济管理不善，委内瑞拉的石油产量已经从几年前的日产 300 多万桶急剧下降至 160 万桶。在此情形下，过去 2 年内全球石油库存被一定程度上消耗。过去两三年，不到每桶 60 美

---

① International Energy Agency. Market Report Series：Oil 2018：Analysis and Forecasts to 2023.

元的油价抑制美国致密油的开采供应。只要国际油价每桶反弹至55～60美元，美国致密油将会突破盈亏平衡点进入盈利状态，增产供应的可能性才会大增。美国能源信息署（EIA）的数据显示①，得益于国际油价的逐步回升，2017年9月中旬，美国原油库存增加460万桶（美国致密油日均产量612万桶，占全球原油总产量的8.0%），而到2018年2月初，美国原油库存新增189.5万桶，日产量突破1000万桶。尽管美国石油产量保持增长，但短期内还是保障国内供应，更多的石油出口管道预计在2019年才能建成，至少2018年很难改变全球原油供给的紧平衡状态。

（三）地缘政治冲突加剧可能会造成供给缩减和中断的风险

持续不断的地缘政治冲突将会形成供应中断的市场预期，短期内令国际原油市场做出应激反应，推高国际油价。近期地缘政治风险在于美国单方面撕毁伊朗核协议并重新对伊朗原油出口实施制裁（2018年5月9日美国总统特朗普宣布退出伊核协议，并对伊朗实施最高级别的经济制裁，称任何在核武器方面援助伊朗的国家都将面临制裁）。美国财政部表示伊朗石油相关制裁将在180天后重新实施，180天过渡期结束后，美国将重新对伊朗央行、指定的伊朗金融机构及伊朗能源领域实施制裁。伊朗每天至少有30万～50万桶的石油产量受到影响（伊朗石油产量为每日380万桶，出口约每日220万桶，其中2018年4月出口增至每日260万桶）。2016年1月，伊朗恢复了作为主要石油出口国的角色，当时国际社会对伊朗的制裁解除，以换取对伊朗核项目的限制。美国退出核协议将推动国际油价上行，而且可能令中东战火不断蔓延。若伊朗重新全面发展核武器，将提升地缘政治的不确定性。目前，沙特阿拉伯与也门、以色列与叙利亚、伊朗的矛盾也在不断升级。美国对伊朗的制裁再次升级，将对全球原油产量以及原油价格产生重要的影响。预

---

① U. S. Energy Information Administration. Short – Term Energy Outlook. April 2018.

计全球原油供应量将下降 120 万桶/日，而全球的剩余生产能力为 380 万桶/日，其中 180 万桶/日属减产协议规定的产能。美国致密油的产能虽短期内具备增加每日 100 万桶的可能，但短期油价仍可能会出现一定幅度上涨。

（四）北美地区致密油增产将有助于稳定全球原油市场供给

油价上涨正吸引更多的供应商进入市场，尤其是 OPEC 以外产油国的产量将会增加，特别是北美地区的致密油（从页岩而非常规的陆上或海上油井中开采的石油）过去 10 年间慢慢增加。美国致密油产量将增加几乎与全球石油新增需求相同的数量。EIA 的数据显示，2018 年 4 月底美国原油日产量已超过 1000 万桶（近 1062 万桶/日）。IEA 估计，到 2023 年，美国原油新增产量将达日均 370 万桶，届时将超过全球总产能增量日均 640 万桶的一半。届时美国的石油总产量将达到日均 1700 万桶，几乎与其国内石油需求相当，届时会成为全球最大的产油国。特别是美国取消已执行 40 年之久的石油出口禁令后，2019 年将建成更多的出口管道，美国原油出口还将进一步增加，将会由当前出口日均 150 ~ 200 万桶提升至 2022 年日均 400 万桶以上。IEA 估计，2023 年美国原油出口能力将达到日均 490 万桶。这一举动将会抑制国际油价的持续上涨。在此情形下，OPEC 以外原油产量的增速与全球需求增速（120 万桶/日）大体持平，未来原油库存将不会出现实质性的下降。OPEC 减产协议的目的在于推动国际原油市场恢复平衡，逐步消化供应的过剩产能，促使全球石油库存回归到正常水平。

（五）短期美元走强将会在一定程度上使国际油价承压

考虑到石油与美元之间的紧密关系，美元指数与国际油价的变化通常具有负相关性（见图 9 - 13）。2012 年以来，以美元计价的布伦特油价与美元指数之间的负相关度高达 0.95，即 2008 年爆发金融危机以来，两者的负相关系数也保持在 0.8 以上，这说明金融危机后美国量化宽松政策对国际油价形成了一定支撑，但并不是唯一决定因素，因为2014年下半年国际油价出现大跌后两者的负相关度只有0.45，这说明只有在供需不变的情况下，国际油价才会受到美元指数变化的影响。从当前趋势看，这种相关性出现弱化的另一种解释是，美元的石油结算货币地位正在遭受动摇，特别是非美元结算的石油贸易份额逐步增多，如中俄正尝试以人民币结算石油贸易。

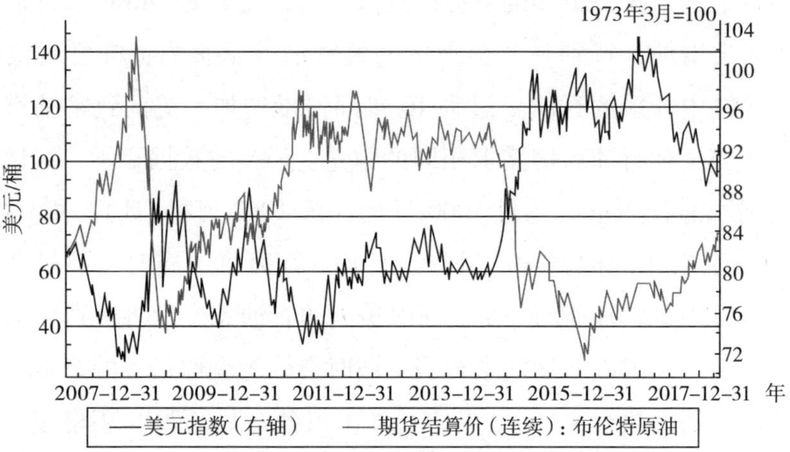

图9－13　布伦特原油期价与美元指数走势比较

资料来源：Wind资讯。

（六）中美贸易摩擦给国际原油市场带来了较多的不确定性

当前，中美贸易摩擦已经进入双方谈判阶段，但由此带来的不确定性仍然存在。美国持续扩张的财政政策将会导致其贸易逆差进一步扩大，欧洲和亚洲倘若不缩减对美贸易顺差，则冲突可能会加剧。这类威胁已经反映在国际原油市场上，许多原油买家担心更大规模的贸易冲突危及原油的正常供应，因此已经在石油期货市场购买相关衍生品进行风险对冲处理，这进一步推高了国际原油现货价格。围绕全球诸多不确定性，国际原油价格快速反弹，部分反映出金融炒作的迹象。2018年以来，WTI合约持仓量累计攀升超过了16%。

二、不同情形下的国际油价波动走势

全球原油需求的稳步增长不会对国际油价上涨形成风险溢价，而供应中断和金融市场炒作的预期则可能引发国际油价的波动。

（一）市场普遍看涨2018年及今后的国际油价

从当前市场反应看，各机构大都上调了国际油价的预测值。如世界银行在2018年4月期《大宗商品市场展望》中预计，2018年油价预计为平均每桶65美元（前期预测值为每桶56美元），高于2017年的平均每桶53美元，原因是消费需求旺盛和石油生产国限产。国际能源署（IEA）预测，2018年布伦特原油均价接近67美元/桶，而中、印两国需求增长占到全球的近50%。据EIA 2018年5月初的预测，2018年WTI原油现价为每桶59.4美元，布伦特原油现价为每桶63美元。另据OPEC 2018年4月的月报的预测[①]，2018年布伦特原油基准参考价为每桶66.8美元（期价为每桶67.2美元），而WTI原油基准参考价为每桶62.9美元（期价为每桶62.9美元）。从总体上看，即便在美国致密油增产的前景下，国际原油市场仍会总体维持紧平衡，国际油价运行区间较预期有所上移。

（二）地缘政治冲突加剧将产生推动油价走高的供应短缺冲击

在需求稳步增长的背景下，国际油价的波动主要受原油供给和美元指数变化的影响。假定OPEC和俄罗斯等达成的减产协议执行至2018年底不变以及美国等非OPEC成员国新增原油产量能大致抵补减产协议带来的影响，那么国际原油供给主要取决于地缘政治冲突造成供应减少的影响。假定原油需求条件不发生较大改变的情况下，以地缘政治冲突高、中、低三种情形可以简要预测国际油价变化。地缘政

---

① OPEC Monthly Oil Market Report. 12 April, 2018.

治风险程度与国际油价呈现正向关系。短期来看，地缘政治风险将会影响全球供给，促使供需变得紧张。在当前 OPEC 及俄罗斯继续执行减产协议的情况下，美国退出伊核协议并对伊朗做出新的制裁，这可能会加剧中东地区的冲突，有可能造成伊朗等原油供给减少，同时有可能威胁到霍尔木兹海峡这一全球 1/3 的原油供应通道安全，由此市场担忧短期内国际油价将会攀升至每桶 80 美元以上（见表 9 - 1）。

表 9 - 1　基于地缘政治风险的国际油价正相关预估油价走势

单位：美元/桶

美元状况	地缘政治风险	布伦特油价
弱	中东政局趋于稳定	70
中	中东政局维持现状	75
强	中东政局冲突加剧	80

（三）短期美元走强可能会抑制油价抬升但长期造成的压力不大

以美元计价的油价还受美元升值幅度大小的影响。与地缘政治风险的影响不同，美元走强对国际油价的影响呈现相反方向，地缘政治冲突加剧则会造成油价上涨，而美元走强又会抑制油价上涨。从历史经验看，美元指数与国际油价呈现镜像关系，走势相反。我们假定供需条件不变时，对 2007 年 5 月以来交易日数据进行单变量线性回归预测，简要预测结果如表 9 - 2 所示。当美元指数走入弱时，如跌至 85，布伦特油价预计攀升至每桶 81.3 美元，而当美元指数保持中性稳定时，如在 90 点，预计油价跌至每桶 68.3 美元，当美元指数走高时，如升至 95 点，预计油价将下滑至每桶 55.4 美元。短期来看，美元指数存在上升的空间。原因在于 2017 年 11 月至今，美元指数急跌产生超调，而同期欧元、日元大幅走强但欧日央行正采取干预政策避免货币过快升值；同时税改对美国经济的刺激，意味着企业利润、投资意愿和工资水平出现显著的上升，再加上美联储加息进度加快，有助于美元指数出现短暂的回升，短期内国际油价将会承压。从中长期看，美元总体上将会呈现走弱趋势，这将会支撑国际油价上涨。从经济周期看，美国经济处于复苏和繁荣的中后期，而欧日处于复苏的初期，两者之间的差距可能会使美元指数在未来2~3年处于较弱状态。2017年以来，美国的经常项目逆差和财政赤字再次扩大，这可能会对美元指数形成压制。从历史上看，美国从20世纪80年代至今，共出现了3次时间长度为10年的美元周期，目前处于下行周期中段，未来2~3年还有下行空间。

表9-2　基于美元指数与国际油价负相关预估的油价走势

单位：美元/桶

美元状况	美元指数	布伦特油价
弱	85	81.3
中	90	68.3
强	95	55.4

三、国际油价上涨对中国经济影响的路径

近年来，中国原油进口规模逐年攀升，对外依存度越来越高。中国经济活动与国际原油市场的联系越来越紧密。

（一）中国原油需求越来越依赖全球原油市场供应

1993年以来，中国石油对外依存度逐渐攀升，到2006年已经超过50%的警戒线，2017年更是超过68%逼近70%（见图9-14）。2018年前3个月，中国原油进口占进口总额的10%以上，较2017年全年占比提升近2个百分点。照此趋势，到2025年中国石油对外依存度将超过80%，这就意味着届时中国石油消费将有八成依赖外部供应。从短期来看，石油在中国仍然占据重要地位，特别是交通运输领域的需求是比较刚性的。在此趋势下，国际油价波动对中国宏观经济的影响将会显著增加，无论是外贸条件还是物价形势都会或多或少受其影响。随着中国经济与国际原油市场的联系愈加紧密，国际油价上涨将会给中国经济运行带来一定的冲击。

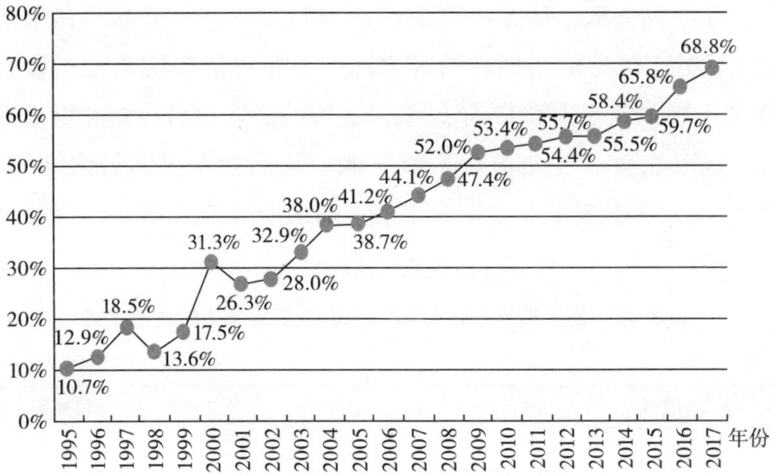

图 9－14　中国原油进口对外依存度态势

资料来源：中国海关总署。

（二）国际油价上涨主要通过四个渠道影响中国宏观经济运行

作为全球重要的石油生产国、消费国和贸易国，中国可能从国际油价上涨中受到冲击，也可能会承受输入性通胀风险。从逻辑上讲，国际油价上涨对中国宏观经济层面有四个影响渠道（见图 9－15）：一是通过原油进口成本抬升恶化对外贸易依存状况，对石油进口行业形成增税效应；二是通过原材料价格走高传导使整体物价水平上涨；三是增加原料进口生产厂商采购成本，进而影响厂商利润状况和未来投资行为；四是通过物价水平上涨和企业利润压缩，降低中国居民的福利水平，抑制居民消费扩张。

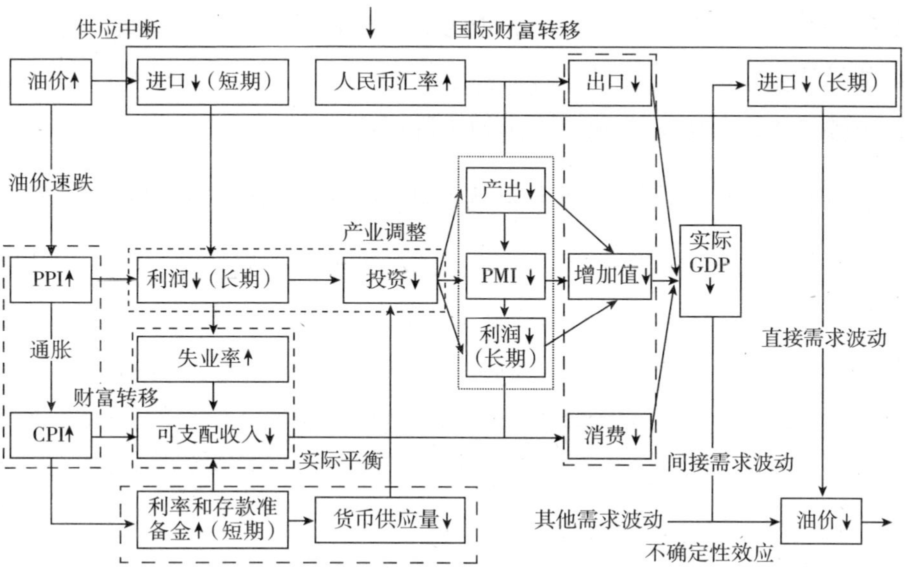

图 9－15　油价上涨对中国宏观经济影响的传导渠道

资料来源：Revised according to Tang et al.（2010）①：Figure 4：Transmission channels of oil price shocks；Zhang（2011）②：Figure 1 the functional mechanism of oil price increase on China's economy.

（三）国际油价上涨将会恶化中国对外贸易条件和相关产业发展

从贸易条件来看，国际油价上升，会增加原油国际采购的成本。这意味着中国进口同等数量的原油，则需要支付更多的外汇账款。如果平均进口油价为每桶 75 美元，那么 2017 年中国多支付了近 690 亿美元（当年进口均价约每桶 52.6 美元），相当于全资购买 12.5 个德国库卡机器人公司。此外，国际油价的飙升还引起中国制造业成本的上升，一方面表现为价格的传导引发通胀，进而引发货币政策、收入分配、投资消

① Tang Weiqi，Libo Wu，Zhongxiang Zhang. Oil Price Shocks and Their Short－and Long－term Effects on the Chinese Economy. Energy Economics，Vol. 21 Supplement 1，2010：S3－S14.

② Zhang Qianqian. The Impact of International Oil Price Fluctuation on China's Economy. Energy Procedia，No. 5，2011：1360－1364.

费等一系列的调整；另一方面表现为成本上升压缩了企业利润，而这有可能导致企业减产、裁员、转业甚至破产。通过各种传递途径，国际油价上涨最终有可能影响到总产出和经济增速。

（四）国际油价上涨正向影响通胀而对经济增长的影响不显著

有关实证研究表明，国际油价上涨尽管可以影响到中国的生产者物价指数（PPI）并有限影响消费物价指数（CPI），以及显著影响到中国的进出口贸易，但是对中国的利率和实际 GDP 并没有显著的影响。笔者认为，尽管这些研究并没有给出实证方面的证据，但是国际油价波动对中国经济的影响还是显而易见的。实证结果并不能完全解释一些现象，且往往受数据和模型所限。中国长期保持平稳增长是有其内在动力的，事实上在高速增长时期，国际油价对中国经济运行的影响很难通过特定时段的数据证实（见表 9 – 3）。

表 9 – 3　国际油价上涨对中国宏观经济相关指标影响的实证关系

宏观指标	相关实证结论
通货膨胀	国际油价上涨对中国的 PPI 有显著的正向影响，而对 CPI 的影响有限
国际收支	国际油价上涨对中国的进口和出口都有反向的影响，能切实增加进口成本，压缩制造商出口利润
经济增长	国际油价上涨对中国实际 GDP 的影响不显著（或正向影响），这不同于对发达国家具有显著负向影响的结论
货币政策	在中央政府管制情形下，国际油价上涨与利率和汇率没有关系，基本不会影响到货币政策制定。随着金融双向开放，油价波动会有所影响

四、应对国际油价上涨冲击的政策建议

国际油价上涨带来的压力需要逐步得以释放，应理顺油价上涨的传导机制，不应形成“堰塞湖”，给部分企业带来高成本负担，侵蚀盈利，同时完善相应的套期保值市场支持企业对冲油价波动风险。为有效缓冲油价上涨对宏观经济的影响，建议应长短结合、多策并举，有效降

低油价波动给经济运行带来的不利冲击。

（一）短期应对建议

从短期来看，国际油价上涨对经济运行的影响是显著的。根据现行成品油定价机制，将会直接传导到成品油价格上来，进而有限抬升物价水平。当前，中国现行政策尚能有效应对国际油价波动，但是随着中国石油对外依存度加大，部分行政控制办法已经不能适应形势发展的需要，这就要求中国政府采取更加市场化的政策措施应对国际油价波动。根据以上分析，短期内中国政府仍然可以采取价格管制（定价方法）、优化税费结构、调整库存水平、寻找更多替代油品和强化货币政策等多种办法（见表9－4）。

一是及时引导国际油价上涨向中下游行业顺出。作为水涨船高的自然反应，国际油价上涨自然会抬升国内成品油价格。为避免形成价格倒挂，按照与国际油价挂钩的成品油定价机制，应及时发布成品油调价方案，并做好成品油提价的消费者预期引导。

二是充分利用上海原油期货交易进行套期保值。随着国家批准上海国际能源交易中心上市原油期货，应积极引导企业利用人民币计价的上海原油期货产品开展套期保值交易，引导企业利用期货市场操作，降低国际油价波动风险和人民币兑美元汇率波动风险。同时支持交易所等机构加快利率与外汇期货/期权品种上市，为各类主体对冲油价波动风险提供市场平台。

三是适时调整成品油补贴和税费结构。提高成品油相关的税费和提供相应的定向补贴，应采取一揽子价税调整机制，使上中下游价格顺畅联动。税费包括针对消费者的消费税和针对生产者的资源税和暴利税（即石油特别收益金）。持续深化成品油价格与消费税改革，在强化论证的基础上，争取一步到位上调成品油消费税。财政补贴对象也视油价的调整情况而定，定价较低时补贴企业，定价较高时补贴特定消费者，取消财政对能源公司和中低收入消费者的燃料补贴。

表9－4　应对国际油价上涨的短期措施

措施	细项
按需调整库存	继续建立健全战略石油储备
	完善国家石油等战略资源稳定基金制度
	优化和利用石油储备系统
	利用原油期货交易套期保值
	联合原油储备建立预警系统
调整成品油价格	深化改革成品油定价机制
	按价设定补贴对象和金额
	理顺国内价格传导机制
	按照成品油质量调整价格
最优化税费结构	适时调低消费税降低消费者负担
	适当提高资源税倡导环境保护
	提高石油特别收益金门槛，增加企业承受能力
寻找更多替代品	加速煤制油、煤制气，调整炼油产品结构，充分利用清洁能源如天然气、水电、核电等
调整货币政策	限制信贷增加和过多投资（“热钱”流入）

（二）中长期应对建议

从长远来看，中国在国内需要继续加快市场化改革，准许民营企业进入石油领域，并深化定价机制改革以及行业管理机构改革；同时增加节能环保投入、发展新能源汽车和公共交通，逐步降低对石油消费的依赖；进而有序发展可再生能源，形成分散式的清洁能源供应体系。在国际上，中国需要加大对海外份额油的获取力度，并与石油生产国和消费国保持良好的合作关系，同时提高石油进口国之间的合作信息透明度，形成区域性石油协调保障机制（见表9－5）。

一是稳步推进油气行业改革。在推进要素市场改革的同时，应配合降成本、补短板等结构性改革政策，推进油气等关键领域和关键环节的改革，切实理顺政府与市场的关系，打破行政行业垄断，开放竞争性业务，纠正国内要素价格的扭曲，逐步与国际商品市场实现联动发展，让价格信号能更充分地反映供求关系变化。尽快放开油气等资源进口、管输、储备、配送等流通环节，废除那些维护行业垄断所设置的门槛和进入管制，尤其是推进原油等资源进出口许可证制度，鼓励更多的民营企业进口国外油气等矿产等资源。

二是完善国家石油等战略资源稳定基金制度。完善国家战略资源稳定基金制度，使其专门用于稳定石油、外汇等战略资源价格的对冲操作，避免因石油价格上涨或美元大幅贬值造成损失。

三是增加海外油气资源权益矿储备能力。鼓励企业"走出去"获取权益矿山，建立"虚拟矿山""虚拟油田"等海外能源资源储备体系，鼓励企业积极在期货市场订立远期合约，提前锁定矿产资源涨价风险。加大油气矿产等资源的商业储备和国外份额矿产。

四是做好原油、天然气等稀缺资源的战略储备。抓住油价处于低位的机遇，全面实施低价原油战略储备计划，继续新建或扩建原油储备库，尽早将中国原油储备提升至90天的水平；进一步完善原油的商业储备制度，鼓励更多的企业进入原油储备领域开展原油储运。加快天然气等清洁能源利用，实施"以气代油"，利用天然气价格较低的时机，加快天然气储备库和LNG接收码头建设，完善天然气输运管网设施，使储气库兼具调峰功能。

表9－5　应对国际油价上涨的中长期举措

措施	细项
加大对海外份额油的获取	积极参与国际并购，多元化投资区域、投资方式，参与国际现货和期货市场交易活动
与石油消费国和供应国保持良好的合作	融入能源领域的多边对话和合作框架，深化与石油生产国的供应链合作；促进与石油消费国之间的资源共享
改善石油进口国与出口国间的信息透明度	建立中国石油消费数据库和信息发布平台，建立信息通报机制，形成区域油价发现和协调机制
投资能源节约设备、新能源汽车和公共交通	提高汽车尾气排放标准，投资电动汽车的研发，构建绿色公共交通网络

续表

措施	细项
有序发展可再生能源	最优化光伏产业投资结构，持续发展生物能和风能，形成分散式能源供应体系
加快市场化改革	放开市场准入管制，准许民营企业进入石油领域，深化机构改革和企业重组

第十章

地产调控之变

房地产市场已被视为中国经济的“灰犀牛”，虽然具有资金蓄水池的功能，但也挤压了实体经济的融资需求。居高不下的房价增加了百姓居住成本，甚至抑制了消费需求。

短期实施的限购、限贷等调控政策虽遏制了房价上涨，但同时也抑制了住房需求，显然不是长久之策，亟待需要寻找更加合理的调控长效机制，转变现有僵硬的调控思路。

相较于股市、债市和商品市场，中国房地产市场的惯性更大。在延续2016年下半年趋紧的调控政策下，2017年以来全国商品房销售增速呈现平稳回落，房价虽有分化但逐渐趋稳，房地产开发投资仍保持一定的韧性，并未出现大幅度下降。随着中央进一步强调住房的居住属性，抑制房地产泡沫，坚决遏制房价上涨，加快构建长效机制，房地产销售增速已有所回落，并逐步引导房价理性回归，带动房地产开发投资稳中趋降。要缓解房地产市场趋冷给经济下行带来的压力，亟待加快构建促进房地产健康发展的长效机制，完善多主体供给的住房建设市场，充分发展租售同权的住房租赁市场，完善政府保障基本需求的住房制度，健全与需求挂钩的差别化调节机制，以及深化住宅用地制度根本性改革。

第一节　2017年以来房地产市场形势分析

近年来，北、上、广、深等一线城市房价的持续飙升，引发了人们对于房地产泡沫的深切忧虑，房地产泡沫风险常被视为中国面临的“灰犀牛”。为此，房地产市场的形势备受关注。2016年末召开的中央经济工作会议提出，要坚持“房子是用来住的，不是用来炒的”定位，要求回归住房的居住属性。2017年10月18日，习近平总书记在十九大报告中重申这一定位。2017年12月18—20日，中央经济工作会议提出要加快建立多主体供给、多渠道保障、租购并举的住房制度，让全体人民住有所居。2018年7月底，中央政治局会议提出“坚决遏制房价上涨”这一更为严格的房价目标。

一、房地产开发投资下降中呈现韧性

2017 年以来，在“因城施策”的房地产调控政策深入推进下，热点城市房价总体保持高位平稳运行，住房的金融投资属性渐渐褪色，逐步回归社会居住属性的本质。全国房地产开发投资增速并未出现断崖式下降，而是呈现稳中略降的态势。国家统计局发布的数据显示，2018 年前 8 个月，房地产开发投资累计同比增长 10.1%，增速比 2017 年同期回升 2.2 个百分点。其中，住宅投资占到全国房地产开发投资总额的 70.7%，累计同比增长 14.1%，增速比 2017 年同期回升 4.0 个百分点。在各大中城市实施严厉的限购、限贷、限价等调控政策下，房地产开发投资增速反而没有呈现下降态势，而是仍保持在两位数以上的高增速，总体来看房地产开发投资仍具有一定的韧性。从原因上看，房地产开发投资重拾两位数增长虽有前期较低基数的影响，但更多是 2017 年土地价格上涨较多以及前期大量拿地的企业在政策约束下不得不推进开发建设，因此房地产投资的高增长将会为整体经济提供支撑，其中房地产开发投资额占固定资产投资完成额的 18% 左右。

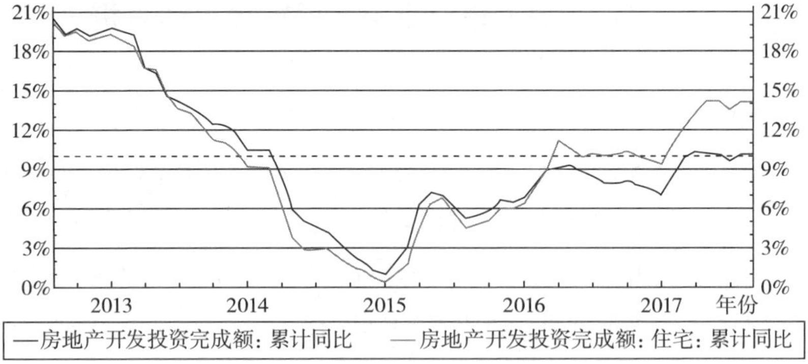

图 10-1　房地产开发投资完成额累计同比走势（2013.7—2018.8）

资料来源：Wind 资讯。

二、房地产开工施工建设增速稳步攀升

全国房地产开发建设仍保持稳定增长。从施工面积来看，2018 年 1—8 月，全国房地产开发企业房屋施工面积累计同比增长 3.6%，增速比 2017 年同期增长 0.5 个百分点；其中住宅施工面积累计同比增长 4.6%，增速比 2017 年同期增长 1.8 个百分点。从新开工面积看，2017 年 1—8 个月，全国房屋新开工面积约累计同比增长 15.9%，增速比 2017 年同期增长 8.3 个百分点，其中占到七成多的住宅新开工面积累计同比增长 19.7%，增速比 2017 年同期增长 8.1 个百分点。从竣工面积看，2018 年 1—8 月，全国房屋竣工面积累计同比下降了 11.6%，较 2017 年同期下降了 15 个百分点，其中占到七成多的住宅竣工面积累计同比下降 13.2%，增速比 2017 年同期下降 13.7 个百分点。房屋竣工面积同比下降主要是前期政策调整的影响，随着新开工面积和房屋施工面积稳步增长，房屋竣工面积增速将会逐步回暖。

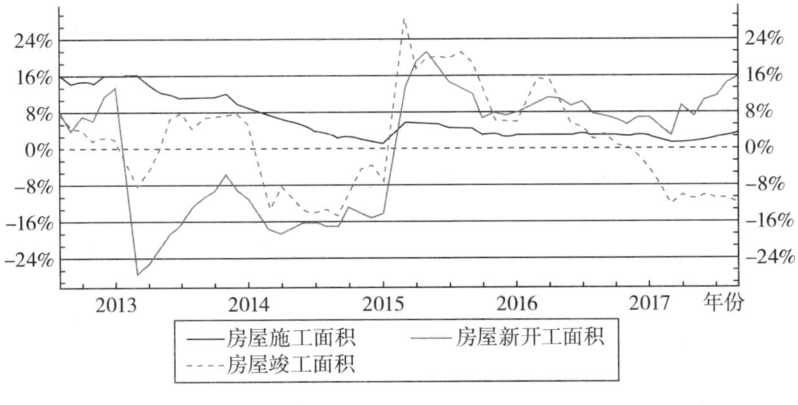

图 10－2 房屋施工面积、新开工面积和竣工面积累计同比走势（2013.7—2018.8）

资料来源：国家统计局。

相较于新开工面积增速趋势放缓，房地产开发企业拿地的积极性仍然存在，购置土地面积、土地成交价款呈现趋势性增长态势。2018 年前 8 个月，全国房地产开发企业土地购置面积累计同比增长 15.6%，

增速比新开工面积增速回落0.3个百分点；土地成交价款累计同比增长23.7%，增速比2017年同期下降了19.0个百分点；待开发面积累计同比增速为31.7%，比2017年同期增长了35.8个百分点（见图10-3）。

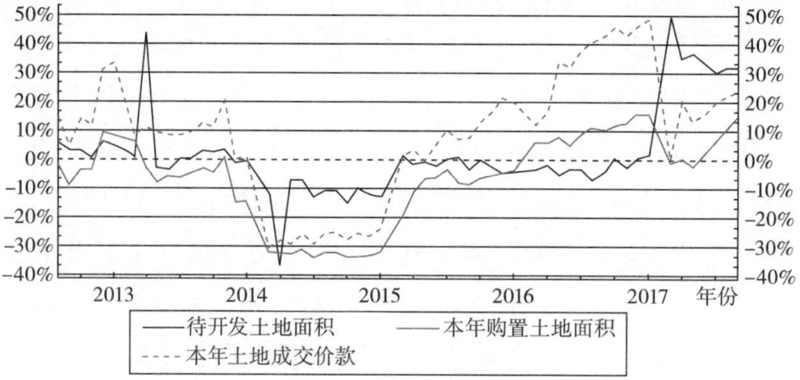

图10-3　房地产开发企业购置土地面积和土地成交价款累计同比走势（2013.7—2018.8）

资料来源：国家统计局。

三、商品房销售增速呈现平稳回落

在一、二线城市严厉的限购、限贷、限价等调控政策的高压下，尽管房地产开发投资增速仍表现出两位数增长，但需求端已呈现出快速降温的迹象，这在很大程度上是符合市场预期的。2018年1—8月，商品房销售面积同比增长4.0%，增速比2017年同期回落8.7个百分点。其中，同期住宅销售面积累计同比增长4.1%，比2017年同期回落6.2个百分点，而办公楼销售面积累计同比下降6.3%，比2017年同期回落38.6个百分点；商业营业用房销售面积累计同比增长1.8%，比2017年同期下降25.1个百分点。从商品房销售额看，2018年前8个月，全国商品房销售额累计同比增长14.5%，增速比2017年同期下降了2.7个百分点。其中，住宅销售额累计同比增长16.4%，比2017年同期提升了2.2个百分点，办公楼销售额下降了3.3%，比2017年同期下降了29.9个百分点，商业营业用房销售额增长5.6%，比2017年同期下降了29.8个百分点。

由于商住房的买卖遭受限购等政策冻结，房地产开发企业只能重新转向住宅开发或租赁经营。在坚决遏制房价上涨的背景下，2018年房地产市场已经告别传统“金九银十”的旺季，并呈现出成交持续低迷的不景气迹象。倘若商品房销售面积增速持续下降，将会对开发投资活动以及短期宏观经济数据造成一定的拖累。从目前来看，商品房销售增速下行已经在2017年下半年开始显现，要进一步传导到投资端可能还会有5~7个月不等的时滞。此外，纯粹居住为主的商品房销售面积增速的下降也反映出住房投资回报率不可能维持在高位，但人们对居住品质的需求不断提升，部分房地产开发企业已转向提供包括养老地产、文旅地产等多种形式的住宅产品。

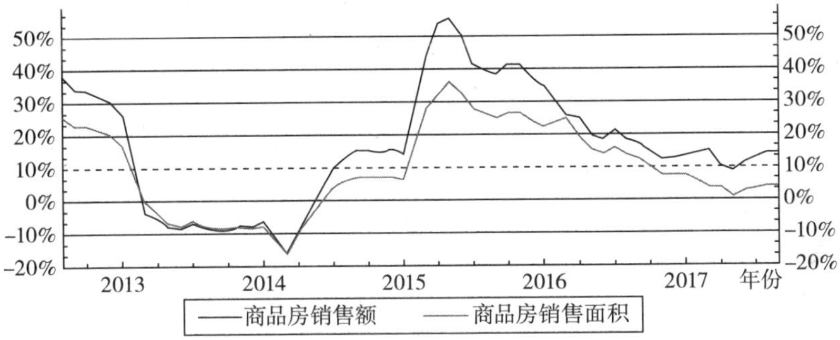

图10－4　商品房销售面积和销售额累计同比走势（2013.7—2018.8）

资料来源：Wind资讯。

四、商品房价格走势持续分化

2016年“9·30”以来，在“差别调控，因城施策”的严格调控作用下，全国商品房平均价格在2017年初达到7984元/平方米后在小幅下降后反而上升至2018年8月的8724元/平方米，期间涨幅达到了9.3%。国家统计局的数据显示，2018年8月，70个大中城市中一、二、三线城市新建商品住宅价格指数同比涨幅均有所回升，其中一线城市涨幅较小，只有0.9%，二线城市当月同比涨幅达到7.3%，三线城市同比涨幅达到9.0%。从环比走势看，2018年8月，70个大中城市中一、二、三线城市新建商品住宅价格指数分别环比上涨0.4%、1.3%和1.7%。

2018年8月，在15个热点城市中，新建商品住宅价格指数同比涨幅最靠前的5个城市有济南、成都、郑州、武汉、福州，分别同比上涨10.2%、8.2%、6.7%、4.8%和3.5%，均为二线城市。当然也有同比涨幅变化不大的，包括北京、深圳和厦门，同比上涨只有0.2%、0.3%和0.3%。相比而言，15个热点城市中只有上海和南京的新建商品住宅价格出现了同比下跌，分别下跌了0.2%和1.6%。这说明一、二、三线城市新建商品住宅价格继续维持在高位，多数城市呈现稳中略升的迹象，这与2017年下半年的走势有很大的不同。“因城施策”的实施效果还是不错的，一线城市在抑制房价上涨方面很努力，至少房价要比二、三线城市涨得慢了许多。从商品房销售价格走势看，限购限贷等抑制需求的措施实施效果并不理想，因此2018年7月底中央政治局会议再提房地产调控的严厉目标，坚决遏制房价上涨。

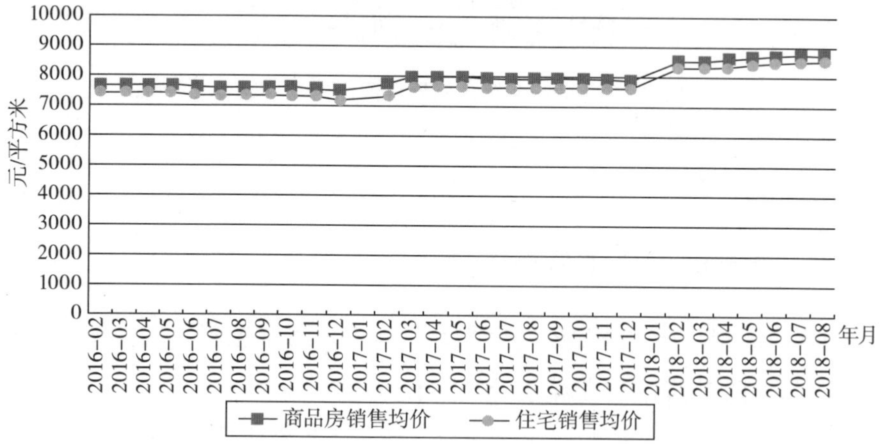

图10－5 商品房平均价格累计同比走势（2016.2—2018.8）

资料来源：国家统计局。

表 10－1 2018 年 8 月 15 个一线和热点二线城市新建商品住宅价格变动对比表

城市	同比（上年同月＝100）		环比（上月＝100）	
	8 月	7 月	8 月	7 月
北京	100.2	100.2	100.0	100.2
天津	101.6	101.3	100.2	100.0
上海	99.8	99.8	100.1	99.9
南京	98.4	98.1	100.0	99.9
无锡	102.9	99.2	103.4	101.5
杭州	101.9	101.1	100.6	100.8
合肥	101.8	100.1	101.6	100.6
福州	103.5	101.0	102.2	101.3
厦门	100.3	100.5	99.9	100.0
济南	110.2	106.9	102.8	103.0
郑州	106.7	104.7	101.5	101.3
武汉	104.8	103.2	101.4	101.1
广州	103.3	101.6	100.9	100.6
深圳	100.3	99.3	100.5	100.5
成都	108.2	106.5	101.1	101.0

资料来源：国家统计局。

第二节 房地产市场走势的影响因素

供求关系仍然是影响中国房地产市场的基本面，但调控政策则只是短期决定房价涨跌的关键因素。从近些年的调控政策实践看，“越调控房价越上涨”的逻辑怪圈尚未被打破。当前全国房地产市场仍处于严厉调控的有效期，部分短期政策目标正在实现，房地产调控的大方向日渐清晰，但引导住房回归居住属性的目标并未完全实现。

一、坚持“房子是用来住的，不是用来炒的”总基调

习近平总书记在党的十九大报告中再次强调：“坚持房子是用来住的、不是用来炒的定位，加快建立多主体供给、多渠道保障、租购并举

的住房制度，让全体人民住有所居。”这意味着今后中国住房制度改革有了明确的方向、路径、目标。当前，人民对住房的需求发生改变，改善型需求占据主导地位，而住房发展的不平衡、不充分矛盾日益凸显。在此背景下，解决住房问题必须直面群众对美好生活的追求，需要坚持在发展中保障和改善居住条件。与此同时，住房用地的单一有限供应与城镇化释放的庞大需求产生较大的矛盾，造成单边升值的土地价格泡沫。2017 年底的中央经济工作会议和 2018 年 7 月底的政治局会议一直在重申住房的居住属性，引导政策取向朝着继续打击投机、防止热炒与抑制房地产泡沫的方向深入推进，在遏制房价继续上涨的同时，更多地注重解决住有所居的保障问题。

二、房地产去库存政策已经实现目标

2017 年以来，在强化落实地方政府主体责任的背景下，供给侧结构性改革中去库存的政策取得了显著成效，特别是二三线城市去库存实施效果明显。2016 年 9 月开始，上海、深圳、广州陆续开始限购。2017 年北京“3 · 17”调控政策实施以来，一二线城市持续跟进，限购限贷政策再次加码，进一步抑制了购房需求，部分购房者虽然有经济能力，但是没有购房资格，而部分有购房能力的购房者在购房门槛提高后也被挤出住房市场，可以说很多潜在购房需求完全被冻结住，因而在一二线城市需求锐减的情况下，限购限贷没那么严格的三四线城市反而出现销售的回升，消化掉了大量早前堆积的住房库存。截至 2018 年 8 月末，全国商品房待售面积 5. 39 亿平方米，比 2017 年同期减少 8479 万平方米，相比 2016 年初的高点减少了约 2 亿平方米，降幅超过了 27. 1% 。其中，住宅待售面积相比 2016 年初的高点也减少了约 2 亿平方米，降幅超过了 43. 3% 。

2017 年以来，个人住房按揭贷款余额增速逐步放缓，由 2017 年一季度的 35. 6% 下降至 2018 年二季度的 18. 6% ，截至 2018 年二季度末个人按揭贷款余额为 23.8 万亿元，较 2017 年二季度末增加了 3.7 万亿元。从新增人民币贷款来看，居民中长期消费贷款当月同比增速自 2017 年 5 月以来连续 14 个月出现下滑，已由 2017 年 2 月 36.0% 的高点下降至 2017 年底的 -26.2%，直到 2018 年 7 月转为 0.7%，随之 8 月再次转为负增长 -1.2%。这与热点城市控房价采取的限购限贷政策的基调是一致的。

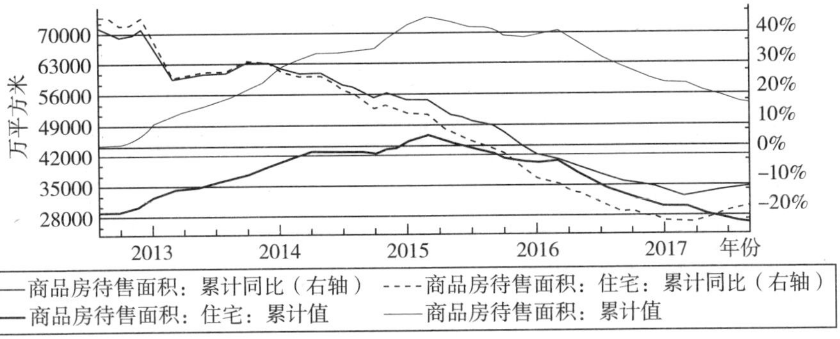

图 10-6　商品房待售面积及其累计同比走势（2013.7—2018.8）

资料来源：国家统计局。

三、房地产调控政策将会继续趋紧

据不完全统计，2017 年以来，全国已有 110 多个城市累计发布了 300 多次调控政策，超 80 多个城市实施了限购政策，热点城市进一步收紧了限购、限贷、限涨、限售、限商等调控措施，包括雄安新区在内的规划用地严禁进行投资投机购买住房。2018 年，限购限售的调控已经深入三四线城市以及非热点城市群，如哈长城市群的哈尔滨和长春、西南城市群的昆明和贵阳等城市均在 2018 年出台限售或限购政策。2018 年上半年约有 11 个城市出台限购政策、23 个城市出台限售政策，海南从省级层面进行限购、限售。经过 2 年多连续的强有力的调控措施，全国房地产市场已经明显降温并持续保持平稳。

为了建立房地产长效机制，筹建完备健康的租赁市场，多个部委对房产中介采取严格监管行动，坚持落实“房子是用来住的，不是用来炒的”定位。为缓解房地产市场供需矛盾缺口，各热点城市有计划地增加土地供应，继续支持品牌房地产企业购地开发商品住宅。此外，多个部委出台《关于建立城镇建设用地增加规模同吸纳农业转移人口落户数量挂钩机制的实施意见》，综合考虑城镇容纳空间等因素，实行差别化的用地标准。这意味着集体土地可以加快流入城市，并成为城市用地的重要补充。

2018 年 5 月 14 日，住房城乡建设部与财政部、中国人民银行、公安部四部门联合发布《关于开展治理违规提取住房公积金工作的通知》，要求优先支持提取住房公积金支付房租，重点支持提取住房公积金在缴存地或户籍地购买首套普通住房和第二套改善型住房，防止提取住房公积金用于炒房投机。

四、租购并举为主的长效机制在路上

自 2016 年中央提出“房子是用来住的，不是用来炒的”总体定位后，建立完善的房屋租赁市场即被纳入建立房地产长效机制的重要一环。早在 2015 年，各级政府便相继出台政策鼓励租购并举。2015 年住建部等部委相继出台《住房城乡建设部关于加快培育和发展住房租赁市场的指导意见》《关于放宽提取住房公积金支付房租条件的通知》《国务院办公厅关于加快发展生活性服务业促进消费结构升级的指导意见》，鼓励住房租赁市场发展。2016 年国务院出台《国务院关于深入推进新型城镇化建设的若干意见》《国务院办公厅关于加快培育和发展住房租赁市场的若干意见》，前者鼓励推广租赁补贴制度，后者则强调“培育发展住房租赁企业”“鼓励房企转型开展住房租赁业务”“推进 REITs 试点”等。

2016 年 12 月，习近平总书记在中央经济工作会议上，指出“加快住房租赁市场立法，加快机构化、规模化租赁企业发展”，同月还提出

“以建立购租并举的住房制度为主要方向”“规范住房租赁市场，是实现住有所居的重大民生工程。”2017 年以来，各地政府纷纷探索实施租售并举的相关政策措施。例如，2017 年 5 月，《住房租赁和销售管理条例（征求意见稿）》公开征求意见，从保护财产权的角度，界定出租人与承租人的权利义务，并从具体操作层面建立政府对市场的监督激励机制。2017 年 7 月，住建部、发展改革委等 9 个部委联合印发《关于在人口净流入的大中城市加快发展住房租赁市场的通知》，要求人口净流入的大中城市发展住房租赁业务，并选取广州、深圳等 12 个城市开展试点，同时在土地、房源、金融、财政、法律等各个方面扶持住房租赁市场发展。住建部发布的《住房城乡建设部关于进一步做好房地产市场调控工作有关问题的通知》，提到 3 ~ 5 年内热点城市租赁住房、共有产权住房用地占新增住房用地供应 50% 以上。2018 年 6 月自然资源部声称，全国统一的不动产登记信息管理基础平台已实现全国联网，不动产登记体系进入全面运行阶段。

在此背景下，各地方积极跟进，已有 20 多个省份出台“加快培育和发展住房租赁市场”的实施细则，从供给、金融、财政等方面给予政策支持。北京、上海、成都、武汉等 50 多个城市陆续出台新一轮住房租赁方面的扶持政策，多家银行和房企也相继发布租赁住房业务方面的发展规划。

第三节　房地产市场调控的政策动向

房地产问题不只是行业发展的问题，而且是涉及国计民生的重大事情。高房价已成为社会之痛，短期内拉动了经济增长和财政收入增加，但同时不仅推高了实体经济的生产经营成本，而且加剧了收入分配不平等和社会阶层分化。当前，建立房地产健康发展的长效机制面临着重要的“时间换空间”的改革窗口。2018 年是中国房地产市场非常关键的一年。各级政府不会进一步收紧房地产调控政策，但也不会放松相关的调控。在此背景下，中国房地产市场将可能会进一步降温，在坚决遏制房价上涨的背景下，房价表现得不会大起大落。因为限购、限贷、限价等调控政策仍会抑制房地产销售，而提高首付比的限贷政策将会抑制住房的高杠杆投资和消费，租售并举的政策将会引导更多的住房需求者进入租赁市场。

一、房地产市场走势更加平稳

（一）开发投资增速可能下行

受房地产去库存政策以及中长期城镇化、城市群、棚改货币化、租赁住房市场建设等因素的支撑，全国的房地产投资还会表现出一定的韧性，不会出现断崖式回落，但房地产开发投资增速不可能保持两位数的高增长。做出这种判断的理由有三：

一是在严厉的限购限贷调控下，商品房销售额还会进一步下降，持续较长时间将会引发房地产开发资金来源不足，导致房地产开发投资增速逐步回落；同时房地产开发企业的融资渠道持续收窄，融资成本不断提高，对房价构成高成本支撑，在预售不利的情况下，容易降低房地产开发投资的资金回笼速度。

二是中国住房市场发展的扩张周期尚未结束，城镇化中高增速继续，城市群、都市圈正在深化，农民工加速在城市定居，中长期的城镇化释放的住房需求还存在，再加上允许集体土地入市建设租赁住房和保障性住房等，这些因素会对房地产开发投资形成一定的支撑，不会使其出现大规模的下滑。

三是随着房地产去库存政策接近尾声，多数城市的住房库存水平逐渐趋于合理水平，房地产开发企业有购买土地进行储备的意愿，而在现有政策下购买土地后需要进行投资开发，因而新开工项目将会陆续投建，通常住宅项目也有 2～3 年的建设工期，这说明今后房地产开发投资不大可能会断崖下滑。

（二）商品房销售增速将有所下滑

从趋势来看，即便各级政府不再进一步收紧房地产调控政策，但现有抑制购房需求的政策将会继续引导商品房销售增速进一步下降。从长期来看，房地产市场回归健康还需要改革到位，即建立促进房地产健康发展的长效机制。一线城市出现的商品房销售下降趋势还会逐步蔓延到二三线城市，2018 年以来房地产销售面积增速延续了 2017 年末的下降态势。倘若商品销售增速下降过快，不排除部分城市率先放松限购等管制措施，如 2018 年初兰州市率先放松偏远区县的限购政策，而且部分城市针对人才引进实施放松限购限贷等政策，以保障合理的结构性需求，从而维持房地产市场正常健康发展。

（三）商品房价格上涨的势头将得以遏制

随着房地产销售进入下降通道，在坚决遏制房价上涨的压力下，大部分城市房价会滞后回落。从当前趋势看，三线城市逐步跟随一二线城市进入销售淡季，这意味 2016 年以来呈现的房价波动的分化将出现新的变化，开始表现出一致性。倘若各个城市不主动放松限购限贷等调控措施，房价趋于平稳后可能会小幅度回落，这种迹象已经在部分一线城市表现出来。另一个不再支撑房价走高的因素是货币流动性的收紧。由于货币政策保持稳健中性，再加上去杠杆和限贷政策带来的流动性紧缩，不仅表现为居民贷款受限，而且房地产企业资金链也趋于紧张，流入房地产市场的货币流动性将会有所减少，从而对房价形成明显压力。随着部分城市房价同比出现下跌态势，70 个城城房价同比增幅上涨空间已经不大，未来会继续保持同比增幅收窄态势。2018 年房地产市场差别化调控会进一步优化，“因城施策”措施将会随城市住房市场变化动态调整。其中限购限贷政策有保有压的趋势会更加明显，居民房贷会出现结构性的优化，首套刚需和改善需求的房贷将会得到支持，而对投机投资性住房的房贷需求则会更加严格地限制。

（四）房地产调控长效机制加快落地

中央定调要加快建立多主体供给、多渠道保障、租购并举的住房制度。从2018年的表现看，各级政府都在加快探索促进房地产市场健康发展的长效措施，包括加快建设租赁住房和保障房，开展租售并举等重要举措。建立房地产市场发展长效机制的着力点在于保障增量供给、提升存量效率和完善相关赋税制度，逐步推进金融“脱虚向实”，合理推进长租公寓、公募REITs、房地产税等措施，同时鼓励房地产企业转型发展，向相关产业链延伸。建立房地产市场长效机制的另一个重大举措是调整区域城镇化布局，包括建设雄安新区承接北京非首都功能转移，建设粤港澳大湾区缓解城市人口承载压力，同时建设多个大中小城市群、城市圈和城市带，积极推进特色小镇建设和乡村振兴战略，这些区域城镇空间的调整将会为推进房地产市场健康发展形成有力的支撑。虽然存在土地供给受限的情况，热点城市房地产市场发展的长效机制建立任重道远，但随着继续推进新型城镇化和户籍改革，房地产市场存在的难题可能会随着城市群的发展而逐步解决，长效机制将会随着发展而逐步形成，而不是一蹴而就的事情。

二、构建房地产调控长效机制的重要举措

在短期严厉的调控政策还在发挥应有的效力之前，更是要加快解决长期积累形成的房地产泡沫风险，理顺房地产与实体经济、地方和中央财权与事权的关系，设计并实行以居住为导向的住房制度，尽可能降低居民对房产投资的依赖和地方政府对土地财政的依赖。在短期保持房地产市场调控政策的连续性和稳定性的同时，还应考虑综合运用金融、土地、财税、投资、立法等手段，加快研究建立符合国情、适应市场规律

的基础性制度和长效机制。

（一）加快完善多主体供给的住房建设市场

一是牢牢树立“房子是用来住的，不是用来炒的”意识。引导各地政府在制定房地产市场调控政策时，坚持以人民为中心的思想，以构建购租并举的住房体系为方向，坚持市场经济改革方向，发挥市场配置资源的决定性作用，提供多层次的商品性住房，满足多样性的住房需求，同时在防范房地产系统性风险的基础上，各级政府堵住对土地财政的依赖和社会投机房产的制度漏洞。

二是加快推动构建统一的建设用地市场。推进集体土地不动产登记，完善利用集体建设用地建设租赁住房规则，健全服务和监管体系，提高存量土地的节约集约利用水平；注重不动产统一登记、培育和发展住房租赁市场、集体经营性建设用地入市等改革协同；通过改革试点，在试点城市成功运营一批集体租赁住房项目，形成一批可复制、可推广的改革成果，为构建城乡统一的建设用地市场提供支撑，用市场化手段促进土地和住房资源的优化配置。

三是提供多主体供应的保障性住房体系。更好地发挥政府的作用，重点向中低收入群体和困难阶层提供保障性住房，支持政府与企业联合开展保障性住房建设，支持住房合作社集资建房，形成共有产权住房。由市场提供商品住房和租赁住房，政府提供共有产权住房、公共租赁住房、棚改安置住房等保障性住房，完善准入退出机制，共同构成覆盖不同群体、相互衔接、满足多层次需求的住房供应体制。完善存量住房信息登记制度和不动产登记制度，推进小产权房等存量住房转化为租赁住房、共有产权住房乃至上市商品房。

（二）充分发展租售同权的住房长期租赁市场

一是重点发展住房租赁市场，推进“租售同权”。在保障住房充足稳定供给的基础上，加快发展规范发达的租赁市场，支持长租公寓模式发展，加快推进《住房租赁法》立法，推进租房与买房居民享同等待遇，保障租赁利益相关方的合法权益，做到有法可依；鼓励各类市场主体将库存商品房转为租赁房源，鼓励以住房租赁为主营业务的专业化企业购买商品房开展租赁经营，完善加强个人住房租赁市场相关政策体制。同时根据家庭人口、收入、房租提供居民房租补贴，确保每个家庭有足够的租房支付能力；多策并举培育、引导、激励租赁需求，切实推动公共服务均等化，降低租售住房的歧视性政策，把居民享受基本公共服务与是否拥有住房剥离开来，包括确保受教育权、基本医疗权利等在内的公共服务由购房者和租房者享受同等权利。

二是增加租赁住房和共有产权住房用地供应。加快推进集体土地租赁用地供应计划，支持在村集体留用地上建设租赁住房和共有产权住房，支持宅基地可流转、租赁和交易，同时加快落实建立进城落户人口与建设用地供应更加紧密的挂钩机制，切实维护进城落户农民土地承包权、宅基地使用权、集体收益分配权，同时保障进城落户农民的土地租赁收益权，促进农民增加财产性收入。

三是支持发展规模化、专业化、机构化的住房租赁企业。在增加租赁住房供应的基础上，鼓励支持发展规模化、专业化、机构化的住房租赁企业，支持其开展租赁住房投资建设和运营，提升其对其他社会资本的吸引力，在强化契约精神的环境下，并向承租群体提供长期的高品质、规范化租赁服务，强化对承租人权益保护及其维权意识。

（三）健全政府保障社会基本需求的住房制度

一是发挥政府在“住有所居”上的调节作用。通过完善住房公积金制度、差别化信贷政策等手段支持群众市场化住房的合理需求，通过实物配租、货币补助等方式满足保障性住房的基本需求，通过打击首付贷、改革房地产税等手段抑制投机行为。

二是优先保障年轻人等重点群体的基本住房需求。结合人才引进和培养政策，各级政府应对年轻人提供住房补助，包括对年轻人购房提供一定补助——既可直接补助，也可间接补贴，如房贷利息可纳入税收抵扣项目，防止代际财富分化加剧；增加可承租青年公寓，政府可通过购买过剩库存住房转为青年公寓租赁房，鼓励和支持年轻人租房生活，避免青年人的发展理想被住房绑架。

三是完善共有产权住房分配制度。鼓励支持地方政府参与共有产权房建设的同时，还要完善共有产权住房的分配制度，合理设计共有产权的比例和住房的租售价格，提供部分刚需有效的购房途径和合理的住房产权保障。

（四）健全与需求挂钩的差别化调节机制

一是适时增加房地产持有环节税收。加强对房地产开发、交易和持有环节的财税调节，引导房地产合理开发、合理住房消费。发挥地方政府的主动性，多采用经济手段调控，少用行政直接干预。配合财税体制改革，合理设计与逐步实施房地产领域相关税制，减轻政府对土地财政的依赖，同时加强土地收入再分配调节能力。

二是强化房地产市场的金融杠杆的调节。综合运用货币、信贷、宏观审慎和微观监管政策，平衡好房地产产业与其他行业资金配置，宏观上要管住货币流向，微观上要支持合理自住购房，严格限制信贷流向投资投机性购房。

三是强化对房屋租售市场的市场监管。加强对房地产开发企业、中介机构的管理，推动房产开发和中介企业诚实守信、依法经营，确保信息全面准确真实公开；各级政府积极利用大数据、云计算等现代信息技术，建立适时的监测预警机制，实现对住房供给交易的动态监测、科学研判、有效调节。

四是形成合理稳定的住房投资回报率。进一步拓宽居民投资渠道，住房交易时采取高额资本利得税等措施，引导住房市场形成合理稳定的投资回报率，尽可能让住房投资以房租收益为主，严厉遏制投机性需求和开发商暴利行为。

（五）加快推进住宅用地制度根本性改革

一是加快土地制度改革和完善土地供应方式。加快建立多元化的土地供应机制，提高供给弹性，推进落实“人地挂钩”政策，推进农村集体土地不经过国家征地环节规范入市，同时完善土地供给方式，合理确定土地供给规模，有效控制土地价格，简化租赁住房、共享度假小院等项目审批程序。

二是因地制宜合理分配建设用地指标。依据人口流动情况分配建设用地指标，对房价上涨压力大的城市，要合理增加土地供应，对商品房库存积压严重的地区暂停土地供应。

三是努力提高住宅集约化用地比例，盘活城市限制和低效用地。在城市总体规划下，支持开发商提高集约化用地水平，积极采取措施盘活城市限制和低效用地，提高现有城市用地的集约化利用水平。

四是着手研制土地使用权届满后续期政策。根据《物权法》规定，未来土地使用权届满后可自动续期。在此基础上，应加快探讨土地使用权续期收费政策，让不动产权持有者承担合理的土地使用权使用费，避免陷入不动产权与土地使用权长期分离带来的不必要纠纷。

第四节　加快推进住房抵押贷款证券化

房地产市场加速去库存背景下，推进公积金贷款证券化和个人住房抵押贷款证券化再次被提上日程。总体来看，目前国内住房抵押贷款存量规模与日俱增、资产证券化试点初见成效、资本市场渐趋完善，意味着加快住房抵押贷款证券化的条件已具备。建议在加强住房抵押贷款质量管控的同时，加快发展住房抵押贷款二级市场，设立专门从事住房抵押贷款证券化的特殊目的机构、担保或保险机构、信用评级机构、住房金融监管局等，实现证券化真实出售和风险隔离，健全住房信贷及其证券化的担保监管体系。

2015 年以来，国内大中小城市大都面临房地产去库存的压力，此后政府逐步放松房地产调控，一线城市率先迎来新一轮房价上涨，住房抵押贷款的规模持续扩大。经过两年消化，去库存工作基本完成。但是，短期的抑制需求的做法并不能解决住房供给问题，因此有必要在房地产市场供不应求的背景下，适度推进住房抵押贷款证券化（Mortgage Backed Securitization，MBS）业务，利用多元资金增加住房供给，同时盘活房地产资产。

一、适度加快住房抵押贷款证券化具有可行条件

（一）中国住房贷款证券化起步较早，已积累了可推广的经验

2005 年，中国推出个人住房抵押贷款资产证券化（Residential Mortgage Backed Securitization，RMBS）试点，中国建设银行发行首个 RMBS“05 建元 1 期”，2007 年又发行“07 建元 1 期”，随后受美国次贷危机影响暂停了上述试点。时隔 7 年后，于 2014 年重启 MBS 试点，中国邮政储蓄银行发行“邮元 2014 年第一期 RMBS”。2014 年“9·30”新政时，中国人民银行和银监会发文鼓励银行业金融机构通过发行 MBS 等措施筹集资金，同时住建部、财政部、央行联合发文提出，有条件的城市要积极推行住房公积金个人住房贷款资产证券化业务，并在武汉、盐城、湖州、常州等地开展公积金贷款证券化业务试点。2015 年 11 月修订后的《住房公积金管理条例》再次明确，住房公积金管理中心可以申请发行住房公积金个人住房贷款支持证券。这意味着中国正式启动 MBS 的政策窗口。2015 年 5 月，中国银行间市场交易商协会发布了《个人住房抵押贷款资产证券化产品的信息披露指引（试行）》，对个人住房抵押贷款证券化产品的注册、发行、存续各个环节的信息披露提出了明确要求。2015 年 12 月，浦发银行发行首个住房公积金贷款证券化产品。2005—2015 年，中

国RMBS发行总量接近400亿元，其中仅2015年一年就发行259.8亿元，占到近10年发行总量的2/3左右。其中，2015年7月，中国建设银行和民生银行分别发行500亿元和100亿元由央行注册管理分期发行的RMBS，规模已是此前RMBS发行总量的近4倍。2016年以来，中国至少已经发行了4期住房抵押贷款证券化产品。

（二）中国住房抵押贷款证券化规模尚小，适度加快发展不会造成较大的风险隐患

截至2018年上半年，政府监管的资产证券化产品（Asset backed Securities，ABS）总发行量约为2.37万亿元，其中RMBS和公积金贷款证券化（ABS）产品发行总量已有5000多亿元，占到ABS发行总量的21%左右，若加上商业地产ABS产品发行量可能会占到1/4左右。国内长期坚持较高的住房首付款比例和严格的个人住房按揭贷款审核，这意味着中国的住房抵押贷款是相对优质的资产，贷款违约率也不高，符合证券化的基本条件。截至2016年3月末，个人购房贷款余额约为15.2万亿元，占到金融机构人民币各项贷款余额的14.3%，近5年平均增速维持在17%以上，公积金贷款余额超过了3.4万亿元。若这两部分资产证券化率能够达到50%，即可提供9万亿~10万亿元的流动性，而目前美国的住房抵押贷款证券化率接近90%。可以说，中国目前已初步形成大量作为证券化标的住房抵押贷款存量。随着全国房价逐年走高，部分住房贷款机构一度推出“首付贷”产品，甚至采取虚假按揭方式推高居民家庭购房负债率，引发贷款违约风险激增，亟须发展MBS等措施合理化解“首付贷”乱象。

（三）国内正加速完善资本市场，为住房抵押贷款证券化提供市场支撑

2005年起，中国相关金融主体便开始涉足资产证券化业务。2015年更是迎来资产证券化业务的爆发式增长。截至2015年末，各类金融机构

已累计发行200单信贷资产证券化产品，总规模为7894亿元，存量余额5380亿元。2015年1月银监会、证监会推出资产证券化备案制，4月中国人民银行允许部分满足条件的机构以注册形式自主发行产品，5月国务院明确推进5000亿元规模的信贷资产证券化试点，7月证监会允许证券公司开展融资融券收益权资产证券化业务，8月保监会印发《资产支持计划业务管理暂行办法》，支持保险资产证券化等，这意味着以信贷资产为基础资产，通过不同分级增信，满足不同投资者的需求。由于中国金融市场改革持续深化，资产证券化市场整体趋于活跃，规模持续增长，流动性明显提升，市场参与者类型更加多样，逐步由银行间信贷资产证券化向更广泛的资本市场转变。资产证券化产品的投资者分布逐步多元化，除了商业银行，信托机构、证券公司、保险公司、资产管理公司、公募基金、私募基金对冲基金等专业投资者也开始参与进来，为下一步参与MBS提供了市场基础。另外，中国正在着手考虑制定打破隐性担保、刚性兑付的政策措施，同时也在逐步完善资产证券化的信息披露机制，将有助于完善MBS定价机制、发行渠道和监管制度。

二、加快住房抵押贷款证券化仍面临一些障碍

（一）机构投资者对银行发行的RMBS产品普遍热情不高

要发行MBS就要求发行利率不低于同期限国债产品利率水平，否则市场投资者拒绝购买MBS。中国目前住房抵押贷款利率偏低，尤其是公积金住房抵押贷款利率政策与市场相对脱钩，造成MBS产品有效需求不高。虽然有些银行在资本市场挂牌发行了一些RMBS产品，但总体上停留在银行间市场互持，机构投资者对银行发行的MBS产品热情并不高。究其原因在于，商业银行提供的住房抵押贷款利率普遍偏低，造成MBS收益率偏低，即很难达到资金端的回报率要求；而且MBS产品期限通常为20~30年，造成供需间存在一定期限的错配，尽管银行

可通过远期回购等方式对产品期限切割，但这需要突破监管限制（《关于规范金融机构同业业务的通知》银发〔2014〕127号文）。

（二）缺少对住房抵押贷款信用增级的政策性金融机构、评级机构

发行MBS产品要涉及银行、特设信托机构或政策性金融机构、信用评级机构、证券公司、资产管理公司及机构和个人投资者等多个利益相关者。在具体操作中，MBS发行程序要比一般贷款复杂得多，但中国目前MBS主要在银行间市场发行，而不是专门发售住房抵押贷款的政策性金融机构。总体来说，中国尚未形成全国统一的、标准化的住房抵押贷款体系，既缺少对证券化资产标的进行担保或保险的发行和增信机构，包括特殊目的公司（Special Purpose Vehicle，SPV）或特设信托机构、第三方担保或专业信用保险机构，又缺乏具有权威性的第三方信用评级机构，这就很难解决商业银行“短存长贷”的期限错配问题。考虑到中国MBS收益率偏低，基础资产超额利差较弱，需要通过金融创新对相关产品进行分级，要求出现专门机构通过超额抵押等方式进行增信。

（三）促进住房抵押贷款证券化的法规保障制度不健全

在中国，支持MBS创新发展和新设专门支持MBS发行的机构尚需建立健全资产证券化相关法律法规制度。当前中国还不具备标的资产的法律结构、适当的资信评级及内部分级、较为准确的风险定价等关键要素，现行法律法规尚与MBS的发展存在冲突，有关立法工作相对滞后，在ABS产品许可和审批、资产证券发行人发行条件、信用增级和评价、信息披露、市场交易、税收、会计与监管等环节亟待在制度设计和细节上加以完善。

（四）中国利率市场化改革推进缓慢，将会影响MBS市场的活力

当前，中国商业融资仍然以间接融资为主，尚未形成完全市场化的

利率，直接融资（市场化融资）远少于向银行这类中介机构融资。如住房贷款利率仍由政府设置，基本为基准贷款利率或其 1.1 倍。扣掉中间成本，商业银行仍有一定的存贷利差来保障收益，很难面临流动性不足问题。商业银行在存贷比和资本充足率普遍较高的情况下，可通过发行优先股、二级资本工具等补充资本，几乎没有动力去发行 MBS。另外，在房地产市场调整的背景下，发行新的 MBS 意味着要有较高的发行利率。在利率受管制时，很难实现对 MBS 的合理定价，而且通过 MBS 融得资金后也很难找到优质的放贷标的，也未必能把额度提供给住房贷款。社会无风险利率下行时，还亟须打破刚性兑付。

三、加快住房抵押贷款证券化亟须完善相关制度

尽管美国曾在 2008 年爆发次贷危机，但其由政府发起后市场运作的 MBS 模式仍有借鉴之处。中国住房金融市场尚处于发展阶段，积极推进住房抵押贷款证券化改革，必要时需要政府介入，通过加快完善相关制度进行兜底，甚至要设立具有政府性质的机构或部门参与其中，提高 MBS 的信用等级，稳定二级市场波动。

（一）加快健全住房抵押贷款一级市场，形成优质的住房抵押贷款资产

美国次贷危机的教训说明，只有选择优质的住房抵押贷款标的，才能保证 MBS 发行和收益。建议持续完善商业银行风险管理政策，严格审查房贷申请人的偿债能力，在住房抵押贷款一级市场谨防形成劣质房贷资产。

一是实施差别化的首付政策。对中低收入家庭群体，依据其偿付能力采取差别化首付率，对偿债能力强的家庭可适当降低首付率，对偿债能力差的家庭可提高首付率，引导其进入公共住房或租赁市场；针对购买小面积单套住房的借款人可实行 20% ~30% 的首付率，对购买大面

积住房的借款人可实行累进首付率，对购买多套住房的借款人实行高首付率。较高的首付率可以配合较低的贷款利息，较低的首付率可配合较高的贷款利息。

二是完善房贷偿债能力审查制度。为减少“不合格借款人”进入信贷市场，建议鼓励商业银行维持严格的贷款人信用审查制度，细化内部房贷审批管理，规范房贷申请人资信鉴定流程，严格执行购房首付比例政策。

三是完善个人征信体系。依托国家个人征信系统，推广建立个人贷款账户体系，关联借款人工资单、信用卡交易记录、住房公积金收入证明、完税凭证等信息，据此审查来提高房贷资产质量，制定实施住房产权和授信实名制，杜绝有欺诈或反复利用再融资政策的事情发生。

（二）加快发展住房抵押贷款二级市场，形成住房抵押贷款风险分担和转移机制

借鉴美国发展 MBS 市场的经验，建议加快形成以政府专设住房金融机构主导的住房抵押贷款二级市场，逐步扩大 MBS 的规模，创新 MBS 产品交易模式，增强一级市场的流动性。

一是加快组建政府所属的特殊目的住房金融机构。积极筹建类似美国于“两房”（房地美和房利美）的政府支持住房金融机构，作为 MBS 的承载主体，负责收购、重组商业银行或公积金管理中心的住房抵押贷款资产，经过担保和信用加强，将其细分为标准化合约在资本市场发行转让出售，同时提供进行统一的登记托管结算以及再融资等服务。这类机构可直接由现有某一家政策性银行转化过来，也可新设政府性质的特殊目的机构，实现 MBS 产品的真实出售和扩展隔离（如特殊目的信托可避免公司制的双重征税和实现完全的破产剥离）。

二是培育多元化的二级市场投资主体。建议在必要监管的前提下，放宽 MBS 入场门槛和额度限制，适当调整放宽保险金、养老基金、福利基金、境外资金等使用的法规政策，允许各类机构投资者入场。

三是完善MBS信用风险定价标杆的市场条件。深化利率市场化改革，解除市场分业分割，增加各种类型、期限债券之间的联动关系，建立中国投资产品价格的基准标杆，提供MBS信用风险定价的市场条件。

四是完善MBS产品发行平台。进一步拓展MBS发行渠道，积极尝试私募发行、货币市场招标发行和资本市场公募发行等多种渠道；创新发行方式，如采用竞争性做市商制度的交易模式，使MBS产品能在银行间市场、场外市场等自由交易。

五是建立被市场投资者所普遍接受和认可的信用评级机构。加快培育MBS信用评级机构或引入国际著名评级机构，完善ABS和MBS信用评级制度。

六是完善资产证券化相关配套制度。加快修订资本、拨备、贷款计提规则，不良资产批量转让规则，专门财政补贴或税收减免制度，会计特别处理法等。

（三）适时成立国家住房抵押贷款担保机构，形成住房抵押贷款及证券化的安全保障机制

借鉴美国设立联邦住房管理局和吉利美为核心的担保保险机构，建议国家加快完善中国住房贷款担保保险体系，在一级市场中提供信用增级，在二级市场中提供安全保障，重点规避住房抵押贷款及其证券化机构道德风险。

一是建立健全政府性质的住房抵押贷款担保机构。建议以国家信誉为中低收入家庭提供首次购房贷款担保保险，提高贷款者和抵押品的信用等级和信用条件。

二是建立完善专门的MBS担保保险机构。建议增设政府性质的MBS担保保险机构，为MBS提供信用支持、贴现和担保业务，增加MBS发起机构和MBS产品的交易信用，期初可由国家划拨资金组成为MBS提供资金担保的保险机构。

（四）加快成立国家住房金融监管局，形成完备透明的住房金融监管体系

借鉴美国次贷危机后调整住房金融监管的做法，建议国家考虑建立完备透明的住房金融监管体系，使发展 MBS 带来的各种风险处于有效监管之下。

一是设立相对独立的住房金融监管局。建议在住房主管部门下成立独立的住房金融监管局，专门负责住房抵押贷款市场及 MBS 业务监管工作，重点监管 MBS 发行机构、发行程序、市场交易、融资结构、资产转让等环节，制定住房贷款违约危机的救助方案及其退出的条款。

二是完善 MBS 信息披露机制。在完善 MBS 有关法律法规的基础上，支持发放住房贷款的金融机构发放合规住房贷款，在其出售各种住房贷款资产时，要求向借款人充分披露相关产品信息；同时要求证券化机构向投资者充分披露说明 MBS 的发行程序、审核标准、担保形式、违约处置程序及方法等；监管部门参照国际通行标准制定住房抵押贷款发放及其证券化产品发行标准，依据披露信息和相应的标准，依法开展审查监督，并对违规者做出相应处理。

第五节　加快构建住房抵押贷款担保体系

美国政策性金融体系主要向特定群体提供优惠贷款、担保保险等融资服务，如联邦住房管理局为中低收入群体提供抵押贷款保险业务。这种做法历经七八十年的检验，至今仍在保障美国“住有所居”的政策目标上发挥重要作用。为了加快房地产去库存、防风险和促发展，应借鉴美国联邦住房管理局的做法，设立国家住房抵押贷款担保中心，重点向农民工、中低收入者等特定群体提供贷款担保保险业务，对中国当前房地产去库存、防风险、促发展极具重要意义。

一、美国住房抵押贷款担保机构的功能定位

美国政策性住房金融体系主要面向特定群体提供金融服务，金融业务模式多样，主要包括优惠贷款、担保和保险服务，各机构层次分工明确，能有效保证住房金融政策的贯彻实施。如联邦住房管理局面向中低收入群体提供抵押贷款保险业务，退伍军人管理局通过退伍军人住房贷款项目直接发放和担保抵押贷款。美国政策性住房金融体系在推动政府实现“居者有其屋”住房政策目标的过程中起到了关键作用，不仅已经成为美国政府实施住房政策的重要工具和基础设施，并且经历七八十年的实践检验，对维护住房抵押贷款稳定性和流动性具有不可或缺的主导作用。

（一）美国较早建立了政府住房抵押贷款担保机构

早在20世纪30—40年代，美国就建立了以联邦住房管理局（Federal Housing Administration，FHA）为主的贷款担保体系。1934年，美国通过颁布《国民住房法》并依此设立了FHA。其中，FHA和退伍军人管理局（Veterans Administration，VA）都是美国住房抵押贷款一级市场中的政策性担保机构。此后40年间，美国逐步完善形成以互助储蓄银行、储贷协会为主的住房抵押贷款体系。20世纪80年代后又演化发展出以房利美和房地美（以下简称“两房”）为主的住房抵押贷款证券化体系。

（二）联邦住房管理局是美国住房金融体系中的关键一环

虽历经变化，但FHA在其中始终处于重要地位。联邦住房与城市发展部（HUD）负责所有的住房与城市发展计划及相关政策的制定。1965年起，FHA从属于城市发展与住房部（HUD），主要负责住房标准的制定和为中低收入家庭及弱势群体的住房抵押贷款提供政府信用担保。HUD负责监管吉利美、房地美、房利美三大政府信用机构。其中，

“两房”作为政府支持企业（GSE）具有政府的隐性担保，主要对 FHA 提供担保的住房抵押贷款进行证券化；而吉利美具有完全政府担保，主要负责向 FHA 提供担保的住房抵押贷款提供证券化担保。

（三）联邦住房管理局致力于实现“居者有其屋”的政策目标

美国成立 FHA 的早期目标是在 20 世纪 30 年代美国大萧条时期稳定住房市场，后期目标转向提高居民尤其是中低收入群体的住房标准和条件，即通过向他们提供住房按揭贷款保险，制定适当的住房资助制度，稳定住房抵押贷款市场，加强对住房抵押贷款二级市场的管理。这一做法在 20 世纪 40 年代和 50 年代大获成功。由于联邦政府通过 FHA 对合规的住房抵押贷款提供担保，放款人就不必担心借款人违约造成的信用风险，从根本上改变了美国住宅金融体系，让更多的人拥有自己的住房，使得购买住房的成本变得甚至比租房还低。

（四）联邦住房管理局始终发挥着稳定住房市场的重要职能

FHA 具体职能包括四个方面：一是审查借款人的资质条件，如审查住房支出/收入比不高于 29%，总负债/收入比不高于 41%，以及信用记录、还款能力、法律背景等；二是由 FHA 批准的会员金融贷款机构发放贷款，并由后者规定贷款的利率和交易费用；三是 FHA 为中低收入者提供贷款担保，提高其信用水平，使贷款机构愿意为其提供抵押贷款；降低首次购房者相对一般抵押贷款者的首付款比例，前者要求 3.5% 以上，后者至少为 20%。

二、美国政策性住宅金融机构的发展特点

（一）政策性服务目标突出

服务于政府的住房政策目标。美国设立 FHA 的目的主要是服务于政府“居者有其屋”的政策目标，并为特定的群体提供优惠贷款、担

保业务和保险业务等住房金融服务。FHA 成立后不仅促进了房地产业，提高了住房开工率，而且有效降低了失业率。如今，FHA 已经为 3400 万资产提供过抵押贷款担保。20 世纪 50—70 年代，美国住房自有率从 55% 提高到 60% 以上，到 2004 年提升到 69%，其中 55 岁以上美国人的住房自有率达到 81%。

（二）金融融通增信作用较强

发挥资金融通和信用增级作用。FHA 通过向中低收入群体提供贷款担保，使其信用增级，吸引更多的商业银行、储蓄机构等向其提供住房抵押贷款。美国还设立了公共住房项目，并立法授予地方公共住房管理局（PHA）发行债券资助公共住房开发，其中债券的本息由联邦政府支付，维修和其他运营费用则从房租收入中支付。

（三）政策居住属性导向明显

解决居民住房问题。FHA 作为政府附属机构，肩负着促使住房回归居住属性的职责。1937 年，联邦政府制定《1937 年美国住宅法》，正式实施公共住房计划，旨在解决中低收入群体的住房难题。1949 年，美国制定了全国性的住宅政策目标，即让“每个美国家庭都拥有一套体面的住宅和合适的生活环境”。随后，美国政府通过启动全国社区开发工程、实施房租补贴、租金优惠券计划等各种措施，实现对中低收入群体的居住需求保障。

三、美国政策性住宅金融机构的发展经验

第一，完善住房金融领域立法。美国通过立法确立住房金融业务发展的制度基础。1932—2008 年，美国国会共颁布 70 多部住房方面的法案及修正案。

第二，设立专门政府担保机构。如 FHA 专门为中低收入家庭提供住宅抵押信贷保险，退伍军人管理局（VA）专门为军人购房抵押贷款

提供担保。政府支持企业（如“两房”）具有政府隐性担保，承担部分公共服务职能，推动住房金融二级市场的发展。通过政府机构担保与私营抵押保险相结合的混合保险模式，构建住房抵押贷款一级市场信用风险防范机制。

第三，完善住房金融监管体系。美国建立中央和州政府级别监管体制，加强住房金融监管，降低发生住房金融风险的概率。

第四，采用“FHA/VA + 两房”模式。通过 FHA 和 VA 等政府担保机构，提高商业金融机构等放贷机构向中低收入家庭发放住房抵押贷款的积极性，通过政府对住房抵押贷款的信用增级，促进了住房抵押贷款二级市场的发展。

四、加快建立国家住房抵押贷款担保体系

从中国当前住房市场覆盖范围来看，除了保障性住房工程能解决部分中低收入者的住房需求，以农民工为主体的特定群体的住房需求尚未得到根本性满足，同时中国出现了结构性住房过剩问题，部分热点城市房价疯涨，局部泡沫越吹越大，而部分城市房价低迷，房地产库存积压严重。为了房地产去库存、防风险、促发展，在现有住房金融体系的基础上，有必要借鉴美国设立联邦住房管理局的做法，加快建立国家住房抵押贷款担保中心，在省区和城市层面设立相应的住房抵押贷款担保机构，重点保障农民工这一特定群体的进城住房需求，同时适当解决城市夹心层群体的住房需求，促使住房市场向社会属性回归，防范可能发生的住房市场风险。

国家住房抵押贷款担保体系的主要职能：一是在发生住房信贷违约风险时，适当从商业银行手中购买符合条件的个人住房抵押贷款，尽量将银行的不良按揭贷款资产剥离出来，降低银行总体不良贷款率；二是为符合条件的个人住房抵押贷款提供担保，即对农民工等特定群体提供信用增级，使其能获得金融机构的住房贷款。除此之外，还应包括以下

几项职能：发行中长期债券，从银行手中购买符合条件的政策性住房开发贷款，为符合条件的政策性住房开发贷款提供担保，为符合条件的居民自建住房贷款提供担保等。

为了更好地实现住房政策目标，应加快设立国家住房抵押贷款担保中心。建议由住建部会同财政部、人民银行共同设立，住房信贷及担保等业务由住建部指导；省级住房抵押贷款担保由省级政府、国家住房抵押贷款担保中心共同设立，业务由省级政府、国家住房抵押贷款担保中心指导；城市住房抵押贷款担保由市级政府设立，业务由国家、省区住房抵押贷款担保机构和市级政府指导。

第十一章
就业导向之变

就业是最大的民生，保就业就是保民生。中国政府非常重视就业问题，提出了更加充分、更高质量的就业目标，出台了多项政策促进就业和创业。这些措施已取得显著成效，每年城镇新增就业人数均超年初预期目标提前完成。

中国适龄劳动就业人口众多，面临的结构矛盾依然突出，亟待改变就业的导向，更加强调充分就业的同时，还要更加强调就业的质量。

在制定财政、货币、产业等宏观政策时，有必要统筹考虑充分就业和高质量就业的目标，以此为导向形成更侧重民生的宏观政策。

就业是最大的民生，还是人民群众最关心、最直接、最现实的利益问题。党的十九大报告提出，提高就业质量和人民收入水平，要坚持就业优先战略和积极就业政策，实现更高质量和更充分就业，促进收入分配更合理、更有序。要实现这一目标，在做好就业监测分析工作的基础上，需着力解决结构性就业矛盾，鼓励创业带动就业，鼓励勤劳守法致富，扩大中等收入群体，通过扩大就业创业，拓宽居民劳动收入和财产性收入渠道。

第一节　2017 年以来全国就业形势分析

2017 年以来，全国就业形势保持稳中向好的态势，新增就业人数突破历史新高，而城镇失业率保持在低位，求人倍率也有所抬升，表明在经济下行压力下稳就业工作取得积极成效。

一、新增就业维持稳中有进

2017 年以来，全国就业形势保持稳定，新增就业人数稳步增长，就业结构持续优化，总体保持了良好态势。从新增就业总量看，2017 年新增就业形势呈现良好势头，总体维持稳中有进的态势。人力资源和社会保障部发布的数据显示，2017 年全国城镇新增就业 1351 万人（见图 11－1），比上年增加了 37 万人，同比增长 2.8%，提前 2 个月完成 2017 年《政府工作报告》提出的全年新增就业 1100 万人以上的预期目标。令人鼓舞的是，这一目标是在较前3年预期目标增加了100万人的情况下实现的。城镇新增就业数量更加接近于新成长劳动力规模，一定程度上体现了更加充分就业的目标要求。分区域看，2017年西部12个省区城镇新增就业人数均超出预期完成年初就业任务目标，占全国城镇新增就业人数总数的比重近37%。中部地区，2017年河南省实现新增城镇就业144.21万人，完成了全年任务的131.1%。

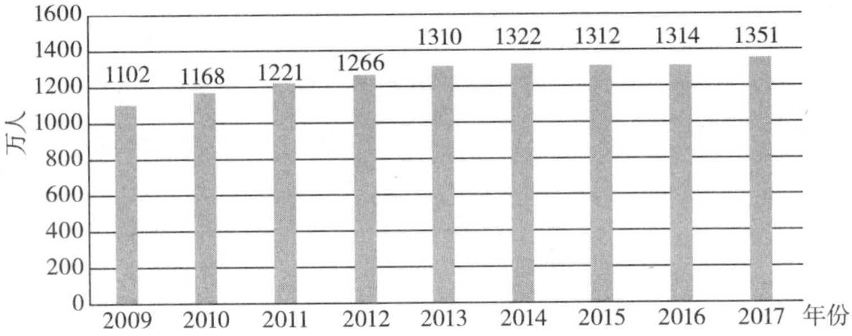

图11-1　2009—2017年中国新增就业人数走势

资料来源：人力资源和社会保障部。

二、城镇失业率持续走低

失业率指标亦可以反映充分就业状况。2017年以来，全国城镇失业率有所下降。国家统计局的数据显示，2017年全国城镇登记失业率持续下降，连续4个季度都保持在4%以内，由一季度末的3.97%下降至四季度末的3.90%，是2002年以来的最低水平（见图11-2）。同期，全国城镇调查失业率维持在较低水平。国家统计局的数据显示，2017年12月全国城镇调查失业率为4.98%。31个大城市城镇调查失业率连续5个月低于5%，其中2017年9月31个大城市城镇调查失业率为4.83%，也是2012年以来的最低点。全国城镇登记失业率和城镇调查失业率两项指标同时持续走低，反映出城镇就业市场处于比较充分的均衡状态，也意味着国家出台的系列促就业政策效果显著。

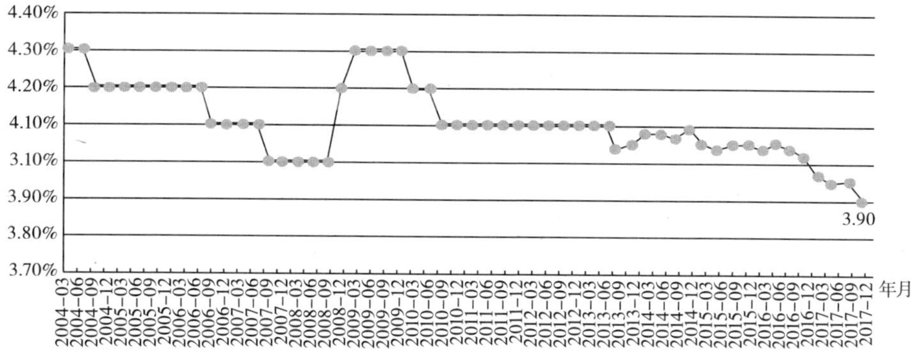

图 11 -2　2004—2017 年中国城镇登记失业率走势

资料来源：国家统计局。

三、劳动力市场环境持续改善

从全国劳动力供需状况看，更充分就业在一定程度上得到了体现。2017 年人力资源市场的活跃度上升，100 个城市的人力资源市场招聘人数连续 4 个季度同比均在增加。根据中国人力资源市场信息监测中心监测的数据，2017 年四季度市场求人倍率达到 1. 22 倍（见图 11 -3），即平均每位求职者对应 1. 22 个工作岗位，创 2001 年以来的历史新高。2016 年三季度以来，全国求人倍率连续 6 个季度呈现同比增长。这意味着劳动力供需持续扩张，岗位数量和求职人数呈现正增长，社会就业机会很多，就业市场处于景气区间。

2017 年，西部地区求人倍率明显较高，且连续 3 个季度高于中部和东部。相较而言，东北地区求人倍率明显偏低，即使是省会城市也显著低于全国水平，就业压力较大。中部地区就业市场景气程度较高且用工需求旺盛。2017 年第四季度，在上海、南京、石家庄、沈阳、郑州、武汉、西安、福州、昆明、成都 10 个大城市岗位需求和求职排行榜中，沈阳市的求人倍率最低，并且显著低于其他城市，比排名倒数并列第二位的石家庄和武汉低 0. 27，比 10 个城市的平均值低 0. 48。

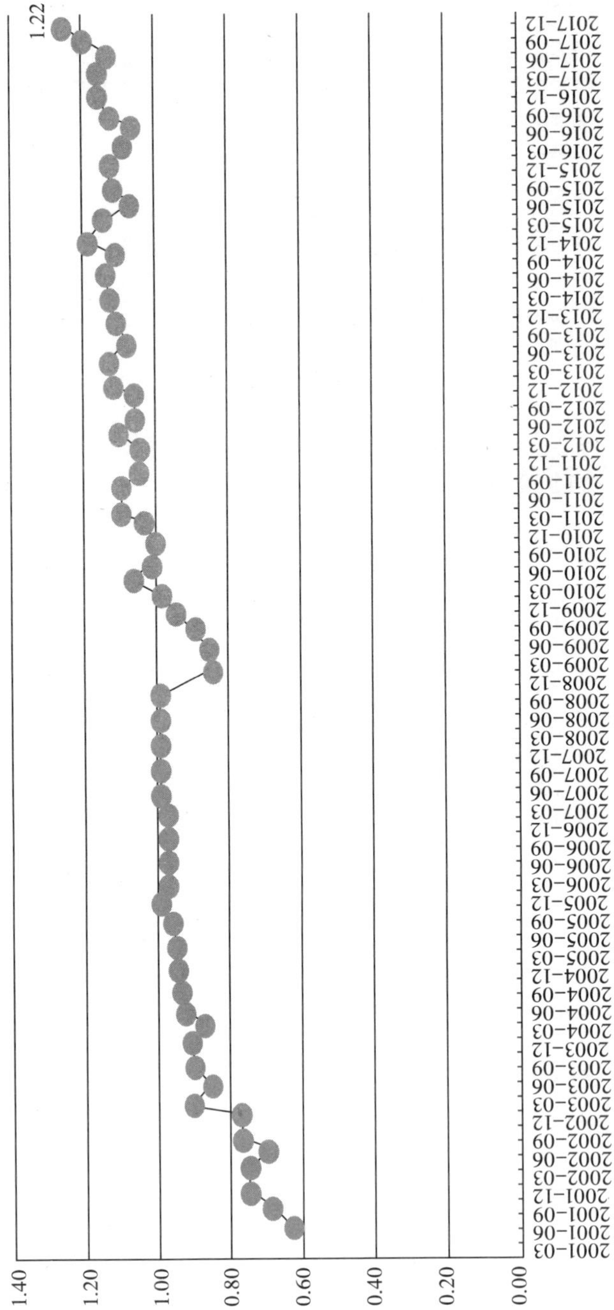

图 11-3　2004—2017 年全国求人倍率走势

资料来源：中国人力资源市场信息监测中心。

四、重点人群就业保持稳定

从城镇就业困难群体看，城镇失业人员再就业和就业困难人员就业人数保持稳定，其中后者稳步增长。人社部的数据显示，2017 年，城镇失业人员再就业人数达到558 万人，同比增长0.72%；就业困难人员就业人数达到177 万人，同比增长4.73%（见图11－4）。各地也在积极创造就业机会和开展就业培训帮扶，有效化解就业困难群体的就业问题。以河南省为例，2017 年河南省通过大力开发公益性岗位，安置就业困难人员达到8 万多人，全年失业人员再就业43.98 万人，就业困难人员实现就业17 万人。

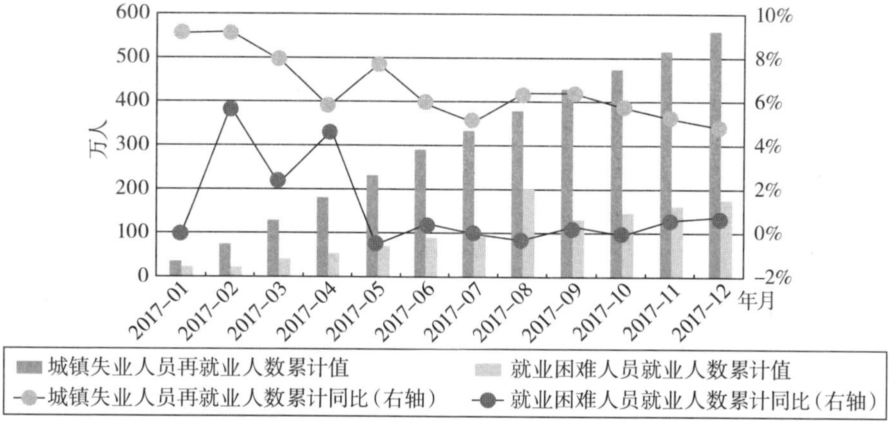

图11－4　2017 年1—12 月城镇失业人员再就业和就业困难人员就业人数及累计同比走势

资料来源：人力资源和社会保障部。

农民工外出务工劳动力人数稳步增长。2013—2017 年农民工总量年均增长约1.8%。2017 年农民工总量28652 万人，比上年增加481 万人，增长1.7%。其中，本地农民工11467 万人，增长2.0%；外出农民工17185 万人，增长1.5%（见图11－5），2015 年四季度到2017 年四季度已经连续9 个季度呈现同比正增长。西部地区农村劳动力转移就业增长较快。各省区通过政策宣导、设置政策性岗位、扶持产业项目带动劳务用工等多种手段拓宽就业渠道，如云南省 2017 年上半年比 2016 年同期增长 7 倍。2017 年，贵州省实现农村富余劳动力转移就业 84.34 万人，是年初预设目标的 120.4%。

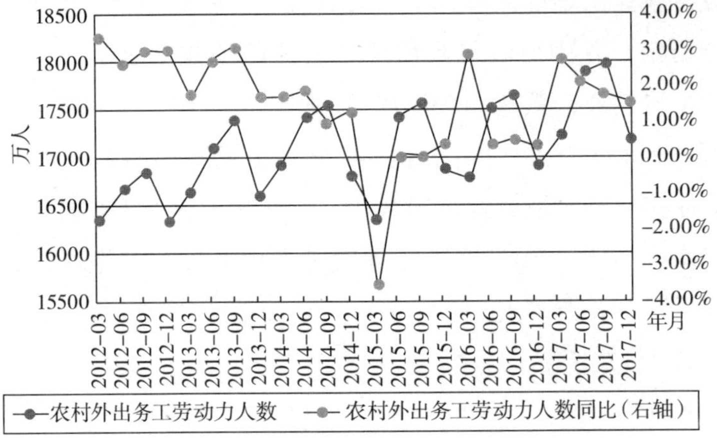

图 11-5　2012—2017 年农村外出务工劳动力人数及同比走势

资料来源：国家统计局。

高校毕业生就业总体平稳。2017 年高校毕业生达到创历史新高的 795 万人，比上年增加 30 万人，同比增长约 4.67%（见图 11-6）。近年来，中央政府高度重视大学毕业生就业创业，深入实施高校毕业生就业创业促进计划、基层成长计划，开展高校毕业生就业服务月、服务周、大中城市联合招聘等专项服务活动，促进高校毕业生多渠道就业创业。总体上，大学生就业创业总体进展良好。据人社部统计，2017 年全国高校毕业生签约率稳中有升。值得说明的是，以前西部地区高校毕业生就业率都低于全国平均水平，如今有广西、宁夏等部分西部省份高校毕业生就业率已高出全国平均水平。

去产能职工安置稳妥推进。近年来，在经济下行压力大、去产能任务繁重的背景下，中国就业人数不减反增，主要是因为中央出台的各项促就业政策发挥了重要作用。如在化解钢铁、煤炭等过剩产能上，中央政府非常重视下岗职工的分流安置问题。据人社部估算，两个行业在化

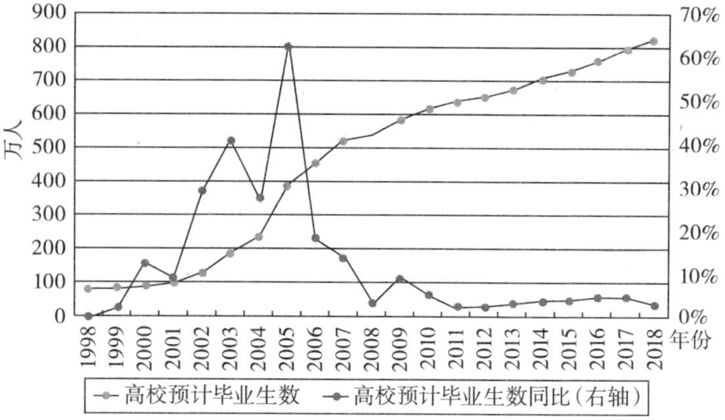

图 11－6　1998—2018 年高校预计毕业生数及同比走势

资料来源：国家统计局。

解产能过程中将涉及 180 万职工的分流安置，其中煤炭系统 130 万人，钢铁系统 50 万人。在多种促进就业的措施下，包括开展东北等困难地区劳务对接协作、人力资源服务机构联合招聘等，2017 年钢铁煤炭行业分流安置和结转的职工有 38 万人，两年累计 110.3 万去产能职工得到多渠道安置。例如，河北省作为去产能的重点省份，2017 年承担了比较重的就业安置任务。截至 2017 年前 3 季度，河北省共有承担去产能任务的 47 家企业（含钢铁企业），拟分流安置职 51021 人，占拟分流职工总人数的 97.5%，其中 36 家去产能钢铁企业拟分流的 37504 名职工全部得到安置。再如，黑龙江省近两年着力解决煤炭去产能和职工分流安置两项难题，并已取得初步成效（见专栏 11－1）。

专栏 11－1：黑龙江省正妥善解决煤炭去产能职工安置难题

黑龙江省曾是全国煤炭生产和调出大省之一。2017 年，黑龙江省化解钢铁煤炭行业过剩产能涉及 9814 名职工分流安置问题，其中煤炭行业 8016 人、钢铁行业 1798 人，以煤炭行业职工安置问题为主。2016 年，黑龙江省就通过各种渠道，计划用 2～3 年组织化分流安置5万名职工，及时化解资金链中断风险。截至2017年5月末，煤炭行业已转岗安置1955人、内部退养16人、解除劳动关系515人，共分流安置2486人，占比为31%。以黑龙江省龙煤集团为例，2015年，黑龙江省煤炭产量约6700万吨，产能利用率不足65%，其中龙煤集团煤炭产量约占黑龙江省的一半。2012年以来，龙煤集团连续亏损，所属矿井开采历史长、亏损严重、包袱重，职工安置的经济和社会成本高，2015年测算的职工安置成本超百亿元，社保、医保、住房公积金等缺口压力也很大，地方政府和龙煤集团均无力承担。黑龙江省已经借助龙煤30万亩农地、150万亩林地和煤城公益岗位，与农垦、林业、森工和煤城协议对接分流职工22500人。

就业扶贫工作取得积极进展。全国各地各部门全面落实就业扶贫各项政策，积极开展就业扶贫工作，大力推进就业精准扶贫，极大地降低了贫困发生率。国家统计局的数据显示，2017年全国农村贫困人口比上年末减少1289万人，贫困发生率为3.1%，比上年末下降1.4个百分点。例如，人社部2017年建成全国农村贫困劳动力就业信息平台，遴选1465家就业扶贫基地，支持农村贫困劳动力求职就业和有组织劳务输出，农村劳动力转移就业规模持续扩大。国家发改委、人社部等部委还加强就业援助，就业困难人员得到有效帮扶，确保零就业家庭实现动态清零。人社部数据显示，2017年600万建档立卡贫困劳动力实现了就业增收。贫困人口较多的西部地区扶贫攻坚任务重，四川、云南、贵州、河北等省纷纷出台就业扶贫政策，通过资金扶持、职业培训、劳务输出等多种方式帮助贫困人口就业，取得了良好的效果（见专栏11－2）。

专栏 11－2：四川省开展贫困县就业对口培训帮扶

四川省对省内45个深度贫困县开展就业对口培训帮扶，选聘就业机构指导专家深入扶贫一线开展职业培训和就业指导，同时帮助制定就业扶贫专项实施方案，加强技能培训，开展就业援助，加大就业创业补助资金支持力度，全省共举办“扶贫专班”486期，培训贫困劳动力1.3万余人次，培训省外就业的川籍贫困劳动力2.9万人次，兑现落实各项技能培训补贴27.8亿元。

五、创业带动就业成效显著

新增市场主体带动就业作用突出。根据国家工商总局统计的数据，2017年全国新设市场主体1924.9万户，同比增长16.6%，比上年提高5个百分点，平均每天新设5.27万户，比上年增加0.76万户。同期，全国新登记企业607.4万户，比上年增长9.9%，日均新登记企业1.66万户，而2016年是1.51万户；新设个体工商户1289.8万户，增长20.7%，较2016年5.7%的增速大幅提升；新设农民专业合作社27.8万户，首次出现下降，降幅为6.2%。倘若按2017年末单位市场主体从业人员数为8人计算，2017年新增市场主体带来的就业岗位高达1.53亿个，是新增就业人数的11倍左右。2017年，新设企业带动就业作用突出，户均从业人员由开业时的6.1人增加到7.3人，增长19.7%。

促进创新创业政策发挥关键支撑作用。全国各地区各部门积极落实和完善各项创新创业优惠政策，加强创业服务和创业培训，推进创业孵化示范基地建设，大力支持大学生、农民工、科研人员等群体创业。国家发改委、人社部等出台“大众创业、万众创新”示范基地建设政策，进一步支持农民工等人员返乡创业政策，完善落实推进农民工返乡创业、创业担保贷款等政策，引导开发性金融支持返乡创业促进脱贫攻坚和加快乡村振兴，举办全国创业就业服务展示交流活动，推动数字职业培训和公共实训基地建设，极大地支持创业创新来稳定和扩大就业。在多项创新创业政策的激励下，“大众创业、万众创新”的社会氛围日益浓厚，创业带动就业的倍增效应不断显现，如2017年广东省专门发文支持高校毕业生到小型微型企业就业；河北省启动8000万元省级高校毕业生创业就业引导基金，加快实施“三支一扶”基层就业项目；河南省积极鼓励支持大学生创业带动更多的就业（见专栏11－3）。

专栏11－3：河南省鼓励支持创新创业企业带动大学生就业

河南省以能力提升、创业引领、校园精准服务、就业帮扶、权益保护为“五大抓手”促进创新创业和充分就业。2017年，共帮助47.86万名高校毕业生实现就业创业（全省毕业生总量达到51.7万人），总体就业率92%以上，评定的省级大众创业扶持项目达到554个，新增发放创业担保108.47亿元，让10.53万人圆了创业梦。扶持一方创业，带动一批就业，倍增效应明显。举例来说，郑州金源孵化器内的中业科技是新三板上市的互联网“小鲜肉”企业。初创时期，3名大学生创业者缺乏资金和办公场地，只能勉强维持运转。在此情况下，政府引导产业基金向其投入1600万元资金，同时给予税收减免、高新技术资金奖励等各种优惠支持。2017年，中业科技获得政府各项奖励110万元，并成功申报省科技小巨人培育项目获得300万元奖励。在得到资金发展后，中业科技与郑州大学、洛阳外国语学校签订了实习基地协议，每年吸收80多名计算机、外语专业大学生到岗实习，其中有近1/3留任。中业科技公司员工规模由最初的3人发展到400多人（平均年龄在25岁），并孵化出2家与公司业务发展相关联的下游企业，计划每年招聘400～500人，带动更多大学生就业创业。

就业质量发生明显积极变化。现代服务业、高新技术产业新增就业人口较多。2017 年第三产业增加值占国内生产总值的比重为 51.6%，服务业对经济增长的贡献率达到 58.8%，由此带动的就业人数也增长较快。2017 年，教育、科学研究和技术服务业、文化体育和娱乐业等现代服务业，同比分别增长 33.4%、24.3%、17.8%。在一些经济转型成效显著的地区，各类创新型企业的发展更为突出，并对扩大就业提供有效支撑。分区域看，西部地区三产吸纳就业比重也在上升，如云南省 2017 年三产就业比重首次高于二产就业比重。自主创业和灵活就业成为一种就业选择。以分享经济为例，滴滴出行平台的就业就呈现出灵活性特征，满足了不同群体在不同时空环境下的就业需求。《新经济，新就业——2017 年滴滴出行平台就业研究报告》的数据显示，2016 年 6 月至 2017 年 6 月，滴滴平台上获得收入的专快车、代驾司机及顺风车车主新就业人群数量高达 2107.8 万人，相当于 2016 年全国第三产业就业人员的 6.2%，重点为下岗失业人员、去产能职工、复员转业军人、零就业家庭等创造了灵活就业机会，解决了 133 万失业人员的再就业问题，有 137 万名司机来自零就业家庭，393.1 万名司机来自去产能行业职工，有 178.8 万名司机是复员、转业军人，209.3 万名司机为女性。网约车司机工作时间可以根据自身的情况灵活安排，就业的质量得到有效提升。

六、公共就业服务能力持续增强

近年来，全国各地区各部门积极推进公共就业服务体系建设，实行“互联网 + 公共服务”，整合人力资源市场，加快发展人力资源服务业，提升公共就业服务能力。人社部等部委制定发布八项公共就业服务国家标准，制定推进公共就业服务专业化的意见，制订实施人力资源服务业发展行动计划，实施西部、东北地区人力资源市场建设援助计划，组织开展“春风行动”、就业援助月等专项就业服务活动。加强信息监测平台和公共招聘网建设，探索建立市场供求信息监测制度，提升公共就业服务水平。在就业服务能力提升的情况下，劳动力市场供需匹配效率进一步提高。

七、多种形式的职业培训顺利开展

全国各地区各部门积极组织实施职业培训行动计划，实施离校未就业高校毕业生技能就业行动和失业保险支持参保职工提升职业技能等政策，开展多种形式的职业培训和企业新型学徒制培训试点，包括帮助贫困群体制订职业培训脱贫计划以及提供公益性就业岗位，确保零就业家庭实现至少一人就业。2012 年以来，全国累计约 1 亿人次接受政府补贴职业培训，劳动者素质进一步提高，专业技能人才队伍建设蓬勃发展，就业稳定性逐步增强。根据人社部的数据，2017 年政府补贴性职业培训 1700 万人次，其中农民工 800 万人次。以河南省为例，河南省在全国省级层面率先出台的《河南省职业培训条例》更是实现了职业培训工作由“政府主推”向“依法促进”转变、由“注重规模”向“强化内涵”转变。2017 年河南省开展各类职业技能培训 339 万人次，新培养高技能人才 16.1 万人。

八、高技能人才规模持续扩大

中国高技能人才总量仍在持续扩大。截至 2016 年底，中国有技术工人 1.65 亿人，高技能人才规模达到 4791 万人，仅占整个就业人员的 6%。2017 年，深圳市高技能人才总量发展到 96 万人，高技能人才占技能人才比例提升至 29%。人社部预计，2018 年将新增高技能人才约 320 万人。2012 年以来，全国技工院校累计向社会输送 532 万名毕业生，就业率保持在 97% 以上，累计 9173 万人次参加职业技能鉴定，7625 万人次取得职业资格证书。

第二节　国内结构性就业矛盾依旧凸显

2010年，富士康公司接连发生跳楼事件，且呈现出集中爆发的趋势。不可否认，富士康并没有限制员工的自由，但是为什么这些员工没有选择离开富士康而是选择跳楼轻生呢？这就凸显出进城就业与生活选择以及存在的结构性就业矛盾。随着近几年来中国工业化、城市化、现代化进程的加快，以“80后”“90后”为主的“新生代”务工者大批涌入城市，而城市的管理者并没有做好容纳他们的准备。富士康接连发生的坠楼事件再次揭示出隐藏在劳资双方背后的深层次矛盾。从农民工的“融城”之难、高房价下的“蜗居”之痛、高校毕业生的“蚁族”之苦，到“看病难”“上学难”“就业难”等几个“老大难”问题，不仅凸显了政府有关部门在解决民生问题的不力和对企业行为监管的缺位，也暗示着新时期就业质量和民生改善问题的内涵必将呈现出新的变化。

一、更加充分的就业压力仍在

在经济增速换挡、结构调整和动能转换的大背景下，中国长期以来就业难和招工难并存的矛盾还没有彻底解决，劳动者的技能水平和岗位需求不匹配的结构性矛盾越来越突出，技术技能人才严重短缺，部分高校毕业生和低技能劳动者就业更加困难，结构性就业矛盾仍然突出。鉴于城镇登记失业率灵敏性不足和调查失业率尚未连续发布，有学者根据城乡就业人口和经济活跃总人口计算了调整后的失业率。据此方法计算，2012年以来，中国调整后的失业率是逐年上升的，2017年调整后的失业率高达7.5%，这意味着中国城乡充分就业的情况还不太理想（见图11－7）。值得注意的是，中国人民大学就业研究所和智联招聘联合发布的 2017 年第四季度《中国就业市场景气报告》[①] 显示，互联网/电子商务行业的就业景气指数排位最高，但四季度求职申请人数和招聘需求人数均出现下降，仪器仪表及工业自动化、IT 管理/项目协调等相关职业的就业形势相对较差，这可能意味着就业供需错配问题仍较为显著。

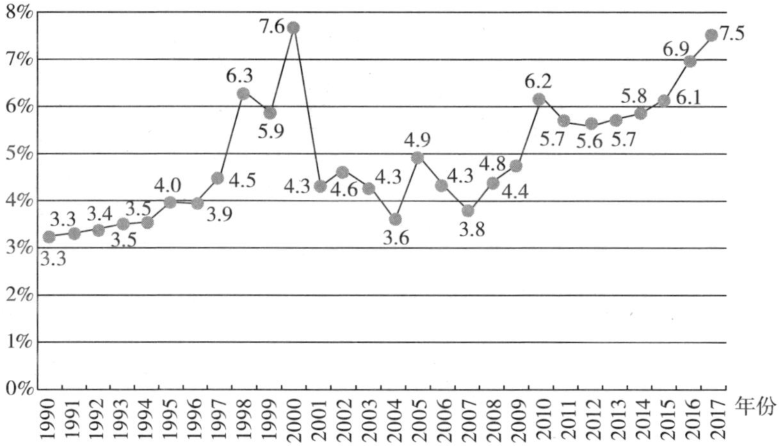

图 11－7　1990—2017 年中国调整后的失业率走势

资料来源：国家统计局，笔者整理。

二、行业就业景气度不高

2017 年以来，从业人员景气度并未出现明显的好转。中国制造业采购经理指数（PMI）从业人员指数除 3 月攀升至荣枯线上之外，其余月份制造业从业人员指数均处于荣枯线的下方，近 4 个月呈现持续下降态势，表明制造企业用工量持续减少，这与经济增速平稳放缓有关（见图 11－8）。非制造业领域的就业表现同样疲软。2017 年非制造业 PMI 从业人员指数始终处于荣枯线之下，且近 3 个月呈现下降态势，这

① 中国人民大学中国就业研究所，智联招聘．基于大数据分析的中国就业市场景气报告［EB/OL］．(2018－01－16)［2018－09－22］．http：//www．cier．org．cn/ShowNews．asp？ID＝907&Catid＝451．

意味着非制造业企业用工量也在减少。从这一指标来看，经济形势向好并不意味着就业形势向好。

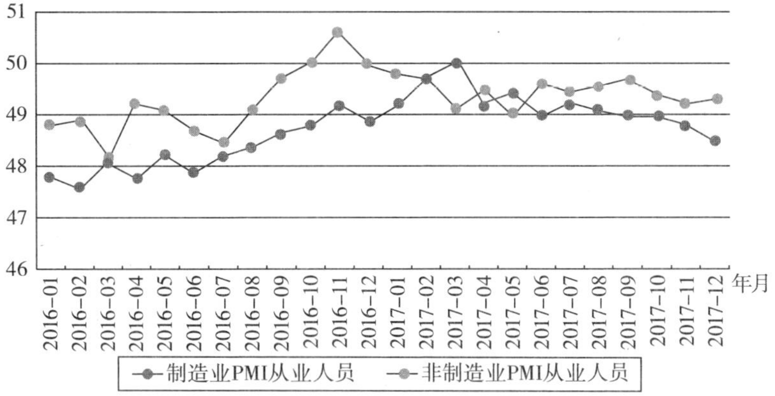

图 11－8 PMI 从业人员指数走势（2016. 01—2017. 12）

资料来源：国家统计局。

三、劳动力供求仍不平衡

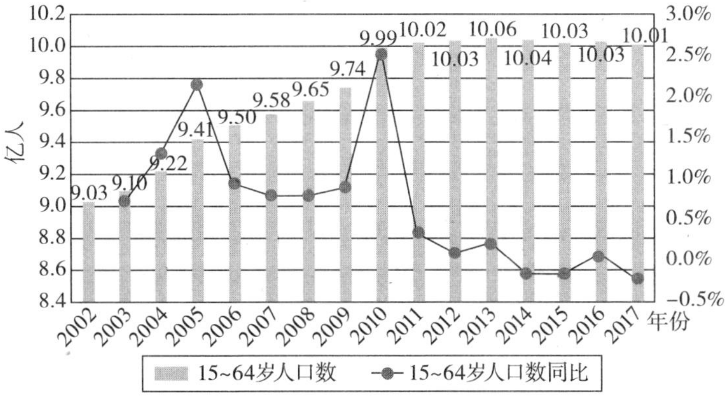

图 11－9 全国 15～64 岁劳动年龄人口数及同比走势（2002—2017）

资料来源：国家统计局，笔者整理。

从目前来看，中国劳动年龄人口总量基数依然巨大，加之每年新成长劳动力数量仍然居于高位，预计未来一段时期，中国劳动年龄人口数量仍将达十亿量级。国家统计局统计的数据显示，2017 年中国 15～64 岁劳动年龄人口达到 10.01 亿人（见图 11－9），占总人口比重的 72.02%，该比重已连续 6 年出现下降态势。随着中国经济进入新常态，经济发展速度有所放缓，企业对劳动力的需求量将略有降低，直接导致有效就业岗位减少，从而明显增加国内劳动者的就业压力。特别是湖南和山西城镇新增就业人口连续负增长，意味着两省的就业情况不容乐观，就业人口存在持续流失的问题。

四、技术替代性失业凸显

经济结构的调整和经济发展方式的转换使得企业对技术人才的要求越来越高。人工智能、机器人、大数据等新技术快速发展和广泛应用，将对传统就业岗位带来新的挑战。积极采用机器人取代人力，既会对传统就业岗位带来冲击，也意味着对高技术技能劳动力的需求不断增加。从中国劳动力技能的结构来看，拥有初级技能的劳动力数量增长速度较快，但是拥有高级技能的劳动力数量和比重依然非常小，导致中国总体高技能人才供给短缺，劳动生产率呈现同比下降趋势（见图 11－10）。

行业人才供需不对等，存在结构性失衡现象。如在数字经济领域，高技能人才供给缺口大、多样化就业管理服务匮乏，高技能用工制度存在缺陷等问题突出。再如，人工智能胜任日常工作的速度加快，并将在未来取代一些工作岗位。咨询公司高德纳（Gartner）发布的报告显示，人工智能技术将取代 180 万个工作岗位，同时也将创造出 230 万个新就业岗位，尽管人工智能创造的就业岗位增加更多，但是带来的结构性失业却不容忽视。麦肯锡的一份报告预测，到 2030 年，全球将有多达 8 亿人的工作岗位可能被自动化的机器人取代，相当于当今全球劳动力的 1/5；即使机器人的崛起速度不那么快，未来 13 年也仍有 4 亿人可能会因自动化而失去原有的工作①。

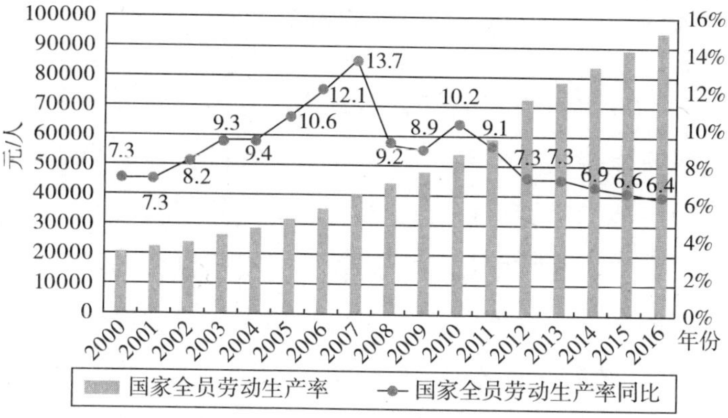

图 11－10　国家全员劳动生产率及其同比走势（2000—2016）

资料来源：国家统计局。

五、大学生就业形势严峻

2017 年全国高校毕业生 795 万人，在各项促进就业创业政策的激励下，就业水平继续保持在高位。2018 年高校毕业生达到 820 万人，再创历史新高，就业形势不容乐观。考虑到大量的登记失业人员需要就业，几百万的农村转移劳动力也需要在城镇找到新的就业空间，大学生就业水平持续保持高位的压力较大。为提高大学毕业生就业率，很多高校敦促毕业生先就业后择业。为了就业而就业的仓促选择虽然能实现提高初次就业率的主要目标，但一定程度上却忽略或者漠视了就业的质量问题，减少了学生对就业的选择，出现了“被就业”现象。

① McKinsey Global Institute. Jobs Lost，Jobs Gained：Workforce Transitions in a Time of Automation. December，2017. https：//www. mckinsey. com/ ~ /media/McKinsey/Global% 20Themes/Future% 20of% 20Organizations/What% 20the% 20future% 20of% 20work% 20will% 20mean% 20for% 20jobs% 20skills%20and%20wages/Jobs – Lost – Jobs – Gained – Full – report. ashx.

六、农村转移人口就业任务重且问题多

2017年有300多万农村新转移劳动力。在800多万大学生和500万左右的中职毕业生就业竞争激烈的背景下，农村新转移劳动力面临更严峻的就业压力。他们尽管可以在城市从事更为低端的工作，但城市低端层次的就业却面临高成本的压力，而农村的就业机会有限，并不具备农民工返乡创业的条件，这部分新增农村转移人口找到理想工作的难度较大。早在2010年政府工作报告中，就有这么一句话对当前的就业总体形势作出了描述："就业压力总体上持续增加和结构性用工短缺的矛盾并存。"当前出现的"用工荒"和种种社会问题预示着越来越多的"80后""90后"构成的农村新生代劳动者，不再像父辈那样在工业流水线上耗尽青春之后卷铺盖走人，而是更关心工作质量和生活的尊严以及自我的发展前景，更渴望融入城市获得市民身份的认同。对于出现的"用工荒"和就业难并存的结构性矛盾，对于农村新生代务工者融入城市需要背负怎样的重担、付出多大的代价，究竟哪里出了问题，企业需要反思，政府也需要反思。农村转移人口代际变化让政府、企业和劳动者三者之间的脱节越来越严重。具体表现在三个方面：

一是社会与企业间形成的劳动力市场供需关系存在严重脱节。虽说中国当前仍然有无限的劳动力供给，但是仍出现了企业"用工难"的问题，这主要是因为企业产业升级需要越来越多的高素质劳动者，而社会教育体制的滞后和职业教育的缺失使得市场无法提供足够数量的高素质人才。富士康跳楼事件也折射出了这一困境，以代工为主的富士康并没有动力改变员工的素质，而只是把其当成工业流水线上的一环，而新生代务工者只能通过"加班再加班"，获取报酬才能负担得起高成本的城市生活。国家提出加快产业转型升级，首要是解决支撑企业发展的人才、培训及就业方面的升级问题，让新的务工者有上升的通道。举例来说，我们只把马车改换成汽车是不行的，还必须把马车夫培训成汽车司机。

二是政府与企业、劳动者间的监管和服务保障存在严重脱节。现在经济发展了，但政府和企业提供的配套社会福利事业却滞留不前。新生代劳动力的流向很大程度上不再取决于某个地方临时性地涨一点工资，而是要看哪个城市为外来建设者提供怎样的接纳条件和社会服务。如果政府和企业不提供公平的市民待遇，不提高工资福利，就会越来越招不到合适的劳动者。因为新生代劳动者受过良好的教育，更渴求体面地劳动，而无法提供教育、医疗、养老及住房等社会保障的城市和企业对其不再有吸引力。目前，很多城市提供的权利保障都非常有限，存在对企业行为监管缺位的状况。外来劳动者寻求政府维权存在很大的难度，特别是缺乏安全就业权、薪酬谈判权、劳动休息权、发展机会权、向上流动权等方面的保障。

三是劳资双方间的工资待遇和工作条件诉求存在严重脱节。以往企业即便用很低的工资待遇都能找到打工者，甚至可以经常欠薪。然而，现在劳动力市场环境发生了新的变化，如果企业不提高劳动者的工资待遇和提供良好的工作环境，“用工荒”问题以及伴生的种种社会问题在未来几十年仍然存在。中国的独生子女政策加速了人口老龄化和适龄劳动力减少，将会产生更大规模的劳动力短缺问题。与劳动强度不成正比的低廉工资对新生代劳动者越来越没有吸引力，新生代劳动者的平等意识比较强，要求平等就业、平等待遇、平等社交，拼搏意识和进取精神较强，更看重生存环境和上升空间，不愿从事劳动密集型产业，更喜欢创业。然而，他们没有突破体制机制障碍的能力，一旦遭遇社会挫折，就容易引发群体性社会事件。

七、各地专业技能人才缺口较大

中国高技能人才总量在持续增加的同时，很多城市仍面临着较大的高技能人才缺口。近年来，技能劳动者的求人倍率一直在 1.5 以上，高级技工的求人倍率甚至达到了 2 以上的水平。据 2017 年《中国人才趋势报告（No.4）》估计，中国高级技工缺口达到1000万人，与10年前的情况类似。原因在于中国对专业技能人才的激励、重视和保护力度不够，很多专业技能人员迫于生计或追求体面的生活而转岗流失；诸如高级翻译、全科医生等专业技能人才市场机制不健全，缺少明确的准入标准和管理规范，容易造成“劣币驱逐良币”现象（见专栏11－4）。

专栏11－4：高级翻译人员市场价格信号存在扭曲现象

根据实际调研，目前北京地区市面上一般翻译公司笔译中英互译起价只有每字0.1元左右，而英国伦敦地区笔译均价则在每字1元左右，两者相差10倍左右。从翻译质量来看，中国很多翻译公司大都雇佣在校大学生兼职翻译，以低价为吸引力招揽生意，通常非专业大学生给出的翻译质量较差，很难满足高质量翻译的需要，而且极大地扰乱了高级翻译这一专业市场的秩序。从人才培养的角度看，高级翻译属于高技能人才，需要专业系统的训练才能成为高质量的译员。通常来讲，中国高级翻译人员从研究生阶段才开设口笔译专业课程，学费每年在1万~2万元，而英国口笔译专业学费每年在10万~15万元，两者相差5~10倍。高级翻译（口译或笔译）对从业者素质和经验要求较高，倘若缺少明确的严格市场准入标准和管理规范，很多翻译公司更多倾向于雇佣非专业翻译人员，通过压低价格招揽生意，容易造成市场乱象丛生，打击专业翻译人员的就业积极性，出现“劣币驱逐良币”的现象。

第三节　促进充分就业实现高质量发展

从党的十八大到十九大，就业和收入分配政策呈现进阶变化。促进就业和完善收入分配制度成为高质量发展的重要内容。新时代中国经济高质量发展对促进就业和收入分配制度改革提出了新的要求，经济发展与社会进步之间的充分平衡发展问题亟待解决。

一、促进就业既要保障充分就业也要实现高质量就业

从党的十八大到十九大，促进就业目标有所进化，即由“实现更高质量的就业”转向“实现更高质量和更充分就业”。促进就业的手段由“加强职业技能培训，促进创业带动就业”提升为“大规模开展职业技能培训，提供全方位公共就业服务，鼓励创业带动就业”，同时还提出要“破除妨碍劳动力、人才社会性流动的体制机制弊端”；而在构建和谐劳动关系方面，由并非明确所指的“健全劳动标准体系和劳动关系协调机制，加强劳动保障监察和争议调解仲裁”调整为“完善政府、工会、企业共同参与的协商协调机制”。2018 年政府工作报告首次提出城镇调查失业率 5.5% 以内的预期目标，以更全面地反映就业状况，更好地体现共享发展要求，使更加公平、更加充分的就业成为中国发展的突出亮点。从就业吸纳能力来看，6.5% 左右的增速就可以实现比较充分的就业。

二、坚持就业优先战略和积极就业政策

从当前来看，稳住来之不易的就业形势，实现城镇新增就业和调查失业率既定目标，仍需要进一步做好促进就业工作，发挥就业优先政策的效力，尊重市场自主性，同时在结构调整中优化就业结构，做好重点群体的就业保障工作，推动实现更高质量和更充分的就业。

一是应打好政策组合拳，积极创造就业空间。发挥好政策的导向和调控作用，应积极运用财政、货币、税收、产业等方面的政策，围绕就业促进、创业引领、基层成长等方面继续稳定和扩大就业，包括促进企事业单位规范招聘流程，鼓励企业开展跨界创业投资，扩大就业空间，激发市场的活力。此外，制定财税、金融、产业等重大经济政策时，要

综合评价对就业的传导影响，以就业目标为宏观调控的出发点，切实贯彻落实就业优先战略和积极就业政策。

二是应破除就业歧视，营造公平竞争的就业环境。针对当前就业市场存在的地域歧视、性别歧视、身份歧视、学历歧视等问题，政府要逐个击破，将国家的公平就业政策落到实处。特别是要破除城乡歧视和户籍歧视，应禁止各城市以拆除违章建筑或清理无证经营为由关停沿街商铺，杜绝大多数就业门路，禁止大城市以建设文明城市和消防安全为由，驱逐包括农民工在内的各类中低收入群体，导致其流离失所和无所适从。

三是健全就业优先和积极就业政策的公共服务体系。建设人力资源信息库、企业用工信息库，并加快推进两个就业信息服务平台的对接。要根据劳动力市场的供求实际，及时调整人力资源的教育培训计划，尽量缓解结构性失业。支持各类组织完善劳动力市场信息发布系统。通过及时发布各类就业信息，为劳动者就业牵线搭桥。建设就业公共咨询机构，积极提供就业登记、职业指导和就业咨询等服务。简化劳动者求职手续，推动建立入职定点体检和结果互认机制。

四是加快解决青年人求职就业匹配问题。加快落实各项促进就业创业工作的指导意见，推进实施高校毕业生就业创业促进计划和创新创业政策落地，搭建就业创业扶持平台，加强青年人就业匹配指导，重点扶持青年人创新创业；进一步研究修订现行《劳动合同法》等法律法规，放松用人单位解雇权利，同时着力解决各类欠薪问题，理顺劳资关系，推动形成新型的雇佣关系。

三、积极开展职业技能培训和扶贫帮扶

一是应强化开展职业技能培训，积累劳动者的素质红利。要适应新常态下经济发展的新需求，强化职业技能培训教育，提高劳动者的综合素质。从以人为本出发，尽快建立就业供需市场的流程化长效机制，充分利用现代信息网络，打造就业供需信息的无缝对接平台，长期提供求

职、培训及服务保障信息，尽快让基层劳动者在家门口就能了解到岗位、培训和服务等方面的信息，让他们有更多就业选择的机会。另外，实现就业供需市场的有效衔接，政府和企业还必须加大职业教育的投入力度，特别是政府要从财政、税收、信贷等多个方面支持企业开展多方面的职业教育培训。制订和实施专门的经济转型升级职业技能培训计划，开展大规模的职业技能培训。通过实施专门的培训计划，动员社会资源，强化长周期技能培训，提高劳动者的技能水平、创业能力和从事新职业的能力，使其适应新经济、新业态、新动能发展的需要。

二是应积极推进扶贫帮扶，促进贫困人口充分、高质量就业。推进职业培训对新生代农民工的全覆盖。对离校未就业高校毕业生实施精准帮扶，对特殊困难毕业生加大就业援助力度。加大残疾人、贫困人口就业帮扶，确保零就业家庭实现就业。

三是健全失业人员再就业的培训机制。各地可根据自身条件和需求，免费为失业劳动者提供再就业培训，鼓励和支持各类人力资源服务机构、职业培训机构针对去产能下岗失业人员开展职业介绍、职业培训等再就业服务，提高就业困难群体的就业和创业能力，给予培训机构或就业困难群体适当补贴，提高下岗分流职工再就业的成功率。

四是加大政策支持力度，鼓励去产能企业转产转业，带动下岗分流职工从事新产业。鼓励企业和行业协会开办职业技术教育，增强职业教育的实用性，提高人才供需结构的匹配度。对于积极吸纳去产能受影响职工的企业，中央财政在现有奖补资金的基础上，适当增加奖补资金额度，并扩大奖补资金的行业企业适用范围，加大给予吸纳就业补贴的力度。

四、鼓励创新创业来实现更充分的就业

一是支持发挥地方和高校的能动性，引导社会资本投入，设立高校毕业生就业创业基金。鼓励地方推行创新人才引进制度，包括对符合条件的高校毕业生、就业困难人员创业给予安家补贴。

二是鼓励高校毕业生到艰苦边远地区、老工业基地、国家级贫困县开展创新创业。对到基层开展创业吸纳贫困家庭劳动力并稳定就业1年以上的可给予奖补。

三是支持吸引留学回国人员创业创新。支持各地政府设立创新创业引导资金，鼓励留学归国人员以知识产权等入股创办企业。

四是支持包括农民工在内的全民返乡创业。支持和引导地方加强创业担保贷款扶持，给予符合条件的小微企业或创业人员个人创业全额贴息担保贷款；对城市居民返乡创业的投资资金免征企业所得税和个人所得税，促进社会资金、项目、技术、人才等要素向县城、集镇和乡村转移，集聚县域经济发展新动能。

五、完善失业救济和低保托底安置制度

一是健全失业援助的政策体系。要强化失业保险政策执行力度，并扩大失业保险的覆盖面。要建立和完善失业预警及失业监测机制。

二是健全失业人员的社会保障制度。各地应根据自身条件，适当提高失业人员的基本生活保障、失业保险和生活补助标准，完善养老保险、医疗保险等制度，缓解失业人员的生活困境，积极维护社会公平。

三是解决历史原因造成的职工退休年龄差异问题。配合国家对退休养老制度的调整及适时出台渐进式延迟退休年龄等政策措施，加强对企业内部职工不同退休年龄的界定，更合理地解决不同年龄退休职工的待遇差异问题，特别是在同工同酬的情况下，解决历史原因造成的女干部与女工人退休年龄差异问题。

六、继续完善就业失业调查统计工作

一是扩大调查失业率的调查对象范围。建议失业率的调查不仅要覆盖城镇常住人口，还要包括居住6个月以上的农民工，即把目前在城镇

生活的失业农民工纳入调查失业率的统计范畴之内，以便更准确地反映城镇失业状况。

二是持续完善调查失业率抽样调查方法。在研判或发布就业形势时，侧重对各阶层调查失业率的统计调查，如可以把失业农民工作为重点调查样本，以提高调查失业率的精准度和“含金量”。

三是加快公开发布全国城镇调查失业率。加大推进就业统计制度改革与完善，在31个大城市城镇调查失业率统计制度的基础上，及时发布全国城镇月度调查失业率，以便更好地反映劳动力市场供求变化以及就业形势状况。

四是完善省级就业失业调查统计系统。及时发布省级新增就业人数、城镇调查失业率等监测指标，进一步完善省级就业质量和充分就业的监测指标体系，使其更灵敏地反映就业总量和就业结构的变化；进一步研究更充分就业和高质量就业的监测标准（如考察自然失业率水平和幸福产业吸纳就业人数占比）。

七、探索研究反映就业质量的统计指标和评价体系

一是加快完善就业质量的统计指标和评价体系。据党的十九大报告对就业工作提出的新要求，要实现更高质量和更充分的就业，需要针对就业的更充分和更高质量给出量化标准，可按照周、月、季、年等频率发布平均工资和平均工时，测量小时工资率、薪酬平均涨幅等反映就业物质激励的指标，同时探索包括就业成就感、幸福感等精神激励的指标，以便更充分地反映更高就业质量的内涵。

二是充分利用大数据等技术完善就业统计体系。充分借鉴和发挥市场主体积累和利用大数据的优势，进一步完善和改进现有政府就业和收入分配统计体系，包括设计合理的指标定量分析新经济创造的就业机会和减少的传统就业岗位数量，使其更适应新时代就业工作和收入分配改革的要求。

三是加快完善反映结构性改革和新动能发展的就业指标体系。及时在月度、季度、半年度、年度的时点，用定量指标反映“三去一降一补”对就业的影响，健全和完善反映新动能发展带动创业就业的统计制度和方法。

第十二章
收入分配之变

经济发展强调效率，收入分配需要强调公平。促进居民持续增收和确保公平分配是经济发展的目的。扩大中等收入群体，建成橄榄型社会结构将是今后收入分配制度改革的主要目标。

经过改革开放 40 年的高速发展，收入分配体制已滞后于经济发展的实践，城乡、区域间收入分配差距并未缩小，而贫富差距呈现拉大趋势。

促进人人获得公平发展机会和基本民生保障，要求加快实现收入分配体制改革，转向“两个同步”提高，即坚持在经济增长的同时实现居民收入同步增长，在劳动生产率提高的同时实现劳动报酬同步提高。

增进民生福祉是发展的根本目的。中国的发展不能以牺牲大多数人的利益为代价，而要在发展中注重保障和改善民生。人民最关心、最直接、最现实的利益问题就是收入分配的问题。经济发展强调效率，即收入提高要建立在劳动生产率提高的基础之上，这是促进居民持续增收的关键所在，同时经济发展还要兼顾公平，否则贫富差距的拉大就会危及社会稳定并对经济发展形成制约，这是要求公平合理分配的出发点。作为经济体制改革的重要内容，收入分配制度改革 2004 年已开始启动，2013 年国务院批转了《关于深化收入分配制度改革的若干意见》，旨在提高居民收入在国民收入分配中的比重，着力提高低收入者水平，逐步扩大中等收入者比重，有效调节过高收入，形成稳定的橄榄型社会结构。党的十九大报告在描述实现中国社会主义现代化目标时，提出要明显提高中等收入群体比例的目标要求。要实现这一目标，显然不能依靠市场自发的调节作用，还应更好地发挥政府的作用，在政策制定时以实现共同富裕为目标，逐步理顺分配关系，缩小居民间不合理的收入差距。

第一节 2017 年以来收入分配形势分析

2017 年以来，收入分配制度改革持续深入推进，全国居民增收呈现好转势头，城乡居民收入差距有所减小，居民收入条件的改善带动消费支出增加，居民消费朝着升级方向稳步推进。

一、全国居民可支配收入增速呈现好转

全国居民人均可支配收入增速有所好转。国家统计局的数据显示，2017 年全国居民人均可支配收入为 25974 元，扣除价格因素的影响，实际人均可支配收入增速达到 7.3%，连续 4 个季度超过同期 6.9% 的 GDP 增速（见图 12－1）。其中，工资性收入作为居民的主要收入来源，2017 年占到中国居民人均可支配收入的近 56.3%，名义累计同比增长 8.7%，较 2016 年同期提高了 0.7 个百分点，对居民人均可支配收入的增长起到了重要支撑作用。从增速上看，财产性收入和转移性收入保持较快的增长，分别累计增长 11.6% 和 11.4%，两者在居民人均可支配收入中的占比分别为 8.1% 和 18.3%。从地区来看，上海市城镇和农村居民人均可支配收入位居全国首位，分别是全国平均水平的 1.7 倍和 2 倍。北京市城镇和农村居民人均可支配收入也分别达到全国平均水平的 1.5 倍以上。2017 年，继上海和北京之后，浙江省城镇居民人均可支配收入首次超过 5 万元。

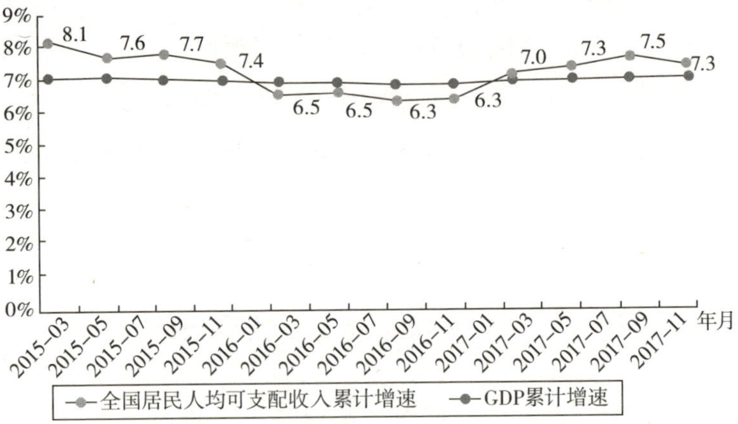

图 12－1　2015—2017 年全国居民人均可支配收入及 GDP 累计增速

资料来源：国家统计局。

二、城乡居民收入差距有所缩小

全国城乡居民收入差距继续缩小。2017 年以来，全国农村低收入群体收入增长最快，农村居民人均可支配收入实际增速高于城镇居民 0.8 个百分点。2017 年城镇居民人均可支配收入实际增速为 6.5%，比上年加快 0.9 个百分点，农村居民人均可支配收入实际增速为 7.3%，比上年加快 1.1 个百分点。从城镇和农村居民人均可支配收入比来看，2017 年城乡居民收入差距略有缩小，两者的比值由 2016 年的 2.72 下降至 2017 年的 2.71（见图 12－2）。国家统计局计算的全国居民收入基尼系数显示，2008 年以来，全国基尼系数整体呈现逐步走低的态势，由 2008 年 49.1% 的高点下降至 2016 年的 46.5%。从地区来看，浙江省城乡收入差距较低，二者倍差为 2.05，显著低于全国 2.71 的水平。上海和江苏紧随其后，两个省市城乡收入倍差较小，分别为 2.25 和 2.28。北京市和广东省居民人均可支配收入水平绝对值较高，但二者的城乡收入差距较大，城乡收入倍差分别达到 2.60 和 2.57，接近全国平均水平。

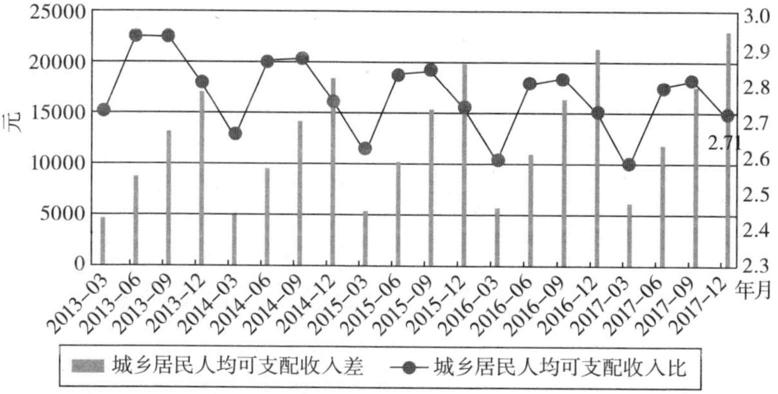

图 12－2　2013—2017 年全国城乡居民人均可支配收入差与收入比

资料来源：国家统计局。

三、居民消费结构持续改善

居民生活消费条件有所改善。国家统计局数据显示，2017 年城乡居民食品消费支出比重（恩格尔系数）继续走低，从 2016 年的 30.1% 降到2017 年的29.3%，其中城镇居民恩格尔系数由2016 年的29.3%降到 2017 年的 28.6%，农村居民恩格尔系数由 2016 年的 32.2% 降到 2017 年的31.2%，反映了居民消费结构在持续改善（见图 12－3）。此外，城乡居民的服务性消费也出现攀升。2017 年医疗保健、居住、教育文化和娱乐消费支出同比增长分别为 11.0%、9.6% 和 8.9%。

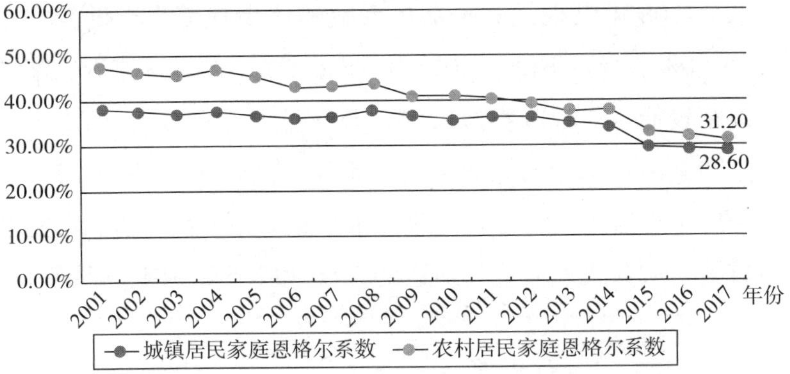

图 12－3　2001—2017 年全国城乡居民家庭恩格尔系数

资料来源：国家统计局。

第二节　国内收入分配的矛盾仍然突出

党的十八大以来，中央高度重视收入分配问题，着力深化收入分配制度改革，努力提高居民收入在国民收入分配中的比重，但收入分配中存在一些不公平的因素，收入和贫富差距扩大的问题尚未到有效调节和控制，普通劳动者增收难度较大，区域之间、城乡之间以及不同收入群体之间的收入差距仍然较大，对居民消费升级起到抑制作用。

一、居民持续增收的难度较大

2017 年以来，全国居民可支配收入同比增速超过 GDP 同比增速，但 2017 年城镇居民可支配收入实际累计同比增速为 6.5%，低于实际 GDP 增速 0.4 个百分点，其中占城镇居民可支配收入六成左右的工资性收入保持 7.4% 的名义同比增速，占比 11.2% 的经营性净收入名义累计同比增速约为 7.8%，比上年度回落 0.7 个百分点，而同期全国居民经营性净收入名义累计同比增速为 6.7%，低于实际 GDP 增速 0.2 个百分点。居民经营净收入增速出现回落，意味着开展经营性活动增加收入的难度加大。东部地区，河北省和海南省的居民人均可支配收入低于全国平均水平，只有全国平均水平的 81.6% 和 85.2%。无论从绝对值还是增速来看，东北地区居民人均可支配收入都显著低于全国平均水平，而且与全国的差距有扩大的迹象。

二、农村外出务工劳动收入增速放缓

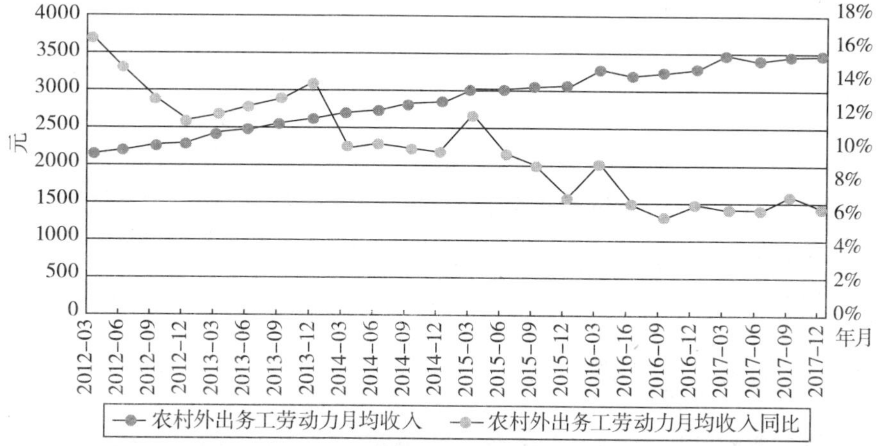

图 12－4　2012—2017 年农村外出务工劳动力月均收入及同比增速走势

资料来源：国家统计局。

从农村外出务工劳动力月均收入看，2017 年农村外出务工劳动人员年均收入同比增长 6.6%，较上年同期下降 0.5 个百分点，低于人均可支配收入增速 0.9 个百分点和 GDP 增速 0.3 个百分点（见图12－4）。2017 年四季度农村外出务工劳动月均收入同比增长 6.4%，比上年同期下降 0.2 个百分点，预示着农民外出务工劳动增收水平虽持续走高，但收入增速呈现下降态势。

三、城乡居民收入差距依然显著

从收入水平看，全国城乡居民收入差距有所拉大。2017 年，全国居民人均可支配收入算数平均值与中位数之差为 3566 元，同比增长 21.4%，增速比 2016 年同期提高了 10.8 个百分点。全国居民人均可支配收入算数平均值比中位数越来越高，这意味着高收入群体与低收入群体的收入差距越来越大。城乡差距是全国居民收入差距扩大幅度快速提高的主要原因。2017 年，城镇和农村居民人均可支配收入差额为 22964 元，该差额累计同比约达 8.1%，比 2016 年同期提高了 0.6 个百分点，这意味着城乡居民人均可支配收入的差距仍在拉大。即便农村居民人均可支配收入增速相对较快，城镇居民人均可支配收入额也仍是农村居民人均可支配收入的 2.71 倍，农村居民收入水平很难在短期内追赶持平。东部地区各省市的城乡收入倍差低于全国平均水平。西部地区城乡居民可支配收入倍差虽然在持续下降，但仍高于全国平均水平；民族地区发展不平衡是城乡居民收入差距拉大的直接原因。

四、区域间居民收入差距有所扩大

从 31 个省区居民收入水平看，区域间居民收入差距均呈扩大趋势。2017 年，城镇居民人均可支配收入最高的上海是收入最低的黑龙江的 2.28 倍，较 2016 年同期提升了 0.04，城镇居民人均可支配收入最高的

10 个省份的平均值为 44759. 1 元，而收入最低的 10 个省份的平均值为 29098. 9 元，两者之比为 1. 54，比 2016 年同期上升了 0. 47%。2017 年，农村居民人均可支配收入最高的上海是收入最低的甘肃的 3. 45 倍，较 2016 年同期提升了 0. 02，农村居民人均可支配收入最高的 10 个省份的平均值为 18724. 2 元，收入最低的 10 个省份的平均值为 10076. 1 元，两者之比为 21. 86，比上年同期下降了 0. 59%。

五、居民消费支出受到抑制

从居民人均消费支出的角度看，全国居民人均消费支出增速出现一定下降。2017 年，全国居民人均消费支出累计同比增速只有 5. 4%，比 2016 年同比下降 1. 4 个百分点，其中分别占居民人均消费支出 29. 3% 和 6. 8% 的食品烟酒和衣着消费支出累计同比增速只有 4. 3% 和 2. 9%，而占 22. 4% 的居住类消费支出累计同比增速约为 9. 6%。这在一定程度上反映了居民人均可支配收入增加但并未扩大人均消费支出，而是更多地用于储蓄和住房资产配置，同时在消费结构中虽有消费升级的需要，但居民依旧节衣缩食，这更多是因为受到高房价、高教育医疗成本等挤占，其中居住、教育、医疗保障消费支出增长较快。2015—2017 年中国居民部门人民币中长期贷款增加 14 万亿元，这类贷款多用于购房按揭贷款。近两年，居民部门杠杆率上升较快，净储蓄率呈现下降态势。据测算，2017 年中国居民净储蓄率下降至 13%。正因如此，居民人均消费支出并未随可支配收入同步增长，而是更多地顾虑到今后居住、子女教育和医疗养老等生活保障的需要。

六、专业技能人才待遇满意度偏低

2017 年以来，国家继续实施国家高技能人才振兴计划，制定提高技术工人待遇政策，深入推进职称制度改革，出台事业单位工作人员奖励规定，专业技能人才的工作环境有所改善，待遇有一定提高。以医疗服务行业为例，中国医疗系统当前最大的痛点之一在于医生劳动付出与价值的不匹配。麦肯锡的调查显示，医生对工作环境压力和薪酬福利待遇的满意度最低，超过一半的医生对工作时长与强度感到不满；同时超过半数的医生认为自身的薪酬福利待遇与社会各行业所处水平相比差距较大。由于收入偏低以及工作强度和责任较大，中国全科医生、儿科医生、乡村医生等专业技能人才相当短缺，成为建设“健康中国”的重要短板之一（见专栏 12 – 1）。

专栏 12 – 1：医疗专业技能人才短缺严重

受经济社会发展水平的制约，中国医疗人才队伍建设与深化医改和建设“健康中国”的需求相比还有较大差距。以全科医生为例，截至 2016 年底，全国累计招收规范化培养全科医生 3.7 万人，培训合格的全科医生共有 20.9 万人，不足医生总数的 7%，而在欧美发达国家，这一比例约为 30%。我国每万人拥有全科医生 1.5 人，与人民群众健康需求相比有较大差距。从质量上看，基层临床医生本科及以上学历的不到 40%。按照到 2020 年每万名城乡居民有 2 ~ 3 名合格全科医生的目标要求，中国还需 28 万 ~ 42 万名全科医生。从职业发展来看，由于全科医生薪酬待遇较低、职称晋升较难、发展空间小、工作强度大、社会压力大等诸多困难，全科医生岗位还缺乏吸引力。即便每年全科医生的数量在增加，但大多数资源流向了大城市、大医院，乡村基层医生缺口比较大。同样，儿科医生和乡村医生面临更严重的人才短缺问题。《中国儿科资源现状白皮书》提出，按照 2020 年每千名儿童儿科执业（助理）医师数要达到 0.69 名的目标，中国儿科医生数量目前缺口达到 86042 名。在医患矛盾锐化的情况下，乡村医生补充相对不足。

第三节　深化收入分配制度改革的举措

控制城乡区域居民收入差距扩大趋势，着力实现就业和发展机会公平，加大对普通劳动者和低收入群体在技能培训等方面的扶持，规范国有企事业单位的选人用人机制，保障人人都能获得公平的发展机会。建立健全低保标准的动态调整机制，在保障家庭基本生活的同时，兼顾就业激励目标。

一、居民收入分配改革目标由强调增收转向同步提高

党的十八大以来，以“提低、扩中、调高”为主线的收入分配制度改革稳步推进，居民收入增速持续提高。党的十九大报告提出，完善收入分配制度的目标，由“千方百计增加居民收入”转向“提高居民收入水平”，提高居民收入水平的目标用“两个同步”来表述，即“坚持在经济增长的同时实现居民收入同步增长、在劳动生产率提高的同时实现劳动报酬同步提高”。相比而言，十九大报告不再强调“规范收入分配秩序”，而是突出“扩大中等收入群体”，也不再简单地侧重于“多渠道增加居民财产性收入”，而是更强调劳动收入和政府再次分配的调节作用，即“拓宽居民劳动收入和财产性收入渠道。履行好政府再分配调节职能，缩小收入分配差距”。2018 年政府工作报告提出的预期目标是居民收入增长和经济增长基本同步。为此提出要稳步提高居民收入水平，鼓励人民群众通过劳动增加收入、迈向富裕。

二、做好劳动报酬分配和农民增收工作

一是探索制定促进社会公平的收入分配制度。发挥初次分配、二次分配机制的调节作用，避免贫富差距进一步拉大。加快推进创新创业，

让更多的人通过聪明才智和辛勤劳动致富，畅通社会纵向流动渠道，破除社会“官本位”的寻租思想，努力让勤劳致富成为社会风尚。积极落实“同工同酬”待遇制度，严格抑制投机者或者投机性实现“一夜暴富”的行为，消除这类事件带来的负面影响，坚决打击通过寻租、诈骗、合谋等方式获取非法收入。增加畅通居民个人的多元化投资渠道，严厉遏制炒房和推进租售同权，强化私人财产（包括房屋及其他不动产、知识产权、股权等）保护，真正扩大中等收入群体。

二是加快推进各类促进农民增收政策落地。加大财政、金融等各方面对规模化、有效益的农业经营主体的支持力度，重点发挥政策集中的优势，真正为农业经营主体带来经济效益的改善和劳动生产率的提高。加大农村基础设施建设，实现城乡道路和信息的通畅，构建城乡物流配送体系，以“授之以渔”的方式增加农民收入。引导农村租赁关系的发展，形成农户承包权、住房等的租赁市场，支持农民通过出租产权获得收益。

三是多策并举促进劳动生产率和劳动报酬同步提高。根据党的十九大报告提出的新要求，在提高劳动生产率的同时，同步提高劳动报酬。就业质量的提高依赖于劳动生产率的提升，而劳动生产率的提升将会反作用于就业质量，即在大幅度提高劳动者价值创造能力时，要提高劳动者的获得感，在完善就业培训制度等措施时，还要提高劳动报酬分配的合理性。加快落实《关于实行以增加知识价值为导向分配政策的若干意见》，充分发挥收入分配政策的激励导向作用和市场机制作用，稳定提高基本工资、加大绩效工资分配激励力度、落实科技成果转化奖励措施，扩大科研机构、高校收入分配自主权等。

四是建立平等和谐的劳资关系，保证收入分配的合理化。提高初次收入分配中的劳动报酬比重，关键在于政府和企业让利于民的决心和动力有多大，这决定了国家规划能落实多少具有实际意义的民生保障。改革收入分配制度，增加居民收入，企业就要让利，政府就要让税。政府不仅要增加财政预算管理的透明度，改革和调整税收与财政收入来源结构，逐步降低对创业、投资和经营企业的税负，特别是降低中小企业增值税率、营业税率，合并小企业所得税与个人所得税等；而且要加强对企业行为的监管，合理保护劳动者的合法权益，站在劳动者的立场提供更好的就业指导、职业培训和从业疏导等工作，确保形成合理化、机制化和透明化的劳资关系。

三、完善专业技能人才收入分配激励保障机制

一是完善专业资格认证制度。建议严格按照实际专业技能水平设置资格认证的标准，引导企事业单位参照资格认证标准设立技术岗位，将其作为专业技能人才薪酬及福利待遇考核认定的基准。

二是完善专业技能人才培养与使用激励机制。在促进专业技能水平提高的基础上，改善专业技能人才的工作环境，提升专业技能人才的收入水平和社会地位，鼓励专业技能人才热衷于一线工作，并从中追求职业满足感和受尊重感。以全科医生为例，2011 年 7 月国务院发布《关于建立全科医生制度的指导意见》，2017 年十九大报告中提出“加强基层医疗卫生服务体系和全科医生队伍建设”。2018 年 1 月，国务院办公厅发布《关于改革完善全科医生培养与使用激励机制的意见》。建议参照全科医生的培养与使用激励机制，对数控程序员、机电技工、烹饪技工、花卉园艺师、高级翻译等专业技能人才，制定相应的培养与使用激励机制。

三是完善专业技能人才的权益保障机制。加强对专业技能人才知识产权和劳动权益的保护，健全“五险一金”及养老保险等保障体系，降低包括医生、教师、环卫工人等特殊职业的工作强度，谨防“职业病”“过劳死”等现象发生。

四是建立完备的社会保障支持体系，保证公共服务的均等化。“用工荒”问题也折射出政府对劳动者保障制度的缺失，不仅表现为医疗、

教育、养老等保障的缺失，更表现为身份认同和发展机会保障的缺失。政府和企业要加强在社会公共服务保障方面的对接力度。一是共同提供完善的社会保障制度，逐步提高社会保障的水平和层次，解决异地转移问题；二是联合提供完整的职业培训计划，让劳动者具有较高的素质，练就过硬的本领，确保实现勤劳致富；三是推进公共服务均等化和社会福利的非歧视化；四是营造有利于劳动者身心健康的工作环境和安全愉悦的社会环境。

四、提高居民收入分配相关指标的灵敏度

一是提高居民可支配收入指标的灵敏度。增加重点地区和重点企业居民可支配收入的月度统计，及时发布省市月度和季度居民可支配收入数据。利用大数据等技术手段提高居民经营性收入和财产性收入统计监测的精准度，特别是摸清个体工商户的经营性收入状况，使其更好地反映居民的非工资性收入情况。

二是完善家庭劳动报酬统计监测体系。在工资总额和平均工资的基础上，进一步明确劳动报酬的构成内容，将职工的“五险一金”纳入劳动报酬计算中；劳动报酬核算时，应考虑以家庭为单位合计测算，以便在个人所得税等财税政策调整中考虑家庭劳动报酬及其抵扣情况。

五、完善就业与收入分配形势监测部际协调机制

一是加快推动就业与收入分配信息共享机制。建议将就业与收入分配形势监测纳入深化收入分配制度改革部际联席会议，由国家发改委牵头会同人社部、教育部、国家统计局等部委，共同构建高质量发展统计体系以及相关的就业与收入分配指标、数据库平台，联合开展就业与居民增收形势统计监测评估工作，并依此实时跟踪就业和收入分配形势变化。

二是增强就业和收入导向的宏观调控能力。建议充分发挥深化收入分配制度改革部际联席会议的作用，由国家发改委牵头会同财政部、工信部、人民银行等部委，在制定产业政策、财政政策、货币政策以及培育经济新动能时，将促进就业和居民增收作为主要政策目标考虑。

第十三章 绿色发展之变

当下之中国，环境污染既是发展问题，也是生态问题，还是更大的民生问题，已危及居民的生命和尊严，关系中国建设现代化国家的成败。建设生态文明不仅是千年大计，还是根本大计。

面对日益突出的经济与环境不协调发展问题，绿色发展刻不容缓，亟待打赢污染攻坚战，建设美丽中国，促进人与自然和谐发展，满足人们日益增长的优美生态环境的需要。

人与自然是生命共同体。对当下的中国来说，环境污染问题既是发展问题，又是民生问题，既关系到当前全面建成小康社会的成效，也关系到长远中国建设现代化国家的成效。改革开放以来，中国经济在高速增长的同时也付出了沉重的代价，特别是“两高一资”（高耗能、高污染和资源性）主导的工业化进程中造成严重的生态环境破坏,大气、水资源、土壤等都遭到不同程度的污染破坏，甚至在部分地区已引发生态灾难。生态环境危机如果长期得不到解决就意味着经济全面转型升级的失败、国民生活质量的持续恶化。党的十九大报告指出，中国要建设的现代化是人与自然和谐共生的现代化，既要创造更多的物质财富和精神财富满足人民日益增长的美好生活需要，也要提供更多的优质生态产品以满足人民日益增长的优美生态环境需要。推进绿色发展将决定着未来中国经济的可持续发展能力，也会影响人与自然和谐共生的现代化进程。

第一节　经济与环境发展不协调矛盾凸显

早在20世纪80年代初，中国就提出了经济发展、社会发展和环境同步发展，经济效益、社会效益和环境效益协调统一发展观和环境观，主动接受国际可持续发展理念，倡导建设资源节约型和环境友好型社会，积极发展循环经济和低碳经济，推进生态文明建设。然而，当时在以经济建设为中心的政策激励下，很少有企业主动要求配套环保设施，相关环保监管也没有严格执行，造成有些城市空气污染比较严重，海洋、土壤环境也出现一定程度的退化，经济与环境发展的不协调矛盾更加突出。

一、环境问题对发展的制约越发严重

改革开放之初，邓小平提出了“发展是硬道理”的指导方针，引导中国人民转到经济建设上来。经过40年的高速发展，中国的经济总量上来了，居民生活水平提高了，但也带来了资源约束趋紧、环境污染严重、生态系统退化等系列环境问题。如果不改变发展方式，经济规模越大对自然环境的破坏就会越严重，经济发展受到资源环境的制约也会越发严重，这迫使政府和企业不得不考虑发展的可持续问题，开始被动地从忽视环境保护向重视环境可持续发展转变。尽管经济发展仍然是第一位的，但出于经济转型的需要，中国要把可持续性发展目标融入经济成长之中。

（一）粗放的工业化发展加剧了资源消耗和环境污染

中国正在重复实践着西方国家曾经走过的“先污染，后治理”的工业化道路。过去许多地区和领域都以能源资源的粗放利用和环境污染为代价换取经济发展，导致生态环境问题日益突出，部分地区环境容量已严重超载，大气、水、土壤等污染日益严重。例如，城市大气污染主要与工业生产过程中产生的各种污染物排放有关。《2017年中国生态环境状况公报》公布的数据显示①，2017年，全国338个地级及以上城市中，仍有239个城市环境空气质量超标，占70.7%；463个城市（区、县）降水监测中酸雨城市占比为18.8%，酸雨频率平均为10.8%，酸雨区面积约62万平方千米，占国土面积的6.4%；1940个水质断面（点位）中，劣Ⅴ类水质仍有8.3%，112个重要湖泊（水库）中劣Ⅴ类有12个，占10.7%，黄河、松花江、淮河和辽河流域为轻度污染，海河流域为中度污染，太湖、巢湖和滇池湖体分别为轻度、中度和重度污染；5100个水质监测点位中较差级和极差级点位分别占51.8%和

---

① 2017中国生态环境状况公报［EB/OL］. 生态环境部，2018-05.

14. 8%；近岸海域四类和劣四类点位分别占 6. 5% 和 15. 6%；生态环境质量“较差”和“差”的县域占 33. 5%。

（二）人类过度开采造成生态被严重破坏

1961 年以来，中国的人均生态足迹[①]一直以稳定的速率增长。《地球生命力报告 · 中国 2015》报告显示[②]，2010 年，中国人平均需要 2. 2 全球公顷生产性土地，来满足环境商品与服务需求，中国可用人均生态承载力（人均所需全球公顷为 1. 0）是全球平均的 2 倍以上，即表明中国的生物生产性土地已无法供应其人口消耗的可再生能源与服务，而生态超支的代价变得越来越明显，造成了干旱、淡水不足、土壤侵蚀、生物多样性损失以及大气中二氧化碳增多等问题。面临日益严峻的环境挑战，中国已经开始注重资源保护，推行可持续发展的政策措施。

（三）治理雾霾的成本每年花费上万亿元

国际经验表明，污染后的生态治理往往要花费更长的时间。空气污染问题已威胁到中国人民的生命安全。中国已有许多政策文件强调实现人民福祉和与自然和谐发展的必要性。举例来说，2011 年以前，中国居民对细颗粒物（PM2. 5）的概念很陌生，对雾霾现象习以为常，甚至不以为然，但自从 PM2. 5 监测引起社会的广泛关注后，PM2. 5 指标开始纳入政府的统计监测体系，并与地方政绩挂钩。2012 年 2 月，国务院新修订的《环境空气质量标准》增加了细颗粒物和臭氧 8 小时浓度限值监测指标，PM2. 5 被正式纳入国标。面对持续积累的严重雾霾问题，2015 年初兰德公司曾发布一份报告研究了中国雾霾治理成本的问题，该报告着重测算了三种治理措施可能的成本。一是城市居民与商业

---

① 生态足迹是人类为满足其需求而利用的所有生物生产性土地的总和，其中包括耕地、草地、建设用地、渔业用地、林木产品生产所需的林地，以及吸收海洋无法吸收的二氧化碳排放所需的林地。生物承载力和生态足迹都用全球公顷（gha）单位表达。

② 地球生命力报告 · 中国 2015［EB/OL］. 世界自然基金会，www. wwfchina. org.

用户实施“煤改气”，每年花费 320 亿～520 亿美元；二是用可再生能源和核能发电取代煤电，每年大约要花费 1840 亿美元，将上述两项所替代的煤炭价值 750 亿美元扣除后，每年需支出 1400 亿～1600 亿美元；三是报废高污染机动车辆，每年支出 210 亿～420 亿美元。每年三项费用总计 1610 亿～2020 亿美元，折合人民币 1 万亿元左右。

二、着力调整 GDP 导向的政绩观

中国已主动提出建设“美丽中国”的主张，持续坚持节约资源和保护环境的基本国策，引导社会增加更多绿色投资和履行环境保护责任，下决心不以牺牲环境为代价去换取一时的经济增长。中共十八届三中全会提出更加注重经济发展的质量和效益，并把生态文明建设放在突出地位。党的十九大报告进一步提出实现高质量发展和建设美丽中国的目标要求。正确认识经济发展的质量和效益，就意味着要转变以往 GDP 主导的政绩观和发展观，强调生态文明建设，就意味着要加快矫正人与自然不协调关系的政策导向，把全面协调可持续发展提升到绿色发展的高度，从根本上处理好经济发展与环境保护的关系，为后人留下生态资产，而不留下生态灾难。

（一）可持续发展要求矫正 GDP 的导向

无论政府还是企事业单位都是以目标驱动的，有什么样的目标就可能形成什么样的激励约束机制。当不再以 GDP 或利润作为业绩考核目标时，各级政府和各类企业面临着需要寻找超越 GDP 的可持续发展目标。从各地的实践来看，发展绿色经济是中国的自主选择，但对可持续发展目标尚没有明确的定义，甚至有些地方的发展目标出现了真空，即不知道今后发展什么或者如何发展。当然，作为对 GDP 的矫正机制，有些部门尝试进行 GDP 的绿色核算，有些地方尝试采用转型升级指标或可持续发展指标代替，但在中国这些做法还没有形成共识。例如，京

津冀地区雾霾比较严重，就需要在发展中强调治理空气污染的约束目标，那么空气质量指标可能会被纳入政府企事业单位的业绩考核之中。

从可持续发展的本质看，无论是强调污染治理、生态保护还是绿色低碳、科技进步，都相对比较片面，不如衡量经济发展问题时采用GDP指标那么综合直观。这是因为各个地区的资源禀赋、生态本底、市场意识、创新观念等存在较大差异，如果只是简单地罗列具有约束性或指示性的考核指标，并不能发挥促进可持续发展的引导作用。

从企业的角度看，企业同样需要超越企业利润的可持续发展目标。在国家层面，国务院国资委非常重视对中央企业社会责任或可持续发展的报告要求，持续推进国有企业社会责任或可持续管理的提升，加强企业日常信息披露机制建设。早在2012年底，全部中央企业就发布了社会责任报告或可持续发展报告，报告数量逐年增加，质量不断提高，部分报告达到了国际领先水平。

近年来，中国监管部门非常重视和支持上市公司履行环境责任和社会责任，如证监会与沪、深两个交易所制定出台了一系列规范指引，完善资本市场促进上市公司履行环境社会责任的机制，鼓励上市公司披露环境社会方面的责任信息，使其逐渐认识到履行环境社会责任对企业长期可持续发展的重要价值。新修订的《环境保护法》新增了信息公开和公众参与部分，明确了公民、法人和其他组织依法享有获取环境信息、参与和监督环境保护的权利。加强环境责任和社会责任信息披露就会涉及如何评测其可持续发展的情况，有些机构已开始编制环境责任或社会责任测评指标指引，包括沪、深交易所在内的多家市场组织已编制发布了10余只社会责任指数。

尽管越来越多的企业意识到提供可持续发展报告的重要性，但是参照国际标准，中国企业环境和社会信息披露的总体水平偏低，尚处于起步阶段。从这个角度看，政府和企业要加快完善经济社会发展的考核评价体系和环境社会责任信息披露制度，业绩考核和报告系统要淡化

GDP 或者企业财务绩效，把资源消耗、环境损害、生态效益等体现生态文明建设状况的指标纳入经济社会发展评价体系和企业业绩评价系统中。只有构建起可持续发展目标评价制度，才能发挥既定的可持续发展目标的导向作用，使政府实施有效的社会政策，使企业会计处理正常化，最终朝着标准化方向迈进，而不会流于形式。

（二）探索符合中国国情的可持续发展目标

对当前的中国来说，主动探索符合中国国情的可持续发展目标体系具有重要意义，这也是实现高质量发展之所需。构建科学有效的生态文明制度体系，不仅为解决包括严重灰霾污染在内的重大资源环境问题奠定了良好的制度基础，而且会对全球可持续发展进程产生深远的影响。

通过对具体指标的理解，政府和公众对可持续发展的认识就会具体化，可持续发展就不会只停留在文件上。设定好具体的可管控指标，目标才不会走偏，才能真正打造中国经济升级和建成美丽中国。除了政府有严格的产品或服务标准，监管部门还通常要求企业对外公布可持续发展评估报告。

此外，中国消费者的节能环保意识日益增强，更倾向于消费那些绿色、低碳和安全的产品，这要求企业必须进行清洁生产和低碳制造，并向消费者提供更安全的食物、更清洁的空气和水、更优美的服务环境等。要做到这些，企业显然需要设计合理的可持续检测指标，用于保证生产经营合规高效和产品的安全可靠。

迄今为止，国家各部门和地方已经制定了各种各样的可持续发展的指标体系，很多城市已经将氮氧化物排放量等指标纳入政府日常统计工作，还有的城市尝试构建了可持续发展综合指数，用来反映可持续发展水平。然而，不同的指标体系之间缺乏可比性，也缺乏量化和可操作性，这既反映了各方认知存在差异，也体现了各部门在制定各种复杂、抽象的指标体系时忘记了最初制定指标的目的。

改革开放以来，中国的生态文明观从简单的污染治理，到提出保护资源环境，再到建设资源节约型和环境友好型社会，进一步明确生态文明建设的国家战略地位，将其提高到与经济、政治、文化、社会并列的高度，已成为全球生态文明建设的重要参与者、贡献者、引领者。2013年，联合国环境规划署理事会第27次会议通过决议，以联合国文件认可并支持中国生态文明理念，标志着中国生态文明的理念和实践得到了国际社会的认同。

尽管中国政府非常积极地参与或引导社会各界开展可持续发展研究，2000年之前就有大量可持续指标和框架的研究文献，但遗憾的是，政府引领的工作并没有研发出一套像GDP那样的全国适用的、可比的简约指标体系。中国较早开始绿色GDP的核算工作，但这项工作因存在较多争论，仍停留在理论研究阶段，而可替代的方法是形成了以污染总量控制为目标的防治思路和包含两个层级的环境治理指标体系，其中环境质量指标包括空气、水环境和土壤环境三大类；而落实环境质量目标的重要抓手，便是污染物排放总量控制指标，包括主要污染物和区域性污染物两大类；特别是在污染物排放（控制）标准上，已经初步形成163项标准的体系化成果，仅大气和水污染控制标准就超过139项。

在此思路下，中国污染控制和节能减排取得了一定成效。在碳减排方面，中国仍占全球温室气体排放总量的近1/4，但是20世纪70年代以来，中国的碳排放强度持续下降，单位GDP的碳排放量已较35年前下降了73%。

第二节　打好污染防治攻坚战

中国已有许多政策文件强调建设生态文明。2013年，党的十八大报告把生态文明建设放在突出地位，并将其纳入中国特色社会主义事业“五位一体”的总布局。2016年开始，中央环境保护督察组成立，代表党中央、国务院对各省（自治区、直辖市）党委和政府及其有关部门开展环境保护督察。打好污染防治攻坚战，是十九大提出的中国全面建成小康社会决胜阶段的三大战役之一。概括来讲，2018 年 5 月 18—19 日全国生态环境保护大会上习近平提出：“中国的生态文明建设当前正处于压力叠加、负重前行的关键期，已进入提供更多优质生态产品以满足人民日益增长的优美生态环境需要的攻坚期，也到了有条件有能力解决生态环境突出问题的窗口期。中国经济已由高速增长阶段转向高质量发展阶段，需要跨越一些常规性和非常规性关口。我们必须咬紧牙关，爬过这个坡，迈过这道坎。”

一、打好蓝天、碧水、净土三大保卫战

坚持“绿水青山就是金山银山”是落实新发展理念的价值取向。打好污染防治攻坚战，首先要使主要污染物排放总量大幅减少，生态环境质量总体改善，重点是打赢蓝天、碧水、净土三大保卫战。

（一）坚决打赢“蓝天保卫战”

针对重点领域，抓住薄弱环节，实施打赢蓝天保卫战三年作战计划，进行柴油货车污染治理、进一步明显降低细颗粒物 PM2.5 浓度，明显减少重污染天数，明显改善大气环境质量，明显增强人民的蓝天幸福感。为此，要重点防控 PM2.5 浓度，重点监测京津冀及周边、长三角和汾渭平原；监测的重点时段是秋冬季和初春；重点行业和领域是钢铁、火电、建材等行业，“散乱污”企业、散煤、柴油货车、扬尘治理等领域，其中重点监测“散乱污”企业综合整治和达标排放，实现产业结构优化。重点推动散煤清洁化替代，实现能源结构优化；重点加强公路转铁路和柴油货车治理，实现运输结构优化；重点开展绿化和扬尘综合整治，实现用地结构优化。

（二）坚决打好“碧水保卫战”

坚持山水林田湖草系统治理，深入实施新修改的《水污染防治

法》，坚决落实水污染防治行动计划，打好水源地保护、黑臭水体治理、长江保护修复、渤海综合治理攻坚战。推动落实长江经济带“共抓大保护、不搞大开发”，保护好饮用水水源地、整治城市黑臭水体，深入推进集中式饮用水水源保护区划定和规范化建设，打好城市黑臭水体歼灭战。加强江河湖库和近岸海域水生态保护。全面整治农村环境，加强农业面源污染防治。

（三）坚决推进“净土保卫战”

强化土壤污染风险管控，推进农业农村环境治理，保障农产品质量和人居环境安全。重点防控治理重金属污染突出区域农用地以及拟开发为居住和商业等公共设施的污染地块，强化固体废物污染防治，着力解决一批民众反映强烈的突出生态环境问题。提高危险废物处置能力和相关机构的规范化运营水平，实施危险废物收集运输处置全过程监管。加快推进垃圾分类综合处置。

二、加快推进产业结构调整和清洁能源发展

推进生态环境质量改善，要从源头管控做起，特别是加快调整产业结构，淘汰落后产能，调整能源结构，加大节能力度和减排考核，加快发展清洁能源和可再生能源，继续加大对太阳能、风能、生物质能以及地热和水电等可再生能源的投资力度。

（一）继续推进环保限产去产能相关政策

环保限产和严格督察确保去产能有序推进。去产能最初以直接行政命令为主，设置了具体的关停目标并层层分解，将去产能任务落实到各个地方和企业，然而直接关停难以区分先进和落后、优质和劣质，容易产生政策失调。在行政的主导下，2016 年钢铁、煤炭行业分别去产能 6500 万吨和 2.9 亿吨，大幅超额完成任务。此后，以环保和安全为标准驱动的去产能成为主要抓手。2017 年以来，去产能逐步从直接行政

命令关停转向利用环保、安全等政策杠杆，依靠强大的政策执行力，令大量非法和落后产能进一步退出。2017 年钢铁行业约 6000 万吨产能被淘汰，1.4 亿吨非法地条钢产能出清，煤炭行业退出落后产能约 2.5 亿吨。

截至 2017 年底，钢铁、煤炭行业累计完成“十三五”去产能目标的 83% 和 68%，产能利用率回升至 77.4% 和 68.2%。在此基础上，去产能向火电、电解铝、水泥、平板玻璃等行业扩围。2017 年煤电行业共淘汰、停建、缓建产能 6500 万千瓦，设备平均利用小时数在 2013 年后首次回升，500 万吨电解铝违规产能被关停。

强化环保下的去产能要依赖市场化、法治化手段，实现优胜劣汰。推动总量配额限制下的碳排放权交易，可借鉴新能源汽车的双积分制政策，建立可交易的污染和能耗积分制度，对积分不足的企业实施停产、限产等惩罚。利用环保税等调节杠杆，引导企业在生产经营过程中治理污染减少排放，通过提高污染和低质产品的使用成本反作用于上游生产端。

环保限产不只是限产量也间接去产能。2016—2017 年中央环保督查覆盖全国 31 个省市，累计立案处罚 2.9 万家企业，罚款 14.3 亿元，拘留 1527 人。在钢铁行业，18 个部级联席会议成员单位组织开展全国范围的地条钢专项督查活动，一年内取缔了 1.4 亿吨非法产能。在煤炭行业政府严查煤管票，禁止黑煤生产和运输，遏制煤矿超产行为。环保督查和安全检查的大力重拳，叠加环保一票否决制的全面落实，使环保内化为地方政府的执政目标，有效破除地方保护主义，强化执法部门和去产能动机，保障了改革目标的快速实现。

为改善空气质量，2017—2018 年采暖季，京津冀及周边地区“2 + 26”城市针对重污染行业采取了严格的限产和停产措施。钢铁限产 50%，电解铝、氧化铝限产 30%，水泥、石膏板等建材行业全部停产。限产量本质上间接去产能，因为设备重启成本较高，导致部分产能无法复产，以电解铝为例，停产会大大缩短电解槽使用寿命，并且需要3个月才能恢复正常生产，每吨产能的重启成本超过1000元，足以侵蚀掉一半的利润。对政策常态化的预期削弱了部分产能的复产意愿，在环保限产常态化预期下，许多小型煤矿和钢厂面临高昂的重启和环保成本会主动选择退出。

（二）强化节能减排和生态保护

重点发展壮大环保等战略性新兴产业和现代服务业，推动建立健全绿色低碳循环发展的经济体系。继续强化实施降低燃煤污染物的排放，减少机动车尾气的排放，实施“公交优先”发展战略等节能减排措施，重点发展太阳能、风能、生物质能等可再生能源，提高可再生能源在能源结构中的比重。构建和完善政府为主导、企业为主体、社会组织和公众共同参与的环境治理体系，深化山水林田湖草生态保护修复试点工作，建立以国家公园为主体的自然保护地体系，健全管理制度和监管机制，开展好“绿盾”自然保护区监督检查专项行动。倡导简约适度、绿色低碳的生活方式。推进装配式建筑发展，降低建筑垃圾排放。加快绿色、低碳、节能环保技术供给。强化生态保护红线、环境质量底线、资源利用上线和环境准入负面清单硬约束，完成所有省份生态保护红线划定。实施重要生态系统保护和修复重大工程，构建生态廊道和生物多样性保护网络。

（三）持续增加可再生能源技术投资

2017年全球可再生能源技术投资总额较2016年增长3%，达到3350亿美元，仅次于2015年创下的3603亿美元的历史最高纪录，中国对可再生能源技术总投资达到创纪录的1326亿美元，较上年增长24%，而欧洲可再生能源投资同比下降了近26%，中国可再生能源投资增长抵消了日本、德国和英国投资的下降。2017年太阳能投资达到1608亿美元，较上年度增长18%，而每兆瓦太阳能的资金成本下降近

1/4，中国太阳能投资达865亿美元，占到全球投资总额的近一半，较上年增加24%。为了提振企业增加可再生能源领域投资的积极性，2017年中国发行了300亿美元的绿色债券，占全球绿色债券总量的近1/5。

三、以推进信息化、智能化发展实现绿色发展

目前，世界加速以信息化带动工业化发展。智能设备和人工智能技术将被广泛用于解决各行业转型升级问题。以智能设备和人工智能创新为特征的新兴信息产业具有广阔的市场前景和资源消耗低、带动系数大、就业机会多、综合效益好的产业特征。新一代信息技术、人工智能技术的发展改变了经济发展的传统模式和实现路径，其发展不仅落脚于经济效益，也是一种低碳经济。以机器人、智能仪器仪表、人工智能产业为导向的发展与当前社会倡导的低碳经济、物联网等概念有一定的同步性。无论是低碳经济还是物联网的发展都离不开信息化和人工智能技术。智能设备和人工智能产业的发展具有一定的生态效益和低碳化特征。

在低碳经济的引导下，眼前诸多企业加紧技术更新和工艺改造，而推进信息化和智能化改造是帮助企业降低资源消耗、提高设施功效，朝着低碳化方向转型升级的重要手段。在新一代信息技术应用的背景下，推动智能化设备和技术发展以及在各行业内广泛应用，不仅推动传统产业提升，加速新兴战略性产业崛起，而且更符合发展低碳经济的需要。智能化技术已经广泛应用于基础设施、生产制造和消费生活等各领域。

（一）智慧基础设施有助于资源能源的节约利用

随着“智能水利”“智能交通”“数字城市”“智能小区”“电子政务”等概念的提出，利用智能设备和人工智能技术探索基础设施建设、使用、管理的低碳模式逐渐成为科技创新机制的一个落脚点。智慧基础

设施将有效改变过去粗放式的供能和用能方式，极大地节约能源，减少浪费。其中，最为明显的例子是智能电网的建设。

（二）智能设备有助于优化生产流程，减少工业污染物排放

智能设备和人工智能技术在工业生产中的应用，可以有效地提高作业效率，改善员工作业环境，实现产品质量的有效控制以及对污染物排放的有效监控，在矿山开采、钢铁炼制、电力设施施工、污染物治理等相对危险、隐患较大的作业场所以及对精度要求严格的军工行业使用尤为重要。在低碳经济的背景下，加大科技创新力度，提高“智能控制”在不同作业流水线中的应用水平，有利于总体经济效益和长远发展。

（三）智能设备和人工智能应用有助于人们的消费生活更安全、环保、和谐

建立从生产资料供应到生活资料消费的现代化消费体系，不仅是社会智能化水平的完善，也便于社会资源的合理调度。在娱乐、餐饮和体育休闲方面，运用智能设备和人工智能技术，可以帮助实现消费资源的优化分配，避免不必要的闲置浪费，可以有效地对信息进行反应和控制，形成良性的管理、维护和监控机制。对个人而言，智能设备和人工智能技术的应用有利于优化个人行程安排，从个人生活的角度实现低碳经济。

第三节　完善绿色发展和生态文明建设的体制机制

中国特色社会主义所处的新时代，是由工业文明转向生态文明的时代，需要通过绿色发展推动生态文明建设。新时代的绿色发展不仅不能产生新的环境和生态问题，还要治理过去发展所遗留的生态环境问题。习近平总书记提出，生态文明建设事关中华民族永续发展和“两个一

百年”奋斗目标的实现，“绿水青山就是金山银山”等系列生态文明建设理论，把干净的水、清新的空气、多样性的生物、绿色的环境看作宝贵的生态财富。促进绿色发展和建设生态文明，需要不断完善阻碍其发展的体制机制。党的十九大报告提出，“加快生态文明体制改革，建设美丽中国”。

一、落实生态文明建设的责任制度

许多国家在机构改革中加强环境保护的力量，包括升格国家环境保护的主管机构。中国在这次机构改革中也加强了环保机构的力量，理顺了环保部门的职能分工，实行环境保护大部制——生态环保部。深化生态环保管理体制改革必须按照国家关于政府职能转变、行政体制改革、推进依法行政、生态文明体制改革的总要求进行。改革生态环境保护管理体制，核心是建立独立行政执法和监管的体制。中国的生态文明建设，要发挥党组织的模范带头作用，加强地方党政干部对本行政区域生态环境保护的责任意识，坚决担起生态环境保护政治责任，不折不扣地落实党中央关于打好污染防治攻坚战的各项决策部署，做到重要工作亲自部署、重大问题亲自过问、重要环节亲自协调、重要案件亲自督办。严格实行生态环境保护“党政同责”“一岗双责”，按照党政领导干部终身追责的相关规定，追究相关领导的责任，追究分管领导的连带责任，追究相关干部的直接责任，涉嫌违法的必须追究刑事责任；把问责追责结果运用到干部职务升迁、职级晋升、工资福利待遇等方面，增强贯彻绿色发展理念的自觉性和主动性。

二、健全环保督查执行制度

当前，环保监管重压下出现“一刀切”的停产，违背优胜劣汰的初衷。环保去产能意味着通过严格执行环保标准倒逼落后产能退出，但是当前环保执法缺乏市场化和法治化手段，主要依靠严厉的监管督查，面对众多行业和企业，地方政府很难在短期内因企施策，为应对环保督查，就按照行业或区域实施停产限产，即使达标企业也要错峰生产或关停，与优胜劣汰的初衷背道而驰。近几轮中央环保督查期间，被督查地区的工业产出增速显著下降，但随后反弹。发展竞赛转变为环保竞赛，压缩产能和抑制发展成为地方政府的主要政绩目标，而这种不顾市场规律的行政干预，将会引发企业债务违约和生存困难，形成一系列的风险点。采暖季环保限产等临时性措施虽然在短期内大幅改善空气质量，但不能精准促使落后企业整改，治标不治本，PM2. 5 浓度显著下降后还会再度反弹。

为此，亟待完善生态保护考核制度，科学制定考核目标，严格实施考核，坚决杜绝“层层加码”“数字环保”“口号环保”“形象环保”，也要杜绝以遏制发展而为环保而环保的不良举措。生态环境政策规划标准制定、监测评估、监督执法、督察问责等要因城施策，分步实施，在增强政策严肃性的同时，要体现实施的灵活性，既要严格督查地方和部门贯彻落实党中央、国务院生态文明建设和生态环境保护决策部署，打好排查、交办、核查、约谈、专项督察“组合拳”，贯彻落实生态文明建设和生态环境保护责任制，也要统筹考虑转型发展的需要，通过设置过渡期、采用更市场化的办法推进环保督查执法。

三、完善环保经济政策

坚持以市场化、法治化办法解决环境保护和经济发展的平衡问题，加快推行排污许可制度，对排污企业实现“一证式”管理，推行生态环境损害赔偿制度，完善生态补偿机制；健全环保信用评价、信息强制性披露、严惩重罚等制度，强化信息公开和市场惩戒；建立稳定的生态环境保护资金投入机制，实行公共财政支付水平和同治理绩效挂钩；健全生态环境保护经济政策体系，推进社会化生态环境治理和保护。支持生态保护的财政税收、金融政策，其中绿色金融政策逐步完善；建立和完善财政对生态环境投入的体制机制，构建政府间生态转移支付制度，健全生态文明建设的价格政策。

第十四章 共享发展之变

面对日益突出的经济与社会不协调发展问题，可以允许一部分人先富起来，通过先富带动后富，最终实现共同富裕，这也是中国特色社会主义市场经济追求的现代化目标。

共享发展不是“吃大锅饭”，而是更好地平衡社会公平和经济效率，找准社会短板，解决民生短板，加快补齐短板，让经济发展的成果更多、更公平地惠及全体人民。

党的十九大以来，全面建成小康社会进入了决胜阶段。习近平总书记指出：“这个时跨本世纪头20年的奋斗历程到了需要一鼓作气向终点线冲刺的历史时刻。完成这一战略任务，是我们的历史责任，也是我们的最大光荣。如果到2020年我们在总量和速度上完成了目标，但发展不平衡、不协调、不可持续问题更加严重，短板更加突出，就算不上真正实现了目标。”全面建成小康社会，更重要、更难做到的是“全面”：“小康”讲的是发展水平，“全面”讲的是发展的平衡性、协调性、可持续性。毋庸置疑，要确保如期全面建成小康社会，既是一项重要的政治任务，也需要遵循经济规律，否则就可能变成运动式的宣传活动，而不能从根本上解决突出的经济社会不协调的矛盾，后果也会比较严重，或者发生系统性风险。

第一节　中国经济与社会发展不协调问题突出

改革开放40年来，中国经济社会发展积累了不少突出的矛盾，发展面临的深层次问题是人民群众的需要由温饱的数量需要转向高质量生活的需要，相应的社会发展的不平衡不充分问题明显滞后于人民群众对美好生活的需要，表现为人口红利逐渐消失，“未富先老”的问题比较突出，“大城市病”开始涌现，城乡区域贫富差距仍然较大，农村“留守儿童”和“空巢老人”问题严重，中等收入群体面临消费降级和难以保持稳定的困境。

一、人口结构变化对经济发展产生制约

中国经济的快速发展带来居民收入和生活水平的提高，而在现行生育和社会政策下，人口老龄化、“少子化”的问题日渐突出，已开始显现出对经济发展的制约。而随着城镇化继续推进，部分城市已开始显现出“大城市病”，而城乡差距并未缩小，使得城乡社会间存在较大的鸿沟，也将会进一步阻碍中国经济的现代化进程。

（一）出生率下降造成人口红利逐步消失

随着中国出生率的逐步下降，适龄劳动力人口数量也呈逐年下降态势，新增劳动力对经济增长的贡献开始减小。国家统计局数据显示，相比 2016 年全年出生人口 1786 万人，人口出生率为 12. 95‰，2017 年出生人口和人口出生率都有小幅下降。2017 年中国迎来 1723 万个新生儿，较 2016 年下降 63 万。原因在于人口年龄结构发生变化，育龄妇女人数呈现逐年减少趋势。

2017 年，15 ~49 岁育龄妇女人数比 2016 年减少 400 万人，其中 20 ~29 岁生育旺盛期育龄妇女人数减少近 600 万人，而且妇女初婚和初育年龄也呈现不断推迟的趋势，这些因素使得 2017 年中国一孩数量出现下降。调查显示，中国居民不打算再生育的原因主要是养育成本高、托育服务短缺、女性职业发展压力大等等。

中国的总和生育率维持在低位。2017 年 2 月，国家卫计委印发的《“十三五”全国计划生育事业发展规划》明确要求，到 2020 年中国总和生育率要从 2015 年的 1. 6 回升到 1. 8 的水平，年均自然增长率保持在 6‰左右。然而，根据美银美林的预测，2050 年中国劳动人口将会减少 2. 12 亿人（约为当前总数的 1/3）。

（二）人口老龄化加速引发社会需求变化

通常，一个国家进入老龄化的标志就是这个国家 60 岁及以上老年

人口占人口总数的比例达到 10%，或者 65 岁及以上人口占总人口比重超过 7%。中国人口老龄化进程正在加速发展，从 1999 年进入人口老龄化社会到 2017 年新增老年人口首次超过 1000 万人，老龄化进程要远远快于很多中低收入和高收入国家。国家统计局数据显示，截至 2017 年底，中国 60 岁及以上老年人口有 2.41 亿人，占总人口的 17.3%，其中 65 周岁及以上人口 15831 万人，占总人口的 11.4%。预计到 2050 年前后，中国老年人口数将达到峰值 4.87 亿人，占总人口的 34.9%。人口出生率减少和老龄化加速，同时造成劳动适龄人口规模减小，劳动力短缺和老化，老年人储蓄比年轻人更多但在消费品上花费较少，从而抑制经济增长，而且引起健康状况和疾病构成发生变化，对医疗保障、护理以及日常生活照料的需求成倍增长，进一步加重了卫生系统、社会和家庭的经济负担。

二、“大城市病”凸显带来更多的社会问题

中国仍处在城镇化的快速发展时期，但面临着庞大的乡村人口向大城市进一步集聚和城乡差距进一步扩大的人口分布的“陡峭时代”。这个时代的人口结构、土地开发、城乡布局、房地产发展等方面都将呈现新特征、面临新挑战，包括不少城市与自然环境之间的割裂越发突出，不但青山绿水难寻，而且空气污染、交通拥堵、房价高涨等问题突出。

（一）大规模农民工进城促使“陡峭时代”来临

20 世纪 80 年代开始，伴随着农民进城，中国农村开始出现衰败迹象，“空心村”“留守儿童”“空巢老人”等问题凸显。日本是全球人口密度最大的国家之一，人口密度是中国的 3 倍，但人口分布极端陡峭化，东京核心经济圈占其国土面积的 3%，聚集着高达 3500 万人口。相比之下，日本面积最大的行政区北海道（面积与爱尔兰岛相当）人口只有 500 万人，其中超过 200 万人住在札幌市。人口越来越向大城市

集中，而过度集中将会滋生很多社会问题。事实上，城镇化、老龄化、人口减少，将会成为农村土地贬值的三大杀手。60 岁及以上老年人多数生活在农村地区而不是城市，人口的城乡流动造成了农村地区人口迅速老龄化。未来中国可能会像日本一样，长三角、珠三角等地区可能都要承载上亿人口，而因人口的撤离偏远的中西部地区和乡村地区可能会更加破败。在中国人口下降的背景下，房地产热潮不减，足以让日本房地产泡沫时代相形见绌。日本城市化率超过 90%，中国城镇化率仅为 50%。日本泡沫经济的教训值得警惕，人口分布“陡峭时代”房地产泡沫破裂具有必然性。

（二）“大城市病”正阻碍国家现代化进程

城市是人类文明的结晶。过度的人口资源聚集，带来宜居度和各种边际的效用下降，问题由此而生。例如，北京市受到“大城市病”的困扰，首都变“首堵”，人口过度膨胀，雾霾天气频现，交通日益拥堵，房价持续高涨，资源环境承载力严重不足，造成这些问题的根本原因是北京集聚了过多的非首都功能。“大城市病”往往不是人口增多造成的，而是政策失误的后果。北京、上海的人口分布失衡、核心区域人口过密。面积狭小的北京市五环内、上海市外环内均分别集聚了接近一半的常住人口。

“摊大饼”式的病态发展模式在多个城市复制，新型城镇化建设难有根本性突破，大量居民集中在城市中心地带，“大城市病”愈演愈烈。土地从来都不会短缺，稀缺的是人才。越来越多的农村人口涌入城市，抛荒废弃的土地越来越多，同时大城市也越来越拥挤。北京、上海交通拥堵的主要原因是轨道交通建设滞后。当城市人口规模超过一定水平时，交通情况与布局、交通设施水平及管理能力等更为相关，而不是人口。“大城市病”的不断蔓延则意味着城市化质量低下，城市现代化进程受阻，这会严重影响“三个一亿人”目标的实现，使城市化长期处于低水平、低质量状态，从而抑制消费需求和投资需求。

三、农村发展滞后已成为最大的短板

2013年12月，习近平同志在中央农村工作会议上的讲话中指出："农业还是'四化同步'的短腿，农村还是全面建成小康社会的短板。"即使将来城镇化达到70%以上，也还有4亿~5亿人在农村，农村绝不能成为荒芜的农村、留守的农村、记忆中的故园。城镇化要发展，农业现代化和新农村建设也要发展，同步发展才能相得益彰。

（一）农村经济发展渐趋边缘化

中央每年都把"三农"问题摆在首位，突出优先发展农业、农村，但是农业先天的弱质性和现行土地制度束缚，多数乡村的农业还停留在小农经济，没有形成规模，生产力水平依然低下，与现代化的要求差距较大。农村集体经济虽有一定的发展，但受制于种养殖行业的平均回报偏低，普遍缺乏规模体量大、产业链条长、科技含量高、带动能力强、就业门路多、符合地区发展规划要求的产业项目，没有形成长期稳定的发展模式，缺乏足够的集体积累和群众收入积累；再加上乡村基础设施比较落后，村庄土地利用非常粗放，乡村集体经济发展存在被边缘化的风险，村庄优质生活功能得不到充分体现。

（二）农村公共服务水平偏低

随着人口结构的变化，农村老龄化程度较高，老年人比例高于社会平均水平，但与城市相比，农村养老制度非常不健全，老人养老只能依靠居家养老。在教育、医疗等公共服务方面，农村也是处在社会的"末梢"，"新农合"虽然解决了部分农民看病难的问题，但是农民看病还是比较贵，尤其是重病救治体系不完善，很多疾病都不能及时发现诊疗。

（三）乡村人才发展面临青黄不接

由于农业的弱质性和农村落后的面貌，优秀人才不愿回乡、不能回乡，使得乡村发展缺少活力和后劲。乡村人才流失严重，返乡创业氛围不浓，留守劳动力以妇女和年老体弱者为主，文化素养和技术能力不能适应现代农村发展的要求。

（四）乡村生态环境保护意识弱

乡村生态环境历史欠账较多，乡村建设标准不高，道路、绿化、亮化、供水、排水、电力、通信等生产生活配套设施不够完善。卫生状况也令人担忧，即便发展民宿经济，卫生、隐私、治安等问题也会成为制约因素。

（五）乡村存在明显的资金抑制现象

由于年轻人纷纷逃离农村搬迁到城市生活，特别是农村家庭的子女通过上学、进城打工等方式留在城市生活，许多进城农民工也把农村积累的资金带到城市使用，而乡镇和村两级实际可支配财力不够，难以提供更好的基础设施，促进乡村振兴发展。

（六）精准脱贫的重点还在农村

党的十八大以来，中国深入实施精准扶贫、精准脱贫，2012 年中国有 9899 万名贫困人口，到 2017 年底还剩下 3046 万人，5 年时间 6853 万贫困人口实现了稳定脱贫，平均每年有 1370 多万人脱贫，贫困发生率从 2012 年的 10.2% 下降到 2017 年底的 3.1% 以下。中国从 1986 年确定了贫困县，到 2012 年底共有 832 个贫困县，2015 年底启动打赢脱贫攻坚战后，2016 年 28 个县退出摘帽，首次出现了贫困县总量的减少；2017 年 120 多个贫困县摘帽，贫困县累计减少 150 多个。尽管如此，中国农村的减贫脱贫问题仍很严峻。截至 2017 年底，中国深度贫困地区贫困发生率超过 18% 的县还有 110 个，贫困发生率超过 20% 的村还有 1.6 万多个。

第二节　让发展成果更多、更公平地惠及全体人民

“为政之道，以顺民心为本，以厚民生为本”。缩小贫富差距不仅是个经济问题，也是个社会问题，两者相互作用和反作用，如果解决不好，就会发生经济危机和社会风险。世界各国政府都必须更加关注公民之间的经济公平，特别是帮扶最贫穷人口和减少贫困人口，因此经济社会的发展必须是遵循社会规律的包容性发展。处理好社会公平和经济效率之间的矛盾，需要政府制定有利于公平和增长的政策。保障和改善民生要抓住人民最关心、最直接、最现实的利益问题，把做到幼有所育、学有所教、劳有所得、病有所医、老有所养、住有所居、弱有所扶作为经济发展工作的出发点和落脚点。

一、发挥好政府补短板的积极作用

中国经济正面临爬坡过坎阶段，需要采取各种措施避免掉入“中等收入陷阱”。既要确保经济发展，又要做到社会公平，就必然要更好地发挥政府作用。经验表明，在基础设施和公共服务领域，政府运用财政和货币政策发挥补短板的作用是相当有效的。特别是在提高保障和改善民生水平方面，各级政府可以发挥更大的资源配置作用，解决社会民生领域发展的不平衡不充分问题，不断促进社会公平正义，努力实现改革发展成果由全民共享。

（一）在促进教育公平上发挥更大的作用

建设教育强国是中华民族伟大复兴的基础工程。要让每个孩子都能享有公平而有质量的教育，各级政府需要把财政投入的重点放在基础性教育上，更多地投向学前教育、义务教育、特殊教育和职业教育等，在学校教学楼、食堂、体育场所等要加大投入，特别是学校要对标国际先

进标准，在全国范围内建设标准化的学校及其配套设施，同时针对各年龄段的学生提供标准化的营养餐。

在软件设施投入上，政府可以加大对师资力量的培训，对在边远山区或农村教学的教师提供更高的津贴，以支持其收入水平至少与城市教师收入持平。加快推进高考制度改革，让各地区学生能公平地参加高考，深化高等院校分地区的计划招生制度改革，尽快实现地域上招考分数的平等，让有质量的公平教育真正体现出来。

（二）在筑牢社保体系上发挥更大的作用

建设多层次的社会保障体系，各级政府都需要有所作为，特别是要测算清楚居民社保刚性支出占财政支出的比例，完善财政预算支出制度，在全国统筹养老保险的情况下，加快推进全民参保计划，完善城乡统一的基本医疗保险制度和大病保险制度。

进一步完善社会救助、社会福利、慈善事业优抚安置等制度，加快推动农民工市民化，尽快减少留守儿童、妇女和老年人，提升残疾人等特殊群体的社会保障水平，完善公共租赁住房等保障性住房分配制度，让更多的中低收入者享受到政府保障性住房的实惠。

二、打赢脱贫攻坚战实现共同富裕

共享发展理念首先体现的就是脱贫攻坚。党的十九大确定的现代化方案对共同富裕实现进程也有明确的安排，基本实现社会主义现代化阶段，城乡区域发展差距和居民生活水平差距会显著缩小，全体人民共同富裕迈出了坚实步伐；而到全面建成社会主义现代化强国阶段，全体人民共同富裕基本实现。

（一）找准贫困的根源开展扶贫

社会主义现代化新征程就是共同富裕逐步实现的过程。无论是全面小康还是现代化进程都是由经济社会发展的短板决定的。推进经济社会协调发展就是要补齐脱贫短板。准确地找出短板，摸清楚哪些是真贫困，贫困的根源在哪里，这样才能真正做到精准脱贫，对深度贫困的地区和因病致贫的家庭要在补齐短板上用力，通过补齐短板挖掘脱贫潜力、增强致富后劲，既要对深度贫困地区和群众不断地输血，也要因材施教通过扶贫、扶智、扶志、扶德、抚勤等综合手段，让真正贫困的群众得到实惠和保障，让具有劳动能力的贫困家庭通过辛勤劳动脱贫致富。

（二）努力做到不让一村一户掉队

全面建成小康社会就要确保对深度贫困的地区，对所有贫困村、贫困户在现行标准下实现脱贫，这是一项艰巨的政治任务，其难点在于单纯依靠地方政府难以承受兜底的财力，这就要求中央政府发挥转移支付的再分配功能，需要在财政专项扶贫资金和新增涉农资金上向这些地区倾斜，并优先安排公益性基础设施项目、社会领域重大工程建设项目，甚至采取以工代赈的方式提供贫困家庭有稳定就业和收入的机会；广泛开展“万企帮万村”精准扶贫行动，引导各方企业履行社会责任，积极开展产业扶贫、就业扶贫、公益扶贫等，通过行政干预和市场调剂相结合的手段解决所有贫困人口的脱贫难题。

三、打通劳动者社会性流动渠道

随着贫富差距的扩大和社会阶层的固化，社会群体呈现阶层或阶级分化，中低阶层的劳动者向上流动的渠道越来越窄，跨阶层纵向流动停滞。例如，娱乐圈的富人越来越富，甚至有些明星存在偷税漏税行为更是激起了民愤，让很多人感叹这个世界的不公平。可以说，“富者愈富，穷者愈穷”的马太效应越来越显著，通道受阻会导致努力失败，这容易产生挫败感，导致对社会普遍的不满甚至戾气，积攒到一定程度会集中爆发社会性问题。为此，党的十九大报告提出，破除妨碍劳动力、人才社会性流动的体制机制弊端，使人人都有通过辛勤劳动实现自身发展的机会。

（一）“开前门、堵后门”提高劳动者报酬占比

劳动力付出的劳动价值怎么衡量？在资本主导的社会往往劳动者的报酬被压制得较低，无法与资本获得的报酬相媲美。为此，需要“开前门”，尊重知识尊重劳动，肯定辛勤劳动的机制，鼓励合法经营和勤劳肯干，提高劳动报酬所占比重，让年轻人看到向上流动和过上好日子的希望。与此同时，要“堵后门”，减少利用各种不合理手段转移劳动收入，同时发挥个人所得税累进制的调节作用，在确保多劳多得的同时，尽可能让各行各业的收入显性化、合理化，严厉规范和打击那些利用会计漏洞做“阴阳合同”进行偷税漏税或通过行政垄断获取超额收益的行为。推动国有企业公开公平公正地择优录取人员，消除就业歧视政策，特别是针对农民工和女性劳动者的不合理就业限制条件。发挥市场调节机制和最低工资标准相结合的办法，缩小各行各业之间劳动收入的差距，特别是对金融、文娱、互联网等高收入行业收入进行规范化管理和作为税收征缴重点监管对象。

（二）保证社会发展的公平正义

作为社会主义核心价值观的组成部分，公平正义代表着公民内心的价值标尺，唯此，社会才能风清气正、积极向上。全面深化改革必须以促进社会公平正义、增进人民福祉为出发点和落脚点。维护好社会公平正义，要以良法促进发展、保障善治，推进依法行政落到实处，在此条件下才会多些积极向上的推动力，有利于经济发展和社会稳定。要做到社会公平正义，首要是确保国家机关特别是行政执法机构做到严格规范公正文明执法，采取有效措施解决法院判决执行难问题，维护司法公平正义，切实保障人民的合法权益。做到社会公平正义，要逐步建立以权利公平、机会公平、规则公平为主要内容的社会公平保障体系，推进

“平安中国”建设，营造更加公平的社会环境，维护社会和谐稳定，形成有效的社会治理、良好的社会秩序。

第三节　加快推进区域、城镇、乡村协调共享发展

实现共享发展，要推进包容性增长，在发展中兼顾公平，缩小区域、城乡和全社会的贫富差距，通过提高中等收入群体的比重和优化公共资源配置，实现公共服务均等化、发展机会均等化以及规则的平等。

一、合理统筹东、中、西部区域协调平衡发展

过去很长一段时间，中国区域发展主要是通过沿海开放，让沿海先富起来，然后带动中西部地区发展。随着沿海先富这一目标的实现，国家区域发展战略需要着重解决中西部发展滞后的问题。要实现共享发展，先富带动后富，走向共同富裕，就应把发展的重点放在促进中西部地区发展上，稳步提高中西部地区就业、教育、文化体育、社保、医疗、住房等基本公共服务均等化水平，增加劳动年龄人口受教育年限，缩小区域之间的居民收入差距，扩大中西部地区中等收入群体的比重，逐步形成东、中、西区域平衡发展格局。

（一）推动区域协调发展战略有效实施

重点以京津冀协同发展、长江经济带和“一带一路”等“三大战略”为纽带，加快促进东中西和东北地区的一体联动、推进重点突破。京津冀协同发展要以疏解北京非首都功能为重点，继续以交通、生态、产业为重点，扎实推动一批重大规划政策、重点工程项目、重要改革事项落地见效；保持合理的城镇结构，如高起点、高质量编制好雄安新区规划。推进长江经济带发展要以生态优先、绿色发展为引领，以共抓大保护、不搞大开发为导向，继续抓好重点问题整治和水环境治理等重大

工程建设，稳步推进综合立体交通走廊建设。要围绕“一带一路”建设，创新对外投资方式，以落实“一带一路”国际合作高峰论坛成果为牵引，加快推进“五通”重大项目建设，以投资带动贸易发展、产业和民生发展。

（二）提高区域基础设施通达程度

补短板作为深化供给侧结构性改革的重点任务，能发挥缩小东、中、西部区域经济发展差距的作用，特别是加大基础设施领域补短板的力度，可以让东、中、西部区域的各种要素能以低成本高效率地流动起来，重点可协同推进交通、能源、水利、信息等跨区域重大基础设施建设，推动形成布局合理、功能完善、衔接紧密、保障有力的现代化基础设施网络体系。

加快提高东、中、西区域基础设施通达程度，打破行政区划界限和壁垒，重点实现基础设施共建共享，大规模推进高速铁路网和通信网的建设，建设内外通道和区域性枢纽，完善基础设施网络，着力构建现代化交通网络系统和高速宽带网络，把交通和信息网络一体化作为先行领域，加快构建快速、便捷、高效、安全、大容量、低成本的互联互通综合交通和信息网络。

加强生态环境保护联防联治，将共同改善区域生态环境联合整治放在突出重要位置，重点开展生态屏障建设、大气污染防治、江河湖海环境综合整治等工作，共同创建天蓝水净、人与自然和谐相融的美好家园。

（三）推进大中小城市群协调发展

党的十九大提出以城市群为主体，构建大中小城市和中小城镇协调发展的城市格局。当前城市特别是一些大城市，存在经济社会发展不平衡，公共资源配置不充分的突出矛盾，主要表现为交通拥堵、环境恶化、住房紧张、就业困难等。

一是加快东、中、西部地区城市群发展。按照国家“十三五”规划纲要要求，优化提升东部地区城市群，建设京津冀、长三角、珠三角（粤港澳大湾区）世界级城市群，提升山东半岛、海峡西岸城市群开放竞争水平。培育中西部地区城市群，发展壮大东北地区、中原地区、长江中游、成渝地区、关中平原城市群，规划引导北部湾、山西中部、呼包鄂榆、黔中、滇中、兰州—西宁、宁夏沿黄、天山北坡城市群发展。

二是提高大中小城市群发展质量。《国家新型城镇化规划（2014—2020 年）》提出，促进各类城市协调发展，要优化城镇规模结构，增强中心城市的辐射带动功能，加快发展中小城市，有重点地发展小城镇，促进大中小城市和小城镇协调发展。促进大中小城市协调、有序发展，要加快打破行政区划边界，推进大中小城市网络化建设，增强对农业转移人口的吸引力和承载力，引导特色小镇健康发展，构建大中小城市协调发展的城市网络体系，使城市群内不同城市之间更多地依靠经济纽带形成连片发展格局。

（四）补齐老少边穷地区的短板

老少边穷地区发展滞后是区域协调发展的难点和重点。实施区域协调发展重点是要补齐短板，即更加注重深度贫困地区、深度贫困群众，加大力度支持老少边穷地区加快发展。补齐区域短板，要采取非常规手段、超常态政策，瞄准重点区域、重点人群、重点领域，着力补短板、强弱项，促进老少边穷地区提升自我发展能力。

一是坚决打赢深度贫困地区脱贫攻坚战。重点攻克深度贫困地区脱贫任务，实施加大深度贫困地区支持力度，推动实施解决区域性整体贫困行动方案（2018—2020 年）。启动实施生态搬迁试点相关工作。对易地扶贫搬迁开展拉网式全覆盖巡查，尽早完成易地扶贫搬迁建设任务。

二是振兴革命老区。切实推动赣闽粤、陕甘宁、左右江、大别山、川陕等 5 个跨省区重点革命老区振兴发展规划落地，完善国家层面和省级工作机制。

三是促进民族地区稳定发展。协调推动落实中央支持新疆、西藏和四川藏区经济社会发展政策措施，研究深化支持新疆纺织服装业等劳动密集型行业的政策措施，支持西藏开展高海拔等特殊区域农牧民搬迁。加大对边疆地区的支持力度。落实国家关于加大边民支持力度促进守边固边的指导意见，启动实施守边固边工程。

二、有序推进以人为中心的新型城镇化

经验表明，城镇化水平是国家发达程度的标志性指标之一，任何一个国家都不可能在较低的城镇化水平上实现现代化。城镇化是一个长期的历史自然过程。在这个过程中，既有人口从农村向城镇迁移的正向城镇化，也不可避免地有农民工返乡等逆城镇化。过去很多年，中国城镇化速度很快，劳动力从农村农业中转移出来并向城镇迁移，但户籍制度改革相对滞缓，造成人口城镇化和户籍城镇化并没有实现同步。换句话说，城镇人口城镇化率与户籍人口城镇化率之间形成了一个缺口，2017年前者为58.5%，后者为42.4%。这一缺口反映了城乡发展存在较大的制度壁垒。在此情形下，有必要推进以人为本的新型城镇化，最大程度地释放农民工市民化的需求，促进农民工市民化，也能提高城市现代化的水平。

（一）坚持以人为中心的城镇化

加快户籍制度改革，逐步放松城市户籍管制，积极创造条件，促进有能力在城镇稳定就业和生活的农业转移人口举家进城落户，促进农业转移人口市民化，化农民工为“完全市民”。优先解决农村学生升学和参军进入城镇的人口、在城镇就业居住5年以上且举家迁徙的农业转移人口、新生代农民工落户问题。开辟常住人口市民化的新渠道。逐步推广专业技术职称、技能等级等和大城市落户挂钩的做法。推进居住证制度覆盖全部未落户的城镇常住人口，保障居住证持有人在居住地享有义

务教育、就业、公共卫生等基本公共服务，与城镇居民享有同等权利、履行同等义务；鼓励各级政府不断扩大对居住证持有人提供的公共服务范围并提高服务标准，缩小其同城镇户籍人口的待遇差距。深入推进新型城镇化综合试点，努力保证城市现代化过程中“老市民”不失落、“新市民”无抱怨。

（二）加快城市建设管理现代化

新型城镇化建设要增强城市布局的合理性，提升城市的通透性和微循环能力；按现代化的规律建设城市，抓住管理和服务这两个重点，改变粗放管理方式，防止“摊大饼”式的扩张，推动形成绿色低碳的生产生活方式和城市建设运营模式；提高城市现代化水平，树立“精明增长”和“紧凑城市”理念，科学划定城市开发边界，推动城市发展由外延扩张向内涵提升转变，提高城市对人口的容量和城市经营的效率；创新城市治理方式，尤其是要注意加强城市精细化管理，不随意；注重提高市民文明素质，鼓励企业、社会组织和市民通过各种方式参与城市建设与管理，真正实现城市共管共治、共建共享，让市民在城市生活得更方便、更舒心、更美好。

（三）高效治理各种“城市病”

在城市规划和建设中，应从治理“规划病”入手治理“城市病”，防止“城市病”全面蔓延。加快解决环境污染、交通拥堵、房价高企、资源短缺、应急滞后等多种综合病症，特别是要加快改善人居环境，主动以“棚户区改造工程”为基础，实施大规模的城市更新升级规划；深化城镇住房制度改革，完善住房保障体系，加快城镇棚户区和危房改造，加快老旧小区改造；重新规划和整治城市基础设施，优化城市空间布局，加强城市地下管网建设，完善饮用水、生活垃圾处理、污水处理等管网系统，提高城市的综合承载力。

（四）促进城乡基本公共服务均等化

一是确保幼有所育、学有所教。针对人民群众关心的问题精准施策，着力解决中小学生课外负担重等突出问题，解决好婴幼儿照护和儿童早期教育服务问题。

二是保证老有所养、病有所医。改革完善基本养老保险制度，加快实现养老保险全国统筹。继续解决好“看病难、看病贵”问题，鼓励社会资金进入养老、医疗等领域。

三是确保言而有信、劳有所得。着力解决网上虚假信息诈骗、倒卖个人信息等突出问题。做好民生工作，突出问题导向，尽力而为、量力而行，找准突出问题及其症结所在，周密谋划、用心操作。

四是保障住有所居、弱有所扶。加快建立多主体供应、多渠道保障、租购并举的住房制度。坚持“房子是用来住的，不是用来炒的”基准定位，保持房地产市场调控政策的连续性和稳定性，分清中央和地方事权，实行因城施策，差别化调控；积极发展住房租赁市场特别是长期租赁，保护租赁利益相关方的合法权益，支持专业化、机构化住房租赁企业发展。对重点困难群众在住房、教育、医疗等方面给予帮扶纾困。

三、全面实施乡村振兴战略

无论处于什么样的发展阶段，农业、农村、农民问题始终都是关系国计民生的根本性问题，要把解决好“三农”问题作为今后工作的重中之重。乡村振兴、农业发展、农民富裕是实现高质量经济发展的必然要求。

（一）从根本上改变农业、农村落后的生产方式和经营方式

当前，在很多农村地区，农业生产方式和经营方式仍相当落后，个体农业几乎不赚钱，农业用地很多都被撂荒，迫切需要促进农业现代化

发展，提高农业生产效率和效益。农业发展由农产品“数量剩余”范式转向“品质和附加值”范式，关键在于推进农业生产的科技进步，提高农业的科技含量。

中央和省级财政加大财政转移支付力度，保障农村基础设施建设和公益支出。推进农业供给侧结构性改革，坚持质量兴农、绿色兴农，农业政策从增产导向转向提质导向。深化粮食收储制度改革，让收储价格更好地反映市场供求关系，扩大轮作休耕制度试点。推动农村一、二、三产业的融合发展，发展农村的新产业、新业态，网购、电商、乡村旅游、乡村养老养生等，让农村在耕地之外能为农民创造更多的就业机会，获得经营收入或工资收入。

（二）深化农村土地制度改革，拓展农民致富新途径

土地制度既是国家的基础性制度，也是“三农”问题的根本之所在。从现实情况看，仅仅依靠土地使用权证流转，既不可能增加农民生产经营收入，也不可能增加农民转包土地（租金）收入。为了实现增加农民的财产性收入，坚持土地集体所有制不变，坚守18亿亩耕地红线不变，农民利益不受损的“三条底线”，加快推进农村“三权分置”的土地制度改革，增加农民获取资金渠道，推进制定农村农民房产抵押、项目评估专项贷款、农民信用担保贷款等政策，既稳定了农村基本土地制度，又通过土地经营权的流转改革了农业经营制度，推动农业适度规模经营。

（三）发展壮大乡村级的集体经济

发挥农村基层自治组织的作用，落实所有权、承包权与经营权“三权分置”政策和发展壮大集体经济，重点引导农民规模化和集约化生产经营，鼓励支持创办各种类型和性质各异的家庭农场、农业龙头企业与股份合作制农业社，支持将承包土地流转由村级集体组织生产经营，允许村级集体自主选择符合各自实际的具体土地经营方式，使有限

的土地资源得以有效和合理配置，切实解决土地抛荒问题。

（四）健全城乡融合发展体制机制

通过科学制定“乡村振兴”战略规划，由县级统筹制定乡村规划，与城镇规划相衔接，推动基础设施、公共服务全面覆盖农村，并突出农业生产、农村居住、生态环境保护和农耕文明传承等功能。完善城乡融合发展体制机制，创新农业服务体系，整合科技、金融、市场等方面的资源，清除阻碍要素下乡的各种障碍，推动公共服务资源覆盖农村，出台优惠政策，改善基层医疗、养老、教育条件，打造城乡联动的农村生活服务网络，提高农民组织化程度，发挥新乡贤和党员干部的模范带头作用，促进乡村全面振兴和可持续发展。

附录

几个有趣的经济指标

研判中国经济运行状态离不开宏观经济指标，不同指标具有不同的明确含义，诸如 GDP 指标用来衡量经济增长情况，CPI 用来衡量通胀的情况，贸易额占 GDP 的比重用来衡量贸易依存度情况，城镇调查失业率用来衡量劳动力就业市场情况等。经济分析就是查看这些指标变化的意义并从理论或实践中找到合理的解释。如同经济运行的复杂性，这些指标之间也不是相互独立或毫无相干的，相反很多指标之间有很强的相关性，有的指标可能是领先指标，如调查的 PMI 指标；而有的指标则可能是滞后指标，如失业率等。在观察单项指标变化的时候，有的指标本身就是合成值，如投资率，而有些则需要基于现有指标做简单四则运算，然后通过观察这些指标运算组合值的变化情况，可以获得一些市场经验规则，用于解释单项指标不能表达的经济现象或问题。例如，固定资本形成总额与固定资产投资总额两者的比值或差值，可以充分解释投资效率问题。实际上，我们可以通过对各种指标之间运算关系及其组合值变化态势的分析，来更深入地揭示某个时点或时段经济运行的机理或逻辑，并据此提出更加合理的政策建议。以下选择几个有意义的指标组合来帮助分析其揭示的经济运行的深层含义。

一、全社会固定资产投资和资本形成总额比值/差额

如第五章第三节表述的那样，固定资产投资额和资本形成总额大致存在一定的投入产出关系。在规模报酬不变的情况下，两者应保持稳定的正比关系，但是实际数据则反映不同的情况，对此需要分析两者概念及统计上的差异。两者相比或者做差后的组合值的趋势能反映投资效率

的高低，因此常被用来分析资本投入产出的效果。

全社会固定资产投资是个统计概念，是以货币形式表现的在一定时期内全社会建造和购置固定资产的工作量以及相关费用的总称。按管理渠道可以分为建设和改造投资、房地产开发投资以及其他投资。

资本形成总额是国民经济核算概念，指常住单位在一定时期内获得的资产减去固定资产处置和存货处置，具体包括固定资本形成总额和存货增加两部分。其中，固定资本形成总额是指各核算单位在一定时期内获得的固定资产减去处置的固定资产的价值总额。

全社会固定资产投资是支出法 GDP 中资本形成总额的重要组成部分，全社会固定资产投资在转化为资本形成总额的过程中，主要增项包括三个：（1）投资统计口径以外的，小于 50 万元及其他零星项目固定资产投资。（2）商品房销售增值、矿藏勘探形成的固定资本和土地改良形成的固定资本（不包括投资统计口径中已计入的土地开发投资）。（3）存货。

此外，还需要对全社会固定资产投资进行必要的扣减，主要是：（1）购置旧建筑物、旧设备和土地所花费的投资。这部分投资只是用于资产价值的转移并没有增加新的资产。（2）固定资产投资的其他费用中不形成固定资产的部分等。固定资本形成总额与全社会固定资产投资的关系以可用以下公式表示：

固定资本形成总额 = 全社会固定资产投资 + 商品房销售增值 + 矿藏勘探形成的固定资本 + 土地改良形成的固定资本 − 扣减项

此外，对于投资的问题，还要澄清的是资本形成率（投资率）、投资贡献率和投资拉动率，三者都反映了投资与 GDP 之间的关系。资本形成率反映了当年固定资本形成总额与 GDP 总量之间的比例关系，贡献率和拉动率则反映了当年固定资本形成总额的增量与 GDP 增量之间的比例关系。资本形成率是指按支出法计算的资本形成总额占国内生产总值的比重，表示一个经济体的总产出中有多少份额来自于投资。具体公式是：

投资率 = （资本形成总额/GDP）×100%

投资对 GDP 增长的贡献率是指当年固定资本形成额年度实际增量占当年 GDP 实际增量的比重。该指标是从需求角度分析投资增长与 GDP 增长之间的关系。具体公式是：

投资对 GDP 增长的贡献率 = （当前固定资本形成年度实际增量/当年 GDP 实际增量）×100%

其中，投资对 GDP 的拉动率等于投资的贡献率乘以 GDP 增长速度。

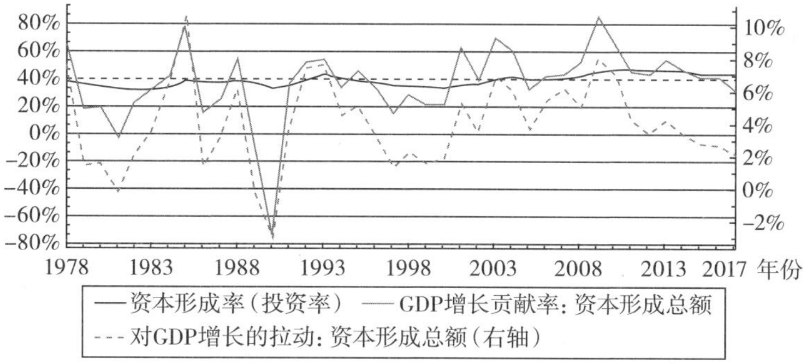

图 1　资本形成率、投资对 GDP 增长的贡献率和拉动率（1978—2017）

资料来源：Wind 资讯。

二、M2 增速 - M1 增速

货币供应量是指某一时点一个国家流通中的货币量。它是分布在居民、信贷系统、企事业单位金库中的货币总计。货币供应量是影响宏观经济的一个重要变量，与收入、消费、投资、价格、国际收支都有着极为重要的关系，是国家制定宏观经济政策的一个重要依据。社会总需求与总供给的均衡，从需求方面来看，主要取决于货币供应量是否适度。

现金（M0）：一定时点上单位和个人所持有的现金，它随时可以直接作为流通手段和支付手段进入流通领域，是最直接和最活跃的购买力。

狭义货币供应量（M1）：现金（M0）加上企事业单位的活期存款。反映居民和企业资金松紧变化，是经济周期波动的先行指标。活期存款可以随时签发支票和变现，所以它类同于现金，具有较强的流动性。

广义货币供应量（M2）：M1 加上准货币。其中准货币包括企事业单位的定期存款、居民储蓄存款及其他存款。准货币在一定条件下也可以直接变为现金。它反映的是社会总需求的变化和未来通货膨胀的压力状况，通常所说的货币供应量，主要指 M2。

M2 增速 - M1 增速的经济含义：M1 是个非常有意义的指标，既体现了宏观性又体现了微观性，是宏观与微观的综合体。宏观性是指 M1 是 M2 的一部分，而 M2 是央行的货币政策目标，央行可以通过信贷、法定存款准备金率等政策手段来调节 M2，对 M2 的调整会在某种程度上影响到对 M1 的调整。微观性也恰恰因为 M1 是 M2 的一部分，而 M2 中各类存款的结构的相对变化反映了企业对盈利前景的乐观或悲观预期以及经济本身的活跃程度。换言之，M1 的变化是企业自我选择的结果，是市场自身运行的结果，是微观经济活动的真实体现。

M2 增速 - M1 增速表现出与股票市场的紧密关系。实证关系表明，M1 增速与 M2 增速之差与上证指数呈现明显的正向关系，与上证指数走势的相关性最高，在两者增速之差达到高点时（2000 年、2007 年），上证指数到达阶段性高点。在增速之差到达低点时（1999 年、2005 年），指数也处于阶段低点。

一般情况下，M1 和 M2 增速应当保持平衡，也就是在企业收入增加、货币供应量扩大的条件下，企业的活期存款和定期存款是同步增加的，这也符合凯恩斯流动性偏好理论中对交易、预防、投机三大动机的解释。如果 M1 增速大于 M2，则意味着企业的活期存款增速大于定期存款增速，企业和居民交易活跃，微观主体的盈利能力较强，经济景气度上升；如果 M1 增速小于 M2，则表明企业和居民选择将资金以定期的形式存于银行，微观个体盈利能力下降，未来可选择的投资机会有限，多余的资金开始从实体经济中沉淀下来，经济运行出现回落。由于M2包括的是M1以及M1以外的定期存款和储蓄存款，因而M1增速若快于M2增速，则表明定期存款活期化，大量资金转向交易活跃的M1，从而可能会对股市的资金供给形成较为积极的影响（见图2）。M1增速一般领先于股市，而股市又领先于CPI。如果将M2－（GDP＋CPI）与上证指数同比涨幅作相关分析，也可以清晰地反映上证指数同比与宏观流动性的同向关系。

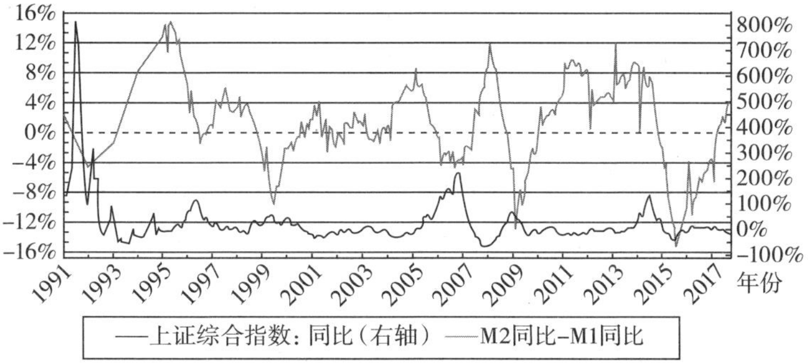

图2 M2同比－M1同比与上证综指月度同比走势（1991.1—2018.8）

资料来源：Wind资讯。

三、M2余额/GDP总量

GDP是最受关注的宏观经济统计数据，是衡量国民经济发展情况的重要指标。GDP是当年各类经济活动所创造的价值总和，增长越快意味着当年经济发展越快，增长越慢意味着当年经济发展越慢，GDP负增长表明当年经济陷入衰退。M2是全社会货币的存量，是长期货币发放积累的财富标尺。M2余额和GDP，都是以货币的单位来计量的，因此可以相比考察相对变化。有人认为，M2/GDP可以用来衡量货币超发程度，认为该比值越高，货币超发越严重。有人认为，M2/GDP代表金融深化的程度，该指标值越高，说明经济货币化的程度越高。也有人认为，

M2/GDP代表货币运行的效率，M2/GDP 越高，意味着货币运行的效率越低，货币流通速度越慢。还有人认为，M2/GDP 在一定程度上说明在高储蓄率情况下间接融资比例的高低，该指标越高意味着杠杆率越高。

从总体上看，M2/GDP 因国家融资结构不同而有所不同，并不具备理论上的严谨性和国家间的简单可比性，与宏观经济的关系也不稳定，因此并不能作为很“好”的指标开展经济分析。传统经济学认为，货币供应总量×货币流通速度=商品价格×商品总量。通常，货币供应增长可以用四个因素来解释，包括货币流通速度下降、货币化进程提高、GDP 增长和通货膨胀高。因此，有人用流动性偏好理论来解释中国 M2/GDP 较高的问题，即不能简单地用货币数量论来解释，还必须考虑货币的储值功能，如果承担储值功能的货币数量较多，那么 M2/GDP 上升也不会引发货币超发和物价上涨。因此，尽管中国的 M2/GDP 之比普遍高于世界其他国家，但并不意味着人民币兑美元汇率就必然被高估（见图 3）。

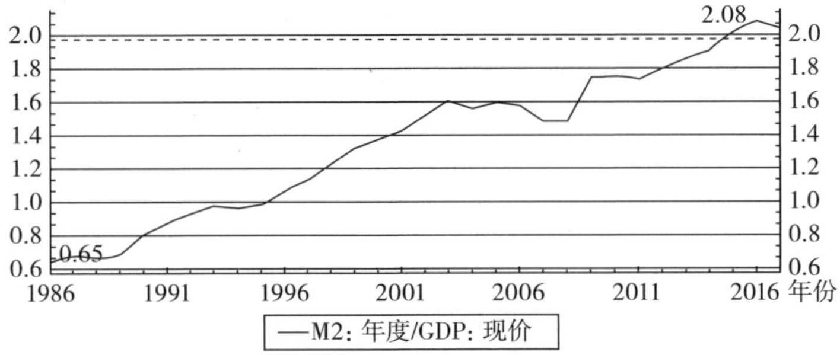

图 3　M2/GDP 变化趋势（1986—2017）

资料来源：Wind 资讯。

四、CPI 增速 - PPI 增速

CPI 是反映与居民生活有关的消费产品及劳务价格变动的综合指标，通常作为观察通货膨胀或紧缩的重要指标。与货币供应量等其他指

标数据相结合，能够更准确地判断通货膨胀或紧缩状况。过度的通货膨胀（幅度接近或超过10%），反映社会经济发展失衡，居民收入下降，经济环境恶化，对股票市场不利；而通货紧缩时，物价持续走低，需求无法启动，企业经营困难，居民对未来的预期不乐观，这时股票市场同样受到很大的负面影响。PPI主要用于衡量各种商品在不同生产阶段的价格变化情况，通常作为观察工业品领域的通货膨胀或紧缩的重要指标。通常认为，PPI对CPI具有一定的传导作用。原材料、燃料和动力购进价格指数（PPIRM）反映工业企业从物资交易市场和能源、原材料生产企业购买原材料、燃料和动力产品时所支付价格水平的变动趋势和程度，并且对PPI具有一定的传导作用。

CPI增速与PPI增速差值（又称“剪刀差”）出现拉大，表明供需上下游价格剪刀差的扩大，反映了供需结构的不均衡和传导机制的不畅。两者差值主要说明上游原材料和劳动力成本的上升不能向下游产品顺利转移，工业企业特别是加工企业的成本上升无法向下游转嫁，这将抑制工业企业的产能发挥。市场需求的回落则会导致企业销售收入增长速度明显放慢，业绩预期进一步降低。CPI与PPI的差值与股市之间也存在微妙的关系，当这个差值从下向上突破0轴就意味着股市见底行情到来，如2008年11月两者差值为0.4，上证指数月线图同年12月则出现了大底，随后迎来上涨的行情（见图4）。

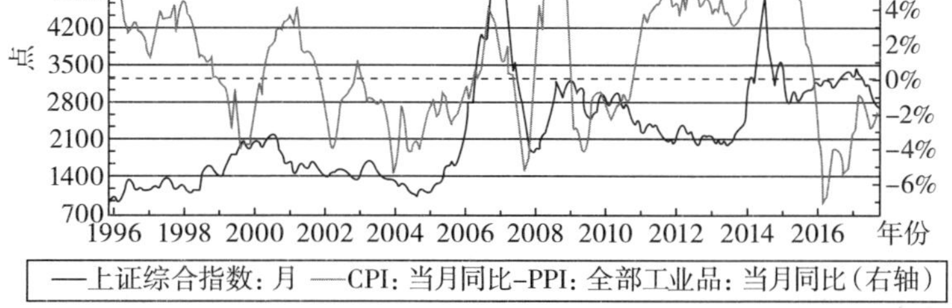

图4　CPI同比与PPI同比差值与上证综合指数月度均值变化趋势（1996.10—2018.8）

资料来源：Wind资讯。

五、经常账户顺差/GDP

商品或货物出口主要反映国际市场消费本国产品的情况，是构成GDP外部需求的重要组成部分。净出口额主要指货物出口与进口的差额，又称经常账户顺差/逆差。中国出口额容易受到世界经济再平衡、出口政策、贸易摩擦、人民币汇率等多方面因素的影响。

经常账户顺差占GDP的比重具有独特的经济含义，说明了经济发展对出口的依存度。2005—2007年正是中国经常账户收支失衡严重的时期。2007年，中国经常账户顺差与GDP之比最高达到9.9%，较2004年上升了6.4个百分点，远高于±4%的国际警戒标准。国家外汇管理局的数据显示，2017年，中国经常账户顺差为1720亿美元，与同期GDP之比为1.4%（见图5）。

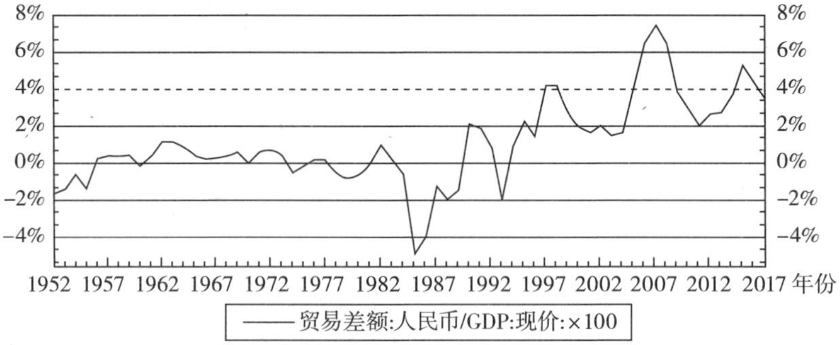

图5　经常账户顺差/GDP现价变化趋势（1952—2017）

资料来源：Wind资讯。

六、调整后的失业率

调整后的失业率背后的假设是，农村不存在失业，因为农村地区的失业人口随时可以返乡务农。国家统计局发布了城镇就业人口数和经济活动人口总数，据此可推算“调整后”的失业率，即1－城镇就业人口/（经济活动人口总数－农村就业人口）（见图6）。其中，经济活动人口（即劳动力供应）指在16周岁及以上，有劳动能力，参加或要求参加社会经济活动的人口，包括就业人员和失业人员。这基本上是城镇和农村就业及失业人口之和。劳动年龄人口通常指15～64岁的人口。由于“经济活动人口”没有年龄上限，有些分析中还将“劳动年龄人口”定义为15岁以上人口。此外，劳动参与率为经济活动人口与整体劳动年龄人口之比。国家统计局年龄分组通常始于15岁，而经济活动人口统计的是16岁及以上人口。这一错配可能会使估算的劳动参与率指标略微偏低。

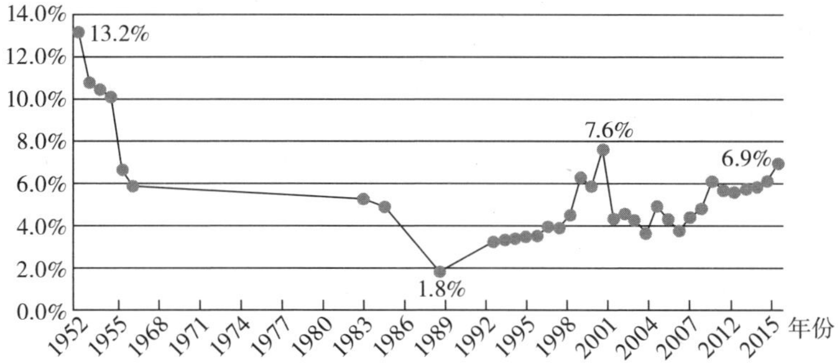

图6　调整后的失业率变化趋势（1952—2016）

资料来源：国家统计局。

后　记

2009年起，肇始于美国的国际金融危机对中国经济的影响已绵延至今。应对危机期间，中国经济的表现也不同寻常，对世界经济的复苏做出了突出贡献，同时宏观经济运行中也出现很多新的矛盾值得探讨。从那时起，我便进入中国国际经济交流中心（以下简称“国经中心”）从事经济分析工作。在工作期间，我对中国经济运行和宏观政策制定有了更深入的认识和感触，不再像学生时代那样仅仅停留在理论和概念层面，而是更多地从实际问题出发学习探求问题的解决策略。

经济政策制定是一个很复杂的过程，其关键在于如何寻找到一种更稳妥的方案，既能协调各部门和各地方利益，又能见到实际效果。起初，我对政策制定过程并不了解，也不太了解经济问题与政策之间的关系。幸运的是，在国经中心老领导和同事们的长期熏陶下，我渐渐对中国经济的运行发展有了些许感觉，通过点滴积累，逐渐形成了一些思考和感想。中国经济经过40年的高速增长后正步入高质量发展的新阶段，此时的宏观调控政策不能再完全使用刺激总需求的办法使其保持高增长态势，要想继续保持稳健的增长就必须从供给侧发力建立根本性的新增长循环。由此，我们需要观察和分析中国经济发展中的不充分不平衡问题，据此寻找实现再平衡发展的改革方案。

以市场为导向的全面深化改革是实现中国经济再平衡的重要举措。长期以来，中国特色的渐进式改革已使中国经济取得了成功，同时也规避了很多市场经济运行风险。我想思考的问题是，中国经济未来最终会演化成什么形态，即如何将中国特色的社会主义市场经济发展得更充分、更成熟。我相信，“摸着石头过河”的策略仍然是有效的，针对经济运行变化的“即兴发挥”也是可行的，但没有定式就没有常态，也就很难说中国经济的现代化进程会出现均衡的状态。既然中国的改革开放朝着市场化方向迈进，就意味着市场将在资源配置中起决定性作用，因此任何由市场规律决定的经济波动都可以按图索骥。

诚然，市场就是社会，研究市场就要研究人与人的关系。只有敬畏市场，尊重市场，摸准市场的脾性，方能理解经济的运行机理。本书虽然重点探讨中国经济的现代化转变过程，但更多的仍是从各个层面对中国经济运行情况进行解读，希望做到拾遗补缺，分享认知。鉴于认识水平有限，我对中国经济运行的认识总体上还是比较粗浅的，其中难免会有不少纰漏和偏差，望请方家予以指正。

显然，没有领导、同事、朋友、出版社以及家人的支持，本书是不可能完成的，在此一并致谢。

刘向东
2018 年 10 月 20 日